SÜDAFRIKA

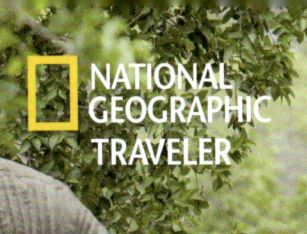
NATIONAL
GEOGRAPHIC
TRAVELER

SÜDAFRIKA

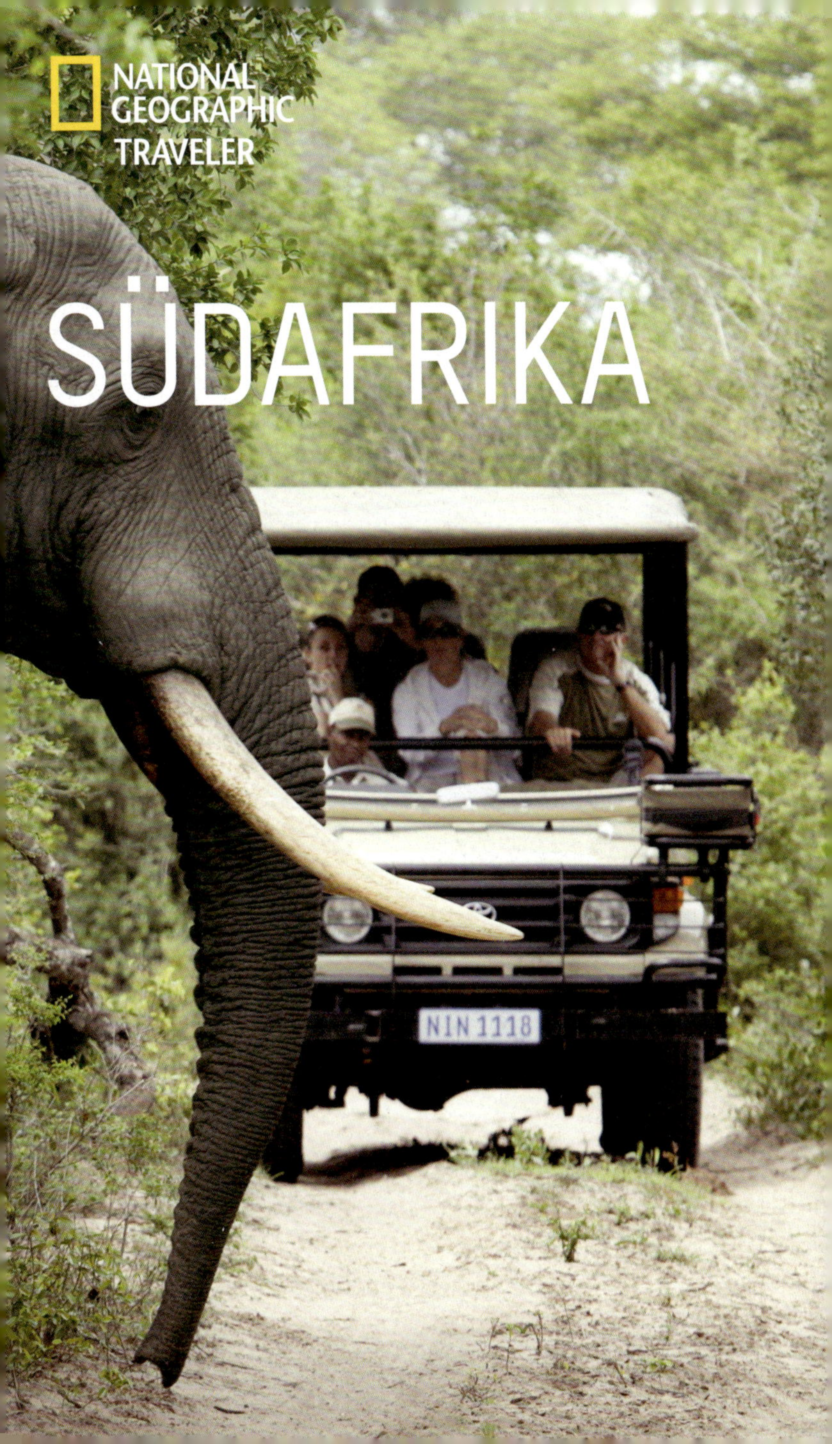

Inhalt

Seite 2–3: Im Tembe Elephant Park lebt die größte Elefantenherde der gesamten Provinz
Linke Seite: Die Küste von Camps Bay in der Nähe von Kapstadt

RÜCKSICHTSVOLL REISEN

Umsichtige Urlauber brechen voller Neugierde auf und kehren reich an Erfahrungen nach Hause zurück. Wer dabei rücksichtsvoll reist, kann seinen Teil zum Schutz der Tierwelt, zur Bewahrung historischer Stätten und zur Bereicherung der Kultur vor Ort beitragen. Und er wird selbst reich beschenkt mit unvergesslichen Erlebnissen.

Möchten nicht auch Sie verantwortungsbewusst und rücksichtsvoll reisen? Dann sollten Sie folgende Hinweise beachten:

- Vergessen Sie nie, dass Ihre Anwesenheit einen Einfluss auf die Orte ausübt, die Sie besuchen.

- Verwenden Sie Ihre Zeit und Ihr Geld nur auf eine Weise, die dazu beiträgt, den ursprünglichen Charakter eines Ortes zu bewahren.

- Entwickeln Sie ein Gespür für die ganz besondere Natur und das kulturelle Erbe Ihres Urlaubslandes.

- Respektieren Sie die heimischen Bräuche und Traditionen.

- Zeigen Sie den Einheimischen ruhig, wie sehr Sie das, was den besonderen Reiz ihres Landes ausmacht, zu schätzen wissen: die Natur und die Landschaft, Musik, typische Gerichte, historische Dörfer oder Bauwerke

- Scheuen Sie sich nicht, mit Ihrem Geldbeutel Einfluss zu nehmen: Unterstützen Sie möglichst solche Einrichtungen oder Personen, die sich um die Bewahrung des Typischen und Althergebrachten bemühen. Entscheiden Sie sich für Läden, Restaurants, Gaststätten oder Reiseanbieter, denen offensichtlich an der Bewahrung ihrer Heimat gelegen ist. Und meiden Sie Geschäfte, die den Charakter eines Ortes stören.

- Wer auf diese Weise reist, hat mehr von seinem Urlaub, und er kann sicher sein, dass er seinen Teil zum Erhalt und zur Verbesserung eines Ortes oder einer Landschaft beigetragen hat.

Diese Art des Reisens gilt als zeitgemäße Form eines sanften, auf Nachhaltigkeit bedachten Tourismus. Gemeint ist damit ein Tourismus, der den Charakter eines Ortes – seine Umwelt, seine Kultur, seine natürliche Schönheit und das Wohlergehen seiner Bewohner – nicht aus den Augen verliert. Weitere Informationen zum Thema gibt es im National Geographic's Center for Sustainable Destinations unter www.nationalgeographic.com/travel/sustainable.

SÜDAFRIKA

ÜBER DIE AUTOREN & DIE FOTOGRAFIN

Roberta Cosi stammt aus Johannesburg und ist dort auch aufgewachsen. Die Autorin und Redakteurin reist stets mit großer Begeisterung durch ihr Land und bemüht sich, sämtliche Facetten ihrer Heimat kennenzulernen.

Richard Whitaker wurde in Südafrika geboren und studierte an der Universität von Witwatersrand in Johannesburg; daran schloss sich ein Studium der klassischen Philologie in Oxford und St. Andrews an. Nach jahrzehntelanger Lehrtätigkeit an den Universitäten Durban und Kapstadt hat er eine zweite Karriere als Autor in Angriff genommen. Whitaker hat vor allem Europa und das südliche Afrika bereist.

Samantha Reinders Die Fotografin Samantha Reinders *(www.samreinders.com)* ist sich nicht ganz sicher, wie es eigentlich zu ihrer Karriere gekommen ist; vermutlich gab eine Mischung verschiedenster Erlebnisse den Ausschlag – ihre Reisen über die staubigen Pisten Südafrikas auf dem Beifahrersitz im LandRover ihres Vaters, Erkundungstouren durch die Appalachen oder ihr Sitzplatz zwischen zwei Profi-Fotografen bei einer Pressekonferenz im Weißen Haus. Wie auch immer, dank ihrer Berufswahl durfte sie vielerlei Ungewöhnliches erleben – sie ist Pinguinen gefolgt, mit der amerikanischen Präsidentenmaschine geflogen, mit Haien geschwommen, und sie hat viele interessante Menschen kennengelernt, Geschäftsleute ebenso wie Obdachlose, alte Mütterchen oder einen dreifachen Mörder hinter Gittern.

Reinders hat ihren Hochschulabschluss in Visueller Kommunikation an der Ohio University abgelegt. Ihre Arbeiten erscheinen in vielen internationalen Zeitschriften, darunter *Time, Der Spiegel* und *The London Financial Times.*

Im Jahr 2005 ist sie nach Südafrika zurückgekehrt, ins Land der staubigen Pisten, die sie so sehr vermisst hat. Sie lebt in Kapstadt, ist aber nach wie vor auch international tätig.

Die Reise planen

Jede Provinz Südafrikas unterscheidet sich von der anderen und ist eine Welt für sich. Südafrika bietet einfach alles: herrliche Badestrände, international renommierte Museen, Wüstensafaris, eine exotische Tierwelt, hervorragende Weine und schmackhafte Cape-Malay-Küche.

Bei einem derartig vielseitigen Angebot kann die Routenplanung sehr schwierig werden. Alles hängt von der Länge der Reise ab. Wer nur eine Woche Zeit hat, sollte unbedingt Kapstadt besuchen und im Kruger National Park auf Safari gehen. Dort sind die *Big Five* zu bewundern: Elefanten, Löwen, Leoparden, Büffel und Nashörner. Am besten fliegt man direkt nach Kapstadt und bleibt drei Nächte in der aufregenden und weltoffenen Metropole. Danach geht es mit dem Flugzeug weiter zu einer dreitägigen Safari. Mit mehr Zeit im Gepäck kann man auch abgelegenere Attraktionen besuchen.

Die meisten südafrikanischen Städte verfügen über keinen effizienten und sicheren öffentlichen Nahverkehr für Touristen. Viele Reisende mieten deshalb für Stadtbesichtigungen und Rundfahrten ein Auto. Das landesweite Netz aus Asphalt- und Schotterstraßen ist großteils bestens ausgebaut. Es ist auch kein Problem, mit dem Mietwagen durch die staatlichen und privaten Wildparks zu fahren. Oft genügt ein normales Auto, gelegentlich ist jedoch Allradantrieb erforderlich.

Südafrika ist ein riesiges Land. Deshalb können Flüge innerhalb des Landes viel Zeit sparen. Die staatli-

Der König der *Big Five*

che Fluglinie South African Airways (SAA) bedient alle größeren Städte. Ihre Ableger Airlink und South African Express steuern mit kleineren Flugzeugen viele Regionalziele an.

Wahrlich extravagant ist eine Reise mit dem Blue Train oder eine der Rovos-Rail-Touren, die auf ausgewählten Strecken angeboten werden. Für die Fahrt zwischen Kapstadt und Pretoria sollte man ein bis zwei Übernachtungen im Zug einplanen. Dabei geht es nicht um Schnelligkeit, sondern vor allem um komfortables Sightseeing in luxuriösem Ambiente.

Kapstadt

Die *Mother City* („Mutterstadt") verzaubert jeden Besucher. Das landschaftliche Panorama aus Bergen und Ozeanen ist atemberaubend, während die 300-jährige Besiedlung eine einmalige Kultur geschaffen hat. Durch das multikulturelle Erbe entstand eine faszinierende, vielschichtige und abwechslungsreiche Stadt, die ein absolutes Muss ist. Als Erstes sollte man zu Fuß oder mit der rotierenden Drahtseilbahn den Tafelberg erklimmen. Der Ausblick von diesem Wahrzeichen der Stadt ist schlicht grandios. Kauflustige fühlen sich an der Victoria & Alfred Waterfront mitten im Hafen wie zu Hause. Von hier aus pendeln die Fähren zur Robben Island, wo Nelson Mandela lange Jahre eingekerkert war. Ein Tagesausflug in die Weinberge des Kap-Weinlands ist nicht nur ein kulinarisches Highlight, sondern betört auch durch die landschaftliche Schönheit. Ein Höhepunkt ist der Besuch in den Kirstenbosch National Botanical Gardens, einem der sieben schönsten botanischen Gärten weltweit. Kapstadt verfügt über einen internationalen Flughafen und ist deshalb leicht zu erreichen. Von Johannesburg aus erreicht man die *Mother City* nach einem zweistündigen Direktflug.

NICHT VERSÄUMEN

Eine Big-Five-Safari **161, 176**

Den Ausblick auf Kapstadt von der Spitze des Tafelbergs **76**

Weinproben im Kap-Weinland **102**

Eine Einführung in die unrühmliche Vergangenheit Südafrikas auf Robben Island (Kapstadt) oder im Apartheid Museum von Johannesburg **69, 72 & 209**

Die Strände und Ortschaften der Garden Route **110**

Die Drakensberge und ihre Felszeichnungen der San **157**

Besuch einer Township wie Soweto in Johannesburg **212**

Einen afrikanischen Sonnenuntergang an den wunderbaren Stränden des Landes **122, 129, 135, 154**

Eine Fahrt durch die unwirtliche Kalahari **251**

Die Umgebung von Kapstadt: Wer länger als nur ein paar Tage in Kapstadt weilt, kann in Ruhe die interessante Umgebung erkunden. Ein Touristenmagnet ist Cape Point, gegen dessen Klippen die mächtige Brandung donnert. An der Ostküste der Kaphalbinsel lebt eine Pinguinkolonie am Boulders Beach, während Kalk Bay für seine Antiquitätenläden bekannt ist. Die Westküste bietet ebenfalls eine wunderbare Landschaft und schöne Spaziergänge durch schicke Ortschaften – eine Besonderheit ist die Blumenblüte im Namaqualand. Die Winzerorte Stellenbosch, Paarl und Franschhoek sind ideal für einen ruhigen Nachmittag.

Bei längeren Aufenthalten lohnt die attraktive, fünfstündige Fahrt zur Garden Route. Im Sommer strömen Scharen von einheimischen Urlaubern in die kleinen Küstenorte und zu den traumhaften Stränden.

Auf Safari

Der Kruger National Park liegt nordöstlich von Kapstadt, mit dem Flugzeug rund zwei Stunden entfernt – mit dem Auto wären es drei anstrengende Tage. Das älteste Tierreservat der Welt lockt noch immer mehr als 500 000 Besucher pro Jahr an. Bekannt ist der Park für die *Big Five*: Löwen, Leoparden, Elefanten, Büffel und Nashörner. Doch hier leben auch Giraffen, Zebras, Geparden, Nilpferde, Impalas und Hyänen, die man aus nächster Nähe in ihrem natürlichen Lebensraum bewundern kann. Das rund 2000 Kilometer lange Straßennetz sorgt für einen schnellen und komfortablen Zugang, auch wenn nur wenige Straßen geteert sind. Abenteuerlustigere Besucher können auch die zahlreichen Sandpisten auf eigene Faust erkunden.

Im Nationalpark gibt es viele unterschiedliche Unterkunftsmöglichkeiten, von privaten Lodges bis zu regulären Camps. Diese verfügen zumeist über eigene Restaurants und organisieren zudem Wildsafaris und Wanderungen. Unabhängig von der Unterkunftsart, sollte man auf jeden Fall im Voraus buchen.

Natürlich gibt es viele weitere Wildparks in Südafrika. Zu den bekannteren zählen der Addo Elephant Park und der Mountain Zebra National Park in der Provinz Ost-Kap, der

Trinkgeld

Trinkgelder sind in Südafrika obligatorisch. Im Restaurant gibt man 15 bis 20 Prozent des Rechnungsbetrags. Bei Gruppen berechnen die Restaurants die Summe manchmal automatisch.

Fremdenführer und Fahrer erhalten 15 Rand (1,20 Euro) pro Tourteilnehmer und Tag.

Hotelportiers erhalten zwei bis fünf Rand (16 bis 40 Cent) pro Koffer. Wer mit einem Mietwagen unterwegs ist, sollte daran denken, dass Tankstellenwärter normalerweise zwei bis fünf Rand als Trinkgeld erhalten. Siehe auch S. 277.

Sicher reisen

Die Kriminalitätsrate ist in Südafrika leider ziemlich hoch, vor allem aber in Johannesburg: Umsichtiges Verhalten ist deshalb wichtig.

Auf der Straße:
- Vermeiden Sie nachts dunkle Gegenden.
- Reisen Sie in Gruppen, und beschränken Sie sich auf gut beleuchtete Straßen.
- Führen Sie keine größeren Geldbeträge mit sich.
- Schmuck und Kameras sollte man nie offen zeigen.
- Nutzen Sie nur vom Hotel oder der Touristeninformation empfohlene Taxis.

Im Auto:
- Planen Sie die Fahrtstrecke im Voraus, und nehmen Sie eine Landkarte mit.
- In den Städten sollten Autotüren und -fenster grundsätzlich verschlossen sein.

- Wertsachen sollten nur im Kofferraum verstaut werden.
- Parken Sie nicht in dunklen Gegenden und immer so nah wie möglich an Ihrem Ziel.
- Nehmen Sie keine Fremden mit.

Im Hotel:
- Lassen Sie Ihr Gepäck an öffentlichen Orten niemals unbeaufsichtigt.
- Schließen Sie Ihre Wertsachen im Zimmersafe ein, oder nutzen Sie den Hotelsafe.
- Wenn es überraschend klopft, überprüfen Sie vor dem Öffnen, wer vor der Tür steht.
- Schließen Sie Ihr Zimmer grundsätzlich ab.
- Deponieren Sie eine Kopie Ihrer Dokumente im Hotelsafe.

Die Verneuk Pan, auf der 1929 der erste Geschwindigkeitsrekord für Landfahrzeuge aufgestellt wurde

Golden Gate Highlands National Park in der östlichen Provinz Freistaat sowie der Tankwa Karoo National Park in der Provinz Nord-Kap. Die Tierwelt in den Nationalparks ist beeindruckend und garantiert unvergessliche Erlebnisse in Afrika.

Weitere Sehenswürdigkeiten

Provinz Gauteng: Johannesburg, Gautengs Hauptstadt, ist eine pulsierende und geschäftige Metropole. Man spürt sofort den Ehrgeiz und die Lebendigkeit der Stadt. Die Township Soweto, die aktiven Goldminen, das Lesedi Cultural Village sowie das Apartheid Museum und die vielen Einkaufszentren sind auf jeden Fall einen Besuch wert. Von Johannesburg aus erreicht man leicht Sun City, das „Las Vegas" Südafrikas, sowie das Gebiet der Cradle of Humankind. Diese „Wiege der Menschheit" ist für ihre zahllosen Fossilienfunde bekannt, die einen Einblick in die Evolution geben.

Provinz KwaZulu-Natal: Das warme Wasser, die Kolonialarchitektur und die multikulturelle Vielfalt machen Durban zu einer sehr angenehmen Stadt. Der Küstenstreifen mit seinen Stränden und Städten ist ein Paradies für Sporttaucher und Wildtierbeobachter. Lohnenswert sind ein Ausflug über die Route der malerischen Midlands Meander, ein angenehmer Ausritt oder eine Wanderung durch die Drakensberge.

Nach Hause telefonieren

Für Auslandsgespräche muss man in Südafrika zunächst 00 wählen. Dann folgen die entsprechende Landesvorwahl, die Ortsvorwahl und die Anschlussnummer. Deutschland hat die Landesvorwahl 49, Österreich 43 und die Schweiz 41. Es gibt verschiedene internationale Telefonkarten, die zwar nicht immer den besten Tarif anbieten, dafür aber zuverlässig sind. Man kann die Karten von jedem privaten oder öffentlichen Festnetzanschluss sowohl für Orts- als auch für nationale und internationale Gespräche nutzen. Bei Handys sollte man die hohen Roaminggebühren bedenken; zudem gibt es in vielen ländlichen Gebieten und Wildreservaten keinen Empfang.

Geschichte & Kultur

In voller Blütenpracht: ein Jacarandabaum in Pretoria

Südafrika heute

Nichts ist schwieriger, als Südafrika auf eine Formel zu bringen: ein Land mit elf Amtssprachen, mit hochmodernen Großstädten, in denen ganze Viertel mit ihren primitiven Behausungen aus der Dritten Welt zu stammen scheinen, während gleich daneben westliche Hotels und Einkaufszentren das Bild bestimmen. Dazu noch die Landschaften: dichte Trockenbuschvegetation, Berge in üppigem Grün, wüstenähnliche Hochplateaus und kilometerlange Sandstrände ...

Wer hier auf – unblutige – Safari geht, hat gute Chancen, die *Big Five* vors Fernglas zu bekommen: Elefanten, Löwen, Leoparden, Büffel und Nashörner. Liebt man das Abenteuer, kann man sich am West-Kap oder im Freistaat ins Wildwasser stürzen, in den Drakensbergen wandern und klettern oder in der Sodwana Bay zu den südlichsten tropischen Riffen Afrikas hinabtauchen. Wen es eher in die Städte zieht, kommt dennoch auf seine Kosten: beim Kauf von afrikanischen Skulpturen und Perlenschmuck, im Restaurant bei exzellenter heimischer Küche und wunderbaren südafrikanischen Weinen, bei einer Jazzsession oder in einer hochkarätigen Theater- oder Ballettaufführung.

Gerade in diesen Tagen prägen unzählige Baukräne die Skylines der südafrikanischen Städte, denn der Bauboom ist nach wie vor ungebrochen. Nahezu täglich entstehen neue Wohnhäuser. Groß ist die Vorfreude auf die Fußballweltmeisterschaft im Jahr 2010; in Kapstadt, Durban und Johannesburg werden neue Stadien aus dem Boden gestampft, und überall wachsen plötzlich Hotels in die Höhe, die den erhofften Besucheransturm aufnehmen sollen.

1994, also im Jahr der ersten demokratischen Wahlen, kamen gerade einmal 3,9 Millionen Besucher ins Land; für 2010 rechnet man schon mit bis zu zehn Millionen. Was aber – einmal abgesehen von der Fußballweltmeisterschaft – lockt all diese ausländischen Gäste immer wieder nach Südafrika? Die Faszination liegt offenbar in der ungewöhnlichen Kombination: Zum einen bietet das Land eine erstklassige moderne Infrastruktur, beispielsweise die vielen Hotels, Läden und Restaurants an der berühmten Victoria & Alfred Waterfront in Kapstadt; zum anderen findet man hier noch viele hunderttausend Quadratkilometer unberührter Natur, etwa in Schutzgebieten wie dem Kruger National Park, dem Addo Elephant Park oder Hluhluwe Imfolozi Game Reserve. Fügt man diesem Angebot noch ein modernes Bankenwesen, hervorragend ausgebaute Straßen, Häfen und Flughäfen hinzu, dann hat man es auch schon herausgefunden: das touristische Erfolgsrezept Südafrikas.

Das neue Südafrika

Seit 1994 spricht man allgemein vom „neuen Südafrika". Dieses Etikett ist durchaus berechtigt, denn seither hat der Geist der Erneuerung die gesamte Nation erfasst. Millionen von Menschen, die zuvor beinahe wie Fremde im eigenen Land lebten, haben mittlerweile Zugang zu Bildung, Wohnraum, medizinischer Versorgung, elektrischem Strom und sauberem Trinkwasser – und sie haben endlich ihr Wahlrecht durchsetzen können. Die günstige Wirtschaftslage zu Beginn des neuen Jahrtausends hat zu einer vergleichsweise langen Phase stabilen Wachstums geführt, für südafrikanische Verhältnisse durchaus ein Novum. Selbstbewusste Medien, die sich vom Staat nicht länger gängeln lassen, schauen der Regierung auf die Finger und informieren die Öffentlichkeit.

Südafrikaner sind zu Recht stolz auf ihre Errungenschaften aus der Zeit nach 1994, vor allem natürlich auf ihre Verfassung, mit deren Ausarbeitung die verschiedensten politischen Gruppen schon seit Anfang der 1990er Jahre befasst waren und die auch internatio-

Die Union Buildings in Pretoria sind der Amtssitz der südafrikanischen Regierung

nal als eine der liberalsten der Welt gilt. Vor allem aber spiegelt sich in dieser Verfassung die Entschlossenheit der Menschen wider, die Zeiten der Diskriminierung endgültig hinter sich zu lassen und ihre Rechte nicht noch einmal aus der Hand zu geben – das Recht auf Versammlungsfreiheit, das Recht, Regierung und Wirtschaft mitzugestalten, und natürlich das Recht auf freie Meinungsäußerung sowie die Pressefreiheit. Von ihrem neuen Verfassungsgericht haben die Südafrikaner bereits regen Gebrauch gemacht; das Verfassungsgericht hat die Aufgabe, neue Gesetze ebenso wie Gerichtsentscheidungen niedrigerer Instanzen an den Grundprinzipien der Verfassung zu messen.

Völker & Sprachen

Das heutige Südafrika ist die Heimat sehr unterschiedlicher Völker. Die ursprünglichen Bewohner der Region, die San (früher auch Buschmänner genannt), lebten dort als Jäger und Sammler. Vor allem im Nordwesten des Landes findet man immer noch kleine Gruppen der San; die meisten sind allerdings zu einer sesshaften Lebensweise übergegangen. An der Ostküste siedeln Menschen vom Volk der Nguni; zu ihnen gehören im Wesentlichen zwei Gruppen: die Zulu aus KwaZulu-Natal und die Xhosa des Ost-Kap. Die Ndebele stammten ursprünglich ebenfalls von den Nguni ab; sie wanderten bereits im 17. Jahrhundert ins Landesinnere und siedeln heute in Teilen der Provinzen Limpopo und Mpumalanga. Andere Gruppen sind durch die gemeinsame Sotho-Sprache verbunden und mit den Bewohnern des benachbarten Lesotho verwandt; diese Sotho-Völker leben vor allem in den Provinzen Freistaat, Gauteng, Limpopo und Mpumalanga. Zu den kleineren ethnischen Gruppen Südafrikas zählen die Venda im hohen Norden, die Tsonga im Nordosten und die Batswana, die auf beiden Seiten der Grenze zu Botsuana siedeln. Allgemein sind die ethnischen Bindungen im ländlichen Raum deutlich stärker ausgeprägt als in den Städten, wo eher das soziale Gefälle das Leben prägt.

In der Provinz West-Kap leben viele sogenannte „Farbige" (das Wort hat in Südafrika eine ganz eigene Bedeutung). Farbige sind Nachfahren der Buren, also der „Kapholländer", aber auch die Nachfahren von deren Sklaven aus Malaysia, Indonesien und aus Südafrika selbst. Die meisten Farbigen sprechen Afrikaans, die Sprache der Buren.

Inmitten all der genannten Gruppen leben schließlich auch noch viele Immigranten aus England und den Niederlanden, aber auch aus anderen europäischen Ländern – und natürlich ihre Nachkommen. Zuwanderer aus Malaysia und Indien siedeln schon sehr lange im Land; relativ neu ist dagegen ein Phänomen, das erst nach 1994 eingesetzt hat: eine Einwanderungsbewegung aus anderen afrikanischen Ländern, darunter vor allem Mosambik, Angola, Simbabwe und der Kongo.

Südafrika hat insgesamt schätzungsweise 49 Millionen Einwohner; die Bevölkerung setzt sich wie folgt zusammen: Afrikaner 79,8 Prozent, europäische Einwanderer 9 Pro-

Kleines Wörterbuch

Das südafrikanische Englisch weist einige interessante Abweichungen auf:

Bakkie	Kleinlastwagen
Braai	Grillfest
Brah	bester Freund
Bundu	Bushveld
Gogga	Insekt
Howzit	Hallo
Just now	gleich, nicht jetzt
Kloof	Schlucht
Koppie	mit Felsen übersäter Hügel
Lekka chow	gutes Essen
Lekker	großartig
Robot	Verkehrsampel
SMS	SMS, kurze Textmitteilung
Takkies	Laufschuhe

Im Haus einer Basotho-Familie in der Nähe von Matatiele, Ost-Kap

zent, Farbige 8,8 Prozent, Inder und andere Asiaten 2,4 Prozent. Wie viele illegale Einwanderer mittlerweile Südafrika als ihre Heimat betrachten, ist kaum zu erfassen; Schätzungen gehen von zwei bis fünf Millionen Menschen aus.

Die ethnischen und sprachlichen Bindungen sind zwar bisher intakt, doch entsteht offenbar allmählich so etwas wie ein Nationalbewusstsein: Viele Menschen sehen sich zunächst einmal als Südafrikaner und dann erst als Xhosa, Sotho oder Zulu.

Angesichts dieser Vielfalt standen die Politiker bei der Ausarbeitung der neuen Verfassung vor einer Schwierigkeit: Welche Sprache sollte denn nun zur Amtssprache erklärt werden? Sie einigten sich auf einen Kompromiss – alle elf Sprachen sind gleichberechtigt. Theoretisch hat jetzt jeder Bürger das Recht, beim Behördengang in der eigenen Muttersprache zu reden und seine Kinder in ebendieser Sprache unterrichten zu lassen. Theoretisch – denn auch die Verfassung weist vorsorglich darauf hin, dass dieser Anspruch möglicherweise nicht überall durchzusetzen ist.

Obwohl Zulu (23,8 Prozent), Xhosa (17,6 Prozent) und Afrikaans (13,3 Prozent) weiter verbreitet sind als die Muttersprache Englisch (8,2 Prozent), ist Englisch doch zumindest die geläufigste Zweitsprache Südafrikas. Wer als Besucher in große Städte oder zu klassischen Touristenzielen reist, wird sich problemlos auf Englisch verständigen können. In kleineren Städten käme man mit Afrikaans weiter, Englisch wird dort aber zumindest verstanden. Nur in sehr entlegenen Gebieten stoßen Besucher mit Englisch mitunter an Grenzen.

Die meisten Südafrikaner sind sehr herzliche Gastgeber. Man sollte nicht überrascht reagieren, wenn Einheimische genau wissen wollen, wer man ist, woher man kommt, ob man verheiratet ist und wie viele Kinder man hat. Ist man erst einmal ins Gespräch gekommen, laden Südafrikaner Fremde sogar gern auf eine Mahlzeit zu sich nach Hause ein.

Städte

Wer Reisebücher über Südafrika liest oder in Bildbänden blättert, gewinnt schnell den Eindruck, Afrika sei gleichsam eine menschenleere Wildnis und vor allem von großen Tieren bevölkert. Natürlich ist Südafrika für jeden Naturfreund eine Offenbarung, doch das Leben spielt sich in Südafrika durchaus auch in großen, modernen Städten ab. Kapstadt mit seinen kapholländischen Kolonialbauten wirkt dabei immer noch sehr europäisch; Johannesburg mit seinen Straßenhändlern und den Apartmentblocks in der Innenstadt

Die Long Street in Kapstadt, eine beliebte Vergnügungsmeile

trägt eher die Züge einer afrikanischen Stadt, während die große indische Gemeinde der Stadt Durban ein ganz eigenes Gepräge verleiht. Den Besucher verblüffen zunächst die vielen Minibus-Taxis. Eingerichtet wurden diese Taxis von findigen Unternehmern schon in den 1980er Jahren: Der Bedarf war groß, weil viele Orte weder mit Bussen noch mit Zügen zu erreichen waren. Als Besucher sollte man allerdings Vorsicht walten lassen und nur in solche Taxis steigen, die im Hotel oder Restaurant empfohlen wurden.

Während des letzten Jahrzehnts haben die Bewohner von Kapstadt oft genug amüsiert zur Kenntnis nehmen dürfen, dass ihre Stadt in Spielfilmen und Werbeclips als Kulisse herhalten musste – auch dann, wenn die Handlung scheinbar gar nicht in Afrika spielte.

Auch Tophollywoodstars sind mittlerweile häufig zu Gast in der Stadt, darunter Daniel Craig oder John Malkovich. Filmemacher schätzen nicht nur die vergleichsweise niedrigen Produktionskosten, sondern auch das hervorragende Wetter, die Klarheit des Lichts und die unglaublich reiche Auswahl an Drehorten. In Kapstadt findet man Wolkenkratzer aller Art, es ist aber auch nicht weit zu mediterranen Küsten, Weingärten, Halbwüsten, Hügeln und Bergen, Wäldern und Seen.

Im Jahr 2006 wurde der vom Südafrikaner Gavin Hood gedrehte Film „Tsotsi" bei der Oscarverleihung als bester fremdsprachiger Film prämiert.

Sport

Südafrikaner sind verrückt nach Sport; wer schnell mit einem Südafrikaner ins Gespräch kommen möchte, fragt ihn einfach nach seiner Lieblingsmannschaft. Die mit Abstand wichtigste Sportart ist Fußball; in der Ersten Liga spielen 16 professionelle Clubs. Wer die Fans in Erstaunen versetzen möchte, erwähnt beiläufig die Spitznamen der beliebtesten Mannschaften, er kennt also die „Beautiful Birds", die „Buccaneers" und die „Clever Boys for the Moroka Swallows", die „Orlando Pirates" und die „Bidwest Wits" (eine Hochschulmannschaft) – oder zumindest die „Chiefs" (die ungeheuer beliebten Kaizer Chiefs). Dass Südafrika die Austragungsrechte für die Fußballweltmeisterschaft 2010 zuerkannt wurden, hat dem Sport natürlich zusätzlichen Auftrieb verliehen – und die Nationalmannschaft ist damit immerhin automatisch für das Turnier qualifiziert.

Auf der Beliebtheitsskala folgt Rugby auf Rang zwei. Vor allem die Afrikaans-sprachigen Südafrikaner sind in diesen Sport vernarrt, der übrigens enorm an Popularität gewonnen hat, seit die Nationalmannschaft, die „Springboks", 2007 die Weltmeisterschaft in Frankreich für sich entscheiden konnten. Südafrikanische Mannschaften treten in der Drei-Länder-Liga und in der Super-14-Liga alljährlich unter anderem gegen Teams aus Australien und Neuseeland an; andere Mannschaften kämpfen seit über hundert Jahren um den begehrten Currie Cup.

> **Wer die Fans in Erstaunen versetzen möchte, erwähnt beiläufig die Spitznamen der beliebtesten Mannschaften, er kennt also die „Beautiful Birds", die „Buccaneers" und die „Clever Boys for the Moroka Swallows", die „Orlando Pirates".**

Die Engländer brachten im 19. Jahrhundert das Cricketspiel nach Südafrika; heute ist die Sportart in allen Schichten beliebt. Die Nationalmannschaft hat sich sowohl bei der speziellen Form des „Test Cricket" (Turnier über fünf Tage) wie beim internationalen „One-Day Cricket" durchgesetzt und zählt zu den drei besten Teams der Welt.

Auch Langstreckenläufe und Radwettkämpfe sind enorm populär, alljährlich nehmen unzählige Südafrikaner an diesen Events teil. Die Cape Pic 'n Pay Argus Cycle Tour, ein 109 Kilometer langes Radrennen vor der herrlichen Kapkulisse, ist das weltweit größte Rennen dieser Art; 35 000 Teilnehmer gehen alljährlich im März an den Start – die Mehrzahl sind Einheimische, aber die Organisatoren begrüßen auch immer einige tausend Radsportbegeisterte aus dem Ausland. Auf die 87 Kilometer lange Strecke des Comrades Marathon wagen sich jedes Jahr 10 000 bis 14 000 Südafrikaner und Gäste. Dieser Ultramarathon, der im Juni auf der Strecke zwischen Durban und Pietermaritzburg ausgetragen wird (die Richtung wechselt jährlich), geht bereits auf das Jahr 1921 zurück. Seit 1970 wird zu Ostern auch der Two-Oceans Marathon veranstaltet. Dieser Straßenlauf auf der Kaphalbinsel besteht eigentlich aus zwei Läufen: einem Ultramarathon (56 km) und einem Halbmarathon (21 km). Die Veranstalter zählen jedes Mal rund 25 000 Teilnehmer.

Wirtschaft

Bis zur Mitte des 19. Jahrhunderts stützte sich die südafrikanische Wirtschaft fast ausschließlich auf die Landwirtschaft. Doch 1867 wurden bei Kimberley Diamanten entdeckt, und am Witwatersrand stieß man 1886 auf Goldvorkommen. Von da an beherrschten Gold- und Diamantenminen (und die auf deren Bedarf ausgerichteten Gewerbe) fast hundert Jahre lang das Wirtschaftsgeschehen im Land. Der Abbau weiterer Rohstoffe – darunter Kohle, Eisenerz, Vanadium, Mangan und Platin – hat ebenfalls an Bedeutung gewonnen. Und auch das produzierende Gewerbe – die Herstellung von Kleidung und Textilien, Fahrzeugbau, Papier- und Holzverarbeitung, alles sowohl für den eigenen Markt als auch für den Export – leistet mittlerweile seinen Beitrag zum Bruttoinlandsprodukt.

Da Südafrika über keine eigenen Ölvorkommen verfügt, investierte die Regierung seit 1950 in großem Umfang in Versuche, die überreichen Kohlevorkommen des Landes für die Ölgewinnung zu nutzen. Die in Teilen staatliche Gesellschaft Sasol kassierte dafür jahrelang erhebliche Subventionen aus Steuermitteln. Seit der Ölpreis international steigt, könnte dieses Verfahren sogar rentabel werden.

Da der Demokratisierungsprozess auch das Ende des internationalen Handelsembargos einleitete, konnte die Wirtschaft des Landes sich erheblich wandeln. Sehr erfolgreich war dabei die Weinindustrie: Exportierte Südafrika im Jahr 1993 24,6 Millionen Liter Wein, waren es 2008 schon 300 Millionen Liter. Fünfzig Prozent des exportierten Weins konsumieren die Briten, doch auch in den Niederlanden, in Deutschland, Skandinavien und den USA hat Südafrika Märkte aufgetan. Beim Bierbrauen sind die Südafrikaner inzwischen sogar Weltmeister: 2002 kauften südafrikanische Brauer die amerikanische Miller Brewing Company; seitdem – und seit einer Expansion auf dem chinesischen Markt – ist das neu entstandene Unternehmen SABMiller die größte Brauerei der Welt.

Heute gilt Südafrika mit seiner hervorragenden Infrastruktur als wirtschaftlicher Motor für ganz Afrika. Südafrikanische Bergwerksunternehmen, Ingenieurbüros, Finanzdienstleister, Telekommunikationsfirmen, Hotels und Handelsketten dringen rasch in Richtung Norden vor und sind mittlerweile auf dem gesamten Kontinent präsent. Und das Wirtschaftswachstum hält an: 2006 lag der Wert der Börse von Johannesburg bei 579,1 Milliarden US-Dollar, der afrikanische Handelsplatz stand damit unter den großen Börsen der Welt immerhin auf Rang 16. ∎

ERLEBNIS:
Soziales Engagement

Wer sich vor Ort engagieren und etwas Sinnvolles tun möchte, kann beim Wohnungsbau mithelfen. Mehrere karitative Organisationen unterstützen Projekte, die darauf abzielen, menschenwürdigen Wohnraum für jene zu schaffen, die bisher in Baracken hausen mussten. Weitere Informationen über Spendenmöglichkeiten oder Freiwilligenarbeit erhält man bei **Habitat for Humanity** (Tel. 021/670-2046, www.habitat.org.za) oder bei der **Niall Mellon Townships Initiative** (Tel. 021/426-2543, www.irishtownship.com). Jeder Einsatz ist willkommen – ob für einen Tag oder eine ganze Woche.

Souvenirs im Blyde River Canyon

Südafrika damals

Nach konfliktreichen Jahrhunderten hat es den Anschein, als akzeptierten die Völker endlich ihre gemeinsame Identität als Südafrikaner. Dabei waren sie lange Zeit verfeindet: das Volk der Khoikhoi, die Khoisan aus dem Norden und die europäischen Siedler, die Anfang des 17. Jahrhunderts hier eintrafen.

Das Kartenbild von Afrika zur Mitte des 16. Jahrhunderts

Anfänge & Vorgeschichte

Sieht man Geschichte als die Geschichte des Menschen, kann man fast nirgendwo auf Erden so weit zurückblicken wie in Südafrika. Denn hier waren schon die frühesten Hominiden und die ersten Vertreter des *Homo sapiens* heimisch. Paläontologen zufolge lebten Menschen und ihre unmittelbaren Vorfahren schon seit mindestens 2,5 Millionen Jahren ununterbrochen im heutigen Südafrika.

Unsere eigene Spezies, *Homo sapiens*, erblickte hier vor etwas mehr als 200 000 Jahren das Licht der Welt. Jüngste Funde in einer Höhle bei Pinnacle Point – in der Nähe von Mossel Bay an der südafrikanischen Garden Route – belegen, dass eine frühe Form menschlicher Kultur hier schon 100 000 Jahre eher bestand als bisher angenommen. Vor 164 000 Jahren bearbeiteten Höhlenbewohner nicht nur kleine Steinklingen, die Speeren und Pfeilen als Spitzen dienten, sie verwendeten auch bereits Ocker, vermutlich zu kultischen Zwecken.

Die ersten Bewohner Südafrikas, von denen wir wissen, sind die San. Bis heute leben kleine Gemeinschaften dieses Volkes in der Kalahari. Ihre Anwesenheit im südlichen Afrika reicht nachweislich mindestens 20 000 Jahre zurück. Die Mitglieder dieses Steinzeitvolkes lebten jahrtausendelang als Jäger und Sammler und damit in vollkommenem Einklang mit ihrer Umwelt. Die Frauen sammelten essbare Pflanzen. In Höhlen, die nur von San bewohnt waren, fand man aber auch Tierknochen: von Antilopenarten, Klippschliefern und Schildkröten. Überreste von Nashörnern, Flusspferden und Elefanten belegen, dass die San gelegentlich auch größere Tiere jagten, vermutlich mittels Fallgruben. Die San lebten übrigens nicht ständig als Nomaden, sondern gelegentlich auch in Höhlen entlang der Küste, wo sie sich von Fisch, Muscheln und Robben ernährten. An einigen Stellen entlang der Südwestküste sind heute noch Mauern aus Felsbrocken erhalten, die die San als Gezeitenfallen für Fische errichtet hatten. Einige Gruppen spalteten sich im Laufe der Zeit ab und begannen mit der Viehhaltung – das waren die Khoisan.

Bauern der Eisenzeit

Im Süden Afrikas begann die Eisenzeit etwa um das Jahr 200 n. Chr. Damals drangen kleine Gruppen Bantu-sprachiger Völker in den Norden des heutigen Südafrika vor. Sie standen im engen Kontakt mit den Khoisan und übernahmen auch deren Klicklaute in ihre Sprache. Die Neuankömmlinge besaßen eine dunklere Hautfarbe, doch ähnlich wie die Khoisan hielten sie Rinder, Ziegen und Schafe. Darüber hinaus aber fertigten sie Töpferwaren an, sie schmiedeten Eisen zu Werkzeugen und Waffen, und sie bauten bereits Getreide und verschiedene Feldfrüchte an: Hirse, Sorghum, Erdnüsse und Melonen. Da sie Land bebauten, waren die neuen "Südafrikaner" sesshaft; sie siedelten in kleinen Dörfern.

In der späten Eisenzeit, also etwa ab 1200, kam es erneut zu Veränderungen. Damals ließen sich Völker, die Nguni und Sotho sprachen, im nördlichen Hochland und an der Ostküste des Landes nieder. Von diesen Dörfern der späten Eisenzeit gab es Tausende. Die neuen Siedler lebten in Großfamilien zusammen und errichteten Rundhütten, die durch Steinmauern verbunden waren, sodass ihr Vieh innerhalb der Hütten eingepfercht war. Gelegentlich bestanden sogar die Hütten selbst aus aufeinandergeschichteten Steinen.

Wertvolle Knochen

1924 brachte man dem Anthropologen Raymond Dart von der Universität Witwatersrand einen versteinerten Schädel aus Taung in der Provinz Nord-West. Dart erkannte auf Anhieb, dass es sich um den Schädel eines Vormenschen handelte, eine Art Bindeglied zwischen Affe und Mensch. Die Spezies erhielt den Namen *Australopithecus africanus*; ihre Vertreter lebten vor 2,5 Millionen Jahren. Bekanntester Fund ist das "Kind von Taung". Der Paläontologe Robert Broom entdeckte bei Sterkfontein weitere Knochenfossilien, 1947 sogar den fast vollständigen Schädel einer "Mrs. Ples" (nach dem wissenschaftlichen Namen *Plesianthropus transvaalensis*). Die "Misses" war allerdings vermutlich ein Herr.

In den 1990er Jahren legten Ron Clarke, Stephen Motsumi und Nkwane Molefe das nahezu vollständige Skelett eines aufrecht gehenden *Australopithecus* frei. "Little Foot" konnte vermutlich sogar klettern – und tat das vor immerhin vier Millionen Jahren.

Aus dieser Zeit blieben einige eindrucksvolle Kunstwerke erhalten. In der Nähe der Stadt Lydenburg fand man die sogenannten Lydenburg-Köpfe: sorgfältig gearbeitete, glockenförmige Terrakottafiguren, die menschliche Züge tragen. In Mapungubwe im Norden wurden damals Eisen, Kupfer, Zinn und Gold verarbeitet. Die Siedlung gehörte zu einem Netzwerk aus Handelsverbindungen, die bis zum Indischen Ozean, nach Arabien und in die Fernen Osten reichten. Die Afrikaner tauschten damals Schildpatt und Elfenbein gegen Stoffe, Glasperlen und chinesisches Porzellan. Ihre Toten bestatteten sie auf Hügeln; in diesen Grabstätten hat man reiche Beigaben entdeckt, darunter das berühmte goldene Nashorn aus Mapungubwe. Diese auf Ackerbau, Viehzucht und ein wenig Handel gegründete Kultur der späten Eisenzeit blieb auf jene Regionen beschränkt, in denen sommerliche Regenfälle diese Art der Landwirtschaft überhaupt ermöglichten – also vor allem auf das Zentralplateau und Teile der Ostküste bis hinunter zum Great Fish River. Die dörflichen Strukturen erwiesen sich als bemerkenswert stabil: Kultur und Lebensweise hielten sich nahezu unverändert bis ins 19. Jahrhundert. Als die europäischen Siedler allerdings im 18. Jahrhundert von der Kapregion aus ins Binnenland vordrangen, geriet die traditionelle einheimische Kultur erstmals unter den Druck, sich verändern zu müssen.

Jan van Riebeeck, von der Niederländischen Ostindien-Kompanie

Europa entdeckt den Süden Afrikas

Der portugiesische Flottenkapitän Bartolomeu Diaz (um 1450–1500) umrundete 1488 als erster Europäer die Südspitze Afrikas. Auf dem Hinweg lag die Kaphalbinsel für Diaz außer Sichtweite, doch auf dem Rückweg ging er dort vor Anker und nannte die Landspitze „Kap der Guten Hoffnung".

Die Portugiesen gaben sich weiterhin große Mühe, einen Seeweg nach Indien zu finden. Es gelang schließlich 1497 Vasco da Gama (um 1460–1525); sein Weg führte ihn über St. Helena Bay und Mossel Bay zu einem Ort an der Ostküste, den er – am Weihnachtstag – „Terra do Natal" nannte (im Namen der heutigen Provinz KwaZulu-Natal klingt diese Namensgebung noch an). In den anderthalb Jahrhunderten, die auf die Entdeckung folgten, schickten die Portugiesen, aber auch andere europäische Länder zahllose Flottenverbände am Kap der Guten Hoffnung vorbei. Logbücher und Berichte gestrandeter Seeleute berichten von Kontakten mit den Khoikhoi am Kap und mit den Nguni an der Ostküste: Die Afrikaner verhielten sich offenbar teils freundlich, teils feindselig.

Niederländer am Kap

1652 gewann das Kap der Guten Hoffnung an Bedeutung für Europa – nur waren zu jenem Zeitpunkt bereits die Niederländer in der Führungsrolle und nicht länger die Portugiesen. Denn damals lag der europäische Handel mit Indien und dem Fernen Osten schon ganz in den Händen der Niederländischen Ostindien-Kompanie (abgekürzt VOC für Vereenigde Oostindische Compagnie). Die Niederländer hatten allerdings ein Problem: Auf der langen Fahrt rund um Afrika fiel regelmäßig ein Teil der Mannschaft dem Skorbut zum Opfer, einer Krankheit, die durch Vitamin-C-Mangel ausgelöst wird. Um dem abzuhelfen, schickte die Gesellschaft Jan van Riebeeck (1619–77) ans Kap; er sollte dort Gärten anlegen, damit die Handelsflotten sich mit frischem Obst und Gemüse eindecken konnten. Eine dauerhafte Niederlassung lag zwar eigentlich nicht im Interesse der Ostindien-Kompanie, im Laufe der Zeit bekam der kleine Stützpunkt jedoch immer mehr Zulauf. Die sogenannten *Trekboers* (nicht vollständig sesshafte niederländische Bauern) setzten sich über die Anweisungen der VOC hinweg und drangen auch ins Landesinnere vor, wo sie ihre eigenen Farmen errichteten. Diese ersten Kolonisten gründeten Städte wie Stellenbosch, Swellendam und Tulbagh.

> **1688 landeten Hugenotten am Kap, protestantische Glaubensflüchtlinge aus Frankreich. Sie brachten den Weinbau nach Südafrika.**

Als die *Trekboers* sich auch am Weideland der Khoikhoi vergriffen, setzten diese sich zur Wehr, konnten aber gegen die Niederländer mit ihren Pferden und Gewehren wenig ausrichten. 1713 raffte eine Pockenepidemie viele Siedler dahin, die Pocken wüteten aber auch unter den Khoikhoi, die dieser von den Europäern eingeschleppten Seuche nichts entgegenzusetzen hatten.

Als die Siedler am Kap einen Mangel an Arbeitskräften beklagten, gestattete die Ostindien-Kompanie den Import von Sklaven. Tausende von Sklaven wurden angeliefert – aus dem Fernen Osten, insbesondere aus Malaysia und Indonesien, aber auch aus anderen Gegenden Afrikas. Die Sozialstruktur am West-Kap änderte sich dadurch nachhaltig; doch schon von 1656 an konnten Sklaven freigelassen werden oder sich freikaufen. Ehemalige Sklaven heirateten Niederländer, andere ließen sich als selbstständige Gastwirte, Kunsthandwerker oder Handwerker nieder.

1688 landeten Hugenotten am Kap, protestantische Glaubensflüchtlinge aus Frankreich. Sie ließen sich im Tal bei Franschhoek nieder, vermischten sich bald mit den Niederländern und gaben ihre Muttersprache auf. Allerdings brachten sie den Weinbau nach Südafrika und begründeten damit letztlich die heutige Weinindustrie.

Gegen Ende des 18. Jahrhunderts war Kapstadt bereits eine geschäftige Hafenstadt; frische Lebensmittel aus dem Landesinneren wurden hier an Handelsschiffe verkauft, die ihrerseits einen Teil ihrer Fracht zurückließen. Das Siedlungsgebiet der Niederländer reichte an der Westküste mittlerweile bis Springbok, im Nordosten bis Graaff-Reinet. Die einst hier ansässigen Khoisan hatten sich in entlegene Regionen zurückgezogen, andere fristeten ihr Dasein als Diener der neuen Herren. Mit den Khoisan hatten die *Trekboers* ein leichtes Spiel gehabt. Um 1770 stießen sie am Great Fish River allerdings auf einen sehr viel wehrhafteren Gegner: die Xhosa, die immerhin über Waffen aus Eisen verfügten. Außerdem änderte sich gerade die Politik im fernen Europa – mit weitreichenden Folgen für das Kap und Südafrika insgesamt.

Die Briten besetzen das Kap

Als auch das niederländische Königshaus der Französischen Revolution zum Opfer fiel und die Niederlande 1795 zu einer von Frankreich abhängigen Republik wurden, sah Großbritannien seine Handelsinteressen im Fernen Osten in Gefahr. Noch im selben Jahr besetzten britische Truppen das Kap. Diplomatischer Druck zwang die Briten 1802 zwar zum Rückzug, doch schon 1805 waren sie wieder da – und sie blieben. Die neue Regierung setzte sofort Reformen durch: Das Handelsmonopol der Niederländischen Ostindien-Kompanie wurde aufgehoben, Religionsfreiheit und freier Gebrauch der Muttersprache waren garantiert, 1807 folgte ein Verbot des Sklavenhandels (allerdings durfte man seine bisherigen Sklaven behalten). Immer mehr Briten kamen ins Land und mit ihnen britische Bräuche. Die Briten modernisierten das Schulwesen und kümmerten sich auch um die Bildung der Armen.

Im Jahr 1820 erhielten 4000 englische Siedler eine freie Überfahrt ans Kap nebst einer Landzuteilung an der östlichen Grenze. Auf diese Weise sollte eine Art Pufferzone zwischen dem Kap und dem Land der Xhosa entstehen, die bisher jedes Vordringen der Siedler vereitelt hatten. Bis 1852 kam es immer wieder zu heftigen Kämpfen, bis die Briten sich mit ihrer Taktik der „verbrannten Erde" durchsetzten und den Widerstand der Xhosa brachen. Kriege, Hungersnöte und Krankheiten hatten das Volk der Xhosa erheblich dezimiert, große Teile ihres Territoriums fielen nun an die Siedler aus Europa.

Vorstoß der Briten

Nicht nur die Xhosa stellten sich den Briten in den Weg. Viele niederländische Bauern, die mittlerweile „Buren" genannt wurden, konnten der britischen Lebensart nichts abgewinnen. Für die Buren brachte die Abschaffung der Sklaverei das Fass zum Überlaufen. Die Buren packten ihre Habe auf Planwagen und brachen als *Voortrekkers* in großen Verbänden auf – mit Frauen, Kindern, Sklaven und Vieh überquerten sie auf ihren Ochsenkarren den Oranje, den Vaal und sogar die Drakensberge. Dieser Exodus der Buren ist als „Großer Treck" in die Geschichte eingegangen. Die Buren setzten sich gegen Ureinwohner durch und gründeten eine Reihe von Freistaaten – frei, so hofften sie, vor allem vom Einfluss Englands. Zu den Burenstaaten zählen der spätere Oranje-Freistaat (zwischen Oranje und Vaal), Transvaal im Norden und Natal (zwischen den Drakensbergen und dem Indischen Ozean).

Nach 1824 hatte sich eine Gruppe englischer Abenteurer bereits in der Durban Bay in Natal niedergelassen. Sie schmückten sich zwar mit dem Etikett der Entdecker und Pioniere, in erster Linie ging es ihnen aber wohl um den Handel mit Elfenbein. Immer wieder forderten sie ihre Regierung auf, Port Natal zu annektieren, was diese aber ablehnte. Doch als die *Voortrekkers* 1838 die Republik

Natalia ausriefen, verweigerten die Briten eine Anerkennung und schickten stattdessen Soldaten. 1843 nahmen sie den Buren Natal ab, zwei Jahre später gliederten sie das Land ihrer Kapkolonie ein.

Aufstieg & Fall des Zulureiches

An der Ostküste stellte sich den Engländern und Buren eine ganz neue Macht entgegen: das Reich der Zulu. Der charismatische Zulukönig Shaka (um 1787–1828) hatte die zuvor isolierten Clans mit Drohungen und Diplomatie zu einer Nation zusammengeschweißt; das Kernland lag nördlich des Tugela-Flusses. Die jungen Männer ließ er, nach Altersklassen geordnet, Regimentern zuteilen. So schuf er eine große, disziplinierte und sehr effektive Armee, die dem König direkt unterstand und keinem Clanhäuptling Gefolgschaft schuldete. Den Engländern begegnete Shaka zuvorkommend; er gestattete ihnen sogar den Handel mit Elfenbein, sonst ein königliches Privileg.

Voortrekkers verteidigen sich in der „Schlacht von Blauwkrantz" gegen Zulukrieger

1828 fiel Shaka dem Mordanschlag seines Halbbruders Dingane (um 1795–1840) zum Opfer; dieser folgte ihm als König nach. Zehn Jahre später führte Dingane mehrere blutige Kriege gegen die Buren, die auf das Territorium des Zulureiches vorgedrungen waren. Es kam zu inneren Zerwürfnissen, denn ein Halbbruder Shakas, Mpande (1798 bis 1872), verbündete sich mit den Buren gegen Dingane. 1840 verdrängte Mpande seinen Rivalen schließlich vom Thron. Er regierte anschließend über 30 Jahre lang, und 1872 bestieg sein Sohn Cetshwayo (um 1826–84) den Thron. Dann aber griffen die Briten ein: Aus dem bunten Flickenteppich kleiner Kolonien, Burenrepubliken und unabhängiger Territorien wie dem Zulureich wollten sie endlich ein geeintes Südafrika formen.

1879 marschierten die Briten scheinbar grundlos in Cetshwayos Reich ein – und wurden vernichtend geschlagen. In der Schlacht von Isandlwana hatten 1200 britische Soldaten keine Chance gegen 20 000 Zulukrieger. In den darauffolgenden Schlachten jedoch – bei Rorke's Drift, Khambula und Gigindlovu – trugen die Briten den Sieg davon. Cetshwayo ging ins Exil, und die Briten gliederten das Reich der Zulu 1887 ihren Besitzungen ein.

Inder in Natal

Zwischen 1860 und 1911 wurde das südafrikanische Völkergemisch noch einmal bunter, denn in jenen Jahren warben die Zuckerrohrfarmer von Natal mehr als 150 000 indische Arbeitskräfte an. Vertraglich waren die Arbeiter fünf Jahre lang an einen Farmer gebunden. Sie konnten diese Frist einmal um weitere fünf Jahre verlängern und danach freie Verträge aushandeln – oder nach Indien zurückkehren. Ungeachtet der widrigen Umstände, blieb etwa die Hälfte der Inder im Land – als freie Bauern, Verkäufer oder Händler. Trotz diskriminierender Gesetze waren viele Inder aus Natal wirtschaftlich sehr erfolgreich.

Diamanten & Gold

Mit den Diamanten- und Goldfunden von 1866 und 1886 setzte eine tief greifende Veränderung der südafrikanischen Gesellschaft ein. War die Wirtschaft bisher von Landbau und Handel bestimmt, drehte sich plötzlich alles um Bergwerke. Moderne Technik erreichte das Landesinnere, und 1885 war sogar Kimberley ans Bahnnetz angeschlossen.

1866 fiel einem 15-jährigen Jungen auf einer Farm bei Hopetown am Oranje ein glitzernder Kiesel auf. Dieser entpuppte sich als Diamant. Fünf Jahre später stießen Diamantensucher im späteren Kimberley auf vulkanisches Gestein, das reich mit Diamanten besetzt war. Sofort brach das Diamantenfieber aus: Innerhalb von zwei Jahren war die kleine Bergarbeitersiedlung Kimberley auf 50 000 Einwohner angewachsen, und die Diamantlagerstätte, anfangs ein kleiner Hügel, entwickelte sich zum *Big Hole*, einem 200 Meter tiefen Abbaukrater. Schon bald traten Kapitaleigner wie Cecil John Rhodes und Barney Barnato auf den Plan und wetteiferten um die Kontrolle über den Diamantenabbau. Rhodes, der Zugang zu ausländischem Kapital besaß, setzte sich schließlich durch. Seit 1890 liegt der Diamantenabbau in den Händen des von Rhodes gegründeten Unternehmens De Beers, das auch die Versorgung der Märkte steuert – bis auf den heutigen Tag.

1886 stieß der Landvermesser George Harrison auf die unglaublich reichen Goldvorkommen im Gestein von Witwatersrand in Transvaal. Der Goldrausch erfasste die Menschen; Goldgräber gründeten die kleine Siedlung Johannesburg, die 1905 bereits 150 000 Einwohner zählte. Die Goldgräber, die auf eigene Rechnung tätig waren, stießen allerdings schon bald an ihre Grenzen, weil der Hauptflöz viel zu tief in der Erde lag. Auch hier trat Cecil Rhodes auf den Plan, diesmal mit seiner Firma Consolidated Gold Fields.

Agenten zogen damals über Land und warben Arbeitskräfte für die Goldminen an. Die Kolonialregierung leistete Beihilfe, indem sie auch auf dem Land eine Besteuerung einführte – die Afrikaner waren daher plötzlich gezwungen, Geld zu verdienen, um diese Steuern überhaupt zahlen zu können. Tausende Afrikaner verdingten sich daraufhin in den Minen, wo sie einer strengen Kontrolle unterworfen waren. Die Bezahlung war schlecht – doch um den Wettbewerb um höhere Löhne zu verhindern, durften sie sich nicht in Gewerkschaften zusammenschließen und auch nicht von einer Mine zur nächsten wechseln. Viele Arbeiter lebten fortan in den sogenannten Townships am Rande der Bergarbeiterstädte. Damals wurden erstmals die Bruchlinien sichtbar, die Südafrika mehr als ein Jahrhundert lang spalten sollten.

Die Burenkriege

Schon zu Beginn des 19. Jahrhunderts war es zu ersten Konflikten zwischen Großbritannien und den Buren gekommen; im Vertrag von Sand River von 1852 hatten die Briten dann aber den Oranje-Freistaat und Transvaal anerkannt. 1877 nutzten die Briten jedoch interne Streitigkeiten unter den Buren aus und marschierten in Transvaal ein. Die Buren nahmen den Übergriff nicht hin und widersetzten sich den Kolonialherren. 1880 begann der offene Aufstand, 1881 beendete der Vertrag von Pretoria den Ersten Burenkrieg: Transvaal blieb weitgehend autonom. Präsident von Transvaal, auch Südafrikanische Republik genannt, wurde Paul Kruger.

Die Spannungen zwischen der Republik und den Briten beziehungsweise der Kolonialverwaltung am Kap verschärften sich allerdings nach den Goldfunden am Witwatersrand. Die zahlreichen *Uitlanders* („Ausländer") in der Republik, vor allem Engländer, forderten ihre Bürgerrechte ein, darunter auch das Wahlrecht. Und die Briten unterstellten Kruger, er hintertreibe den Goldabbau, da er den Einsatz neuer Bohrtechniken nicht genehmige. 1895 unternahm eine von Cecil Rhodes unterstützte Gruppe einen Putschversuch gegen die Regierung von Transvaal, der jedoch scheiterte. Die Drahtzieher wurden zwar festgenommen, doch ein Krieg schien nun unausweichlich.

1899 brach der Zweite Burenkrieg aus (der auch als Südafrikanischer Krieg bekannt ist). Gekämpft wurde an zahlreichen Fronten; kleine, locker organisierte Verbände der Buren standen gegen die hochprofessionelle britische Armee. Immerhin gelang es den Buren zunächst, durch Belagerungen englischer Garnisonen wie Kimberley (im Süden), Ladysmith (im Norden von Natal) und Mafeking (im Nordwesten) beträchtliche Teile der britischen Truppen auszuschalten.

> **Mit den Diamanten- und Goldfunden von 1866 und 1886 setzte eine tiefgreifende Veränderung der südafrikanischen Gesellschaft ein.**

Nach den Anfangserfolgen der Buren setzten die Briten jedoch auf ihre zahlenmäßige Überlegenheit und schafften Verstärkung heran; am Ende standen 450 000 britische Soldaten den 90 000 Buren gegenüber. Den zusätzlichen Truppen gelang es schnell, die Belagerungen aufzuheben. Anschließend besetzten die Briten Bloemfontein, Johannesburg und Pretoria. Im Jahr 1900 ging Präsident Kruger ins Exil nach Europa, 1904 starb er in der Schweiz. Die regulären Kampfhandlungen waren schnell beendet, doch die Buren gaben nicht so schnell klein bei: Unter Christiaan de Wet (1854–1922) und Jan Smuts (1870–1950) eröffneten sie einen Guerillakrieg gegen die Truppen des Gegners und sprengten beispielsweise Bahngleise. Doch die

Briten kannten keine Gnade: Sie brannten die Farmen der Buren nieder und internierten die Familien einschließlich der schwarzen Arbeiter in Konzentrationslagern, in denen viele Tausend den Tod fanden. Und sie hatten Erfolg: Die Buren ergaben sich schließlich in ihr Schicksal. Der Frieden von Vereeniging beendete 1902 den Krieg auch offiziell; die Burenrepubliken verloren ihre Unabhängigkeit und unterstanden fortan der britischen Krone.

Die Union

Im Jahr 1910, acht Jahre nach dem Ende des Zweiten Burenkrieges, schlossen sich die Kapkolonie, Natal und die ehemaligen Burenrepubliken Oranje-Freistaat und Transvaal (Südafrikanische Republik) zur Südafrikanischen Union zusammen. Der neue Staat war allerdings ein Staat für Weiße: Von wenigen Ausnahmen in der Kapkolonie abgesehen, gestand man den Schwarzen in ihrem neuen Land kein Wahlrecht zu.

In der ersten Hälfte des 20. Jahrhunderts lag die politische Macht bei der von Louis Botha (1862–1919) und Smuts gegründeten Südafrikanischen Partei und in den Händen von B. M. Hertzog (1866–1942) mit seiner kleinen Nationalen Partei. Die Südafrikanische Partei setzte sich für die Aussöhnung von Engländern und Buren ein und vertrat vornehmlich Englands Wirtschaftsinteressen; die Nationale Partei propagierte einen afrikanischen Nationalismus und stützte sich vorwiegend auf die weiße Arbeiterschicht. Gemeinsam war beiden allerdings die feste Absicht, Schwarze von der politischen Bühne fernzuhalten.

Gandhi in Südafrika

1893 kam ein junger Rechtsanwalt namens Mohandas Gandhi, der soeben in Indien sein Examen abgelegt hatte, nach Durban. In Natal wandte Gandhi sich erstmals gegen eine Kolonialmacht: Er kämpfte für die Rechte der dort ansässigen Inder, reichte Petitionen ein und organisierte politische Veranstaltungen. Und er gründete 1894 eine wichtige politische Vereinigung, den Natal Indian Congress. 1902 mischte sich Gandhi auch in die Politik von Transvaal ein und wurde deshalb mehrfach ins Gefängnis gesperrt. In Afrika entwickelte Gandhi seine berühmt gewordene Strategie des passiven Widerstandes. 1914 kehrte er nach Indien zurück – als gewiefter Politiker.

Weg in den Nationalismus: Schon seit Anfang des 20. Jahrhunderts bedrängten Intellektuelle und die politischen Führer der Schwarzen die britische Regierung und bestanden auf einer gewählten Vertretung für alle Bewohner des Landes. Ihre Bemühungen blieben jedoch fruchtlos, und in der Union von 1910 war keine Rolle für Schwarze vorgesehen. Die Schwarzen gründeten daher zwei Jahre später eine Vereinigung, deren Namen 1923 noch einmal geändert wurde: den Afrikanischen Nationalkongress (ANC). Der ANC unter seinem Führer John Dube (1871–1946) hatte es gleich zu Beginn mit einem der schlimmsten Fälle von rassistischer Gesetzgebung zu tun: Im Natives Land Act von 1913 wurde festgeschrieben, dass die Schwarzen, also 76 Prozent der Bevölkerung, nicht mehr als 7,6 Prozent der Landesfläche (später 13 Prozent) besitzen durften. Der ANC kämpfte erbittert gegen diese Beschränkung, der Protest verhallte freilich wirkungslos. Auch in den folgenden Jahrzehnten organisierte der ANC wiederholt Protestkundgebungen und Arbeitsniederlegungen, um den Blick der Öffentlichkeit auf die Rechtlosigkeit der schwarzen Mehrheit zu lenken.

Eine andere Form von Nationalismus – derjenige der Afrikaans sprechenden Nachfahren der Buren – wurzelt im späten 19. Jahrhundert. Den sogenannten Afrikaanern ging es darum, ihre Sprache – einen Abkömmling des Niederländischen, in den zahlreiche Lehn-

ANC-Anhänger feiern 1989 die Rückkehr ihrer Führer aus dem Exil nach Soweto

wörter aus den Sprachen der Sklaven Eingang gefunden hatten – in den Rang einer Amtssprache zu erheben. Politisch machte sich die Nationale Partei als Interessenvertretung der
weißen Arbeiterschicht diese Forderung zu eigen. Zulauf erhielt die Partei vor allem von
jenen Weißen, denen der britische Imperialismus nach wie vor ein Dorn im Auge war.

Die Zeit der Apartheid

Als Jan Smuts aus dem Zweiten Weltkrieg heimkehrte, erwarteten eigentlich alle, dass er
mit seiner Südafrikanischen Partei die nächsten Wahlen gewinnen würde. 1948 fiel der
Sieg aber überraschend an die Nationale Partei, die einer Politik der strikten Rassentren-
nung das Wort redete. Die Nationale Partei blieb bis 1994 an der Regierung. 1961 sagte
sich Südafrika von Großbritannien los und erklärte sich zur Republik.

Rassismus und Diskriminierung waren im Land auch zuvor schon allgegenwärtig gewesen – die Engländer hatten sich darin kaum von den niederländischen Afrikaanern unter-
schieden. Zum ersten Mal allerdings verschaffte eine Regierung dem Rassismus eine ge-
setzliche Grundlage. Die Führer der Nationalen Partei, allen voran der Ideologe Hendrik
Verwoerd (1958–66 Premierminister), schufen eine Alltagswelt, die von erbarmungsloser
Diskriminierung geprägt war: Mischehen, ja sogar Geschlechtsverkehr zwischen Weißen
und Schwarzen wurden unter Strafe gestellt, und selbst im öffentlichen Raum hatten
Schwarze sich von Weißen fernzuhalten – im Postamt ebenso wie im Park, am Strand
oder an anderen Orten. Die Wohngebiete wurden streng getrennt, und Schwarzen war
der Besuch „weißer" Universitäten untersagt. Nach Auffassung der Nationalisten hielten
die Schwarzen sich ohnehin nur vorübergehend im „weißen" Südafrika auf, um ihre Arbeitskraft anzubieten; ihre Bewegungen wurden überwacht und penibel registriert. Nach
getaner Arbeit hatten die Schwarzen sich wieder in ihre eigenen „Länder" zurückzuzie-
hen – die sogenannten Homelands, von den Weißen verächtlich „Bantustan" genannt.

Zunehmend schärfere Gesetze waren erforderlich, um schwarze Oppositionsparteien wie die Kommunistische Partei und später den ANC sowie den Panafrikanischen Kongress in Schach zu halten. Die Nationalisten schreckten sogar vor einer Aushebelung des Rechtsstaates nicht zurück – Dissidenten wurden ohne Gerichtsverhandlung unter Hausarrest gestellt oder in Gewahrsam genommen. Erst in den 1980er Jahren ließ die Macht der Nationalen Partei allmählich nach; Militär und Polizei traten an ihre Stelle. Wiederholt verhängte die Regierung den Ausnahmezustand, um Gegner unbehelligt foltern und beseitigen zu können.

Bei der Parlamentseröffnung im Februar 1990 leitete Premierminister Frederik Willem de Klerk (geb. 1936) eine sensationelle Kehrtwende ein. Nur eine Woche später verließ Nelson Mandela nach 28 Jahren seine Gefängniszelle.

Der Widerstand der Schwarzen

Der ANC verhielt sich anfangs im Umgang mit den staatlichen Behörden sehr zurückhaltend; die Interessen der verarmten Schwarzen vertraten eher die Kommunisten und die Gewerkschaften. Erst nach 1948, mit dem Beginn der eigentlichen Apartheid, bezog der ANC eine klare Gegenposition: Er organisierte Proteste, und Tausende seiner Mitglieder gingen dafür ins Gefängnis. Bereits 1955 formulierte ein Volkskongress die Grundprinzipien eines demokratischen, nichtrassistischen Südafrika.

1959 kehrte der charismatische Robert Sobukwe (1924 bis 1978) dem ANC den Rücken und gründete den militanteren Panafrikanischen Kongress (PAC). Zehntausende folgten einem Aufruf des PAC und protestierten gegen die verhassten *passbooks*, die jeder Schwarze ständig mit sich führen musste. Am 21. März 1960 eröffnete die Polizei in Sharpeville im südlichen Transvaal das Feuer auf unbewaffnete Demonstranten: 69 Menschen starben, 180 wurden verletzt – das „Massaker von Sharpeville" wurde weltweit verurteilt. Die Regierung erklärte daraufhin den Ausnahmezustand und verhängte ein Verbot über den ANC und PAC. Den Schwarzen blieb jetzt nur noch der bewaffnete Widerstand. Oliver Tambo (1917–93) ging ins Exil und leitete von dort aus den ANC. Nelson Mandela (geb. 1918) und andere Vertreter von Umkhonto we Sizwe („Speer der Nation", MK) organisierten Sabotageakte gegen strategisch und wirtschaftlich lohnende Ziele, wobei sie immer bemüht waren, Menschenleben zu schonen. 1963 wurde allerdings nahezu die gesamte Führungsriege des MK vor Gericht gestellt. Mandela und acht Gefährten wurden zu lebenslanger Haft verurteilt und nach Robben Island gebracht.

Da alle Führer im Ausland oder im Gefängnis saßen, ließ sich der schwarze Widerstand mehr als zehn Jahre lang eindämmen. Bis 1976: Da protestierten Schuldkinder im „schwarzen" Soweto bei Johannesburg gegen den Zwangsunterricht in der Sprache Afrikaans. Die Polizei tötete sogar Kinder – und der Protest steigerte sich zum landesweiten Aufruhr. Seit dieser Zeit befand sich Südafrika in einem verkappten Bürgerkrieg, in dessen Verlauf Tausende ums Leben kamen. Guerillakämpfer des MK fielen von sicheren Nachbarstaaten aus in Südafrika ein, Zivilisten starben bei Bombenanschlägen. Schwarzen Repräsentanten wie dem Erzbischof Desmond Tutu (geb. 1931) gelang es, die internationale Gemeinschaft von Boykottmaßnahmen auf wirtschaftlichem, sportlichem und künstlerischem Gebiet zu überzeugen. Als auch die mächtigen Gewerkschaften zu Boykottmaßnahmen und Streiks aufriefen, zeichneten sich erste Folgen für die Wirtschaft ab. Die Nationale Partei bemühte sich zwar halbherzig um Reformen, schreckte aber vor dem wichtigsten Schritt zurück: einem allgemeinen Wahlrecht in einem geeinten Südafrika.

Der Weg zur Demokratie

Ende der 1980er Jahre nahm das weiße Regime Geheimverhandlungen mit dem ANC auf. Bei der Parlamentseröffnung im Februar 1990 leitete Premierminister Frederik Willem de Klerk (geb. 1936) eine sensationelle Kehrtwende ein: Alle bisher verbotenen Parteien, so de Klerk, sollten wieder zugelassen und politische Aktivitäten erlaubt sein. Nur eine Woche später verließ Nelson Mandela das Gefängnis. Es dauerte einige Jahre, bis die Gewalt abebbte und alle Parteien sich geeinigt hatten, doch 1994 wurde zum ersten Mal demokratisch – und friedlich – gewählt. Der ANC errang einen überwältigenden Sieg, und Nelson Mandela war der erste demokratisch legitimierte Präsident des Landes. Eine neue Verfassung trat in Kraft, die jedermann Bürgerrechte und Grundrechte zuerkannte. Die Apartheidgesetze galten nicht mehr; medizinische Leistungen, sauberes Trinkwasser, elektrischer Strom und angemessener Wohnraum blieben nicht länger einer Minderheit vorbehalten. Zur Aufarbeitung der Vergangenheit rief man eine Wahrheits- und Versöhnungskommission ins Leben, und Hunderte bezeugten vor diesem Tribunal die Men-

Nelson Mandela betritt die Zelle, in der er fast 30 Jahre seines Lebens verbrachte

schenrechtsverletzungen während der Zeit der Apartheid. Der Abschlussbericht von 1998 hält die Verbrechen der Regierung ebenso fest wie die Gewalttaten des Widerstands.

1999 zog Mandela sich aus der Politik zurück, und Thabo Mbeki (geb. 1942) übernahm das Präsidentenamt; 2004 wurde er noch einmal für fünf Jahre im Amt bestätigt. Zwar geht es der Wirtschaft nicht schlecht, doch Kritiker weisen auf eine schlechte Bilanz des Präsidenten hin: auf Korruption bei Waffengeschäften, Nachlässigkeit bei der Aids-Bekämpfung und Zurückhaltung gegenüber der Diktatur in Simbabwe. Im Dezember 2007 wählte der ANC den umstrittenen Jacob Zuma (geb. 1942) zum Vorsitzenden, der Mbeki im April 2009 im Präsidentenamt nachfolgte. ∎

Essen *&* Trinken

Südafrikas Küche und Getränke sind so unterschiedlich wie seine Bevölkerung und seine Klimazonen. Die mediterrane Kapregion, das Highveld und die subtropische Provinz KwaZulu-Natal tragen mit Weinen, Früchten, Fleisch, Fisch und Gemüse zu dieser Vielfalt bei. Gleichzeitig haben Afrika, Asien, die Niederlande und Großbritannien der südafrikanischen Küche ihren Stempel aufgedrückt.

Die ursprüngliche südafrikanische Küche beruht vor allem auf gekochtem oder gebratenem Fleisch und *pap*, einem festen, weißen Brei, der aus gemahlenem *mielies* (Mais) hergestellt wird und häufig mit grünem Gemüse, wie dem spinatähnlichen *morogo* (wie es in der Sprache der Sotho heißt) oder *imifino* (in der Sprache der Zulu), serviert wird. Heute wird dieses Gericht häufig zusätzlich mit Chili, Tomaten oder Zwiebeln verfeinert. Außerdem ersetzt Hühnerfleisch oft Rindfleisch oder Wild. Wer ein typisches Xhosa-Gericht

Lambert's Bay hat sich auf Meeresfrüchtegerichte spezialisiert, die am Strand serviert werden

probieren möchte, sollte *umngqusho* kosten, das auf *samp* (zerstoßenen Maiskörnern) und Limabohnen basiert und mit würzigen Zutaten wie Kräutern, Zitrone, Zwiebeln und Chilischoten verfeinert wird. Abenteuerlustige Besucher können die sogenannten Mopanewürmer versuchen, die getrockneten Raupen von *Gonimbrasia belina*, einem Falter aus der Familie der Pfauenspinner. Die Restaurants in den größeren Städten servieren heute Gerichte des gesamten Kontinents, unter anderem aus Zutaten wie Couscous, Erdnüssen, Hirse und Süßkartoffeln sowie einer großen Auswahl an gegrilltem Fleisch.

Besonders typisch für Südafrika ist die unter dem Namen *Cape Malay* bekannte Küche, eine Kombination aus der Küche der Kapholländer mit der Kochtradition der aus Indonesien mitgebrachten Sklaven. Zu den bekannten Gerichten dieser Küche zählen *bobotie*, mit Curry gewürztes Hackfleisch mit Ei-Vanille-Sauce; leckere *bredies*, Eintöpfe mit Lamm oder Tomaten, die aber immer *waterblommetjies* (das sehr schmackhafte Laichkrautgewächs der Kapregion) enthalten, sowie *sosaties*, würzige Kebabs aus Huhn, Lamm, Schwein oder Rind. Zum Hauptgericht wird häufig Reis gereicht, der mit *borrie* (Kurkuma) und *blatjang* (würziges Chutney aus unterschiedlichen Früchten, meist aber mit Aprikosen) gelb gefärbt wird.

Die von den holländischen Siedlern am Kap abstammenden Afrikaaner entwickelten eine noch heute beliebte Küche. Zu diesen Gerichten zählen *biltong* – luftgetrocknetes

Fleisch, das mit Salz und Koriander gewürzt und in lange, dünne Streifen geschnitten wird –, *boerewors* („Bauernwurst") aus grob gehacktem, ebenfalls mit Koriander gewürztem Fleisch sowie *potjiekos*, Gemüse und Fleisch, meist Lamm, Rind oder Wild, das nach dem individuellen Geschmack des Kochs gewürzt und über offenem Feuer gekocht wird. Frittierter Teig ist ebenfalls sehr beliebt, vor allem als Beilage zu Fleisch in Form des *vetkoek* („fetter Kuchen") oder als Nachspeise mit den *koeksusters*, zu Zöpfen geformten Teigstreifen in einem sehr süßen Sirup. Eine für die holländische Kapregion typische Nachspeise ist auch *malva*-Pudding, eine Art karamellisierter Rührkuchen mit Aprikosenkonfitüre, häufig mit Ingwer gewürzt und heiß zusammen mit Eiscreme oder Vanillesauce serviert.

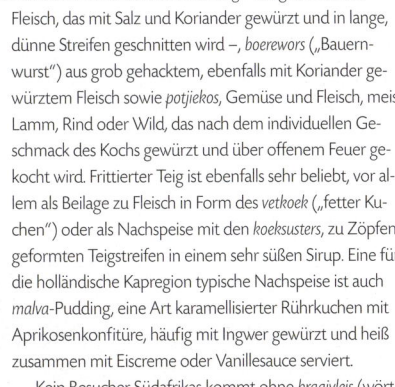

Kein Besucher Südafrikas kommt ohne *braaivleis* (wörtlich: „gebratenes Fleisch"; meist zu *braai* verkürzt) davon, eine bei allen Südafrikanern beliebte Grillfleischvariante. Besonders begeisterte Freunde dieser Küchenrichtung sind sehr stolz auf ihre geheimen Rezepte für Marinaden und Saucen und ihre jeweiligen Methoden, um Feuer und Kohlen genau richtig hinzubekommen. Alle Fleischsorten – Steaks, *boerewors*, Koteletts, Huhn, *sosaties* – können zum Einsatz kommen, ebenso wie Fisch und Gemüse und auch *mielies* (Mais), Kartoffeln und Zwiebeln. Als Beilagen werden oft grüne Salate und Kartoffelsalat gereicht, als Getränk einheimischer Rotwein und Bier.

In den Restaurants an der Küste sollten Gäste keine Probleme haben, frische Meeresfrüchte von exzellenter Qualität zu bekommen. KwaZulu-Natal ist auf Seefische, Garne-

Junge Verkäufer bieten in der Provinz Ost-Kap ihre Waren vorbeifahrenden Autofahrern an

len und Shrimps spezialisiert. Knysna, im Herzen der Garden Route der Provinz West-Kap, ist für seine frischen Austern bekannt. In Kapstadt lohnen *kingklip* oder *kabeljou*, beides Fische mit festem, weißem Fleisch. Die Westküste von Kapstadt bis Lambert's Bay ist für Hummer und Muscheln berühmt. Der am weitesten verbreitete Süßwasserfisch auf Speisekarten ist die Forelle.

Carpaccio vom Springbock oder Strauß oder sogar geräucherter Krokodilschwanz sind nun ebenso auf Speisekarten zu finden wie geriebenes *biltong* zum Würzen frittierter Camemberts oder Salate.

Die Küchenchefs haben dank des Touristenbooms eine ganz individuelle Fusionsküche entwickelt, die lokale und internationale Speisen miteinander kombiniert. Carpaccio vom Springbock oder Strauß oder sogar geräucherter Krokodilschwanz sind nun ebenso auf Speisekarten zu finden wie geriebenes *biltong* zum Würzen frittierter Camemberts oder Salate. Gäste sollten Ausschau nach Gerichten wie Kudu in schwarzer Kirschsauce, Flusskrebsrisotto, Lachs auf Süßkartoffelbrei oder Straußenfilet mit Ziegenkäseravioli halten.

Die internationale Küche ist in Südafrika gut repräsentiert. Vor allem in Durban finden sich zahlreiche indische Restaurants. In den Städten haben Touristen aber auch keine Probleme, französische, deutsche, griechische, italienische, portugiesische, chinesische, thailändische und japanische Lokale zu finden. Dies gilt auch für traditionelle englische Pubgerichte.

Weinliebhaber haben in Südafrika die Qual der Wahl. Die Provinz West-Kap wird durch ein mediterranes Klima geprägt und beschäftigt sich schon mit dem Weinanbau, seit 1688 die französischen Hugenotten kamen. Heute gibt es Hunderte unterschiedlicher Weine auf dem Markt: rote, weiße, Schaumweine und weinhaltige Getränke von guter bis hin zu ausgezeichneter Qualität. Aufgrund des heißen Klimas sind südafrikanische Weine kraftvoll und fruchtig und haben einen relativ hohen Alkoholgehalt von 11,5 bis 14,5 Prozent.

Unter den Rotweinen herrschen die Rebsorten Cabernet Sauvignon, Merlot und Shiraz vor, die häufig auf schöne Weise miteinander kombiniert werden. Pinot Noir ist seltener, obwohl einige der an der Küste liegenden Weingüter damit Erfolge erzielen konnten. Besucher sollten Pinotage kosten, eine 1924 in Südafrika entwickelte Kreuzung aus Pinot Noir und Cinsault. Unter den Weißweinen basieren die populärsten auf den Rebsorten Sauvignon Blanc, Chardonnay, Chenin Blanc und Colombard. Obwohl es kritisch ist, bestimmte Produzenten hervorzuheben, kann man festhalten, dass Hamilton Russell, Vergelegen und Diemersfontein in den letzten Jahren sehr zuverlässig waren.

Wer einen guten Portwein mag, sollte die Sorten kosten, die in der Umgebung von Calitzdorp im West-Kap von den Weingütern Boplaas oder De Krans produziert werden. Ebenfalls aus dieser Region kommt ein (allerdings kostspieliger) Port, der vom winzigen Weingut Axe Hill produziert wird. In Südafrika werden ferner einige exzellente Sherrys sowie fünf bis zehn Jahre gelagerte Branntweine produziert. Zum Dessert sollte man einen süßen Wein – Muscadet oder aus der Hanepoort-Traube – trinken. Nach dem Essen sind die südafrikanischen Liköre zu empfehlen: Cape Velvet oder Amarula Cream, der aus den Früchten des einheimischen Marulabaums hergestellt wird.

Biertrinker kommen ebenfalls nicht zu kurz und können die unterschiedlichsten Biersorten in Flaschen, Dosen oder auch gezapft in Pubs bekommen. Die große Brauerei SABMiller dominiert mit ihrem allgegenwärtigen „Castle Lager" den Markt. In der Provinz West-Kap produzieren die kleinen Privatbrauereien Mitchell's in Knysna und Birkenhead in der Nähe von Hermanus hochwertiges Flaschen-

> ## ERLEBNIS:
> ## Brauereibesichtigungen
>
> In einem Land, das in erster Linie für seinen Wein bekannt ist, sollte auch die Brauereibranche nicht unterschätzt werden. Europäische Rezepte werden hier mit afrikanischen Zutaten – wie Sorghum – zu einem einzigartigen Getränk kombiniert.
>
> Mehrere Brauereien in der Umgebung von Kapstadt bieten Führungen an. Das beste Ziel findet sich jedoch an der Bier-Route im nordwestlichen KwaZulu-Natal. Die bei Durban beginnende Route schlängelt sich durch die Landschaft und führt an acht Brauereien vorüber. Zu den Höhepunkten gehören die gigantische **SABMiller Brewery** in Prospecton *(9–11 Jeffels Rd., Tel. 031/910-1111)*, die winzige **Zululand Brewing Company** in Eshowe *(45 km nordwestlich von Dukuza, R66 & N2, Tel. 035/474-4919, www.zulubeer.com)* und die **Shongweni Brewery** im Shongweni Valley *(neben der B1, Tel. 031/769-2061, www.shongwenibrewery.com)*.
>
> Obwohl man auch Pauschaltouren buchen kann, ist es am besten, ein Auto zu mieten. Informationen, Karten, Besichtigungszeiten und Hinweise zur Unterbringung finden sich auf *http://beer.kzn.org.za*.

und Fassbier. Wer Bier nach deutscher Brauart bevorzugt, sollte nach dem „Windhoek" fragen, das nach dem deutschen Reinheitsgebot gebraut und aus dem benachbarten Namibia importiert wird. Wer besonders neugierig ist, kann das traditionelle örtliche Bier kosten. Dessen Herstellung ist Frauen vorbehalten, die es aus Mais und Sorghummalz brauen. Diese Zutaten werden mit Hefe und Wasser kombiniert, gekocht und gefiltert. Das Ergebnis ist ein trübes, cremiges Getränk mit nur drei Prozent Alkohol. ∎

Natur & Landschaft

Südafrika besteht aus einem riesigen Hochlandplateau, das von Gebirgszügen umgeben ist, hinter denen wiederum eine schmale Küstenebene liegt. Innerhalb dieses Rahmens bietet das Land eine erstaunliche landschaftliche Vielfalt: die smaragdgrünen Drakensberge, den spektakulären Blyde River Canyon, die Dünen und den Sumpf von St. Lucia, die raue, trockene Schönheit der Halbwüste Karoo und des Richtersveld National Park, die rote Wüste Kalahari und die seltsam verdrehten Schichten der Cape Fold Mountains.

Südafrika ist ein riesiges Land. Es bedeckt zwischen dem warmen Indischen Ozean im Osten und dem kälteren Atlantik im Westen eine Gesamtfläche von 1 219 912 Quadratkilometern und verfügt über eine Küstenlinie von insgesamt rund 3000 Kilometer Länge. Der höchste Punkt ist der zu den Drakensbergen gehörende Gipfel des Injisuthi mit einer Höhe von 3408 Metern. Sieht man von der Ostküste ab, fällt in den meisten Regionen Südafrikas nur wenig Niederschlag. Es gibt nur zwei größere Flüsse. Der 2187 Kilometer lange Gariep, früher unter dem Namen Orange bekannt, entspringt im Hochland von Lesotho und fließt im äußersten Nordwesten bei Alexander Bay ins Meer. Sein Nebenfluss, der Vaal, entspringt im östlichen Mpumalanga und fließt dann 1120 Kilometer lang bis zu seinem Zusammenfluss mit dem Gariep südwestlich von Kimberley.

Küste

Palmen und eine üppige grüne Vegetation dominieren die Landschaft an der subtropischen Ostküste von KwaZulu-Natal. In dieser Region und entlang der nur dünn besiedelten Wild Coast (der Nordküste des Ost-Kap) säumen Kilometer um Kilometer großartiger Sandstrände den Indischen Ozean. Die Küste des Ost-Kap ist insgesamt durch malerische Flussdeltas, häufig mit Klippen und Lagunen, charakterisiert. Hier fließen kleinere Flüsse aus dem Binnenland ins Meer, etwa an dem Urlaubsort Gonubie in der Nähe von East London und bei Kenton-on-Sea.

Die Küstenlinie in östlicher Richtung von Mossel Bay aus bis hinter Plettenberg Bay ist als Garden Route bekannt. Ihre Seen, Lagunen, grünen Berge, buschigen Küstendünen und schönen Strände machen sie zu einem der beliebtesten Touristenziele Südafrikas. Der hiesige Tsitsikamma National Park ist die Heimat einiger von Südafrikas letzten noch erhaltenen Waldgebieten der gemäßigten Klimazone.

Während die Küste in Richtung Südwesten zum südlichsten Punkt Afrikas am Cape Agulhas und dann nach Nordwesten nach Kapstadt führt, wird es nach und nach trockener, kühler und felsiger. Die Westküste Südafrikas am Atlantik und dem kühlen Benguelastrom ist völlig anders als die mediterran anmutende Seite am Indischen Ozean. Dies ist eine Gegend eiskalten, blauen Wassers, krachender Wellen, über dem Meer liegenden Dunstes und langer, weißer Strände, die sich mit kilometerlangen Dünen und von Seetang gesäumten Felsküsten abwechseln.

Berge

Die hinter der Küstenebene mehr oder weniger parallel zur Küste verlaufenden Gebirgszüge bilden eine deutliche Grenze zum Großteil des südafrikanischen Binnenlandes. In der südwestlichen Landesecke gehören die nordwestlich von Kapstadt und dem Hex River liegenden Cedarberge, die Gebirgszüge Riviersonderend und Tsitsikamma sowie die

Das Giant's Castle Game Reserve, eine Weltnaturerbestätte in den Drakensbergen

Outeniqua Mountains allesamt zu einer einzigen geologischen Formation. Diese als Cape Fold Belt („Kap-Faltengürtel") bekannten Berge entstanden vor 400 Millionen Jahren, als sich dicke Sedimentschichten im südlichen Ozean ablagerten. Dann faltete vor 250 Millionen Jahren eine gigantische Erschütterung der Erdkruste den quarzhaltigen Sandstein, der aus diesen Sedimenten entstanden war, in die heute zu sehende, beeindruckende Formation. Einige spektakuläre Pässe schneiden durch diese Berge der Provinz West-Kap. Besucher mit einem Auto sollten sich die Zeit nehmen, über den hoch gelegenen Swartberg Pass zwischen Prince Albert und den Cango-Höhlen oder zumindest über die leichter zugänglichen Pässe Meiringspoort, an der N12 unmittelbar nördlich von De Rust, oder dem Seweweekspoort, neben der R62 in der Nähe von Ladismith, zu fahren. Wer diese Strecken wählt, wird mit einem atemberaubenden Blick auf gewaltige Felsbänder belohnt. Die Cape Fold Mountains sind auch der Ursprung zahlreicher heißer Quellen. Die berühmtesten finden sich in Citrusdal, Caledon, Montagu und Barrydale.

Die Drakensberge, die sich durch die Provinzen KwaZulu-Natal und Mpumalanga hindurch die Ostseite Südafrikas hinaufziehen, blicken auf eine deutlich jüngere geologische Geschichte zurück. Vor etwa 180 Millionen Jahren stiegen große Mengen Basaltgesteins auf, erodierten im weiteren Verlauf der Jahrtausende und formten so diese Berge mit ihren steilen Klippen und hoch aufsteigenden Gipfeln aus. In Mpumalanga hat die Erosion das Great Escarpment (Große Randstufe) – wo das Hochland steil zum Lowveld hin abfällt – sowie landschaftliche Wunder wie den Blyde River Canyon erschaffen. In KwaZulu-Natal bietet der Ukhuhlamba-Drakensberg natürliche Amphitheater und leuchtend grüne, grasbewachsene Abhänge, die von klaren Bergflüssen durchschnitten werden.

> **Ende August und im September kommen die Touristen in Scharen und erfreuen sich an den zahllosen orangefarbenen, violetten, weißen und roten Gänseblümchen und den blühenden Sukkulenten.**

Highveld & Lowveld

Highveld (*Veld* ist ein Afrikaans-Wort, das „offener ländlicher Raum" bedeutet) bezeichnet das zentrale Hochplateau Südafrikas auf einer Höhe von 1370 bis 1820 Metern über dem Meeresspiegel. Früher war der größte Teil des zentralen und südlichen Bereichs dieses Gebiets von Grasland bedeckt. Heute ist der Großteil bewohnt oder wird landwirtschaftlich genutzt, besonders für den Anbau von Mais und Sonnenblumen. Der nördliche, etwas niedriger liegende Bereich des Highveld, vor allem in der Provinz Limpopo, hat sich einen großen Teil seiner Bushveld- und Waldvegetation erhalten. Hier finden sich der Südafrikanische Laubbaum (*Terminalia sericea*), der stattliche Marulabaum (*Sclerocarya birrea*) und der eindrucksvolle Krokodilbaum (*Acacia nigrescens*) mit seinem dornenbesetzten Stamm.

Am Fuß der östlichen Randstufe liegt das Lowveld, die Heimat des Kruger National Park und vieler privater Wildreservate. Diese heiße, feuchte, von der Malaria heimgesuchte Region ist im Süden durch dichte Dornenwälder mit eleganten Fieberbäumen (*Acacia xanthophloea*) mit grüner Rinde und im trockeneren Norden durch den Mopanebaum (*Colophospermum mopane*) gekennzeichnet. Hier hat der Besucher gute Chancen, die *Big Five* Südafrikas zu sehen: den Elefanten, den Löwen, den Leoparden, den Büffel sowie das Nashorn; außerdem viele verschiedene Antilopenarten – darunter Kudu, Impala, Nyala und Buschbock – sowie mehr als 500 Vogelspezies.

Sonnenaufgang über dem Kgalagadi Transfrontier Park, Nord-Kap

Trockenes Binnenland

Die Halbwüste Karoo erstreckt sich im Binnenland, hinter den Gebirgszügen der Küste, von Osten nach Westen. Sie entstand vor rund 240 bis 190 Millionen Jahren. Die von Bergen umgebene Region war ursprünglich der Grund eines Binnenmeeres, in dem sich über einen Zeitraum von 50 Millionen Jahren hinweg Sedimente absetzten. Das Meer trocknete schließlich aus und hinterließ Sedimentschichten, die ein außergewöhnlich reiches Vorkommen an Fossilien von Reptilien, Fischen, Wirbeltieren und Pflanzen bergen. Die neuzeitliche Karoo ist ein Ort rauer Schönheit mit niedrigen Tafelbergen und weiten, offenen Ebenen, auf denen Schafe sich von der spärlichen Vegetation ernähren und das einzige Geräusch das Klappern der Windmühlen ist, die Grundwasser an die Oberfläche pumpen.

Die trockene Ebene des Namaqualandes, die sich nordwestlich von Kapstadt erstreckt, zieht fast das ganze Jahr über kaum Besucher an. Ende August und im September jedoch kommen die Touristen in Scharen und erfreuen sich an den zahllosen orangefarbenen, violetten, weißen und roten Gänseblümchen und den blühenden Sukkulenten.

In der äußersten Nordwestecke Südafrikas liegt die Mondlandschaft des Richtersveld. Dessen zerklüftete Berge sind die Heimat winziger Sukkulenten, großer Köcherbäume (*Aloe dichotoma*), von Hartmann-Bergzebras und kleinen Klippschliefern. Besucher, die meinen, am Horizont einen Menschen zu sehen, täuschen sich vermutlich – wahrscheinlich handelt es sich um einen *halfmens* (Afrikaans für „halbe Person"), den an die menschliche Gestalt erinnernden Sukkulentenbaum *Pachypodium namaquanum*. ∎

Giraffen inmitten vom Baumwipfeln im Sibuya Game Reserve

Die Tierwelt

Das reiche Tierleben Südafrikas zieht jedes Jahr Scharen einheimischer und internationaler Touristen an. Die Big Five sind die Hauptattraktion, doch ebenso faszinierend sind die vielen Antilopen, Menschenaffen, weiterer Säugetiere, Reptilien und Vögel. Es folgen nur einige der Spezies, die der Besucher vermutlich zu Gesicht bekommen wird.

Säugetiere

Klippschliefer: Besucher der Berge des West-Kap werden wohl die kleinen, agilen braunen Klippschliefer dabei beobachten können, wie sie sich auf den Felsen sonnen. Auch wenn es unwahrscheinlich erscheint: Klippschliefer sind anatomisch eng mit den Elefanten verwandt.

Giraffe: Sie besitzt eine ideale Tarnung. Wer eine Giraffe entdeckt, sollte genau hinsehen, da sich oft noch weitere dort aufhalten.

Flusspferd: Das Flusspferd ist trotz seines drolligen Aussehens ein gefährliches Tier, vor allem wenn man ihm in die Quere kommt. Besucher sollten Ausschau nach seinen aus dem Wasser ragenden Ohren und Augen halten und auf seine tiefen Grunzlaute lauschen.

Stachelschwein: Stachelschweine sind scheue, nachtaktive Tiere. Besucher bekommen sie selten zu Gesicht, finden aber relativ häufig ihre spitzen, schwarz-weißen Stacheln auf dem Boden.

Warzenschwein: Mit ihren vorstehenden Hauern, dem borstigen, grauen Körper, der kurzen Schnauze und dem steil nach oben gerichteten Schwanz wirken diese kleinen, kompakten Tiere recht lustig. Im Frühsommer kann man sehen, wie Eltern mit ihren Jungen im Gänsemarsch durch den Busch spazieren.

Zebra: Das schwarz-weiß gestreifte Zebra kann relativ leicht beim Grasen beobachtet werden. Wenn es Gefahr wittert, gibt es einen hohen, jaulenden Laut von sich.

Antilopen

Elenantilope: Die große, anmutige, beigegraue Elenantilope grast in Herden von bis zu 50 Tieren. Sie ist an ihrem dicken Hals und dem hängenden, behaarten Kehllappen zu erkennen.

Spießbock: Die in den Halbwüsten Südafrikas vorkommenden Spießböcke sind an ihren sehr langen, geraden Hörnern, ihren schwarz-weißen Beinen und Gesichtern zu identifizieren.

Impala: Diese kleinen, graziösen, rostfarbenen Antilopen mit weißem Bauch und geschwungenen Hörnern sind die im Bushveld häufigste Antilopenart. Sie leben in großen Herden, zu denen im Frühling viele Jungtiere gehören.

Kudu: Die männlichen Tiere sind groß, graubraun, tragen am Körper schmale, weiße, vertikale Streifen und haben spiralförmige Hörner.

Nyala: Nyalas sind auf den ersten Blick leicht mit Kudus zu verwechseln, da ihre Körper ähnlich gestreift sind. Ihre Hörner sind aber weniger verdreht, und sie haben charakteristische gelbe Beine und Zotteln unter dem Körper.

Springbock: Der Springbock ist klein, zimtfarben mit weißer Unterseite und einem breiten, schokoladenbraunen Streifen an den Flanken. Er trägt Hörner, die wie eine Leier geformt sind, und kommt in großen Herden in der Karoo und anderen Halbwüsten vor.

Gnu: Diese große, graue Antilope mit nach oben und außen weisenden Hörnern teilt sich in zwei Arten. Streifengnus sind größer und haben einen schwarzen Schwanz, während Weißschwanzgnus kleiner sind und einen weißen Schwanz haben.

Menschenaffen

Pavian: Paviane mit ihrer langen, schwarzen Schnauze, ihren kleinen, eng beieinander liegenden Augen und ihrem dicken, graubraunen Fell sind in Südafrika weit verbreitet und können in großen Familiengruppen beobachtet werden. Zumeist hält ein Männchen aus der Gruppe Wache. Obwohl sich Paviane an manchen Orten an Menschen gewöhnt haben, sollten Besucher sie niemals füttern, da sie gefährlich werden können.

Grüne Meerkatze: Die kleinen hellgrauen Primaten mit langem Schwanz sind am schwarzen Gesicht zu erkennen. Sie leben in Gruppen von bis zu 20 Tieren, vor allem im Ostteil Südafrikas.

Eine Impala im Hluhluwe-iMfolozi Park; sie ist in vielen Savannen die vorherrschende Spezies

Grüne Meerkatze, Sodwana Bay

Vögel

Brillenpinguin: In der Provinz West-Kap leben zwei Kolonien dieser Vögel, bei Boulders in der Nähe von Simon's Town und an der Betty's Bay. Sie sind 70 Zentimeter groß, tragen auf der Brust einen schwarzen Streifen und sind die einzige in Afrika brütende Pinguinart.

Paradieskranich: Der beste Ort, um den anmutigen Paradieskranich, Südafrikas Nationalvogel, zu beobachten, ist die Overberg-Region des West-Kap. Der 105 Zentimeter große Vogel versammelt sich zu Gruppen von zehn oder mehr Tieren. Im Flug rufen sie laut und röhrend.

Helmperlhuhn: Dieser kleine Vogel mit roter Kappe, blauem Hals und dunkelgrauem, weiß ge-

---

Der beste Ort, um den anmutigen Paradieskranich, Südafrikas Nationalvogel, zu beobachten, ist die Overberg-Region des West-Kap.

---

schecktem Rumpf ist zumeist in Gruppen bei der Futteraufnahme auf dem Boden zu sehen.

Südlicher Gelbschnabeltoko: Es gibt in Südafrika mehrere Spezies der Nashornvögel; die im Bushveld am weitesten verbreitete Art ist die mit einem großen gelben Schnabel, nackter roter Haut um die Augen und mit einem schwarz-weißem Federkleid.

Ibis: In Südafrika sind zwei Arten dieses Vogels heimisch, beide mit langen, gebogenen Schnäbeln. Der Hagedasch hat ein braunes Federkleid mit einem schillernd blaugrünen Schimmer und stößt im Flug laute, harsche Schreie aus. Der Heilige Ibis, weiß mit schwarzem Kopf, Hals und Rumpf, bewohnt sumpfige Regionen.

Riesentrappe: Die nur selten außerhalb von Schutzgebieten zu sehende Riesentrappe (auch: Koritrappe) ist 1,35 Meter groß und der schwerste fliegende Vogel der Erde. Der Vogel geht langsam auf langen, gelben Beinen und hat eine dunkle Haube, ein braunes Federkleid, schwarze Punkte auf den Oberflügeln und eine weiße Unterseite.

Gabelracke: Mit seiner blauen Unterseite, dem braunen Oberkörper und seiner violetten Brust und Kehle ist dieser Vogel leicht zu erkennen.

Raubvögel: Südafrika verfügt über einen großen Reichtum an Raubvögeln, darunter der Bartgeier, der Schreiadler, der Schakalbussard sowie der hellgrau-blassweiße Habicht.

Sekretär: Dieser majestätische Vogel wird bis zu 1,50 Meter groß und ist an seinem orangefarbenen Gesicht, den lockeren, schwarzen Federn hinter dem Kopf, seinem grauen Rumpf mit schwarzer Unterseite und seinen gelben Beinen zu erkennen.

Reptilien

Krokodil: Die im Norden und Osten Südafrikas auftretende Spezies ist das olivefarbene Nilkrokodil, das fast drei Meter lang wird.

Schlangen: In Südafrika leben Hunderte Schlangenarten, einige von ihnen giftig, einige wenige sogar tödlich. Die meisten sind scheu und meiden den Kontakt mit Menschen.

Bindenwaran: Dieses Tier ist mit seinen bis zu 1,60 Meter Länge die größte Echse Afrikas und kann häufig dabei beobachtet werden, wie es sich an Flüssen und Seen sonnt.

Rechts: Südafrika-Kronenkranich, Umbeni River Bird Park

Kunst & Literatur

Von den Höhlenmalereien der frühen San bis zu der lebhaften zeitgenössischen bildenden Kunst, von der verbotenen Literatur während der Apartheid bis hin zu nobelpreisgekrönten Romanen – die Kunst blüht in Südafrika.

Literatur

Die südafrikanische Literatur hat mittlerweile eine fast 200 Jahre zurückreichende Geschichte. Diese Literatur spricht in vielen Sprachen, in Xhosa, Zulu und weiteren afrikanischen Sprachen, in Englisch, in Afrikaans. Sie berichtet von den Erfahrungen der Europäer und vom Gefühl der Enteignung, des Verlusts und von der Rebellion der Ureinwohner. .

Schwarzafrikanische englischsprachige Literatur: Der erste herausragende schwarzafrikanische Autor, der in Englisch schrieb, war der Zeitungsherausgeber und prominente ANC-Intellektuelle Sol Plaatje (1876–1932). Neben zahlreichen politischen Schriften veröffentlichte er vor allem den Roman „Mhudi" (1930), eine Geschichte über Liebe und Krieg und über Mhudi, eine Frau aus Botsuana. Der Zulu-Autor Herbert Dhlomo (1903–56) schrieb in den 1930er und 1940er Jahren dramatische Werke über schwarzafrikanische Führer wie die Zulukönige Shaka und Cetshwayo.

Nach dem Zweiten Weltkrieg erschien eine Reihe von Romanen und autobiografischen Werken, die die Realität des Lebens der schwarzafrikanischen Bevölkerung dokumentierte. Peter Abrahams (geb. 1919) schilderte 1946 in „Mine Boy" die Rassendiskriminierung von Wanderarbeitern in den Minen Johannesburgs und 1954 in „Tell Freedom" die Geschichte seiner Jugend. „Down Second Avenue" (1959) von Ezekiel Mphahlele (geb. 1919) ist ein tief bewegender Bericht über die Kindheit des Autors im Transvaal der 1920er und 1930er Jahre. William (Bloke) Modisanes (1923–86) Autobiografie „Blame Me on History" (1963) wurde von der Apartheidregierung aufgrund ihrer kritischen Haltung verboten. Modisane war gemeinsam mit Mphahlele, Can Themba (1924 bis 1969) und Todd Matshikiza (1921–68)

Eine Aufführung von „The Lion King", Johannesburg

eine Schlüsselfigur der sogenannten Drum-Generation. Diese Autoren verfassten Kurzgeschichten und Reportagen für die schwarzafrikanische Zeitschrift Drum, die in den 1950er Jahren ungeheuer populär war. Sie pflegten einen urbanen, von amerikanischer Literatur beeinflussten Stil und schrieben über eine Welt, die von tsotsis (Gangstern), Schönheitsköniginnen, Jazz und shebeens (illegalen Bars) geprägt wird.

Viele schwarzafrikanische Autoren gingen von den 1960er bis in die 1990er Jahre ins Exil. Jene, die blieben, verlegten sich auf den Protest. Die Lyrik erlebte geradezu eine Renaissance, wobei Mongane Wally Serote (geb. 1944), Sipho Sepamla (1932–2007), Oswald Mtshali (geb. 1940), Mafika Gwala (geb. 1946) und der Dichter und Musiker Mzwakhe Mbuli (geb. 1958) bei politischen Versammlungen ihre Werke vor einem riesigen Publikum lasen. Das Literaturmagazin Staffrider bot Protestdichtern das erforderliche Forum. Der Roman „Emergency" (1964) von Richard Rive (1932–89) behandelt die Unruhen im Gefolge des Sharpeville-Massakers, während „Buckingham Palace: District Six" (1987) die Zerstörung der gemischten Wohnviertel seiner Jugend thematisiert.

Südafrikanische Literatur heute

Seit 1994 haben viele Autoren dafür gesorgt, dass ihre Werke auch in Englisch vorliegen. André Brink veröffentlicht in dieser Sprache, ebenso erfolgreiche Romanautoren wie der Afrikaaner Étienne Van Heerden (geb. 1954) etwa seinen Roman „The Long Silence of Mario Salviati" (deutsch „Das lange Schweigen") und auch Zakes Mda seinen Roman „The Whale Caller" (deutsch „Der Walrufer"). Die Afrikaans-Lyrikerin Antjie Krog hat sich mit ihren englischsprachigen Werken, unter ihnen „Country of My Skull", das sich mit der Arbeit der Wahrheitskommission beschäftigt, eine bemerkenswerte Reputation erworben. Einer der aufregendsten Autoren der Zeit nach der Apartheid ist Ivan Vladislavic, dessen fiktionale Werke „The Folly" (1993), „The Restless Supermarket" (2001) und „Exploded View" (2004) Südafrikas Weg in eine neue Gesellschaft nachzeichnen.

Afrikaanse Literatur: Literatur in Afrikaans kam Ende des 19. Jahrhunderts gemeinsam mit den Bestrebungen auf, diese Sprache als eigenständig zu etablieren. Sie entwickelte sich ernsthaft aber erst mit der zweiten Sprachbewegung der 1920er Jahre.

Einer der ersten bedeutenden Autoren war Totius (eigentlich Jakob Daniel Du Toit, 1877–1953), der die Bibel ins Afrikaans übersetzte. Die Werke von Eugene Marais (1871–1936) sind zum Teil auch ins Englische übersetzt worden. Sein bekanntestes Werk ist „The Soul of the White Ant" (Afrikaans 1925, englisch 1937). Weitere wichtige Schriftsteller waren Jan Celliers (1865–1940) und Louis Leipoldt (1880–1947).

In den 1930er Jahren erschien mit N. P. van Wyk Louw (1906–70) ein wirklich wichtiger Autor auf der Bildfläche. Seine bekanntesten Werke sind seine ersten beiden Gedichtbände „Alleenspraak" („Monolog") von 1935, sein Epos „Raka" (1941), das Gewalt und Kultur thematisiert, sowie das historische Drama „Germanicus" (1956). D. J. Opperman (1914–85), ein bedeutender Lyriker, erregte zuerst mit seiner Gedichtsammlungen „Heilige beeste" („Heiliges Vieh") aus dem Jahr 1945 Aufmerksamkeit.

Die umstrittenen Sestigers (also Autoren der 1960er Jahre) mit den Romanciers Étienne Leroux (1922–89) und André Brink (geb. 1935) sowie den Lyrikern Ingrid Jonker (1933–65) und Breyten Breytenbach (geb. 1939) brachten frischen Wind in die afrikaanse Literatur. Diese Autoren waren stark von der französischen Avantgarde beeinflusst und eröffneten neue urbane, kosmopolitische Perspektiven.

Südafrikanische englischsprachige Literatur: Die erste englischsprachige südafrikanische Autorin, die auch international beachtet wurde, war Olive Schreiner (1855–1920). Die freigeistige Schreiner war in ihren Romanen „Story of an African Farm" (1883, deutsch „Geschichte einer afrikanischen Farm") und „Trooper Halkett of Mashonaland" (1897) ihrer Zeit weit voraus und thematisierte bereits Aspekte des Feminismus, Agnostizismus, der Rassenbeziehungen und des britischen Imperialismus in Südafrika.

Das Leben im Südafrika des 19. Jahrhunderts bildet den Hintergrund der satirischen Romane von Douglas Blackburn (1857–1929). Seine Werke, wie „Prinsloo of Prinsloosdorp" (1899) und „A Burgher Quixote" (1903), attackieren auf satirische Weise die Korruption von Paul Krugers Transvaal und erlebten in letzter Zeit eine gewisse Renaissance.

Im Jahr 1925 gründete eine Gruppe rebellischer südafrikanischer Autoren – Roy Campbell, Laurens van der Post und William Plomer – das satirische Literaturmagazin *Voorslag* („Peitschenschlag"). Alle drei Autoren hatten anschließend lange und erfolgreiche Karrieren, zunächst in Südafrika, später in Europa.

In der Zeit zwischen den beiden Weltkriegen waren die Romanautorinnen Pauline Smith (1882–1959) und Sarah Gertrude Millin (1889–1968) die wichtigsten Schriftsteller neben der Voorslag-Gruppe. Smith schrieb voller Mitgefühl über das Kleinstadtleben in der Karoo, während die sehr produktive Millin durch ihre Überzeugung, dass die Rassen voneinander getrennt sein sollten, an ihre Grenzen stieß.

Herman Charles Bosman (1905–51), bis heute einer der beliebtesten Schriftsteller Südafrikas, war ein genialer Kurzgeschichtenautor. Seine Geschichten vom Leben im Distrikt Groot Marico des nordwestlichen Südafrikas sind ironisch, satirisch, menschlich und extrem lustig zugleich. Schon früh in seinem Leben musste Bosman wegen Mordes vier Jahre im Gefängnis verbringen. Er schrieb mit „Cold Stone Jug" (1949) eine faszinierende Erinnerung an diese Zeit. Wer das weiße Südafrika verstehen möchte, sollte Bosman lesen.

Fast ein Zeitgenosse von Bosman war Alan Paton (1903–88), ein liberaler Politiker und Autor. Patons Roman „Cry, the Beloved Country" (1948; deutsch „Denn sie sollen getröstet werden") ist vielleicht der berühmteste südafrikanische Roman überhaupt.

In den auf das Sharpeville-Massaker folgenden Jahren der Apartheid porträtierte eine Reihe von Autoren für die Weltöffentlichkeit die Ungerechtigkeit in ihrem Land. Der Dramatiker Athol Fugard (geb. 1932) schrieb viele Theaterstücke, wie „Boesman and Lena" (1969) und „Sizwe Banzi Is Dead" (1972), in denen er das Übel der Apartheid dokumentierte.

Nadine Gordimer (geb. 1923), eine langjährige politische Aktivistin und 1991 mit dem Nobelpreis für Literatur ausgezeichnet, hat zahlreiche Kurzgeschichten und Romane veröffentlicht, die sich allesamt mit der Situation in Südafrika befassen. Ihre Werke üben scharfe Kritik am Apartheidregime, das mehrere ihrer Bücher verbot. Auch der Romanautor André Brink, der zunächst in Afrikaans schrieb, später viele seiner Romane aber sowohl in Afrikaans als auch in Englisch veröffentlichte, musste das Verbot einiger seiner Werke hinnehmen. Südafrikas zweiter Nobelpreisträger, der Romancier J. M. Coetzee (geb. 1940), porträtiert in Werken wie „Waiting for the Barbarians" (1980; deutsch: „Warten auf die Barbaren") und „Life and Times of Michael K." (1983; deutsch „Leben und Zeit des Michael K.") die Probleme in seinem Land auf eine weniger direkte, eher allegorische Weise.

Bildende Kunst

Die Zeiten, in denen südafrikanische Kritiker eine scharfe Linie zwischen Kunst und Kunsthandwerk zogen, sind längst vorbei. Heute arbeiten die Künstler mit allen erdenklichen Materialien – Draht, Perlen, Federn, Zement, Gummi, digitale Medien – oder in den traditionellen Gattungen Malerei, Grafik und Skulptur.

Traditionelles Gehöft und Kunsthandwerk, Lesedi Cultural Village

Einheimische Kunst, Lalibela Game Reserve

Weißafrikanische Künstler: Aus Europa stammende Künstler der Kolonialzeit, deren berühmtester Thomas Baines (1820–75) war, verstanden sich in erster Linie als Reporter, die detaillierte Berichte über ihre neue Heimat verfassten. Die südafrikanische Kunst begann erst um die Jahrhundertwende, lokale Themen um ihrer selbst willen in den Blick zu nehmen: durch die Bronzen von Anton van Wouw (1862–1945) und die Gemälde von Hugo Naudé (1869–1941). Die Leinwände von J. H. Pierneef (1886–1957), einem der besten Maler Südafrikas, fangen das Licht und die Landschaft des Highveld in einem ausgeprägt geometrischen Stil ein.

Die aufeinanderfolgenden Kunstbewegungen Europas fanden in Südafrika jeweils begabte Anhänger. Irma Stern (1894–1966) entwickelte ihre eigene afrikanische Form des Expressionismus, während Maggie Laubscher (1886–1973) postimpressionistische Bilder der südafrikanischen Landschaft malte. Die stilisierten Formen und kühnen Farben des Fauvismus finden sich, angewandt auf einheimische Themen, in den Werken von Maurice van Essche (1906–77) wieder. In Johannesburg entstand um den Künstler Bill Ainslie (1934–89) eine regelrechte Schule des abstrakten Expressionismus. Und der in Italien geborene Edoardo Villa (geb. 1915) produzierte zahlreiche abstrakte Metallskulpturen.

In den 1950er und 1960er Jahren bezogen zahlreiche Künstler ihre Inspiration direkt aus der einheimischen afrikanischen Kunst. Cecil Skotnes (geb. 1926) wurde zum unumstrittenen südafrikanischen Meister des Holzschnitts und stellte einheimische Motive in Schwarz-, Rot- und Brauntönen dar. Walter Battiss (1906–82) entwickelte einen farbenfrohen Malstil, der deutlich von der Felskunst der San beeinflusst war. Alexis Preller (1911–75) malte in traumähnlicher, surrealistischer Manier afrikanische Motive.

In den Jahrzehnten des offenen Kampfes gegen die Apartheid erlebte die Protestkunst naturgemäß eine Blütezeit. Das herausragende Einzelwerk aus dieser Zeit sind die „Butcher Boys" von Jane Alexander (geb. 1959). In diesem Skulpturenensemble sitzen drei gehörnte, nackte und teilweise gehäutete Figuren still da und strahlen eine unheimliche Aura des Bösen aus.

Schwarzafrikanische Künstler: Die einheimischen Künstler Südafrikas artikulierten sich jahrhundertelang durch Felsmalereien, Keramik und farbenfrohe Perlenstickerei. Im 20. Jahrhundert jedoch haben schwarzafrikanische Künstler begonnen, in westlichen Kunstformen – wie Ölgemälden, Skulpturen und Grafiken – zu arbeiten. Diese Werke sind viele Jahre lang vom Kunst-Establishment schlicht ignoriert worden, aber seit Ende der 1980er Jahre wird diese Kunst in wachsendem Maße wahrgenommen und ausgestellt. Eine wichtige Ausstellung in der Johannesburg Art Gallery, „The Neglected Tradition" („Die vernachlässigte Tradition"), zeigte 1988 die Arbeiten zahlreicher schwarzafrikanischer Künstler, deren Namen fast in Vergessenheit geraten waren. Einer dieser Künstler ist der Maler Gerard Sekoto (1913–93), dessen Ölgemälde mit der Tradition brachen und Szenen aus dem Leben in den Townships zeigten. Sekoto verbrachte die zweite Hälfte seines Lebens im Exil in Paris. George Pemba (1912–2001) blieb sein ganzes Leben lang in Port Elizabeth, wo er urbane Szenen malte.

Zwei in den 1950er und 1960er Jahren gegründete Zentren halfen ganz entscheidend mit, die Kreativität schwarzafrikanischer Künstler zu fördern. Das 1952 eingerichtete Johannesburg's Polly Street Art Center baute die Karriere mehrerer Künstler auf, darunter der Bildhauer Sydney Kumalo (1935–88) und Ezrom Legae (1937–99). In KwaZulu-Natal organisierte die Rorke's Drift Art School Kurse zur Radierung und zum Siebdruck. Zu den bekannten Künstlern aus dieser Kunstschule gehören John Muafangejo (1943–87), Paul Sibisi (geb. 1948) und Dan Rakgoathe (1937–2004).

Daneben machten sich mehrere individualistische Künstler, zumeist Autodidakten, einen Namen in der Kunstwelt, unter anderem der religiöse Holzbildhauer Jackson Hlungwane (geb. 1923) sowie Dumile Feni (1942–91).

> **Im Auge behalten**
>
> Weitere zeitgenössische Künstler, nach deren Arbeiten Interessierte Ausschau halten sollten, sind unter anderem William Kentridge (geb. 1955), ein Grafiker, Videokünstler, Film- und Theaterregisseur, dessen Arbeiten bereits in aller Welt ausgestellt worden sind; der verspielte postmoderne Metallbildhauer Brett Murray (geb. 1961); Kevin Brand (geb. 1953) mit seinen kraftvollen bildhauerischen Formen sowie Walter Oltmann (geb. 1960), der eigenartige, wunderbare Skulpturen aus Kupfer und Stahldraht produziert.

Viele Künstler nutzten von den 1960er bis in die 1990er Jahre hinein ihre Kunst als Protest gegen die Apartheid. Einer der herausragenden Vertreter dieser Gruppe ist der Autodidakt Willie Bester (geb. 1953), der unter anderem aus Abfallmaterial kraftvolle Aussagen über das Unrecht und die Menschenrechte formuliert. .

Architektur

In Südafrikas Städten und Vororten findet sich dieselbe öffentliche und private Architektur wie in der englischsprachigen Welt: Hochhäuser mit Glasfassaden, Einkaufszentren aus Beton, Wohnblocks und zweigeschossige Wohnhäuser. Daneben hat das Land aber auch zwei typische Formen der privaten Architektur entwickelt: die elegante kapholländische und die farbenfrohe Ndebele-Architektur.

Kapholländische Architektur: Die kapholländische Architektur geht auf verschiedene Einflüsse zurück, vor allem auf die Baustile der holländischen und französisch-hugenottischen Kap-Siedler aus dem späten 17. Jahrhundert sowie auf die Kunstfertigkeiten der indonesischen Sklaven, Putz dekorativ zu gestalten.

Gebäude im Stil der kapholländischen Architektur dienten den Erfordernissen der Landwirtschaft. Ursprünglich wurden Bauernhäuser dieses Stils auf einem einfachen rechteckigen Grundriss mit einem steilen Reetdach gebaut. Doch mit dem wachsenden Wohlstand wurden die Häuser größer, und die charakteristischen Merkmale der kapholländischen Architektur traten hervor, etwa der große zentrale Giebel – häufig kunstvoll geformt – an der Längsseite über der Vordertür. An das Hauptgebäude wurden Seitenflügel angefügt, sodass Grundrisse in Form eines U, eines T oder eines H entstanden. Herausragende Beispiele sind in Stellenbosch sowie auf den Anwesen Groot Constantia, nahe Kapstadt, und Vergelegen in Somerset West zu sehen.

Ndebele-Architektur: Seit dem späten 19. Jahrhundert hat das Volk der Ndebele im Norden Südafrikas einen beeindruckend dekorativen Baustil entwickelt. Das Grundmodell besteht aus einem zylindrischen Haus mit einem konischen Reetdach und einem leeren, sauberen Hof um das Haus herum, der von einer niedrigen Mauer mit einem schönen Tor eingegrenzt wird.

Musik

Südafrika rühmt sich einer stolzen Musikgeschichte. Der Beitrag des Landes besteht dabei vor allem in verschiedenen Musikstilen, die den importierten Jazz mit einheimischen afrikanischen Melodien und Rhythmen verschmelzen.

Der schwarze südafrikanische Jazz entstand im Arbeitermilieu der Bergbaustädte des Witwatersrand. Die erste einheimische Jazzmusik, die eine gewisse Bedeutung erlangte, war in den 1920er Jahren eine als *marabi* bekannte Spielart des Swing, die das Klavierspiel mit dem Rappeln von kieselsteingefüllten Dosen vereinigte. Auf *marabi* folgte später *kwela*: Hier herrschte vor allem der hohe Ton der Metallblockflöte vor. Die südafrikanische Jazzmusik erreichte in den 1950er Jahren in der sogenannten Drum-Ära (nach dem Magazin *Drum*) ihren Höhepunkt, als alle Rassen sich zum Rhythmus der hervorragenden Musiker in Johannesburgs Sophiatown bewegten. Diese Musiker verbanden *marabi* und *kwela* miteinander, um den äußerst beliebten neuen Jazzstil *mbaqanga* zu kreieren.

Zu den herausragenden Sängerinnen jener Zeit gehörten Miriam Makeba (1932 bis 2008), die später sogar Weltruhm erlangen sollte, sowie Dolly Rathebe (1928–2004). Der Sophiatown Modern Jazz Club war in den 1950er Jahren ein wichtiges Zentrum dieser Musik. Er wurde von so bekannten Musikern wie Dizzy Gillespie (1917–93) und Charlie Parker (1920–55) beeinflusst. Die in diesem Club gegründete Band Jazz Epistles

> **Südafrika rühmt sich einer stolzen Musikgeschichte. Der Beitrag des Landes besteht dabei vor allem in verschiedenen Musikstilen, die den importierten Jazz mit einheimischen afrikanischen Melodien und Rhythmen verschmelzen.**

brachte Koryphäen wie den Pianisten Dollar Brand (geb. 1934), den Saxophonisten Kippie Moeketsi (1925–83) und den Trompeter Hugh Masekela (geb. 1939) hervor. Auch die Musikszene wurde von der Unterdrückung durch das Apartheidregime seit den 1960er Jahren schwer getroffen. Sophiatown wurde dem Erdboden gleichgemacht, und die besten Jazzmusiker der damaligen Zeit, unter ihnen Makeba, Masekela und Brand, verließen das Land. Sie kehrten erst in den 1990er Jahren, nach dem Sieg der Demokratie, zurück.

Joseph Shabalala, Paul Simon und die Band Ladysmith Black Mambazo

Die erfolgreichste Musikgruppe der 1970er Jahre war eine aus Zulus bestehende A-cappella-Gruppe namens Ladysmith Black Mambazo. Die Gruppe wurde auch international bekannt, als sie auf dem Album „Graceland" mit Paul Simon zusammenarbeitete. Einige Jahre später kreierte der auch „Weißer Zulu" genannte Johnny Clegg (geb. 1953) gemeinsam mit Sipho Mchunu (geb. 1951) eine Fusion aus westlichem Pop mit der Musik und den Tänzen der Zulus. Cleggs Bands Juluka und später Savuka wurden sowohl in Südafrika als auch in Europa sehr populär. Ein neues Phänomen der 1980er Jahre stellte das Erscheinen erfolgreicher „alternativer" weißer Musiker – sowohl Engländer als auch Afrikaaner – dar, die sich gegen das Apartheidregime stellten. Hierzu gehörten etwa die von dem außergewöhnlichen Talent James Phillips (1959–95), alias Bernoldus Niemand, angeführte Bluesband Cherry-Faced Lurchers und Sänger wie Johannes Kerkorrel (1960–2002) oder Koos Kombuis (geb. 1954). Seit Beginn der 1990er Jahre wird die südafrikanische Musik vom *kwaito* dominiert, einer einheimischen Adaption von House und Hip-Hop.

In Südafrikas größeren Städten hat auch die klassische Musik eine Heimat gefunden. Viele dieser Städte unterhalten Sinfonieorchester sowie kleinere Kammerorchester. Die Oper hat sich seit 1994 von einer ausschließlich weißafrikanischen Musikgattung zu einer von schwarzafrikanischen Sängern beherrschten Musikrichtung entwickelt. ∎

Eine historische Hafenstadt, bekannt für ihr weltoffenes Flair und an einer strahlend blauen Bucht gelegen, die von zerklüfteten Bergen überragt wird

Kapstadt & die Kaphalbinsel

Am Cape Point treffen angeblich der Atlantik und der Indische Ozean aufeinander

Kapstadt & die Kaphalbinsel

Kapstadt ist voller Kontraste. Im Sommer dominieren die Palmen, das blaue Meer und die weißen Strände. Im Winter mildern die Kaminfeuer den verregneten Anblick der Wiesen und kahlen Weinberge. Doch Kapstadt ist ein gesegnetes Fleckchen Erde zwischen Ozean und Granit: Das milde mediterrane Klima und das steil aufragende Massiv des Tafelbergs erschaffen eine landschaftliche Schönheit, die das Auge verwöhnt.

Am Rande der Bucht, die sich von einem Ende des Horizonts zum anderen erstreckt, entwickelte sich Kapstadt im Laufe der Jahrhunderte rund um einen weltoffenen Handelshafen. Als erster Europäer ankerte der portugiesische Entdecker Vasco da Gama in der Table Bay. Er gab der Halbinsel mit ihren weißen Stränden den Namen *Cabo de Boa Esperanza* – „Kap der Guten Hoffnung". Doch wenn die Nordwestwinde meterhohe Wellen auftürmen, wandelt sich die Bucht in einen sturmgepeitschten Mahlstrom. Dann wäre eigentlich ein anderer Name viel angemessener: *Cabo Tormentoso* – „Kap der Stürme".

Kapstadt und die Table Bay liegen auf der Westseite der Kaphalbinsel, die in den südlichen Ozean bis zum zerklüfteten Cape Point hinausragt. Die Natur erschuf den Rücken der Halbinsel aus massiven Granitbergen. So sind die Twelve Apostles eine lange Bergkette mit zwölf fast identischen Bergspitzen, die sich von Camps Bay bis Hout Bay erstreckt. In den Buchten, die der Stadt am nächsten liegen, entstanden die mondänen Ortschaften Clifton, Camps Bay und Llandudno. Hier hat sich der internationale Jetset an den Berghängen teure Villen erbaut, die durch die Berge im Sommer vor dem unermüdlichen Südostwind geschützt werden.

Praktisch gegenüber den Twelve Apostles liegt die False Bay: Die ersten europäischen Seefahrer verwechselten diese Bucht mit der Table Bay. Der warme Agulhasstrom ermöglicht eine andere Unterwasserwelt als auf der kalten Seite. Schnorcheltaucher können Fische, Seesterne, Seeanemonen, Seeigel und Tintenfische entdecken, jedes Jahr kalben Wale in den Gewässern.

Multikulturelle Einflüsse

Wie alle großen Seehäfen sind auch in Kapstadt viele kulturelle Einflüsse zu spüren. Die Nomadenvölker der Khoikhoi und San (früher auch Buschmänner genannt) bevölkerten die Küste schon etliche Jahrhunderte, bevor die Europäer kamen. Die Portugiesen ankerten 1492 auf der Suche nach einer Handelsroute gen Osten am Kap. 1652 folgten die Niederländer, die für ihren Gewürzhandel mit Asien eine Versorgungsstation einrichteten. Später ließen sich auch französische Hugenotten nieder, die wegen der Unterdrückung ihrer Religion ihre europäische Heimat verließen. Und schließlich tauchten die Briten am Horizont auf, die ohne Unterbrechung von 1806 bis zur Unabhängigkeit Südafrikas im Jahr 1961 regierten.

Daneben kamen auch Malaysier, Deutsche, Chinesen, Inder (Muslime wie Hindus) sowie amerikanische Seeleute, die auf dem Konföderierten-Kriegsschiff „Alabama" dienten. All diese Einwanderer hinterließen kulturelle Spuren in Form von Speisen, Musik, Redewendungen, Kleidung sowie durch ihre Architektur. Die Briten bauten neoklassizistische spätgeorgianische Gebäude; die Malaysier waren für ihre Farbenfreude bekannt, die Muslime bauten Moscheen, die Hindus Tempel, während die Niederländer ihre Bauernhöfe im kapholländischen Stil errichteten.

Heute ist Kapstadt eine pulsierende Stadt mit exzellenten Restaurants und einer spannenden Musikszene. Die Hausfassaden des 18. Jahrhunderts stehen in Kontrast zu den Bürohochhäusern aus Glas und Chrom, während in den Weinbergen die weiß getünchten Bauernhäuser aus dem 17. Jahrhundert mit modernster Weinbautechnik vollgestopft sind. Viele Straßen sind noch heute mit fast 300 Jahre alten Kopfsteinen gepflastert. ∎

Karte

Table Bay

Bellville, Durbanville

N1

KAPSTADT

Signal Hill

R102

N7

Clifton (First) Beach — Clifton
Clifton Bay

Camps Bay

Camps Bay Beach — Camps Bay
Bakoven

Table Mountain

N2

M3

M5

Airport, Thunder City

Twelve Apostles

M6

CAPE PENINSULA NATIONAL PARK

KIRSTENBOSCH NATIONAL BOTANICAL GARDEN

Llandudno Bay
Sandy Bay — Llandudno

M63

Groot Constantia

M4

M17

Hout Bay

M3

Hout Bay

SILVERMINE NATURE RESERVE

Zeekoevlei

M5

M6

Noordhoek

Muizenberg

M4

Fish Hoek — Kalk Bay
Fish Hoek Beach

Kommetjie

M65

M6

False Bay

Simon's Town

Scarborough

Boulders Beach

M65

First Beach

M4

CAPE OF GOOD HOPE NATURE RESERVE

ATLANTISCHER OZEAN

M65

0   10 Kilometer
0   5 Meilen

Lighthouse
Kap der Guten Hoffnung   Cape Point

Zur Orientierung

Pretoria

Südafrika mit Farbkodierung

Kapstadt

An der südwestlichen Spitze Afrikas pulsiert Kapstadt durch die Energie zweier Kulturen und seine landschaftliche Schönheit. Es gibt nur wenige Orte auf der Welt, die auf so engem Raum eine derartige Vielfalt zu bieten haben: Die Bandbreite reicht vom bunten Bo-Kaap-Viertel bis zur königlichen Victoria & Alfred Waterfront, vom Kap bis zum monumentalen Tafelberg.

Die Victoria & Alfred Waterfront ist die meistbesuchte Attraktion Südafrikas: eine ansprechende Mischung aus Läden, Unterhaltung, erstklassigen Hotels und Yachthafen

Kapstadt

Karte S. 57

Besucher-information

Cape Town Tourism Information Center, Burg St. & Castle St.

021 / 487-6800

$

www.castleofgood hope.co.za

Castle of Good Hope

Im Herzen der Stadt liegt das Castle of Good Hope, die Keimzelle der Metropole. Die fünfeckige Festung wurde im 17. Jahrhundert von der Niederländischen Ostindien-Kompanie (VOC) errichtet. Der finstere, abweisende Bau liegt heute unpassenderweise an einer belebten Hauptstraße. Dennoch hat er bereits mehr als 300 Jahre überstanden – ein Zeugnis unruhiger Zeiten.

Als Jan van Riebeeck 1652 in der Table Bay an Land ging, traf er auf die Khoikhoi („Männer von Männern") und die San. Diese Völker hatten das Kap schon seit Jahrhunderten bewohnt, die eindringenden europäischen Entdecker betrachteten sie verständlicherweise voller Misstrauen.

Van Riebeeck begann mit den Einheimischen arglos einen Viehhandel. Doch für die Khoikhoi waren Schafe und Rinder wichtige soziale Statussymbole. Die Stammesältesten waren deshalb nicht geneigt, genau das einzutauschen, was ihren gesellschaftlichen Reichtum ausmachte. Die Schmuckstücke und Armbänder, die man ihnen dafür anbot, hatten in ihrer Kultur weder symbolischen noch materiellen Wert. Verschlimmert wurde die Situation durch die Anlage eines Gartens, was einer Enteignung von Weideflächen der Khoikhoi gleichkam. Um ihre Tiere vor den Attacken der Khoikhoi zu schützen und die konkurrierenden englischen und französischen Handelskompanien abzuwehren, ließ van Riebeeck am Strand ein kleines Fort errichten.

Die ursprüngliche Festung (Fort de Goede Hoop) war ein schlichter Bau aus Lehm und Holz, mit vier Ecktürmen und einem Wassergraben. Schon nach zehn Jahren reichte das Fort angesichts der beständigen Kriegsgefahr zwischen den Niederlanden und England nicht mehr aus. Also errichteten die Niederländer eine größere, mächtigere Festung – heute das älteste Gebäude seiner Art in Südafrika.

Der Bauplatz der neuen Festung lag rund 220 Meter östlich des ursprünglichen Forts; der Grundstein wurde 1666 gelegt. Acht Jahre später konnte die Anlage bezogen werden, auch wenn sie erst 1679 fertiggestellt wurde. Nach dem Vorbild Vaubans entstanden fünf Bastionen. Die Anlage wurde aus Stein, Mörtel und Holz errichtet. Für die Arbeiten ließ man nicht nur die Sklaven der Ostindien-Kompanie schuften, sondern auch abkommandierte Seeleute durchfahrender Schiffe, Sträflinge und jene Khoikhoi, die bereit waren, körperliche Arbeiten zu verrichten.

Das Ergebnis ist dennoch bis heute ein bleibendes Zeugnis niederländischer Baukunst. Allerdings brechen sich nicht mehr die Wellen der Table Bay an den Außenmauern, da das Meer durch Landgewinnungsmaßnahmen mehrere Kilometer zurückgedrängt wurde. Für den lohnenswerten Besuch der historischen Stätte werden auch Führungen angeboten.

Rundgang durch die Festung:

Man betritt die Anlage durch ein 1684 errichtetes Tor, das vom **Glockenturm** gekrönt wird. Die riesige Glocke wurde in Amsterdam gegossen und erklang 1697 zum ersten Mal. Heute läutet sie stündlich sowie zu Begräbnissen prominenter Persönlichkeiten.

INSIDERTIPP

Kapstadt ist einer der schönsten Orte der Welt, um bei einer Schiffstour Vögel zu beobachten. Vor allem im Winter sieht man viele majestätische Seevögel und Meeressäuger.

CAGAN H. SEKERCIOGLU
National Geographic-Experte

Ein Abstecher führt in die furchterregende Dunkelheit der **Folterkammer** und des Donker Gat („Schwarzes Loch"), die angeblich von Geistern heimgesucht werden. Die heutigen Burgwachen haben mysteriöse Schreie und Schritte gemeldet, auch besonnene

Castle of Good Hope

✉ Buitenkant St.
☎ 021/464-1260
💲 $

www.castleofgood
hope.co.za

Rundgang: Schritte zur Freiheit

Als Jan van Riebeeck Kapstadt gründete, lebte er in einer Welt, in der Sklaverei und Folter zum Alltag gehörten und regelmäßig öffentliche Hinrichtungen stattfanden. Diese Geschichte spiegelt sich an den Stationen dieses Rundgangs wider.

Der Eingang am Bell Tower zum imposanten Castle of Good Hope

Startpunkt ist ein Besuch des **Castle of Good Hope ❶** (siehe S. 58f & 62). Sehenswert ist hier die **William Fehr Collection** mit ihrer Sammlung von Ölgemälden, Möbeln und Kunsthandwerk. Wenn man die Festung verlässt und die Buitenkant Street überquert, führt ein kurzer Spaziergang über die Darling Street zur von hohen Dattelpalmen gesäumten **Grand Parade ❷** gegenüber der City Hall. Zur Zeit der Niederländischen Ostindien-Kompanie wurden hier Militärparaden abgehalten sowie Hinrichtungen und Auspeitschungen durchgeführt. Nun geht es zurück zur Buitenkant Street und in Richtung Tafelberg bis zum **Old Customs House ❸**. Das alte Zollhaus, im frühen 19. Jahrhundert errichtet, wurde auch als Getreidespeicher, Frauengefängnis und Büro des Friedensrichters genutzt.

In derselben Straße befindet sich das **District Six Museum ❹** (*25A Buitenkant St., Tel. 021/466-7200, geschl. So, €*), das über eines der größten und arrogantesten sozialen Verbrechen des Apartheidregimes aufklärt. Das malerische Stadtviertel ist für die Gemeinde offiziell der *District Six*. Hier wohnten einst 66 000 überwiegend „farbige" Menschen, bis die Stadtverwaltung die Häuser systematisch dem Erdboden gleichmachte und die Bewohner vertrieb, um das Viertel in eine „weiße" Wohngegend zu verwandeln.

In der Buitenkant Street 78 ist in einem Haus aus dem 18. Jahrhundert das **Rust en Vreugd Museum ❺** (*78 Buitenkant St., Tel. 021/464-3280, geschl. Fr–Mo*) untergebracht. Hier wird ein Teil der Fehr-Sammlung ausgestellt: Drucke, Zeichnungen und Gemälde von der niederländischen Kolonialzeit bis zur Zeit der britischen Herrschaft. Danach geht es zurück über die Buitenkant Street und links in die Albertus Street. Rechts geht es in die Corporation Street; ein kurzes Stück weiter erreicht man die Spin Street. Auf der Verkehrsinsel in der Mitte der Straße gedenkt eine schlichte Tafel des *Slave Tree*. Unter diesem „Sklavenbaum" verkaufte die VOC ihre Sklaven. Zwanzig Schritte weiter sieht man an der Ecke Bureau und Parliament Street die **Groote Kerk ❻** (*43 Adderley St., Tel. 021/422-0569*). Im Jahr 1704 errichtet, ist sie die älteste Kirche und das Mutterhaus der niederländisch-reformierten Kirche Südafrikas – sie ist sogar die älteste Kirche in ganz Südafrika. Die **Slave Lodge**

Bo-Kaap
Museum

WALE STREET

GREENMARKET
SQUARE
Old Town
House

ADDERLEY STREET

STRAND STREET

DARLING STREET

CITY
CENTRE

LONGMARKET STREET

STREET

LONG STREET

Slave
Lodge
Groote Kerk
Slave Tree

BUREAU STREET

GRAND
PARADE

START

City
Hall

Houses of
Parliament

ST. GEORGE'S STREET

CORPORATION STREET

ALBERTUS ST.

Castle of
Good Hope

VICTORIA STREET

ADDERLEY ST.

PARLIAMENT ST.

PLEIN ST.

Old Customs
House

QUEEN STREET

COMPANY'S
GARDENS

ROELAND STREET

District Six
Museum

Planetarium

South African
Museum

National Gallery
Rust en Vreugd
Museum

Jewish Museum
Complex

BUITENKANT STREET

STREET

GARDENS

0   500 Meter
0   500 Yards

(Bureau & Adderley Sts.) wurde 1679 zur Unterbringung der VOC-Sklaven erbaut und diente
zudem als Irrenanstalt und Gefängnis. Später zog
ein Postamt ein, danach war es ein „inoffizielles"
Haus für das leichte Gewerbe und Sitz des
Obersten Gerichtshofs.

Nun geht es rechts in die Adderley Street,
anschließend die erste Straße links in die Longmarket Street zum **Greenmarket Square** ❼,
der seit 1696 Marktplatz war. Heute werden hier
afrikanisches Kunsthandwerk und Kuriositäten
angeboten. Das **Old Town House** (Greenmarket
Square, Tel. 021/481-3933, geschl. So) wurde 1761
errichtet und ist Sitz der bedeutenden Michaelis
Collection, die niederländische und flämische
Kunstwerke des 16. bis 18. Jahrhunderts präsentiert. Erfrischungen und gute Speisen bieten das
traditionelle Tudor Hotel und das Park Inn.

Zurück an der Adderley Street, führt der Weg
nun in Richtung Tafelberg. Wo die Straße nach
rechts abbiegt, erheben sich die **Houses of
Parliament** ❽ (siehe S. 63f), Sitz der südafrika-

◿ Siehe auch Umgebungskarte S. 57
▶ Castle of Good Hope
⟷ 2,7 km
🕐 1 Std.
▶ Houses of Parliament

NICHT VERSÄUMEN

**Castle of Good Hope • District
Six Museum • Greenmarket
Square • Houses of Parliament**

nischen Legislative. Hier werden die drei Friedensnobelpreisträger gewürdigt, die das Land
von der Apartheid befreit haben: Nelson Mandela, F. W. de Klerk und Erzbischof Desmond Tutu. Unter der Woche gibt es Führungen, und
man kann Eintrittskarten für den Besuch einer
Parlamentssitzung erwerben. Ausländische Touristen benötigen dazu ihren Reisepass.

Michaelis School of Fine Art
✉ 32–37 Orange St.
☎ 021/480-7111
www.michaelis.uct.ac.za

National Gallery
✉ Government Ave., Adderly St. & Wale St.
☎ 021/467-4660
🕐 Geschl. Mo
💲 $, Sa Eintritt frei
www.iziko.org.za/sang

Jewish Museum
✉ 88 Hatfield St.
☎ 021/465-1546
🕐 Geschl. Sa
💲 $
www.sajewishmuseum.co.za

Soldaten sind überzeugt, dass diese Geräusche von einst grausam gefolterten Gefangenen stammen.

Im **Cellar Museum** sind Relikte einer Ausgrabung in einer Kellergrube ausgestellt; zu sehen sind unter anderem Knochen, Gemälde und altes Geschirr.

Mehr Liebreiz zeigt dagegen der elegante **Lady Anne Barnard Room**. Er ist nach einer englischen Adligen benannt, die von 1797 bis 1802 in der Festung lebte. Auch der restaurierte **Dolphin Pool** ist sehr interessant, dessen Bezeichnung auf die im mediterranen Stil gestaltete Statue eines Delphins zurückgeht. Die Renovierung wurde 1982 abgeschlossen und basierte auf Skizzen von Lady Anne Barnard höchstselbst.

Herzschlag

Die erste Herztransplantation wurde am 3. Dezember 1967 in Kapstadt durchgeführt. Unter Leitung von Dr. Christiaan Barnard pflanzte ein Team von 30 Spezialisten dem Kaufmann Louis Washkansky das Herz einer jungen Frau ein, die tags zuvor bei einem Autounfall gestorben war. Das Heart of Cape Town Museum im Groote Schuur Hospital (Main Rd., Observatory, Tel. 021/404-1967, www.heartofcapetown.co.za) **zeigt Fotos und Instrumente der Operation.**

Het Bakhuys (das „Backhaus") wurde ebenfalls renoviert und beherbergt nun das De Gouverneur Restaurant (Tel. 021/461-4895, geschl. So) mit einer gemütlichen Teestube.

Unter Kommandant van Rheede van Oudtshoorn wurde der **Kat** erbaut, ein mächtiger, quer durch die Anlage verlaufender Verteidigungswall aus Stein. Später wurden entlang des Kat weitere Gebäude errichtet; in einem ist die **William Fehr Collection** mit Dokumenten und alten Gemälden der Kapregion untergebracht. Zu sehen ist auch eine sehr schöne Skulptur von Anton Anreith (1754–1822). Gerichtsentscheidungen und Ankündigungen wurden vom **Kat Balcony** verlesen, dem schönsten Bauteil der Festung.

Company's Gardens

Die Kapstädter nennen das ruhige Paradies mit den eichengesäumten Spazierwegen schlicht „Gardens". Ihr Ursprung geht auf den Gemüse- und Obstgarten von Jan van Riebeeck zurück, der die Versorgung mit frischen Lebensmitteln für die VOC-Schiffe sichern sollte. Heute ist der botanische Garten mitten im Stadtzentrum ein öffentlicher Park. Oft sieht man ins Gespräch vertiefte Parlamentsabgeordnete oder alternativ gekleidete Kunststudenten aus Hiddingh Hall, wo die **Michaelis School of Fine Art** der Universität Kapstadt untergebracht ist. Im Little Theatre proben die Nachwuchsschauspieler der universitären Drama School für das Leben auf der Bühne.

Direkt hinter dem Eingang erkennt man links die **Houses of Parliament** (siehe S. 63), ein hervorragendes Beispiel neoklassizistischer Architektur. In den Gardens ist der Besuch der **National Gallery** ein Muss. Es war das erste Kunstmuseum Südafrikas. Nach-

Die Houses of Parliament wurden 1885 vollendet

dem die Sammlung 1871 durch eine Erbschaft gegründet worden war, zog man 1931 in das heutige Gebäude. Gezeigt werden bedeutende Werke britischer, französischer, niederländischer, flämischer und südafrikanischer Künstler. 1990 wurde die Ankaufspolitik geändert, um das politisch motivierte Ungleichgewicht zwischen angeblich „hochwertiger" und „minderwertiger" Kunst zu beheben. Heute sind deshalb mehr vorkoloniale und zeitgenössische Kunstwerke aus Südafrika und Afrika insgesamt ausgestellt, darunter traditionelle Perlenketten, Skulpturen und kleinere Objekte wie Schnupftabakdosen. Regelmäßig werden Sonderausstellungen präsentiert.

In unmittelbarer Nähe der National Gallery befindet sich der außergewöhnliche moderne Bau des **Jewish Museum**. Der Komplex ist mit Steinen aus Jerusalem verkleidet und schließt auch die **Old Synagogue** (1863), die **Great Synagogue** (1905) sowie das **Holocaust Centre** mit ein.

Am oberen Ende des Parks harrt das **South African Museum** der Erkundung. Hier stehen die Entwicklung der Fauna und Flora Südafrikas sowie die spektakulären audiovisuellen Shows des **Planetariums** im Vordergrund.

Houses of Parliament

Im Parlament entscheiden die Abgeordneten über die Gesetze der Republik Südafrika. Der Gebäudekomplex ist von großem historischem Interesse, nicht zuletzt weil in Südafrika das Wunder eines friedlichen Übergangs von einem rassistischen Regime zu einer repräsentativen Demokratie gelang.

Vorbild des täglichen Sitzungsgeschäfts von Januar bis Juni ist das britische Ideal einer demokratisch gewählten Regierung, wobei alle Erwachsenen über das Wahlrecht verfügen. Legislative und Staat sind strikt getrennt. Südafrika

South African Museum

✉ 25 Queen Victoria St.

☎ 021 / 481-3800

💲 $

www.iziko.org.za/ sam

Planetarium

✉ 25 Queen Victoria St.

☎ 021 / 481-3900

🕐 Geschl. 1. Mo im Monat

💲 $

www.iziko.org.za/ planetarium

Houses of Parliament

✉ Parliament Ave. (Besuchereingang, 120 Plein St.)

☎ Allgemeine Informationen: Tel. 021 / 403-2911 Führungen: Tel. 021 / 403-3683

www.parliament. gov.za

ERLEBNIS: Cape-Malay-Gerichte kochen

Die enorme Bandbreite der gastronomischen Genüsse Südafrikas reicht von exotischen Delikatessen wie gebratenen Mopanewürmern, Krokodilsteaks und Hühnerfüßen bis zu Eintöpfen und Currys, die in den meisten Küchen vor sich hin dampfen. Zwei einzigartige Koch-„Schulen" bieten eine Einführung in die Cape-Malay-Küche. Im Bo-Kaap-Viertel, wo sich dieser Küchenstil entwickelte, geht es zunächst vom Bo-Kaap Museum aus durch die bunten, steilen Gassen, um die Zutaten für das geplante Gericht einzukaufen. Gekocht wird in einer Wohnung, wo die Teilnehmer lernen, welche Gewürze zusammenpassen und wie man Currys zubereitet oder Samosas (Teigtaschen)

zusammenlegt. Danach können die Köche ihr Essen genießen, während ihre Gastgeberin Geschichten über Bo-Kaap erzählt. Buchungen erfolgen bei **Andulela Experience** (Tel. 021/790-2592, www.andulela.com).

Eine Alternative sind die Kochvorführungen von Cass Abrahams, der unangefochtenen Königin der Cape-Malay-Küche. In ihrem Restaurant in den Weinbergen von Paarl, knapp außerhalb von Kapstadt, erfährt man bei einem Gläschen Wein Interessantes über Geschichte, Kultur und Gerichte der Cape-Malay-Bevölkerung. Danach steht eine Führung durch den Weinberg auf dem Programm; Buchungen bei **Cape Fusion Tours** (Tel. 021/461-2437, www.capefusion.co.za).

ist eine junge Demokratie, demokratische Prinzipien werden daher hochgehalten. Die Debatten im Parlament und ihre protokollarische Aufzeichnung (Hansard) erfüllen deshalb alle Südafrikaner mit großem Stolz.

Der Gebäudekomplex wurde 1885 vollendet und ist ein schönes Beispiel des englischen Neopalladio-Stils. Eindrucksvoll sind die korinthischen Säulen, die geräumigen Portiken und die hoch aufragende Kuppel. Doch der Bau verlief nicht ohne Verzögerungen. Der erste Architekt, Charles Freeman, wurde gefeuert, weil er die Fundamente falsch berechnet hatte, sodass Henry Greaves das Projekt abschloss. 1910 erbaute Sir Herbert Baker, der bekannteste Vertreter der britischen Imperialarchitektur, im neoklassizistischen Stil den Anbau für das **House of Assembly**. Ein Blickfang sind die zentrale Kuppel und die Pavillons der **Library of Parlia-**

ment. In den **Parliamentary Gardens** wurde 1887 eine Statue Königin Viktorias zu ihrem 50. Krönungsjubiläum errichtet.

Besucher können die Parlamentssitzungen als Zuschauer verfolgen und an Führungen teilnehmen; ausländische Gäste benötigen für die Buchung einen Reisepass.

Bo-Kaap-Viertel

Bo-Kaap bedeutet in Afrikaans „oberhalb des Kaps". Der Name bezieht sich auf die attraktive Lage an den Hängen des Signal Hill oberhalb der Wale Street. Am besten fährt man mit dem Taxi hierher. Jeden Samstag führt Monique le Roux von Andulela Experience (siehe Kasten S. 64) zwischen 8 und 14 Uhr durch das Viertel. Touristen sollten die Gegend aus Sicherheitsgründen nicht allein erkunden.

Bo-Kaap wird von den Nachfahren der Sklaven aus Sri Lanka, Indonesien, Indien und Malaysia bewohnt, die von der VOC im 17. und 18. Jahrhundert aus den niederländischen Kolonien nach Südafrika verschleppt wurden. Die meisten Bewohner sind Muslime, in letzter Zeit haben sich aber auch viele Studenten angesiedelt. Die steilen, schmalen Gassen und die interessante Architektur machen das Viertel zu einer der größten Sehenswürdigkeiten Kapstadts.

Schönheit dieser Gassen zu dokumentieren. Mit seinen flinken Pinselstrichen hielt er in seinen sehenswerten Gemälden die Sommerhitze wie auch den Farbenreichtum im Bo-Kaap fest. Einige seiner Werke sind im Bo-Kaap Museum ausgestellt.

Das **Bo-Kaap Museum** *(71 Wale St., Tel. 021/481-3939, geschl. So, $)* war ursprünglich das Haus

Das historische Bo-Kaap-Viertel war einst als „Malay-Viertel" bekannt

Die schlichten Handwerkerhäuser zeigen eine Mischung verschiedener Baustile: von kapholländisch über georgianisch bis zu edwardianisch. Die Wände sind grellbunt bemalt: in Pink, Türkis, Hellgrün und Orange. Die alten Moscheen (die Auwal-Moschee wurde 1768 errichtet), die schlanken Minarette und der Gebetsruf des Muezzin verstärken die außergewöhnliche Atmosphäre. Gregoire Boonzaaier (1909–2005), einer der angesehensten Künstler Südafrikas, verbrachte viele Stunden damit, die

von Abu Bakr Effendi (1835–80), einem bekannten türkischen Gelehrten und Sprecher der muslimischen Gemeinschaft. Das Haus, von 1763 bis 1768 erbaut, wurde 1978 zum Museum umgewandelt, eingerichtet im Stil eines muslimischen Wohnhauses des 19. Jahrhunderts. Die Muslime haben einen großen Beitrag zur einzigartigen Kulturvielfalt am Kap geleistet. Sie spielten auch eine wesentliche Rolle bei der Entstehung des Afrikaans, das sich aus dem Niederländischen zu einer eigenen Sprache

Koopmans-De Wet House

✉ 35 Strand St.
☎ 021/481-3935
🕐 Geschl. Fr–Mo

www.iziko.org.za/koopmans/

Gold of Africa Museum

✉ 96 Strand St.
☎ 021/405-1540
🕐 Geschl. So
💲 $

www.goldofafrica.com

entwickelte. Das Museum plant derzeit, die Geschichte des Bo-Kaap und der Muslime in einem breiteren soziokulturellen und politischen Kontext zu präsentieren.

Als man 1914 das wenige Straßen nordwestlich gelegene **Koopmans-De Wet House** zu einem Museum umwidmete, war es das erste Wohnhaus, das für die Öffentlichkeit zugänglich wurde. Die Fassade des attraktiven Gebäudes aus dem 18. Jahrhundert wird dem französischen Architekten Louis Michel Thibault (1750–1815) sowie dem deutschen Bildhauer Anton Anreith zugeschrieben. Das Museum zeigt eine umfangreiche Sammlung an Möbeln, chinesischen und japanischen Keramiken, zierliche blaue Delfter Kacheln sowie eine erstklassige Auswahl an Glas- und Silberexponaten.

Cape-Malay-Küche: Die Cape-Malay-Küche Kapstadts ist einzigartig. Der Küchenstil entstand im Bo-Kaap und ist vielleicht das einzig positive Erbe des Sklavenhandels im 18. Jahrhundert (siehe Kasten S. 64). Die Sklaven brachten ihre Fertigkeiten mit: Die Männer waren oft begabte Schneider, Fassmacher oder Zimmerleute, die Frauen ausgezeichnete Köchinnen.

Louis Leipoldt, einer der größten südafrikanischen Afrikaans-Dichter, war ebenfalls ein begeisterter Hobbykoch. Sein Buch „Cape Cookery" verfolgt die Wurzeln der Cape-Malay-Küche bis ins 18. Jahrhundert zurück. Damals kochten die Frauen würziges *bobotie* (gut gewürztes Hackfleisch in einem kräftigen Eierpudding), Marsala-gewürztes Biryani, kühlende Sambals und

pikante Obst-Atchars (eine Art Chutney). Damit verwandelten sie die lokale Küche in eine kulturelle Entdeckungsreise der Sinne. Die nötigen Gewürze wurden zunächst mit den Schiffen der VOC auf die Märkte Kapstadts gebracht, später gaben die anspruchsvollen Hausfrauen ihre Bestellungen direkt bei den Schiffskapitänen auf.

INSIDERTIP

Das Gold of Africa Museum ist ein absolutes Muss. Es erläutert die Geschichte des Goldes und zeigt kunstvolle Arbeiten. In einer Werkstatt kann man einem Goldschmied über die Schulter schauen.

ERIN MONRONEY
NATIONAL GEOGRAPHIC KIDS-Autor und Forscher

Ein Relikt dieses Gewürzhandels ist **Atlas Trading** (*94 Wale St., Tel. 021/423-4364, geschl. So*). Der Laden versetzt Besucher fast in die Zeit von Dickens zurück und ist voller verführerischer Aromen: In der Luft liegt der Duft von Knoblauch, Chili, Bockshornklee, Kreuzkümmel, Kurkuma, Kardamom und Zimt. Eine Seite des Raums wird durch eine lange Theke eingenommen, vor der Hausfrauen, trendige Gastronomen, Gourmets und Touristen in der Warteschlange das Aroma genießen. Hinter der Theke geben die vielen Verkäufer den Kunden gern Ratschläge für die Verwendung der Gewürze, dann bezahlt man zunächst und holt daraufhin die Gewürze ab.

Cape-Malay-Gerichte stehen in mehreren beliebten Restaurants auf der Speisekarte. Im Biesmiellah Restaurant (*2 Upper Wale St., Tel. 021/423-0825, geschl. So*) kann man nicht nur die besten *boboties* und Currys genießen, sondern erlebt auch lokale Geschichte. Ähnlich gestrickt ist das Noon Gun Tea Room & Restaurant (*273 Longmarket St., Tel. 021/424-0529, geschl. So*), das von der Misbach-Familie geführt wird und traditionelle Drei-Gänge-Abendessen anbietet. Dazu gehören Hauptgerichte wie *bobotie*, Huhn-Biryani oder ein zartes Lamm-Curry, das ein intensives Gewürzerlebnis verspricht.

In der Nähe

Unzählige Antiquitätenläden säumen die Long Street in unmittelbarer Nähe des Bo-Kaap-Viertels. Dort findet man alles: von soliden silbernen Kerzenleuchtern aus der Zeit König Georgs III. bis zu Holzmobiliar aus Bauernhofküchen. In den gut sortierten Antiquariaten (wie Clarke's) finden sich unter dem Staub wertvolle Bücher und Kuriositäten.

Das **Mount Nelson Hotel** (*76 Orange St., Tel. 021/483-1000, www.mountnelson.co.za*) wurde bereits 1899 eröffnet und ist eine Institution in Kapstadt. Das Äußere des „Nellie" leuchtet noch immer im originalen Pink, doch die öffentlichen Bereiche und die Gästezimmer sind im dezenten englischen Landhausstil gehalten. Empfehlenswert ist ein frühes Abendbrot (am späten Nachmittag): Sandwiches mit geräuchertem Lachs und Gur-

ken sowie eine leckere Auswahl an Kuchen und Gebäck lassen jedem das Wasser im Munde zusammenlaufen.

Victoria & Alfred Waterfront

Die Victoria & Alfred Waterfront ist ein geschichtsträchtiger Ort und beliebter Treffpunkt, denn hier gibt es Einkaufsläden, Kunsthandwerkmärkte, Theater, Livekonzerte und Unterhaltungsangebote – und das im laufenden Hafenbetrieb.

Der Name bezieht sich auf Prinz Alfred, den zweiten Sohn Königin Viktorias. 1860 versenkte er

Jazzmusiker an der Victoria & Alfred Waterfront

**John H. Marsh
Maritime
Research Centre**

✉ Union Castle
House, Dock Rd.

☎ 021 405 2880

**www.iziko.org.za/
maritime**

beim Bau der dringend benötigten Hafenerweiterung den ersten Stein im Meer. Doch im dynamischen Zeitalter der Dampfmaschinen reichte das Alfred-Becken schon bald nicht mehr aus, um die wachsende Zahl der Schiffe aufzuneh-

Unechte Karettschildkröte im Two Oceans Aquarium

men – also wurde das größere Viktoria-Becken gebaut

1988 begann die Sanierung, die mehrere Nationaldenkmäler miteinschloss. Es entstanden Uferpromenaden und viele erstklassige Restaurants, die das Beste aus den Tiefen der Meere servieren. Im Angebot sind auch Bootsausflüge, Flüge mit Hubschraubern und Wasserflugzeugen sowie eine in Betrieb befindliche Brauerei.

Das kürzlich neu gestaltete **John H. Marsh Maritime Research Centre** (Meeresforschungszentrum) im Union Castle Building an der Uferpromenade beherbergt eine Sammlung von Schiffsmodellen und weiteren Objekten aus der Seefahrt. Im Mittelpunkt stehen dabei die Postschiffe der Union Castle. Im Archiv des Forschungszentrums befinden sich Schiffslogbücher, die zum Teil noch aus dem 19. Jahrhundert stammen, sowie mehr als 19 000 Negative und Fotos von 9200 Schiffen aus dem Zeitraum von 1920 bis 1970.

Zu den weiteren Sehenswürdigkeiten zählt der viktorianische **Clock Tower** (Uhrenturm) von 1882, in dem einst das Büro des Hafenmeisters untergebracht war. Im obersten Stockwerk befand sich der Uhrenmechanismus. Vom zweiten Stock aus konnte der Hafenmeister mithilfe mehrerer Spiegel das Geschehen im Hafen stets im Auge behalten. Darunter kontrollierte ein Tidenmessgerät den Gezeitenhub im Hafen.

Neben dem Dock House Hotel steht der **Time Ball Tower** von 1894. Zu einer bestimmten Zeit ließ man hier eine Kugel fallen, wonach die Schiffe im Hafen ihre Uhren stellen konnten.

Der **Drachenbaum** (Dracaena draco) in der Nachbarschaft ist eigentlich auf den Kanarischen Inseln zu Hause. Der Baum soll von einem durchreisenden Seemann gepflanzt worden sein. Der Legende nach soll der rote Saft des Baumes, das „Drachenblut", von einem Drachen verschüttet worden sein: Er schlug auf die Schiffe ein, die es wagten, die Säulen des Herkules zu passieren.

Es heißt, der Baum könne eigentlich nur am Mittelmeer und einigen angrenzenden Inseln wachsen, wo die Blutstropfen hinspritzten.

Schon seit den frühesten Tagen der Niederländischen Ostindien-Kompanie war **Robben Island** (siehe S. 69) ein Gefängnis. In jüngeren Tagen wurde es für politische Gefangene genutzt, darunter Nelson Mandela. Eintrittskarten gibt es im **Robben Island Exhibition and Information Centre** – nahe dem Uhrenturm. Eine 30-minütige Katamaranfahrt bringt Besucher auf die Insel, wo es per Bus und zu Fuß weitergeht.

Meist sieht man auf der Kaimauer bei Bertie's Landing Restaurant und auf alten Reifen eine Robbenkolonie.

Um die Ecke befindet sich das frühere **Breakwater Prison**. Das Gefängnis wurde 1860 für jene Häftlinge errichtet, die beim Hafenausbau arbeiten mussten. Es ist eine Ironie der Geschichte, dass diese strenge Zuchtanstalt heute Sitz der Kapstädter Graduate School of Business sowie der schicken Breakwater Lodge ist.

Genau gegenüber liegt das **Two Oceans Aquarium**, das größte Aquarium Afrikas. Hier kann man die faszinierende Unterwasserwelt der Kapregion sowie mehr als 3000 Meereslebewesen bewundern, darunter Robben, Schildkröten und Pinguine. Neben abenteuerlichen Tauchtouren mit Haien bietet das Aquarium auch pädagogische Veranstaltungen für Kinder sowie Umwelterziehungsprogramme. Zu den Aufgaben zählen zudem der Schutz der Haie und die Erforschung der Mondfische. Ein persönlicher Tipp

ist der Bereich mit den Tropenfischen. Der Haitank kann schon etwas einschüchtern, da man so nah wie möglich an diese Raubfische gelangt.

Robben Island

Schon der Autor Lawrence G. Green nannte Robben Island die „Insel der Verbannten". Dieser Kommentar bewies Weitblick,

INSIDERTIPP

Probieren Sie namibische Austern und Flusskrebse bei Willoughby & Co. Das beliebte Restaurant an der Victoria & Alfred Waterfront ist zwischen Einkaufsläden und Jazzclubs eingekeilt.

DAVID CASE
National Geographic-Autor

denn Green schrieb dies, bevor Robben Island den berühmtesten aller Gefangenen empfing: Nelson Mandela.

Mandela war 27 Jahre auf Robben Island inhaftiert. Daneben saß eine ganze Reihe weiterer Antiapartheidkämpfer auf der Insel ein, darunter der verstorbene ANC-Chef Walter Sisulu (1912–2003) sowie Govan Mbeki (1910–2001), Vater des 2008 zurückgetretenen südafrikanischen Präsidenten Thabo Mbeki. Die politischen Gefangenen spielten eine entscheidende Rolle bei der Entwicklung der Widerstandsbewegung gegen das Apartheidregime; das Gefängnis

Robben Island Exhibition & Information Centre

- ✉ Tickets im Robben Island Exhibition and Information Center in der Nähe des Uhrenturms an der Victoria & Alfred Waterfront. Die Fähren legen am Mandela Gateway ab
- ☎ Buchungen: 021/413-4200
- 💲 Führungen: $$–$$$

www.robben-island.org.za

Breakwater Prison

- ✉ Portswood Rd.
- ☎ 021/406-1911

www.breakwater lodge.co.za

Two Oceans Aquarium

- ✉ Victoria & Alfred Waterfront
- ☎ 021/418-3823
- 💲 $$

www.aquarium.co.za

Gesunkene Schatzschiffe

Die Bezeichnung „Kap der Stürme" ist sehr treffend. Während die Bucht im Sommer nahezu paradiesisch wirkt, peitschen im Winter orkanartige Stürme das Meer auf. Allein in der Table Bay sind über 350 Schiffswracks verzeichnet.

Ein Gemälde aus dem 17. Jahrhundert zeigt niederländische Galeonen in der Table Bay

Die schwerfälligen portugiesischen Karavellen waren bei ihrer Rückkehr aus dem Fernen Osten überladen und eine leichte Beute für die Stürme am Kap. Ähnlich erging es den klobigen niederländischen Handelsschiffen. In einer einzigen Nacht, am 17. Mai 1865, sanken zwischen Mitternacht und Morgengrauen 18 hochseetüchtige und 30 kleinere Schiffe.

Der Chronist des Meeres, Lawrence G. Green, war der Auffassung, dass die Winterstürme am Kap mehr Menschen das Leben gekostet haben als an irgendeiner anderen Küste der südlichen Hemisphäre. Der Bergungsingenieur George Austin war einer der fanatischsten Schatzsucher von Kapstadt. Er schätzte nach Recherchen in den Archiven, dass rund 22 Millionen Pfund Sterling auf dem sandigen Grund der Table Bay verstreut liegen.

Einige der bekanntesten Schiffswracks:
1694 wurde die kleine **„Dageraad"** zur St. Helena Bay geschickt, um Schatztruhen an Bord zu nehmen, die vom Ostindiensegler „Gouden Buys" der VOC gerettet worden waren. Dieses Schiff war auf Grund gelaufen; bis auf zwei Personen starb die Besatzung an Skorbut. Auf dem Rückweg lief die „Dageraad" an der Westküste der Robben Island selbst auf Grund. 16 Besatzungsmitglieder starben; acht der 17 Schatzkisten versanken mit dem Schiff und liegen noch heute sicher auf dem Meeresgrund.

Am 26. Mai 1698 zerschellte der neue Schnellsegler **„Het Huijs te Crayesteijn"** im dichten Nebel an einem Riff, rund 4,5 Kilometer südlich von Camps Bay. Von den Schatztruhen an Bord konnten kurz nach dem Unglück 16 Truhen ans Ufer gerettet werden. Eine Kiste wurde noch

INSIDERTIPP

Weiße Haie lieben die südafrikanische Küste. Zwischen Gansbaai und Dyer Island schwimmen sie durch einen engen Kanal, den „Shark Alley" – der Anblick ist fantastisch.

CERIDWEN DOVEY
National Geographic-Autor

an Bord aufgebrochen und geleert, während zwei Truhen mit dem Schiff versanken. Die geretteten Kisten wurden mit einem Ochsenkarren zum Gouverneur nach Kapstadt gebracht. Sporttaucher besuchen oft das Wrack. Einige der Kanonen haben sich zwischen den Felsen verfangen; auch große Mühlsteine, die als Ballast benutzt wurden, sind zu sehen. Der sandige Meeresgrund gibt hin und wieder Kanonenkugeln und Holzstücke frei, doch die Millionen bleiben verschwunden.

Am 3. April 1702 befand sich der niederländische Ostindiensegler „Meresteijn" mit Silber auf dem Weg von Amsterdam nach Kapstadt. Das Schiff sichtete Land und hielt auf die Küste zu. Doch der Steuermann verrechnete sich – das Schiff sank vor Jutten Island. Mehr als hundert Menschen ertranken, es gab keine Überlebenden. Gelegentlich erinnern angespülte Silbermünzen auf der Insel an die Katastrophe; dabei handelt es sich um Dukaten, die leicht mit spanischen Silberlingen verwechselt werden können. Sie tragen den Kopf des spanischen Königs Philipp IV. sowie die Inschrift „Durch die Gnade Gottes König von Spanien und Indiens". Die Münzen wurden in Brüssel geprägt, damals die Hauptstadt der Spanischen Niederlande.

Im Juni 1722 trieb ein Wintersturm fünf holländische Handelsschiffe – die „Zoetigheid", „Standvastigheid", „Lakenman", „Schotse Lorrendraaier" und die „Rotterdam" – auf die Strände der Table Bay, wo sie zerschellten. Die meisten befanden sich auf dem Weg nach Asien und führten Geld an Bord, um Käufe zu tätigen – die Münzen wurden niemals gefunden.

ERLEBNIS: Mit dem Weißen Hai auf Tuchfühlung

Weiße Haie werden in Kinofilmen gern als gnadenlose Mörder gebrandmarkt. Doch die Haie selbst standen nach brutalen, unnötigen Jagden auf der Liste der bedrohten Tierarten. Seit sie unter Schutz gestellt wurden, haben sich diese scheuen, großartigen Geschöpfe vor allem vor Gansbaai wieder erholt. Der Ort liegt zwei Autostunden von Kapstadt entfernt und gilt weltweit als „Hauptstadt des Weißen Hais". Die Haie können vor der Küste auf einer Bootstour beobachtet werden. Abenteuerlicher sind die Tauchtouren in einem Unterwasserkäfig. Auf diesen Exkursionen fährt das Boot zur Shark Alley, einem sechs Meter tiefen Kanal zwischen Dyer Island und Geyser Island. Dort wird man im Taucheranzug in einem Stahlkäfig ins Wasser gelassen.

Kritiker werfen ein, dieses Vorgehen führe dazu, dass Haie Menschen als Futter betrachten – doch wenn das Tauchen verantwortungsbewusst durchgeführt wird, sind die Sorgen unbegründet. Veranstalter sollten die Haie niemals mit rohem Fleisch füttern, sie verletzen oder unnötig stören. Diese friedlichen Exkursionen können sogar dazu beitragen, dass die Mythen ausgeräumt werden, aufgrund derer die faszinierenden Tiere beinah ausgerottet wurden. Buchungen und weitere Informationen bei **Marine Dynamics** *(Tel. 028/384-1005, www.sharkwatchsa. com)*, **White Shark Projects** *(Tel. 021/405-4537, www.whitesharkprojects.co.za)* oder **Shark Diving Unlimited** *(Tel. 028/384-2787, www.sharkdivingunlimited.com)*. In der durchschnittlichen Gebühr von 1300 Rand ist der Shuttleservice von Kapstadt enthalten.

Ein Besuch des Gefängnisses auf Robben Island

wurde weltweit als ein Symbol für die Unterdrückung in Südafrika betrachtet.

Zwölf Kilometer vom Ufer entfernt, war Robben Island immer unzugänglich gewesen. Die Portugiesen verbannten bereits 1525 erste Gefangene auf dieses unwirtliche Eiland, das bald zur Gefangeneninsel wurde. Zwischen dem 17. und 20. Jahrhundert war Robben Island zunächst ein Zuchthaus, später ein politisches Gefängnis. Es diente auch als „Hospital" für sozial unerwünschte Menschen, wie Leprakranke und gefährliche Geisteskranke, sowie als Militärstützpunkt. Die Kanonen aus dem Zweiten Weltkrieg wachen noch heute über die Zufahrt zur Table Bay. Heute ist das einstige Hochsicherheitsgefängnis eine Touristenattraktion und gibt einen guten Einblick in die politische Unterdrückung und die Brutalität des Apartheidregimes. Es erinnert zudem daran, dass verblendete Repression jeder Art den Unterdrücker ebenso erniedrigt wie die Opfer.

Weitere Sehenswürdigkeiten: Die politische Bedeutung der Insel überschattet die anderen Attraktionen – doch man sollte sie nicht ignorieren. Der niederländische Name *Robbe Eiland* bedeutet „Robbeninsel". In früheren Tagen lebten hier Tausende von Robben und andere Meeressäuger sowie Pinguine und Schildkröten. Damals waren die Gewässer rund um die Insel für die Aufzucht des Nachwuchses sehr sicher. Das wussten auch die Wale zu schätzen.

Doch im späten 19. Jahrhundert wurde der Walfang zu einem großen Industriezweig. Als man den kommerziellen Walfang 1940 endlich stoppte, lebten von den Südkapern (Südlichen Glattwalen) in dieser Region nur noch 10 bis 30 Weibchen. Vom selben Schicksal waren auch die Robben und Pinguine betroffen, die ebenfalls als Handelsware galten.

1999 wurde Robben Island zur Weltkulturerbestätte erklärt: Seither wurden viele Anstrengungen unternommen, die Insel wieder ins ökologische Gleichgewicht zu bringen. Schon 1991 war das Eiland in das Naturerbeprogramm des Landes aufgenommen worden. Dabei wurde die Nordspitze der Insel zum Vogelschutzreservat erklärt. Kaninchen, zahlreiche Gazellenarten, darunter Springböcke, sowie 132 Vogelarten sind hier zu Hause.

Trotz der wenigen natürlichen Schätze wird Robben Island als ein Ort in Erinnerung bleiben, der für den Sieg der Menschlichkeit und den unbezwingbaren Freiheitsdrang steht. Sofern es das teils unbeständige Wetter am Kap erlaubt, starten täglich Besichtigungstouren

INSIDERTIPP

Bei der offiziellen Bus-rundfahrt über Robben Island sollte man unbe-dingt an der Küste aus-steigen: Dort lassen sich herrliche Aufnahmen des Tafelbergs machen.

RICHARD WHITAKER
National Geographic-Mitarbeiter

zur Insel. Im Preis sind die Fährfahrt enthalten, eine Gefängnistour und eine Fahrt über die Insel zu den Kalksteinbrüchen, wo die Gefange-nen Zwangsarbeit verrichten muss-ten. Die Gefängnisbesichtigung wird von einem ehemaligen Insas-sen geleitet. Zu sehen sind die **Gar-nisonskirche** (1841), der **Leucht-turm** (1863), die **Leprakirche** (1895), das **Gasthaus** (1895) so-wie ein **muslimischer Schrein**.

Sehr bewegend sind die „Zellenge-schichten" in den 40 Isolationszel-len. In jeder Zelle ist die Geschichte eines Insassen ausgestellt.

Für den Ausflug sollte man 3,5 Stunden einrechnen und im Voraus buchen. Die Fähren verkehren in regelmäßigen Abständen vom Nelson Mandela Gateway unweit des Uhrenturms an der Victoria & Albert Waterfront (siehe S. 67f).

Thunder City

Wer auf Militärjets steht, für den ist dieser zivile Anbieter für Extrem-flugabenteuer in der Nähe des Flughafens genau richtig. Hier steht eine große Auswahl an Militärjets zur Verfügung; zum Angebot ge-hören Aufstiege bis 18 300 Meter Höhe mit doppelter Schallge-schwindigkeit, ein Flug mit 1050 Stundenkilometern in einer Buccaneer über den Atlantik oder Luftakrobatik in einem Hawker Hunter. ■

Thunder City

✉ Site 10, Tower Rd., Cape Town International Airport
☎ 27 21 934 8007
💲 $$$$$
www.thundercity.com

ERLEBNIS: Hochseeangeln

Seine 3000 Kilometer Küstenlinie machen Südafrika zum Traumland für Petrijünger. Die hervorragenden Angelmöglichkeiten reichen vom knietiefen Wasser der Lagunen bis zu Angeltörns auf hoher See. Da es unzählige Fischarten und Schwierig-keitsstufen gibt, sollte man sich am besten auf eine Art konzentrieren. Südafrika ist zum Beispiel für Gelbflossenthunfische bekannt, die man am besten am Cape Point fängt. Während der Saison kann ein durchschnittlicher Thunfisch bis zu 55 Kilogramm wiegen. Gegenwärtig ist es in Mode, die Fische mit Fliegenruten zu fangen.

Viele Touranbieter organisieren Ganz-tagesausflüge. Empfehlenswert sind **Two Oceans Sport Fishing** *(Tel. 021/782-3681 oder 082/469-8280, www.tosf.com)* in Simon's Town und **Toledo Charters** *(Tel. 021/790-407 oder 072/907-3443, www.toledo-charters.com)* in Hout Bay. Die Touren sind für bis zu sechs Personen ausgelegt und dauern rund zwölf Stunden.

Auch das Marlinangeln in den wärmeren Gewässern Natals ist sehr spannend; diese Riesenfische können bis zu 68 Kilogramm wiegen. Tourenbuchungen bei **Sport and Safaris** *(Tel. 086/010-4800, www.sportandsafaris.com)* in Chaka's Rock.

Die Kaphalbinsel

Von der rauen Wildnis des Tafelbergs und den Weinbergen Groot Constantias erstreckt sich die Halbinsel mit ihren malerischen Sandsteinhügeln bis zur südwestlichen Spitze Afrikas: Cape Point am Kap der Guten Hoffnung. Der Atlantik donnert im Westen an die Halbinsel, während bei der False Bay auf der Ostseite die Gewässer wärmer und ruhiger sind. Entlang der Küste liegen unzählige Strände und kleine Städtchen.

Dias Cross, Table Mountain National Park

Die Strände

Die Strände am Kap sind sehr unterschiedlich: Manche sind angesagt und gut besucht, andere völlig einsam. In Kapstadt gibt es, ähnlich wie in Südkalifornien, eine ausgeprägte Strandkultur. Doch es finden sich auch kilometerlange Sandstrände, die menschenleer sind. Dort ziehen nur Albatrosse und Seeschwalben ihre Runden, während ab und an ein Angler sein Glück im grün schimmernden Wasser versucht. Die Strände am Kap werden allgemein in die „kalte Seite" und die „warme Seite" unterteilt. Die kalte Seite profitiert nicht vom milden Klima der False Bay, die Temperaturunterschiede sind deutlich spürbar. Ohne Neoprenanzug friert man im eiskalten Wasser des Clifton Beach schon nach fünf Minuten. In der False Bay herrschen im Sommer hingegen Wassertemperaturen von 20 bis 22 Grad Celsius. Das ist zwar auch nicht tropisch, aber zum Schwimmen und Surfen sehr angenehm.

Der **Clifton Beach** auf der kalten Westseite, nur zehn Autominuten vom Stadtzentrum entfernt, ist der angesagteste und am meisten herausgeputzte Strand Kapstadts. Er besteht aus fünf Bereichen, die bei Niedrigwasser miteinander verbunden, bei Hochwasser aber durch Felsvorsprünge voneinander getrennt sind. Die oft sehr subtilen Unterschiede zwischen den einzelnen Strandbereichen können nur von Eingeweihten wirklich nachvollzogen werden. Sie heißen schlicht First, Second, Third und Fourth Beach mit dem winzigen Moses Beach als Anhang. Letzterer wird von Monokini-Fans sehr geschätzt. Der **First Beach** gilt als Treffpunkt der jungen, schicken, sonnengebräunten Südafrikaner.

Nach weiteren fünf Autominuten beginnt der weite, bogenförmige **Camps Bay Beach**. Am Strand wachsen Palmen, an der Hauptstraße warten schicke Restaurants und Fast-Food-Läden auf Kundschaft. Durchgestylte Models fahren in ultraschicken Cabrios durch die Gegend. In den Villen an den Hängen wohnen junge Millionäre aus Moskau, Hedge-Fonds-Händler aus New York und Rockstars.

Der **Fish Hoek Beach** ist von ganz anderem Schlag: Der perfekt sichelförmige, drei Kilometer lange Sandstrand liegt auf der warmen Seite der False Bay. Hier tummeln sich Familien mit Kindern, denn das Baden im warmen Indischen Ozean ist sicher und erfrischend. Auch hier trifft man auf die Schönen und Reichen, aber es geht nicht so international zu wie in Clifton Bay oder Camps Bay. Entlang dem felsigen Fußweg laden viele sichere Stellen (vor allem **Skellie Pool**) zum Schnorcheln in der spannen-

den Unterwasserwelt ein. Zu den Meeresbewohnern zählen Zitterrochen, Seeigel, Seeanemonen, Steinfische und Meerbrassen.

In Fish Hoek kann man je nach Saison die traditionelle Fangmethode des *treknetting* beobachten. Die örtlichen Fischer kennen die Gewässer schon seit ihrer Kindheit und stechen manchmal mit zwei Langbooten vom Strand aus in See. Sie nehmen ein langes, flaches Netz mit, rudern in einem Halbkreis und werfen das Netz ins tiefe-

Abenteuer

Wer Sportarten mit Nervenkitzel sucht, kommt bei diesen Firmen richtig ins Geschäft: **Abseil Africa** *(Tel. 021/424-4760, www.abseilafrica.co.za)* ist auf Abseiltouren vom Tafelberg spezialisiert.
Cape Xtreme *(Tel. 021/788-5814, www.cape-xtreme.com)* organisiert Touren zum Surfen, Radfahren, Klettern sowie Tauchgänge im Käfig.
Downhill Adventures *(Tel. 021/422-0388, www.downhill adventures.com)* bietet Rad- und Quadtouren, Sandboarding, Paragliding, Klettertouren sowie Tauchen im Käfig.

re Wasser jenseits der Wellenbrechergrenze. Beide Boote fahren dann in einem Abstand von knapp 200 Metern zum Strand zurück. Dann beginnt der *trek*, das Einholen des Netzes durch die Fischer, die in Teams arbeiten. Unterstützt werden sie von kleinen Jungen, Rentnern, muskulösen jungen Surfern und Schaulustigen. Der Fang

Table Mountain Cableway

✉ Lower Cable Station, Tafelberg Rd.

☎ 021 / 424-0015

💲 $

wird langsam auf den Strand gezogen. Sobald das Netz das flache Uferwasser erreicht, wird die Wasseroberfläche von den gefangenen Fischen aufgewühlt. Im Netz finden sich zumeist delikate Brassen und Meeräschen, die vor Ort als *haarders* bezeichnet werden. Nicht selten verfangen sich

Am Strand der Camps Bay

auch Adlerrochen, Red Romans (eine Art Meerbrassen), Baby-Haie und sogar Stachelrochen in den Maschen.

Tafelberg

Wenn man sich Kapstadt vom Meer aus nähert, taucht am Horizont als Erstes das mächtige Granit- und Sandsteinmassiv des 1086 Meter hohen Tafelbergs auf. Um diesen Berg ranken sich viele Legenden. Durch die rasanten Wetterwechsel ist die Bergspitze oftmals durch ein sprichwörtliches „Tischtuch" aus Wolken verhangen. An anderen Tagen verhindern starke Winde den Aufstieg. Doch an schönen Tagen sind Spaziergänge und Wanderungen im

Table Mountain National Park (siehe unten) ein Genuss – ebenso wie eine Fahrt mit der **Table Mountain Cableway**. Die Drahtseilbahn führt von der Tafelberg Road zum flachen Gipfelplateau hinauf. Eine Besonderheit sind die rotierenden Kabinen, die einen fantastischen Ausblick auf die Klippen und den Ozean ermöglichen.

Die Drahtseilbahn wurde bereits vor 79 Jahren eröffnet und hat seither mehr als 16 Millionen Menschen auf den Tafelberg befördert. Vom Gipfel dieses außergewöhnlichen Berges kann man die Krümmung der Erde erkennen, wenn man auf den Ozean hinausblickt. Am Fuße des Berges schmiegt sich die Innenstadt an die Ausläufer des Massivs. Ein Café und Souvenirläden dürfen an der Bergstation natürlich nicht fehlen.

Der **Table Mountain National Park** umfasst das gesamte Massiv des Tafelbergs, das sich vom Signal Hill im Norden bis zum Cape Point am Kap der Guten Hoffnung im Süden erstreckt. Fauna und Flora im Nationalpark sind so einzigartig, dass der Park zur Weltnaturerbestätte erklärt wurde. Die meisten Pflanzen gehören zur sogenannten Fynbosvegetation, die aus vier Hauptgruppen besteht: Protea, einem breitblütig blühenden Busch; Erica, den Heidekräutern; Restio, einem Riedgrasgewächs, und Geophyten, Zwiebelgewächsen in den Feuchtgebieten.

Selbst ein übersättigter Besucher wird von den Sportmöglichkeiten im Park begeistert sein: Im Angebot stehen spektakuläre

INSIDERTIPP

Besteigen Sie den Tafelberg zu Fuß! Dafür benötigt man eine gute Karte, und man sollte keine Abkürzungen nehmen. Das Wetter kann binnen weniger Minuten umschlagen und die Sicht nehmen. Bei Regen sollte man die Skeleton Gorge meiden.

THURE CERLING
National Geographic-Experte

Wanderungen, Mountainbiketouren, Drachenfliegen und Parasailing (siehe Kasten unten).

Der Zutritt zum Park ist im Allgemeinen kostenlos; nur am Kap der Guten Hoffnung sowie in Boulders und Silvermine werden Entgelte erhoben. Für manche Aktivitäten muss man vorab eine Erlaubnis einholen; Informationen erhält man im Hauptbüro der Parkverwaltung.

Kirstenbosch National Botanical Garden

Kirstenbosch ist einer der schönsten botanischen Gärten weltweit, seine Lage an den östlichen Hängen des Tafelbergs könnte nicht spektakulärer sein. Auf 36 Hektar zeigt der 1913 gegründete Garten die Pflanzenvielfalt Südafrikas.

An den Berghängen wächst auf einem 528 Hektar großen Gelände vor allem Fynbos. Diese zumeist kleinblättrige, wetterfeste Pflanzengemeinschaft findet sich nur in den Bergen und an der Küste des

Table Mountain National Park

☎ 021/701-8672
oder
021/465-8515

www.hhoerigwa
ggatrails.co.za
oder www.tmnp.
co.za

Kirstenbosch National Botanical Garden

✉ Rhodes Dr.,
Newlands

☎ 021/799-8899

$ $

www.sanbi.org/
frames/kirstfram

ERLEBNIS: Wandern, Radfahren und mehr

Die vielen Wanderwege im Table Mountain National Park sprechen ein breites Publikum an. Passionierte Wanderer lieben den **Hoerikwaggo Trail**. Die dreitägige geführte Tour wird von der Parkverwaltung organisiert und ist vergleichsweise luxuriös. Das Gepäck wird getragen, Vollverpflegung ist inklusive. Auf der Strecke gelangt man aus der Stadt hinaus in die naturbelassene Landschaft des Tafelbergs.

Die **Platteklip-Gorge-Wanderung** lässt sich auch ohne Führung absolvieren. Die Strecke führt von der Talstation der Drahtseilbahn an der Tafelberg Road in Serpentinen steil bergan; nach zwei bis drei Stunden erreicht man das Gipfelplateau.

Auf dem Gipfel führen mehrere einfache Routen zu verschiedenen Aussichtspunkten. Die **Maclear's-Beacon-Wanderung** führt zum Beispiel in 35 Minuten vom oberen Ende der Platteklip Gorge zum „Vordertisch", von dem man über die False Bay blickt.

Ein weiterer Wanderweg beginnt an den Kirstenbosch Gardens (siehe S. 78). Von dort geht es durch die Skeleton Gorge über den **Smuts' Track** auf den Tafelberg hinauf. Der Nursery Ravine Trail startet ebenfalls in Kirstenbosch; diese Rundwanderung dauert gut fünf Stunden.

Routen für Mountainbiker beginnen im Park bei Tokai Forest, Silvermine, Kloofnek, Mowbray Ridge und am Kap der Guten Hoffnung. Kletterer werden durch berühmte Routen wie „Africa Face" herausgefordert. Weitere Informationen gibt der Mountain Club of South Africa (Tel. 021/465-3412).

Drachenflieger und Paraglider finden am Lion's Head und bei Silvermine ausgewiesene Startplätze.

Groot Constantia

✉ Groot
Constantia Rd.,
an der M 41

☎ 021/794-5128

$ Weinproben: $$

**www.grootco
nstantia.co.za**

südwestlichen Kap. Der afromontane Wald wird von immergrünen, breitblättrigen Bäumen dominiert. Am schönsten ist die Gegend im südafrikanischen Frühling zwischen August und Oktober, wenn die Namaqualand-Gänseblümchen (Venidien) und viele andere Pflanzen blühen. Im botanischen Garten

INSIDERTIPP

Wer von Kirschenbosch bergan durch die Skeleton Gorge und zurück durch die Nursery Ravine wandert, sieht auf dem Hinweg oft die rote Orchideenart *Disa uniflora*, auf dem Rückweg die Königsprotea, die in Südafrika heimische Protea-Art.

RES ALTWEGG
National Geographic-Experte

sind rund 6700 der 20 000 in Südafrika heimischen Pflanzenarten anzutreffen. In den höheren Bereichen wachsen im **Cycad Amphitheatre** die ungewöhnlichen Sago-

palmfarne. Im **Protea Garden** gedeiht eine große Fülle an Proteus- und Silberbaumgewächsen.

Kirstenbosch bietet außerdem ein Restaurant, Läden sowie ein Besucherzentrum mit Informationsschalter.

Groot Constantia

Das renommierte Weingut Groot Constantia schmiegt sich in das fruchtbare Constantia Valley. Der kapholländische Stil ist ein gutes Beispiel für die elegante Baukunst jener Zeit. Bereits 1685 wurde die Farm dem Gouverneur Simon van der Stel vermacht. Im 18. Jahrhundert wurde sie für ihre süßen Dessertweine berühmt. Die strikten Produktionsstandards und die natürliche Kombination von Sonne, Boden und Meer schufen die Grundlage für einen so köstlichen Wein, dass sogar gekrönte Häupter zu seinen Liebhabern zählten. 2003 nahm das Weingut die Herstellung des süßen Dessertweins „Grand Constance" wieder auf; die roten und weißen Muskateller waren das letzte Mal vor über 200 Jahren gekeltert worden.

Die Cloete-Familie erbte von Simon van der Stel einen Teil des Gutes und beauftragte im 18. Jahr-

Gartenkonzerte

Im Sommer kann man sich jeden Sonntagnachmittag an einem Open-Air-Konzert im **Kirstenbosch National Botanical Garden** erfreuen. Zum Programm gehören alle erdenklichen Musikrichtungen, darunter Jazz, Klassik, Rock und Folk. Die Stimmung ist entspannt. Die Gäste sitzen, mit Picknickkörben ausgerüstet, im Garten,

hören der Musik zu und trinken dazu einen Wein. Infos und Buchungen unter *Tel. 021/761-2866, www.sanbi.org.*

Wer Südafrika im Winter bereist, sollte sich die Jazz- und Klassikkonzerte im **Walter Sisulu National Botanical Garden** in Johannesburg vormerken. Auch sie finden sonntagnachmittags statt; weitere Informationen unter *Tel. 011/958-1750, www.sanbi.org.*

Ausritt am Strand von Noordhoek

hundert den französischen Architekten Louis Michel Thibault, Erweiterungsbauten zu errichten, darunter einen zweistöckigen Weinkeller, der von einem Relief i geziert wird: Ganymed, Mundschenk der Götter, umgeben von Engeln.

Die im kapholländischen Stil ausgeführten Eingangstore sind normalerweise reich verziert. Doch die Tore in Groot Constantia sind eher zurückhaltend gestaltet, gradlinig und neoklassizistisch. Ganz anders ist jedoch der extravagante Giebel, der fast doppelt so hoch ist wie allgemein üblich. In einer Nische ist eine Skulptur zu sehen, die den Überfluss symbolisiert – ein Werk, das Anton Anreith zugeschrieben wird. Das Haupthaus ist gut erhalten, seine Inneneinrichtung ein Beispiel für Landhäuser im kapgeorgianischen Stil.

1993 wurde das Weingut vom Groot Constantia Trust erworben, der in Zusammenarbeit mit den South African Museums eine Dauerausstellung zur Sklaverei auf Landgütern einrichtete. Touristen können zudem das Weinmuseum besichtigen, Weinproben genießen oder in den Restaurants Simon's und Jonkerhuis speisen.

Kalk Bay

Kalk Bay ist der malerische Hafenort unweit von Fish Hoek. Entlang der Main Street haben sich unzählige Antiquitätenläden, Cafés, Restaurants und winzige Läden für Kunst-, Nippes- und Buchliebhaber angesiedelt. Mehrere Restaurants an der Uferpromenade sind sehr einladend, darunter das Brass Bell *(Waterfront, Tel. 021/788-5455)* und das Harbour House *(Kalk Bay Harbour, Tel. 021/788-4133)*. Während man Muscheln in Knoblauch, gegrillten Hummer oder Fisch genießt, kann man den Fischerbooten zuschauen, wie sie mit ihrem Fang in den Hafen einlaufen. Für ein gutes Frühstück mit Kaffee und frischen Backwaren ist das Olympia Café and Deli *(34 Main St., Tel. 021/788-6396)* eine gute Adresse.

Simon's Town

Ein Stückchen weiter südlich verdankt diese reizvolle viktorianische

Stadt ihre Existenz der britischen Marinebasis. Von hier aus schützte die britische Marine die bedeutende Seeroute nach Indien. Der flache Badestrand liegt etwas außerhalb der Stadt und bietet schöne Blicke über die False Bay bis zum Cape Hangklip.

An der Straße von Simon's Town zum Cape Point ist **Boulders Beach** nicht nur als sicherer Badestrand, sondern auch für seine Pinguinkolonie bekannt. Die Pinguine haben sich auf den vielen Stränden rund um Boulders gemütlich eingenistet. Für Abenteuerlustige werden Tauchausflüge angeboten.

Cape Point und Kap der Guten Hoffnung

Für Touristen hat ein Ausflug zum Cape Point eine ähnliche Wirkung wie ein Ausflug zu den Victoriafällen: Die Landschaft ist großartig, die Klippen sind zerklüftet und enorm hoch, das Wasser ist absolut ungebändigt. Sir Francis Drake (1540–95) passierte Cape Point 1580 und nannte es „das schönste Kap der Welt".

Mehrere Routen führen zum Cape Point, von denen jede ihre eigenen Reize hat. Am spektakulärsten ist jedoch die kurvenreiche, atemberaubende Strecke entlang dem **Chapmans Peak** zwischen Noordhoek und Hout Bay. Die acht Kilometer lange Straße wurde hoch über dem Meer in die Berghänge gesprengt. Unwillkürlich hält man öfters an, um die gebirgige Küste mit ihren steilen Klippen zu bewundern; mehrere Aussichtspunkte mit Parkplätzen wurden eingerichtet.

Ein alternative Strecke führt von Fish Hoek entlang der Küste in den historischen Ort Simon's Town. Von dort geht es über die Küstenstraße weiter zum **Cape Peninsula National Park**. Eine Besonderheit sind der einzigartige Fynbos sowie die Bärenpaviane – sie haben die

---

ERLEBNIS: Die Fischer von Kalk Bay

Die charismatischen, schlagfertigen Fischer von Kalk Bay sind für ihre bunt bemalten Boote und blumig ausgemalten Storys bekannt. Da wird ein Ausflug zum Hafen schnell zu einem wahren Kulturerlebnis. Die Fischer sind zu Recht stolz auf ihre Vergangenheit. Sie widersetzten sich als einzige Gemeinschaft Südafrikas erfolgreich dem Apartheidregime und verhinderten ihre Umsiedlung. Seit Jahrhunderten leben sie vom Fischfang und fahren noch heute jeden Tag vor dem Morgengrauen aufs Meer hinaus. Daran ändern auch die größeren Fischkutter weiter draußen nichts.

Ein Hafenspaziergang lohnt sich vor allem zur Mittagszeit, wenn die Fischerboote voll beladen zurückkehren. Sogar ganze Schlangenmakrelen *(Cape Snoek)* werden einem für geringes Geld geradezu nachgeworfen. Der zarte, schmackhafte Silberfisch ist für seine extrem scharfen Zähne berüchtigt. Bis heute wird er nach altem Brauch mit einer Handschnur geangelt. Wer diesen Fisch kauft, dem wird er, in Zeitungspapier eingepackt, zusammen mit kostenlosen Zubereitungstipps überreicht. Zitronenbutter ist dabei nicht gefragt, stattdessen sollte man ein traditionelles Gericht wie „Snoek mit Aprikosengelee und Zwiebeln" probieren oder eines der Rezepte, die den Fischern gerade so einfallen.

Die Fischer nehmen Interessierte auch auf ihren hölzernen Booten mit, damit sie den Fischfang unmittelbar miterleben können.

Leuchtturm am Cape Point

entnervende Angewohnheit, auf die Autos zu springen.

Auf der Weiterfahrt bietet sich einer der traumhaftesten Panoramablicke auf Erden: Die lange, felsige Spitze von Cape Point erstreckt sich in den südlichen Atlantik hinaus. Das Meer ist hier aufgewühlt und oft von Stürmen gepeitscht. Angeblich sollen sich am Kap der Indische und der Atlantische Ozean treffen, doch das gründet eher auf Folklore. Der eigentliche Treffpunkt ist weniger dramatisch und liegt mehrere Kilometer weiter südlich: am Cape Agulhas.

Ein Wanderweg führt zum Leuchtturm, und spektakulär ist die 238 Meter lange Fahrt mit einer der beiden Gondeln der Seilbahn, die vom Parkplatz zu einem Aussichtspunkt direkt unterhalb des Cape-Point-Leuchtturms fährt.

Der **Leuchtturm** ist einer von vielen, die auf den Klippen des Cape Point errichtet wurden, um unachtsame Kapitäne vor den gefährlichen Untiefen und Riffs zu warnen. 1857 wurde ein Leuchtturm erbaut, der nahezu wertlos war, weil er zu hoch oben stand und oftmals im Nebel verschwand. Der heutige Leuchtturm ist wesentlich effektiver und der stärkste an der südafrikanischen Küste. Sein Licht hat eine Reichweite von 63 Kilometern; alle 30 Sekunden leuchtet es dreimal kurz hintereinander mit einer Lichtstärke von zehn Millionen Candela auf.

Das **Two Oceans Restaurant** *(Tel. 021/780-9200)* wurde auf einer Klippe am Cape Point errichtet. Hier sind atemberaubende Ausblicke über die False Bay garantiert. Während man die lokalen Meeresfrüchte genießt, sichtet man vielleicht sogar einen Brydewal oder einen anderen Meeressäuger. Alternativ kann man sich im Laden für ein Picknick eindecken oder die vielen Spazierwege erkunden.

Scarborough

Auf dem Rückweg vom Kap liegt Scarborough, unmittelbar nördlich des Cape of Good Hope Nature Reserve. Dieser Vorort von Kapstadt schmiegt sich an die steilen Berghänge des Slangkop und des Red Hill. An den schönen Sandstränden sind Angler, Surfer, Windsurfer und Kajakfahrer eindeutig in der Überzahl gegenüber Badefreunden, die wegen der unberechenbaren Strömung vorsichtig sein müssen. Die Surfer lieben die Felsen an der linken Seite des Strandes. Im Sommer, vor allem während der Ferien im Dezember, wird es am Strand richtig voll. Im Restaurant lässt sich hoch über den Wellen gut speisen. ∎

Nördlich von Kapstadt erstreckt sich am kalten Atlantik eine karge Küste. Highlights sind die Wildblumenblüte im Frühling, die Weintouren und die Langusten-*braais* am Strand

Die Westküste

Ein Feld voller Wildblumen nahe Citrusdal

Die Langebaan Lagoon ist ein Paradies für Wassersportler

Die Westküste

Wenn Kapstadt wie ein guter Champagner ist, elegant und perlend, dann ist die Westküste wie ein strenger, zurückhaltender Weißer Burgunder. Diese Region hat ihre eigenen Reize, und im September und Oktober verwandelt sie sich während der Frühlingsblüte in ein farbenprächtiges Blütenmeer.

Die Westküste ist typisch für Südafrika, auch wenn sie nicht gerade im üblichen Sinne als schön bezeichnet werden kann. Doch wer eine Zeit hier verbracht hat, lernt das kräftige Preußischblau ebenso zu schätzen wie den fahlen Glanz der Strände. Karen Blixen, Autorin des Romans „Jenseits von Afrika", beschreibt die Küste treffend: „Die Landschaft vermittelte eine göttliche, saubere und karge Großartigkeit ..."

Die Region zieht sich von Kapstadt 400 Kilometer nach Norden. An der gelegentlich etwas trostlosen Küste ist die Langebaan Lagoon ein echtes Landschaftshighlight. In den vielen kleinen Fischerhäfen dominieren bescheidene Fischerkaten das Bild. Im Hinterland sind die weitläufigen Weizenfelder und die Weinberge von Swartland und Sandveld ebenso typisch wie die Rooibosplantagen und Zitronengärten. Auch die Weingüter des Olifants River Valley sowie der landschaftlich großartige, abgelegene Gebirgszug der Cederberge sind einen Abstecher wert.

Natur pur

Die trockene Schönheit des Landes verwandelt sich zwischen Wintermitte und Frühlingsende radikal, wenn die weltberühmten Wildblumen die Region in ein einzigartiges Farbenmeer tauchen. Die weißen Gänseblümchen künden die neue Saison an. Alles erstrahlt in Orange, Pink, Gelb und Violett, wenn der Fynbos in voller Blüte steht. Rund um Darling, Langebaan, Paternoster, Saldanha und die St. Helena Bay sowie zwischen Vredenburg, Velddrif und Hopefield finden sich mehrere Wildblumenschutzgebiete.

Einige der beliebtesten Wanderwege der Region folgen einfach der Küste, so zum Beispiel von Swartriet nach Tietiesbaai und von Paternoster nach Stompneusbaai. Der West Coast National Park und das Rocherpan Nature Reserve bieten ebenfalls Wanderrouten an. Fernab großer Straßen sind die Elandskloof-Farm an der St. Helena Bay sowie Langebaan und Paternoster lohnende Ziele.

In der Cederberg Wilderness Area ist man der Natur so nah wie an kaum einem anderen Ort. Diese Wildnis ist für ihre fantastischen Gesteinsformationen berühmt. Fernab des Stadtrummels findet man viel Raum und Ruhe für die Seele. Aktive Entdecker können jedoch mit ihren allradbetriebenen Autos auf Erlebnistour gehen, oder man unternimmt eine Wander- oder Klettertour. Wanderpfade unterschiedlichster Schwierigkeitsgrade führen durch die Wildnis, mit etwas Unternehmungsgeist lernt man so die Region bestens kennen. Klettern ist fast überall in der Cederberg Wilderness Area erlaubt. ∎

Darling & seine Weinregion

Nach einer spektakulären Fahrt von Kapstadt über die R27 Richtung Norden – zwischen den Cape Fold Mountains und dem glitzernden Atlantik – ist Darling ein perfektes Wochenendziel. Besucher können die Sehenswürdigkeiten und die Weingüter erkunden, den Strand im nahe gelegenen Yzerfontein genießen oder die Swartland-Weinstraße für sich entdecken.

Das Restaurant und Varieté Evita se Perron, Bahnhof Darling

Darling
🅼 Karte S. 85
**Besucher-
information**

**www.darlingtourism.
co.za**

Darling liegt nur 75 Kilometer nördlich von Kapstadt, zwischen Weinbergen und Weizenfeldern. Fast das ganze Jahr über scheint der Ort im Dornröschenschlaf versunken. Die Straßen werden von Bäumen und im kapholländischen und viktorianischen Stil erbauten Häuschen gesäumt. Doch im Frühling, also im September und Oktober, strömen die Besucherscharen nach Darling, um die Farbenpracht der Blütezeit mitzuerleben. Mehr als tausend Blumenarten verwandeln die Wiesen und Hügel in ein einziges Blütenmeer, dessen intensive Farben die Sinne betören.

Die unglaubliche Artenvielfalt führte 1915 zur Gründung der örtlichen Wildflower Society; schon zwei Jahre später wurde die erste *Wildflower Show* organisiert. Seither findet die Wildblumenschau alljährlich am dritten Wochenende im September statt, gleichzeitig lockt eine außergewöhnliche Orchideenschau viele Besucher an.

In der Nähe liegen mehrere private Naturschutzgebiete, Pflanzenschulen und Bauernhöfe, die während der Blüte für Publikum geöffnet sind. Das **Tienie Versfeld Wildflower Reserve** *(R315, 12 km* *westlich von Darling)* ist während der Blütezeit ein guter Tipp. Das **Rondeberg Nature Reserve** *(R27, 25 km südwestlich von Darling, Tel. 022/492-3099, www.rondeberg.co.za, $)* bietet geführte Touren durch die Fynbosvegetation der sandigen Tiefebene an.

INSIDERTIPP

Während der Darling Wildflower Show am dritten Wochenende im September öffnen mehrere Naturreservate ihre Pforten, um die schönsten und seltensten Pflanzen zu präsentieren.

ANTON PAUW
National Geographic-Experte

Um 1853 begannen sich die Höfe rund um die Dutch Reformed Congregation auf der Langefontein-Farm zur Siedlung zu entwickeln. Der Name Darling geht auf den Kapgouverneur Sir Charles Henry Darling (1809–70) zurück. Stadtrechte erhielt der Ort erst 1955. Noch heute dominiert die Landwirtschaft: Milch, Weizen, Schafe und jetzt auch Weinbau.

Die Darling Creamery wurde 1902 gegründet und war einst eines der wichtigsten Unternehmen der Stadt. Im **Darling Museum** *(Pastorie St., Tel. 022/492-3361)* wird die damalige Butterproduktion erläutert. Das Museum ist im alten Rathaus von 1899 untergebracht und zeigt auch Ausstellungen zur Landwirtschaft und Ortsgeschichte.

Seit 2004 besitzt Darling eine eigene Weinstraße *(Tel. 022/492-3361, www.darlingtourism.co.za)*. Angeschlossen sind das Weingut **Cloof**, die **Darling Cellars**, **Groote Post** (mit einem Restaurant), die **Ormonde Vineyards** sowie die **Oudepost Estates**, die allesamt nur wenige Kilometer rund um Darling liegen. Auf den Weingütern werden nach Anmeldung auch Weinproben arrangiert.

Im alten Bahnhof ist das **Evita se Perron** eingerichtet, ein Varieté und Restaurant, das von Pieter-Dirk Uys geführt wird. Der Künstler steht selbst auf der Bühne. Das Restaurant serviert *boerekos*, deftige Bauernküche. Neben dem Restaurant befindet sich einer der zahlreichen lokalen Kunsthandwerksmärkte. ∎

Kunstszene

Darling ist voller Kunsthandwerkgalerien, die sich auf den typischen euroafrikanischen Stil der westlichen Kapregion spezialisiert haben. Im !Khwa Ttu Arts & Craft Shop *(an der R27, westlich von Darling, Tel. 022/492-2998)* **stehen Kunstwerke der San im Vordergrund. Wie wäre es zum Beispiel mit einer Straußenei-Halskette? Der Darling Original Art Supermarket** *(18 Long St., Tel. 082/718-9373)* **stellt Gemälde und Skulpturen lokaler Künstler aus; entlang der Main Street und Pastorie finden sich weitere Läden.**

Cloof
- Karte S. 85
- ✉ Bei den Darling Cellars links abbiegen, Richtung Cloof ausgeschildert
- ☎ 022/492-2839
- Geschl. So

www.cloof.co.za

Darling Cellars
- Karte S. 85
- ✉ R315, Mamre Way Station
- ☎ 022/492-2276

www.darlingcellars.co.za

Groote Post Vineyard
- Karte S. 85
- ✉ Darling Hills Rd., an der R307
- ☎ 022/492-2825

www.grootepost.com

Ormonde Vineyards
- ✉ R27, nordwestlich von Darling
- ☎ 022/492-3540
- Geschl. So

www.ormonde.co.za

Oudepost Estate
- ✉ R307
- ☎ 022/492-2368
- Nach Voranmeldung

Evita se Perron
- ✉ Arcadia St.
- ☎ 022/492-2831
- Geschl. Mo; Shows Fr, Sa nachmittags & abends, So nachmittags

www.evita.co.za

Die Swartland-Weinstraße

Das Swartland – das „schwarze Land" – wurde nach dem Renosterbos („Nashornbusch")
benannt, der sich im Winter schwarz färbt. Es reicht von Darling östlich bis Riebeek West
und Riebeek Kasteel und von Malmesbury im Süden bis nach Piketberg im Norden.

Das Weingut Cloof

Der größte Teil des *Renosterbos* wurde für den
Weizenanbau untergepflügt, sodass die Region
als Kornkammer Südafrikas gilt. Seit 1986 ist das
Swartland jedoch auch für seine Shiraz-Weine
bekannt. Die Reben gedeihen bestens auf dem
trockenen Buschland. Die „Buschweine" haben
etwas kleinere Trauben als die im konventionel-
len Spalier wachsenden Rebsorten, ihr Aroma ist
wesentlich dichter. Die Trauben wachsen in der
hügeligen Landschaft vor dem fernen Hintergrund des Perdeberg und des Kasteelberg. Mittelpunkt eines Weinguts ist meist ein großes
Gutsgebäude mit einem weißen Giebel, der für
die kapholländische Architektur so typisch ist.

Von **Darling** (siehe S. 86f) aus führen die
R315 und R45 nach Osten Richtung Malmesbury. Erster Stopp an der Swartland-Weinstraße ist
die Swartland Winery ❶ *(Tel. 022/482-1134,
www.swwines.co.za)*; dieses Weingut ist schon seit
1948 im Geschäft.

Weiter geht es auf der R45 und auf der R46
zum **Meerhof Wine Cellar** ❷ *(Tel. 022/487-
2524, www.meerhof.co.za)*. Dieses Gut war einst eine Weizen- und Schaffarm, doch seit 1961 konzentrieren sich die Besitzer auf den Weinbau.

Ein kurzes Stück weiter liegen an der R46 die
Kloovenburg Vineyards ❸ *(Tel. 022/448-
1635, www.kloovenburg.com)*. In den Worten der

Besitzer „hängt das Weingut wie ein Schwalbennest unterhalb des Kasteel Mountain". Hier wird schon seit Mitte des 18. Jahrhunderts die Weinbautradition gepflegt, und seit dem ersten Shiraz 1998 ist sie richtig ernst zu nehmen. Übrigens werden hier auch Oliven und Olivenprodukte angeboten.

Gelangt man auf die R311, sieht man in der Ferne die weißen Kirchtürme von **Riebeek Kasteel** und **Riebeek West** aufragen. In Riebeek Kasteel befinden sich rund um den Hauptplatz eine Reihe von Kunstgalerien sowie zahlreiche Restaurants und Cafés. Am ersten Samstagmorgen im Monat bietet der **Riebeek-Valley-Markt** frische Lebensmittel der Region, darunter Spezialitäten wie Farmbutter.

Het Vlock Casteel ❹ *(Tel. 022/448-1488, www.hetvlockcasteel.co.za)* produziert neben Wein ebenfalls Oliven und Obst. Das festungsähnliche Gebäude am Eingang des Weinguts ähnelt der alten Festung in Kapstadt. Während der Saison kann man Wein, Pfirsiche, Trauben, Orangen und zahlreiche Sorten Eingemachtes kaufen. Von Weihnachten bis März werden dreistündige Traubenführungen angeboten. Das ganze Jahr über können Besucher auf Führungen Olivenöle kosten; dabei wird auch gezeigt, wie man Oliven einlegt. Voranmeldungen sind erforderlich.

Über die R311 gelangt man Richtung Norden nach **Allesverloren** ❺ *(Tel. 022/461-2320, www. allesverloren.co.za)*. Der bildhafte Name bezieht sich auf die frühe Geschichte des Gutes: Als die Siedlerfamilie 1704 von einem längeren Ausflug nach Stellenbosch zurückkam, war das Haus niedergebrannt und das Ackerland verwüstet. Doch die Familie baute den Hof wieder auf; heute feiert das Gut seine 200-jährige Weinbautradition.

Weiter geht es über die R311 und anschließend über die N7 zurück nach Malmesbury und über die R315 nach Darling.

NICHT VERSÄUMEN

Swartland Winery • Riebeek Kasteel & den Riebeek-Valley-Markt • Het Vlock Casteel • Allesverloren

---

△ Siehe auch Umgebungskarte S. 85
▶ Darling
↔ 145 km
⏱ 3–4 Std., je nach Anzahl der Stopps
▶ Darling

Die Westküste entlang

Die Westküste mit ihren langen Stränden, den Vogelschwärmen in einer stillen Lagune und mit den Fischerdörfern bietet Ruhe und Abgeschiedenheit – und doch gibt es viel zu sehen.

Der Hafen der Saldanha Bay

West Coast National Park

🅰 Karte S. 85

✉ An der R27,
11 km nördlich
der R315

☎ 022/772-2144
oder
022/772-2145

💲 $

**www.sanparks.org/
parks/west_coast**

West Coast National Park

Rund 120 Kilometer nördlich von Kapstadt, südlich der Saldanha Bay, liegt der West Coast National Park. Der Park wurde 1985 als Natur- und Vogelschutzgebiet eingerichtet. Das Feuchtgebiet (29 700 ha) ist als Zielpunkt vieler Zugvögel, die von der Arktis bis hierher fliegen, von internationaler Bedeutung. Die Vögel treffen ziemlich erschöpft im September ein. Im Nationalpark finden sie reichlich Nahrung und können sich wieder erholen, ehe sie sich im März geräuschvoll für die Rückreise sammeln. Neben den Tausenden von Zugvögeln sind die unglaublich farbenfrohen Wildblumen im Frühjahr eine besondere Attraktion.

Fußabdrücke und andere Spuren prähistorischen Lebens, die bis zu 120 000 Jahre alt sind, wurden sowohl im Park wie auch in der Nähe gefunden.

Innerhalb des Parks kann man sich in Kraalbaai ein Hausboot für einen Tag oder länger mieten. Im Geelbek Information Center serviert eine Teestube leichte Mahlzeiten. Wenige Schritte weiter wurde ein Aussichtspunkt zur Vogelbeobachtung eingerichtet. Bei Churchhaven stehen zudem Unterkünfte zur Verfügung; diese Bucht ist insbesondere für ihre rosafarbenen Flamingos berühmt.

Langebaan Lagoon: Im Herzen des Parks liegt diese blaue Lagune, die zweimal täglich durch die Gezeiten mit nährstoffreichem Wasser aus der Antarktis überflutet wird. Da kein Fluss in die Lagune mündet, gibt es nur Salzwasser. Auf den Inseln der Lagunenmündung brüten ungestört Kolonien von Pinguinen, Tölpeln, Kormoranen, Möwen, Austernfischern und vielen anderen Vögeln.

Vogelkundler interessieren sich vor allem für die Brillenpinguine, die rosafarbenen Flamingos, die Watvögel und Mohrenweihen, die Gleitaare, Kapfrankoline, Dominikanermöwen sowie die vom Aussterben bedrohten Schwarzen Austernfischer und die Weißstirnregenpfeifer.

Das Gebiet rund um den Postberg ist von August bis September geöffnet, wenn die Wildblumen blühen und mehrere Antilopenarten sowie Zebras anzutreffen sind.

Zu beiden Seiten der Lagune ziehen sich entlang der Atlantikküste goldene Sandstrände bis zum Horizont. Doch das Meer ist kalt, denn der Benguelastrom bringt eiskaltes Wasser aus der Antarktis mit. Jeder, der sich im Wasser aufhalten möchte, benötigt einen Neoprenanzug – dennoch ist hier Wassersport angesagt. Besucher haben die Qual der Wahl: Paragliding, Windsurfen, Segeln und geführte Kanu- und Kajaktrips gehören zum Angebot. Die wellenfreie Lagune ist zudem ideal für Windsurfschüler.

Saldanha Bay: Unmittelbar nördlich der Lagune gelegen, wurde die Bucht nach Antonio de Saldanha benannt. Der portugiesische Kapitän segelte 1503 mit der Flotte von Alfonso d'Albuquerque nach Südafrika. Wegen der abgeschiedenen Lage und dem Mangel an Trinkwasser entwickelte sich die Region nur langsam. Die Saldanha Bay ist eine tiefe, natürliche Bucht und einer der weltweit besten Naturhäfen. Hierher werden junge Marinerekruten zur Grundausbildung geschickt. Die Fischereiflotte fängt noch immer Muscheln, Austern, Langusten, Tintenfische, Seehechte, Meeräschen und Schlangenmakrelen *(Snoek)*. Der nur in Südafrika vorkommende, silberne und recht knochige *Snoek* hat scharfe Fangzähne und ist entfernt mit Makrelen verwandt.

In der Saldanha Bay erkunden Taucher die Schiffswracks. Man kann aber auch zu einer Kajaktour

INSIDERTIPP

Der West Coast National Park erwacht nur zur Frühlingsblüte richtig zum Leben. Spektakulär ist das Gebiet rund um den Postberg, der für Besucher im August und September geöffnet ist.

JON MINSTER
Reisejournalist

auf dem Meer oder zu einer Angeltour aufbrechen: Yellowtails (Makrelen) und Thunfische sollen leicht zu fangen sein. Robben sonnen sich auf den kleinen Inseln, Südkaper schwimmen von August bis November in diesen Gewässern. Buckelwale sind von Oktober bis November anzutreffen, Brydewale sogar ganzjährig.

Jacobsbaai

Das abgeschiedene, traditionelle Westküstenörtchen Jacobsbaai befindet sich auf halbem Weg zwischen der Saldanha Bay und Paternoster. Die Straßen sind zumeist ungeteert, was viele potenzielle

---

ERLEBNIS: Angeltouren

Die Westküste ist für ihren Fischreichtum berühmt. Die Frage ist nur, wie man die Fische für ein *braai* (siehe S. 97) aus dem Meer holt. Neben Fisch stehen auch Langusten, Muscheln und Seeohren (Abalone) hoch im Kurs. **Anker** *(Kontakt: André Kleynhans, Tel. 083/480-4930)* ist eine örtliche Firma in Paternoster, die traditionelle Angelausflüge anbietet. Dabei wird mit Speeren gefischt, nach Langusten getaucht oder vom Boot aus geangelt.

Auch manche Hotels bieten Angeltrips, wie das **Blue Dolphin** an der Warrelklip Street in Paternoster *(Tel. 022/752-2001, www.bluedolphin.co.za)*, das auf Langusten spezialisiert ist.

Natürlich kann man auch einfach die altbewährte Methode wählen, indem man sich eine Angelrute und Würmer besorgt – und schon kann's losgehen.

Jacobsbaai
△ Karte S. 85

Britannia Bay
△ Karte S. 85

Paternoster
△ Karte S. 85

Gäste abschreckt, aber ungestörte Ferien ermöglicht. Jacobsbaai besitzt sieben kleinere Buchten: Die **Kwaibai** ist ideal zum Surfen; in der **Jacobsbaai, Smalbaai** und **Moerie** kann man Boote zu Wasser lassen, die **Bamboesbaai** und **Toothrock** ziehen Schnorcheltaucher, Taucher, Angler und Langustenfischer an. Die langen Küstenpfade sind für Dünenreiter und Wanderer attraktiv.

Die Geschichte des Ortes war in dieser harschen Gegend lange Zeit vom Niedergang gezeichnet.

Bereits im frühen 19. Jahrhundert trieben die Farmer mit der Stefan Brothers Company Handel; etliche verschuldete Bauern verpachteten ihr Land für 99 Jahre an die Firma, um ihre Schulden abzutragen. Schließlich verfügte die Firma über so viel „privates" Land, dass sie andere Geschäftsleute verdrängte. 1990 entdeckte ein Angestellter im Grundbuchamt von Kapstadt, dass die Pachtverträge ausgelaufen waren und das Land wieder zu kaufen sei. Das brachte einen neuen Aufschwung und den Bau schicker Ferienunterkünfte.

Britannia Bay

Noch weiter im Norden liegt Britannia Bay. Die Stadt wurde nach der „Britannia" benannt, die am 22. Oktober 1826 fünf Kilometer vor der Küste auf ein Riff lief. Die Besatzung konnte sich glücklicherweise an den Strand retten. Ein ortsansässiger Bauer kaufte das Wrack und rettete einen Teil der Ladung, darunter Wein und Kupferplatten. 1998 wurde das Wrack unter Aufsicht der Denkmalschutzbehörde noch einmal durchforstet – dabei fand man sogar Porzellan und Kristallglas.

Die Küstengewässer sind mit gesunkenen Schiffswracks übersät. Allein zwischen der Britannia Bay und Dassen Island sind mehr als 240 Wracks offiziell verzeichnet, und regelmäßig begeben sich Taucher auf Schatzsuche. Örtliche Tauchschulen bieten Kurse für Anfänger wie Fortgeschrittene an; am besten kontaktiert man André Kleynhans (Tel. 083/480-4930), der zu vielen Wracks Tauchexpeditionen organisiert und leitet.

Die Strände der Britannia Bay sind für Badefreunde attraktiver, da der eiskalte Benguelastrom die Bucht nicht erreicht; das Wasser ist also etwas wärmer. Von Juni bis September halten sich Südkaper und Buckelwale in Küstennähe auf, während sich Schwarz- und Heaviside-Delphine rund um die kleinen Boote tummeln.

Paternoster

Einige Kilometer weiter entlang der Küste wartet Paternoster, ein weiteres idyllisches Fischerdorf. Am Strand liegen bunte Holzboote, während die weiß getünchten Häu-

erwerbszweig der 1500 Einwohner. Von November bis April werden überwiegend Schlangenmakrelen *(Snoek)* sowie Langusten, Sardinen und Sardellen gefangen.

Einige Künstler- und Töpferstudios bereichern das bunte Straßenleben mit ihren Kunstwerken, während die Restaurants und Bars an der Uferpromenade zu einer Pause einladen.

Der **Leuchtturm** am Cape Columbine, rund fünf Kilometer außerhalb von Paternoster, war einst der erste Leuchtturm Südafrikas mit einem Leuchtturmwärter. Der Zeltplatz auf dem Strand zwischen

Ein Restaurant in Paternoster

ser in den Dünen oberhalb der Felsblöcke verstreut sind. Einige der älteren Häuser haben extravagante Kamine für ihre Holzöfen. Abends treffen sich die Leute im hundert Jahre alten **Paternoster Hotel** *(Main Rd., Tel. 022/752-2703, www. paternosterhotel.co.za)*, um über Gott und die Welt zu plaudern. Die Fischerei ist nach wie vor der Haupt-

den Granitblöcken ist ein wahres Refugium in der Wildnis.

Das Kap erhielt seinen Namen von dem Schiff „Columbine", das 1829 an den Klippen zerschellte. Die wenigen portugiesischen Seeleute, die überlebten, dankten Gott mit einem *Paternoster* – dem Vaterunser. So war der Name für den Ort gefunden.

St. Helena Bay

⚑ Karte S. 85

**Berg River
Estuary**

✉ Main Rd.,
Richtung
Piketberg
(gegenüber
dem Flamingo
Restaurant),
Velddrif

☎ 022/783-1821

**Rocherpan
Nature Reserve**

⚑ Karte S. 85

✉ Nördlich von
Velddrif, an
Dwarskersbos
vorbei,
Schotterpiste
Richtung Elands
Bay

☎ 022/952-1727

🕐 Geschl.
Okt.–März

St. Helena Bay

St. Helena wartet mit einem für die Westküste einzigartigen Erlebnis auf: Vom Ort aus kann man die Sonne über dem Meer aufgehen sehen. Rund um die Bucht liegen an den geschützten Meeresarmen mehrere kleine Fischerorte. Mehr als die Hälfte der südafrikanischen Fischverarbeitung erfolgt in den

Oom April Snyders

Wer mehr über die Region erfahren möchte, sollte sich dem über 80-jährigen Oom („Onkel") April Snyders aus Steenberg's Cove anvertrauen. Er ist in der Bucht ein echtes Original. Der ehemalige Schiffsbauer hat ein fantastisches Gedächtnis und kann die Geschichte der Region besser als jeder Historiker erzählen. Snyders kennt alte Brunnen, die längst von Flugsand verschüttet wurden; er weiß von antiken Scherben und Straußeneiern, die man in seiner Jugend in der Nähe seines Hauses fand, und seine Geschichten über Fische sind ein Muss.

Orten Stompneus Bay, West Point, Sandy Point und Steenberg's Cove.

Der portugiesische Entdecker Vasco da Gama ankerte am 8. November 1497 in der Bucht. Über seinen Aufenthalt berichtete er: „Die Bucht war sehr sauber und schützte gegen alle Winde, ausgenommen die Nordwestwinde (...). Wir nannten sie St. Helena."

Die ruhigen Gewässer der Bucht bieten den Südkapern perfekte Bedingungen, um im August zu kalben und bis November vor Ort zu bleiben. Buckelwale werden zwischen Oktober und November gesichtet, wenn sie sich auf dem Weg von Westafrika in die Antarktis befinden.

Berg River Estuary

Die vielen Watvogelarten an der Küste finden im **Mündungsgebiet des Berg River** bei Velddrif einen weiteren sicheren Rückzugsort. Vogelkundler können von einem Beobachtungspunkt aus das Watt der Flussmündung überblicken; den Schlüssel dazu erhält man im Flamingo Restaurant auf der anderen Straßenseite. Mehr als ein Viertel aller südafrikanischen Vogelarten sind hier anzutreffen. Unter den zahllosen Watvögeln entdeckt man Pfuhlschnepfen, Regenbrachvögel, Kiebitzregenpfeifer, Graukopfkasarkas und Purpurreiher. Besondere Tipps für Vogelkundler hält der örtliche Cape Bird Club im Internet unter *www.capebirdclub.org.za* bereit.

Rocherpan Nature Reserve

Rund 25 Kilometer nördlich von Velddrif befindet sich zwischen dem Sandveld und dem Atlantik ein weiteres Vogelparadies: das Naturschutzgebiet Rocherpan. Hier gibt es zwei Vogelbeobachtungspunkte sowie Picknickplätze. Ein Besucher beschrieb sein Erlebnis: „Einige Vögel hielten sich an festgelegte Flugrouten, andere landeten, um aufzutanken oder durch die Schilfkanäle zu ihren Nistplätzen zu gelangen. Die Flussinseln wurden

Die Bokkoms Alley in Velddrif gleicht einer kleinen Zeitreise. Beim gemütlichen Bummel an der Lagunenmündung kommt man mit den örtlichen Fischern ins Gespräch. Gearbeitet wird allerdings nur an Werktagen. Auf keinen Fall die Kamera vergessen!

SAMANTHA REINDERS
National Geographic-Fotografin

von Nilgänsen, Gelbschnabelenten und Wasserhühnern bevölkert, während Riedscharben und Graureiher Nestbaumaterial sammelten. Ein einsamer Fischadler überwachte den Luftraum."

Das Reservat ist das wichtigste Brutgebiet für Kap-Löffelenten. Vogelkundler kommen auch wegen der seltenen Schwarzen Austernfischer, der Rosapelikane sowie der Rosa- und Zwergflamingos, die von der International Union for the Conservation of Nature (Weltnaturschutzunion) auf die Rote Liste der vom Aussterben bedrohten Tierarten gesetzt wurden.

Olifants River Valley

Landeinwärts geht es über die N7 durch Buschland nordwärts ins grüne Tal des Olifants River, wo sogar Weinreben wachsen. Bei **Citrusdal** wird die Landschaft von Rooibos- und Zitronenplantagen beherrscht. Touristen wandern gern in den **Cederbergen**, wo Routen aller

Schwierigkeitsgrade ausgewiesen sind. Für Bergsteiger sind die bizarren Felsformationen Wolfberg Arch and Cracks, das Maltese Cross sowie der Tafelberg und der Sneeuberg lohnende Ziele. Leichter zu erreichen sind der Maalgaat Rock Pool sowie die Stadsaal Caves. Dort hinterließen die San Felszeichnungen, die Schamanen und Elefanten darstellen.

Das **Cederberg Astronomical Observatory** *(www.cederbergobs.org.za/index)* ist ein privates Observatorium mit einem 40,6-Zentimeter-Teleskop auf der Farm Dwarsrivier. An den Vorführungsabenden kann man den großartigen Sternenhimmel beobachten. Ausgenommen bei Vollmond, wenn es zu hell ist, um etwas zu sehen, gewährt das Observatorium jeden Samstagabend einen Blick in den südlichen Himmel. Die Anfahrt erfolgt von der N7 nach Norden Richtung Clanwilliam, dann rechts ab Richtung Algeria Forest Station gut 48 Kilometer weit über eine Schotterpiste. Das Observatorium liegt an der Maltese Cross Road, rund einen Kilometer vor der Farm Dwarsrivier.

In der Nähe betreiben die **Cederberg Cellars** *(Tel. 027/482-2827, www.cederbergwine.com)* auf einer Höhe von knapp 1050 Metern die höchstgelegenen Weinberge Südafrikas. Sie bieten Essen und Wein vor dem Panorama der verwitterten Sandsteinformationen.

Keinesfalls sollte man die heißen Quellen **The Baths** verpassen. Das Wasser entspannt nach einer Wanderung die Muskeln und heilt den Kater, sollte man dem Wein zu sehr zugesprochen haben. ∎

The Baths

 Von der N7 rechts Richtung Citrusdal; nach 1 km wieder rechts abbiegen und 16 km weit der ausgeschilderten Strecke folgen

☎ 022/921-8026

www.thebaths.co.za

Paradiesische Meeresfrüchte

Die gesamte Westküste lässt Liebhaber von Meeresfrüchten im siebten Himmel schweben. Langusten gibt es im Überfluss. Sie werden in Lambert's Bay beim alljährlichen Festival gefeiert. Köstlich sind die Seeohren (Abalone), die Austern, Muscheln und Schlangenmakrelen. Hier einige Tipps zu den örtlichen Spezialitäten.

Der Tagesfang in Lambert's Bay

Wer einfach in einen Pub geht und den Barmann etwas lauter als normal fragt, wie man am besten Meeresfrüchte zubereiten sollte – dem erklären binnen weniger Minuten Fischer, Rechtsanwälte, Taucher, Hausfrauen, Sekretärinnen, Kapitäne und Tramper so detail- wie gestenreich, wie man Meeresfrüchte richtig auf den Tisch bringt. Das einzige Problem ist nur, dass jeder eine andere Methode empfiehlt.

Die Einheimischen kennen viele spezielle Rezepte, um Langusten zu servieren. Kenner wickeln die frisch gefangenen Krustentiere schlicht in braune Seetangblätter und grillen sie am Strand über einem offenen Holzfeuer. Hier heißt diese Art des Grillens *braai*. Sobald der Seetang sich grün verfärbt und die Schalen der Langusten so rot wie eine Hibiskusblüte werden, ist das

Fleisch zart durchgegrillt. Andere Langustenfans lassen sie einfach in Meerwasser kochen.

Seeohren, lokal als *perlemoen* bezeichnet, gelten als die Krönung der Meeresfrüchte. Unter einer einzigen krustigen Schale lebt das Seeohr, das auch als Abalone oder *ormer* bekannt ist, eine Kurzfassung des französischen *oreille de mer.*

Insider behaupten, dass geklopfte Seeohrensteaks in einer Eier- und Brotkrumenpanade gewälzt werden müssen, ehe sie kurz angebraten und mit einer Zitronenscheibe serviert werden. Einen Versuch wert ist das alte kapholländische Rezept *Paarl Lemoen*: Das geklopfte Seeohrensteak wird in kleine Stücke geschnitten und in einen Topf gegeben, in dem eine Tasse Salzwasser, ein Glas Weißwein und ein Butterwürfel zum Kochen gebracht wurden. Dazu kommen ein Schuss

INSIDERTIPP

Wer ein gutes Restaurant besucht, sollte die Speisen vor dem Essen erst fotografieren, so erhält man ein schönes Souvenir. Mit dem Blitz kommen die Farben der Speisen richtig zur Geltung.

TINO SORIANO
National Geographic-Fotograf

Fischer bei Paternoster

Zitronensaft und etwas schwarzer Pfeffer. Das Gericht sollte auf kleiner Flamme gut zwei Stunden vor sich hin köcheln. Danach werden eine Tasse mit Brotkrumen und reichlich geriebene Muskatnuss als Haube hinzugefügt. Das Gericht wird als Vorspeise auf frischem Toast serviert.

Das ultimative Austernerlebnis hat man nur an der Westküste. Am besten reicht man sie mit einem Schuss Himbeeressig, der mit einigen kleinen Stückchen roter Zwiebeln oder Schalotten angereichert worden ist.

Die Muscheln der Westküste sind mindestens so gut wie jene aus der Normandie. Man serviert sie schlicht mit einigen Saucen – von Knoblauchbutter über Sahne bis zu Frühlingszwiebeln.

Eine weitere lokale Spezialität sind *bokkoms*. Den Trockenfisch sieht man entlang der Bokkums Alley am Ufer des Berg River in Velddrif in der Sonne trocknen – allerdings schmeckt dieser Fisch nicht jedem.

ERLEBNIS: Ein *braai*-Schmaus am Strand

In Südafrika werden Grillfeste am Strand *braai* genannt. Die Organisation ist sehr unkompliziert: Man lädt einige Freunde ein, besorgt Meeresfrüchte und geht zur Küste hinunter.

Fische mit festem Fleisch, wie Schwert- oder Thunfisch, fallen auf dem Grill nicht auseinander. Krabben und Shrimps sind auch gut geeignet, doch die Kap-Langusten übertreffen berechtigterweise alles andere.

Steine werden zu einem Kreis ausgelegt, der mit Kohle gefüllt wird. Holz ist ungeeignet, weil es unzuverlässig ist und schneller als Kohle abbrennt.

Abhängig von den vorhandenen Zutaten und den eigenen Kochkünsten, gibt es mehrere Zubereitungsmethoden. Zum Beispiel kann 10 bis 15 Zentimeter über der Kohle ein Rost platziert werden; auch ein Grillspieß lässt sich leicht in Stellung bringen. Alternativ kann das Essen in Alufolie gewickelt und zwischen die Kohlen gelegt werden. Rezepte geben immer nur die Richtung vor, der Rest ist Intuition.

Wer ambitionierter ist, sollte viel Butter oder Weißwein verwenden. Die Kochflächen und alles, was nicht in Folie gewickelt ist, sollten zudem gut mit Olivenöl eingefettet werden. Eine Alternative ist eine Sauce aus Olivenöl, Zitronensaft, Knoblauch und einer Prise Salz.

Langusten lassen sich durch eine Füllung hervorragend verfeinern: Der Schwanz kann mit einer Sauce aus Knoblauch, Aprikosenpüree, Sojasauce, Zitronensaft, schwarzem Pfeffer und Cayennepfeffer gefüllt werden. Dazu sollten einige Flaschen Chardonnay oder aber eine örtliche Biermarke griffbereit stehen. Und es versteht sich von selbst, keinen Müll zu hinterlassen.

Herrliche Wildtiere, edle Weingüter und die botanischen Juwelen der Garden Route – das wohl beliebteste Reiseziel in Südafrika

West-Kap

Kalksteinformationen in den Cango-Höhlen

West-Kap

Das West-Kap erstreckt sich von Kapstadt entlang der Garden Route bis Plettenberg Bay und ins Kap-Weinland: Beide Regionen tragen stark zur Faszination Südafrikas bei.

Weinberge bei Franschhoek

Das West-Kap ist eine klassische Naturschönheit: Schroffe Berge, menschenleere Strände und sanfte Hügellandschaft, zu einer reichen Montage kombiniert, machen es im herkömmlichen Sinn zweifellos zur schönsten Provinz Südafrikas.

Zwei Ozeane – der Indische Ozean im Süden und der Atlantik im Westen – begrenzen das West-Kap, das sich von Lambert's Bay im Westen bis Plettenberg Bay im Osten erstreckt. Hier liegt das liebliche Kap-Weinland mit vielen Morgen gepflegter Weinberge und dazwischen eingestreuten kapholländischen Giebelhäusern. Das Ganze wirkt wie eine Postkartenlandschaft, die ein romantischer Artdirector erträumt hat. Hier verläuft auch die malerische Garden Route. Der 370 Kilometer lange, fruchtbare Küstenstreifen von atemberaubender Schönheit führt von Mossel Bay bis zum Storms River. Seine Wälder und Berge, die einsamen Strände und Flussläufe sind wahre botanische Schatzkammern. Wal- und Delphinbeobachtungen, Wandern, Schwimmen und Surfen gehören hier zu den beliebten Beschäftigungen. Die meisten Besucher fahren die Garden Route mit dem Auto ab; eine Alternative bietet der Outeniqua Choo-Tjoe: Der letzte Dampfpersonenzug Afrikas lädt zu einer altmodischen Tour von George nach Knysna ein.

Richtung Norden

Nordwärts liegt die Kleine Karoo, eine wüstenartige Landschaft mit weiten, offenen Räumen, sanften Hügeln und den ausgedehnten Straußenfarmen von Oudtshoorn. Letztere sind das Vermächtnis jenes Modefimmels für riesige Federn zu Beginn des 20. Jahrhunderts. Im Vorgebirge der Swartberge kann man die Kalksteinhöhlen von Cango mit ihren grandiosen Sälen und engen Kammern besichtigen. Außerdem –

und das ist kaum bekannt – ist die Kleine Karoo die östlichste Weinbauregion des Landes.

Wie wäre es mit einer Erkundung der Cederberge – die ausgedehnte, wenig besuchte Gebirgskette birgt eine Reihe spektakulärer Felsformationen. An klaren Tagen kann man vom Gipfel des Sneeuberg den Ozean sehen.

Jede Jahreszeit entfaltet in dieser Provinz ihre eigenen Reize: Wildblumen des Frühlings, reifendes Obst auf den Plantagen im Sommer, das sonnenverbrannte Gold des Herbstlaubs und die schneebedeckten Berggipfel im Winter. Die Region Boland ist überreich an goldenen Weizenfeldern und üppigen Obstplantagen.

Viele Südafrikaner nehmen ihren Jahresurlaub im Dezember; zu dieser Zeit ist das Gebiet dann ziemlich überlaufen. ∎

Kap-Weinland

Von Kapstadt nur eine knappe Stunde Fahrt über den Highway N1 in Richtung Nordosten gilt es ein Gebiet zu entdecken, dessen edle Weine der Schönheit seiner Natur entsprechen.

Rund um die historischen Orte Stellenbosch, Franschhoek und Paarl und die dazugehörigen Täler breitet sich das Kap-Weinland aus, ein Paradies für Weinfreunde in-mitten einer Region spektakulärer Berge und fruchtbarer Täler. Der Boden ist so nährstoffreich, dass die Farmer angeblich nur ein Zehntel der Düngemittel brauchen, die europäische Bauern auf der gleichen Fläche verwenden.

Kleine historische Ortschaften wechseln sich hier mit hochmodernen Weingütern ab, die ein breites Angebot von Weinen im Stil der Alten wie der Neuen Welt (darunter die interessante Chardonnay-Pinotage-Cuvée Haute Cabrière, ein köstlicher, sommerlicher Rosé) sowie Sherry und Weinbrand erzeugen. Es gibt sogar einen vollmundigen Ratafia für diejenigen, die die Süffigkeit dieses ungewöhnlichen

Die Figur auf dem Hugenottendenkmal mit der zerbrochenen Kette und der Bibel symbolisiert Religionsfreiheit

INSIDERTIPP

Das Weingut Fairview bei Paarl ist wegen seiner preisgekrönten Käsesorten und der großen Weine einen Besuch wert.

RES ALTWEGG
National Geographic-Experte

Weins schätzen. Ursprünglich trank man ihn, um den Abschluss von Verträgen zu feiern (daher der Name, abgeleitet vom lateinischen *rata fiat* – „es ist vollbracht"), heute passt er auch perfekt zu Foie gras, Käse oder Desserts.

Neben Weingütern und preisgekrönten Restaurants finden sich hier auch Wanderwege durch die Weinberge und schöne Golfplätze. Helikopterflüge oder Heißluftballonfahrten, Kunstflüge und Tandem-Gleitschirmfliegen lassen sich über die örtlichen Tourismusbüros arrangieren. Oder man entscheidet sich für eine belebende Wanderung durch eines der vielen unberührten Fynbos-Naturschutzgebiete der Region: Für den Anfang sind das Naturreservat Mont Rochelle in Franschhoek und das Vogelschutzgebiet in Paarl zu empfehlen. Eines steht fest – das Weinland wird niemanden enttäuschen.

Zur stressfreien Fahrt durch das Gebiet siehe S. 106f.

Stellenbosch

Stellenbosch, die zweitälteste Stadt des Landes, wurde 1679 im Herzen des Kap-Weinlands gegründet. Mit ihren malerischen Gebäuden im kapholländischen Stil erscheint die Dorp Street wie ein Museumsstück; dabei brummt Stellenbosch (100 000 Einwohner) vor Aktivität.

Das **Village Museum** (*18 Ryneveld St., Tel. 021/827-2902*) in der Altstadt besteht aus vier restaurierten Gebäuden, von denen jedes eine Stilepoche der vergangenen 300 Jahre repräsentiert. Stellenbosch beherbergt außerdem die älteste Musikschule des Landes, das **Conservatoire** von 1905.

Boschendal Wine Estate

Das Weingut Boschendal, vor den Drakenstein-Bergen zwischen Franschhoek und Stellenbosch gelegen, erzeugt einige der bekanntesten Weine Südafrikas. Das Herrenhaus im kapholländischen Stil wurde 1812 erbaut und ist heute ein Museum. Für die **Boschendal Wine Tasting Centre Cellar Tour**, bei der das Weinbauerbe von Boschendal erläutert wird, sollte man sich vorher anmelden. Auf dem **Schauweinberg** kann man einen bewirtschafteten Weinberg begehen und die Weinbaumethoden aus der Nähe begutachten.

Franschhoek

Südafrikas „Hauptstadt des Geschmacks" ist für ihr Essen und ihren Wein berühmt und lockt Feinschmecker aus aller Welt an.

Die kleine Stadt, 1688 von französischen Hugenotten gegründet, schmiegt sich in ein fruchtbares Tal. Früher hieß sie Olifants Hoek oder Elephants' Corner wegen der riesi-

---

ERLEBNIS:
Wein verkosten

Vermutlich denkt man bei dem Wort „Weinkurs" nicht unbedingt an Südafrika – andererseits ist die Region dank dreier Jahrhunderte erfolgreicher Weinerzeugung zweifellos dafür qualifiziert. Wer gern Wein probiert, für den bietet die **Cape Wine Academy** (*Tel. 021/889-8844, www.capewineacademy.co.za, $$$$$*) eine Auswahl an Veranstaltungen, darunter einen Einführungskurs, der sich auf südafrikanische Weine konzentriert. Sie nehmen an einem Kurs *garagiste* („im kleinen Maßstab") zur Weinproduktion teil. Unter Anleitung eines Professors der Universität Stellenbosch werden dort „selbst gemachte" Weine verkostet. So gewinnen die Teilnehmer ein Verständnis der verschiedenen Sorten und lernen, wie sie zu Hause selbst eine Flasche perfektionieren können. Informationen unter *www.garagiste.org*; Reservierungen über Prof. Wessel du Toit (*Tel. 021/808-4545, E-Mail: wdutoit@sun.ac.za, $$$$$*).

Stellenbosch

🅰 Karte S. 101

Besucherinformation

✉ 36 Market St.

☎ 021/883-3584

**www.stellenbosch
tourism.co.za**

Boschendal Wine Estate

✉ 16 km westlich von Franschhoek über die Hauptstraße nach Paarl & die R310

☎ 021/870-4279

💲 $

**www.boschendal.
com**

Franschhoek

🅜 Karte S. 101

**Besucher-
information**

✉ Franschhoek
Vallée Tourisme,
28 Huguenot
Rd., Franschhoek

☎ 021/876-3603

**www.franschhoek.
org.za**

Huguenot
Monument

✉ Lambrecht St.,
Franschhoek

☎ 021/876-2532

www.museum.co.za

gen Elefantenherden, die die Gegend durchstreiften. Die letzten Elefanten – ein Muttertier und ihr Kalb – wurden um 1850 am heutigen Franschhoek Pass gesichtet.

Wegen der Herkunft der Siedler und des ausgeprägten Nationalstolzes der Franzosen wurde der Name in Franschhoek oder French Corner geändert; einige Siedler benannten ihre neuen Farmen nach ihren Herkunftsregionen. Viele dieser Farmen sind mittlerweile renommierte Weingüter, die meisten bieten Führungen durch ihre Weinkeller an, kombiniert mit einer Weinprobe. La Motte, La Cotte, Provence, Chamonix, Dieu Donné und La Dauphine zählen zu den ersten Weingütern, die hier entstanden; meist sind die ursprünglichen Herrenhäuser noch erhalten.

Die Weingüter des Tals und das kulinarische Renommee der Region haben einige der besten südafrikanischen Köche auf den Plan gerufen. Da überrascht es nicht, dass acht der Top-100-Restaurants Südafrikas in dieser Stadt angesiedelt sind – besonders erwähnenswert ist die innovative und preisgekrönte Cuisine von Küchenchefin Margot Janse im **Tasting Room** im Le Quartier Français Hotel (16 Huguenot Rd., Tel. 021/876-2151, www. lequartier.co.za; siehe S. 286).

Die Architektur des Ortes folgt weitgehend dem kapholländischen Stil. Geschäfte und Galerien an der Hauptstraße bieten sich für eine kleine, wohltuende Shoppingtour an, ehe die Frage geklärt wird, in welches Restaurant man geht und was man dort isst. Die Touristeninformation in Franschhoek arrangiert Führungen; oder man besteigt

eine der Kutschen, die durch die Stadt oder hinaus zu einigen Weingütern schwanken.

Unbedingt einen Besuch wert sind der altmodische Gemischtwarenladen **Oom Samie se Winkel** (84 Dorp St., Tel. 021/887-0797), der **Van Ryn Distillery and Brandy Cellar** (Van Ryn Rd., außerhalb der Stadt an der R310, Tel. 021/881-3875, geschl. So), der den berühm-

INSIDERTIPP

Reservieren Sie fürs Mittagessen einen Tisch im La Petite Ferme, einem Landgasthof und Weingut südöstlich von Franschhoek mit weitem Blick über das Franschhoek-Tal.

ERIN MONRONEY
*NATIONAL GEOGRAPHIC
KIDS-Experte und Autor*

ten unverschnittenen, zwölf Jahre alten Brandy im Pott-Still-Verfahren destilliert, und die am Hang gelegenen Keller von **The Bergkelder** (Pappagaaiberg, Adam Tas Rd., Tel. 021/809-8582, geschl. So), ein Weincenter, das Verkostungen und Führungen anbietet.

Im Sommer gibt das **Oude Libertas Amphitheatre** (Oude Libertas Centre, Adam Tas & Oude Libertas Rds., Tel. 021/809-7473) die Bühne für Unterhaltung unter freiem Himmel ab, der ein Picknick auf dem Rasen vorangeht.

Naturliebhabern bietet das **Mont Rochelle Nature Reserve**

(Tel. 021/876-3062) ein hügeliges Terrain im Schatten des Tafelbergs.

Huguenot Monument:

Am Ortsrand von Franschhoek steht das Hugenottendenkmal, das an den Einfluss der Hugenotten in Südafrika erinnert. Die ersten Hugenotten kamen 1685, als die Aufhebung des Edikts von Nantes in Frankreich eine Welle antiprotestantischer Aggressionen auslöste. Flüchtlinge waren schon seit 1671 nach Südafrika übergesiedelt, 1688 und 1689 nahm die Zuwanderung erhebliche Ausmaße an.

Ein 1701 aufgestellter Rahmenvertrag der Niederländischen Ostindien-Kompanie legte fest, dass an den Schulen ausschließlich auf Niederländisch unterrichtet wurde. Zur Mitte des 18. Jahrhunderts war deshalb die ursprüngliche Sprache der französischen Hugenotten weitgehend verschwunden. Das **Huguenot Memorial Museum** *(zwei Straßen vom Hugenottendenkmal*

entfernt, an der Lambrecht St., Tel. 021/876-2532, www.museum.co.za, $) verzeichnet die Geschichte der ersten Siedler.

Paarl

Die moderne, funktionale Stadt Paarl, die sich elf Kilometer weit am Ufer des Berg River entlang erstreckt, bildet einen Kontrast zum behaglichen Stellenbosch und dem europäisch geprägten Franschhoek.

Am Stadtrand würdigt das **Afrikaans Language Museum and Monument** *(11 Pastorie Ave., Tel. 021/872-3441, geschl. Sa, So)* das Afrikaans, eine der offiziellen Landessprachen Südafrikas, mit Exponaten zu seiner Geschichte.

Naturliebhabern bietet das **Paarl Mountain Nature Reserve** Panoramablicke, das **Paarl Bird Sanctuary** (Vogelschutzgebiet; *Drommendaris St., Tel. 021/868-2074)* ist Lebensraum für über 140 Vogelarten, die über fünf von Inseln übersäte Teiche flitzen. ∎

Paarl

🔺 Karte S. 101

Besucherinformation

✉ 216 Main St.
☎ 021/872-3829
www.paarlonline.com

Paarl Mountain Nature Reserve

✉ Jan Phillips Mountain Dr., Paarl
☎ 021/872-3658

La Petite Ferme

✉ Franschhoek Pass
☎ 021/876-3016
www.lapetiteferme.co.za

ERLEBNIS: Die Perlenstickerei der Zulu erlernen

Ein weiblicher Teenager aus dem Volk der Zulu ruft vermittels eines hübschen blauen Perlenarmbands seinem Liebsten in der Ferne zu, dass sie bis zu seiner Rückkehr auf ihn warten wird. Gelb spricht von Neid und Zorn, während Rot schlicht „Ich liebe dich" bedeutet.

Über Jahrhunderte haben die Zulu, ebenso wie viele andere südafrikanische Kulturgruppen, sich mit Schmuck aus Knochen, Horn, Holz oder Stein verschönert. Mit den Europäern kam eine Vorliebe für farbenfrohe Keramik- und Glasperlen, später auch für Plastik ins Land. Trotz aller Modernisierung bleibt die Perlenstickerei ein wichtiger Teil des traditionellen Lebens.

Bei der Stickerei geht es nicht nur um Ästhetik, sie bietet auch Einblick in die verschlungenen Wege der traditionellen Lebensweise. Weil die Farben jeweils eine bestimmte Bedeutung haben, werden sie zu „Liebesbriefen" verarbeitet, kunstvolle Arbeiten übermitteln persönliche Botschaften. Jedes Schmuckstück erzählt etwas über die Person, die es trägt. Gemeindemitglieder können daran das Alter einer Frau, ihren Familienstand oder das Geschlecht ihrer Kinder erkennen.

Andulela Experience *(Tel. 021/790-2592, www.andulela.com, $$$$$)* bietet in Kayamandi bei Stellenbosch eine Township-Tour, die mit einer Führung beginnt und mit einem Perlen-Workshop im Gemeindezentrum endet.

Rundfahrt durchs Kap-Weinland

Kaum eine Stunde Fahrt von Kapstadt entfernt, führt die Weinland-Route zu spektakulären Bergketten, an deren Hängen sich ein Flickenteppich von Weinbergen ausbreitet.

Das Restaurant Le Quartier Français in Franschhoek

In diesem Gebiet befinden sich einige der ältesten Weinberge Südafrikas, die von frühen europäischen Siedlern angelegt wurden. Die Weingüter beeindrucken mit ihren großen Herrenhäusern und den wunderschönen Gärten. Stellenbosch ist der Ausgangspunkt für die malerische **Stellenbosch Hills Wine Route** *(www.wineroute. co.za)*, die mehrere Weingüter in einem Umkreis von zwölf Kilometern berührt.

Von Kapstadt geht es auf der N2 bis zur R310 nach **Stellenbosch ❶** (siehe S. 103), der Hauptstadt des Weinlandes. Eichengesäumte Straßen, kapholländische Häuser und die Lage am Eerste River verleihen der Stadt ein bilderbuchhaftes Aussehen, während die Studenten der University of Stellenbosch ihr Jugendlichkeit geben.

Bekanntlich erzeugen die hiesigen, alteingesessenen Güter einige der besten Weine. **Lanzerac Manor & Winery** *(nahe Jenkershook, Tel.*

021/887-1132, www.lanzerac.co.za, Führungen Mo–Fr 11 & 15 Uhr) liegt im Herzen von Stellenbosch, ein paar Straßen östlich des Bahnhofs. Das Gut hat weltweit den ersten Pinotage gekeltert; seit den 1920er Jahren wird hier Wein abgefüllt (obwohl das Land schon seit etwa 1600 besiedelt ist). Es bietet außerdem luxuriöse Unterkünfte, die Zimmer blicken auf den Weinberg.

Ein Halt lohnt sich auch bei weiteren alteingesessenen Weingütern, wie **Uiterwyk** *(Kloof Rd., Tel. 021/881-3711, www.uiterwyk.co.za)*, das Weine in limitierter Auflage erzeugt, oder **Eikendal** *(9,5 km südlich von Stellenbosch über die R44, Tel. 021/885-1422, www.eikendal.com, Führungen Mo–So)* mit seinen Tonnengewölbekellern.

Von Stellenbosch aus geht es Richtung Nordosten über den **Helshoogte Pass** auf der R310 zur R45, am **Boschendal Wine Estate** (siehe S. 103) vorbei zum bezaubernden Ort **Fransch-**

hoek 2 (siehe S. 103ff). Kurz vor dem Ortseingang sollte man bei **La Motte Wine Estate** *(Tel. 021/876-3119, www.la-motte.com, geschl. So)* halten. La Motte, Ende des 17. Jahrhunderts gegründet, ist mittlerweile weit mehr als ein Weingut. Seit Kurzem werden hier auch ätherische Öle gewonnen. In den luxuriösen Verkostungsräumen können Besucher Wein und Weinsorbet probieren.

Vier Kilometer hinter dem Hugenottendenkmal, nahe der Hauptstraße, bietet der familiengeführte **Stony Brook Vineyard** *(Tel. 021/876-2182, www.stonybrook.co.za)* noch eine tolle Gelegenheit für einen Zwischenhalt. Gegenwärtig werden hier zehn Rebsorten geerntet. Das Gut hat montag- bis samstagmorgens geöffnet, sonst sollte man für einen Termin vorher anrufen.

Von Franschhoek geht es zurück auf die R45 und weiter Richtung Norden nach **Paarl 3** (siehe S. 105). Unter den vielen Weingütern ist **KWV Wine Emporium** *(Kohler St., Tel. 021/807-3007, www.kwvwineemporium.co.za, $)* eines der größeren im Kap-Weinland; es liegt mitten in der Stadt. Das KWV hat im Laufe der Weinbaugeschichte von Paarl eine bedeutende Rolle gespielt: Es begann 1918 als Genossenschaft örtlicher Weinbauern, die sich zusammentaten, um einen Insektenbefall zu bekämpfen. Heute ist es

eine international gehandelte Firma, die fast hundert Weine und sechs Brandys im Programm hat. Führungen werden täglich angeboten.

Der **Fairview Wine Estate** *(Tel. 021/863-2450, www.fairview.co.za)*, gleich außerhalb der Stadt an der Suid-Agter-Paarl Road gelegen, ist seit vielen Generationen ein Familienbetrieb, der sich über 300 Hektar am Fuß der Paarl Mountains erstreckt. Das Angebot umfasst über 30 Wein- und ein Dutzend Käsesorten.

Dies sind nur einige Beispiele für die schönen Weingüter des West-Kap. Bestimmt wird man in dieser herrlichen Landschaft länger verweilen und noch weitere Winzer besuchen wollen.

NICHT VERSÄUMEN

Malerisches Stellenbosch • Lanzerac Manor & Winery • La Motte Wine Estate • Stony Brook Vineyard

---

⊞ Siehe auch Regionalkarte S. 101

➤ Stellenbosch

↔ 160 km

⊕ Ein halber Tag oder länger, je nach Stopps

➤ KWV Wine Emporium, vor Paarl

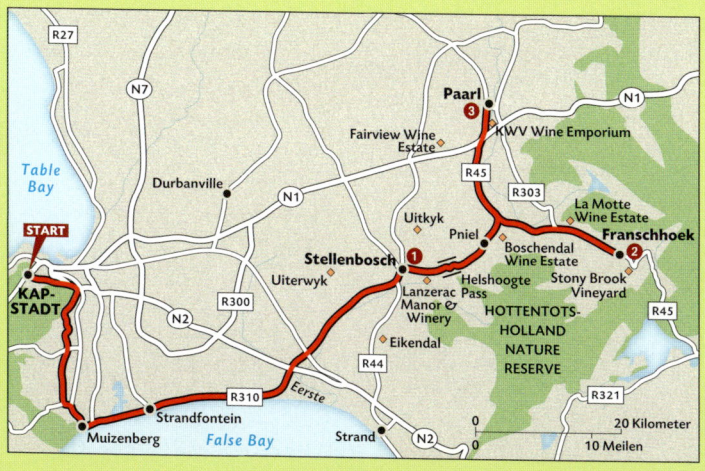

Oudtshoorn & Umgebung

Die Kleine Karoo, der östliche Rand des West-Kap, ist eine Region der fruchtbaren Täler, die weiter nördlich in die Halbwüste der Großen Karoo übergehen. Kleine Ortschaften aus dem 18. Jahrhundert bieten Wanderwege und Ausflüge zu Mineralquellen.

Oudtshoorn und das umliegende Gebiet sind Heimat der weltgrößten Straußenpopulation

Oudtshoorn

🗺 Karte S. 101

Besucherinformation

✉ Baron van Reede St.

☎ 044/279-2532

www.oudtshoorn.com

Oudtshoorn

Oudtshoorn liegt von der Küste aus 65 Kilometer landeinwärts und ist für drei Dinge berühmt: die Straußenfarmen, das Klein Karoo Arts Festival und die geheimnisvollen Cango-Höhlen.

Als Straußenfedern um die Wende zum 20. Jahrhundert Eingang in die Haute Couture fanden, errichteten sich einige wohlhabende Federnhändler große Herrenhäuser in der Stadt und verliehen ihr so eine gewisse Eleganz.

Das Klein Karoo National Arts Festival *(Tel. 044/203-8600)* wird alljährlich im März gefeiert. Dann versammeln sich Afrikaans sprechende Kunstliebhaber zu einer Woche voller Tanz, Film, Kabarett, Comedy, zeitgenössischer Musik, Theater, Literatur, Kunst und Poesie. Das Ereignis genießt internationales Ansehen.

Auf der **Cango Wildlife Ranch** gleich außerhalb der Stadt wartet auf die Besucher eine Begegnung „von Angesicht zu Angesicht" mit Geparden, den schnellsten Landtieren. Die äußerst erfolgreiche Aufzuchtstation für bedrohte Tierarten ist eine der ältesten der südlichen

Touren durch die Cango-Höhlen

Ein Besuch in den Cango-Höhlen kann je nach Wunsch ruhig oder abenteuerlich verlaufen. Man sollte mindestens zehn Minuten früher vor Ort sein, da die Besucher fünf Minuten vor Beginn der eigentlichen Tour in die Höhlen geführt werden. Es stehen zwei Möglichkeiten zur Wahl:

Standardtour *($$):* Ein moderater Spaziergang durch die ersten beiden Höhlen bis zur African Drum Chamber. Dabei sind mehrere Treppen zu bewältigen.

Abenteuertour *($$):* Eine anspruchsvolle Tour mit aufregenden Passagen und engen Kaminen. Die Führung dauert etwa 1,5 Stunden; sie ist nur 1,2 Kilometer lang, aber es müssen 416 Stufen erklommen werden.

Der Tunnelabschnitt an der Rückseite der Höhlen (Devil's Chimney) grenzt an Extremsport; hierher sollten nur Menschen vordringen, die körperlich fit sind. Für kleine Kinder oder schwergewichtige Erwachsene ist der Bereich nicht empfehlenswert.

ERLEBNIS: Straußenfarmen in Oudtshoorn

Die erste kommerzielle Straußenfarm in Südafrika wurde 1860 gegründet. Um die Wende zum 20. Jahrhundert stellten Farmer fest, dass ihre Strauße auch in Dürrezeiten prächtig gediehen. Daraufhin verlegten sich etliche Farmen ausschließlich auf die Straußenzucht. Heute gibt es in und um Oudtshoorn 400 Straußenfarmen. Drei dieser Farmen sind als Schaufarmen für Besucher geöffnet. Möchten Sie einmal – unter sorgfältiger Aufsicht – auf einem Strauß reiten? Die Vögel, bis zu 2,40 Meter groß und hundert Kilogramm schwer, können eine echte Herausforderung sein. Vorsicht! Ihre weichen Schnäbel sind zwar harmlos, aber ein Straußentritt kann lebensgefährlich sein. Niemand sollte eine Farm wieder verlassen, ohne das neuerdings im Trend liegende Straußenfleisch oder ein Omelett aus Straußenei probiert zu haben. Jedes Ei wiegt 1,5 Kilogramm – da möchte man vielleicht lieber teilen. Die drei Schaufarmen sind: **Cango Ostrich Farm** *(Cango Valley, 14 km von Oudtshoorn entfernt, Tel. 044/272-4623, www.cangoostrich.co.za, $$);* **Chandelier Game Lodge & Ostrich Show Farm** *(7 km von Oudtshoorn entfernt, an der N12, Tel. 044/272-6794, www.chandelier.co.za)* und **Safari Ostrich Show Farm** *(7 km von Oudtshoorn entfernt, an der R62, Tel. 044/272-7311, www.safariostrich.co.za, $$).*

Hemisphäre. Gäste können sich fotografieren lassen, während sie einen jungen Geparden streicheln.

Cango-Höhlen

Etwa 29 Kilometer nördlich von Oudtshoorn liegen die unter Denkmalschutz stehenden Cango-Höhlen mit einer Abfolge bunter Kalksteinformationen. Nur der Hauptteil ist für die Allgemeinheit zugänglich, allerdings müssen Besucher in einigen Abschnitten auf allen Vieren kriechen oder auf dem Bauch robben – zum Beispiel am Devil's Chimney („Teufelskamin"; siehe Kasten S. 108).

Jahrtausendelang blieben die Höhlen unentdeckt. Vor etwa 10 000 Jahren nutzten die Khoisan den Eingangsbereich als Unterstand; wohl aus einem Aberglauben heraus scheinen sie aber nicht tiefer ins Innere der Höhlen vorgedrungen zu sein. Der Eingangsbereich der Höhlen war ursprünglich reich mit Malereien der Khoisan geschmückt; mit der Zeit wurden sie jedoch beschädigt. Die Khoisan haben das Gebiet vor etwa 500 Jahren verlassen.

Seit dem ausgehenden 17. Jahrhundert sind die Höhlen eine Touristenattraktion; die erste offizielle Führung wurde 1891 veranstaltet. Über die Jahre sind immer mehr Kammern und Tunnel entdeckt worden, zum Beispiel zwischen 1972 und 1975 Cango 2, 3, 4 und 5. Die gegenwärtige Touristenroute führt 1,2 Kilometer weit in die Höhle hinein, weitere vier Kilometer sind zum Schutz der Höhlen für die Öffentlichkeit nicht zugänglich.

Die Temperatur in den Cango-Höhlen liegt bei eher warmen und feuchten 18 Grad Celsius; leichte Kleidung ist zu empfehlen. Eine üppige Beleuchtung sorgt dafür, dass unebene Durchgänge und Stufen leicht zu bewältigen sind, und bietet Gelegenheiten für erinnerungswürdige Fotos. Die Touren werden von kenntnisreichen Führern geleitet. ∎

Cango Wildlife Ranch

✉ 3 km außerhalb von Oudtshoorn an der R62 in Richtung Cango Caves

☎ 27 44 272 5593

💲 $$$

www.cango.co.za

Cango Caves

🅰 Karte S. 101

✉ 129 km nördlich von Oudtshoorn an der R328

☎ 044/272-7410

💲 $$

www.cangocaves.co.za

Garden Route

Die Garden Route zieht sich von Mossel Bay bis zum Storms River in den östlichsten Ausläufern des West-Kap. Die Region – eingebettet zwischen Bergen mit der größten zusammenhängenden Fläche afromontanen Waldes und den Buchten und Stränden am Indischen Ozean – ist zu Recht stolz auf ihre Landschaften.

Die historische Dutch Reformed Mother Church in George

George

🅰 Karte S. 101

**Besucher-
information**

✉ 124 York. St.,
George

☎ 044/801-9295

**www.georgetourism.
org.za**

**Garden Route
Botanical Garden**

✉ 49 Caledon St.,
George

☎ 044/874-1558

💲 $

**www.botanical
garden.org.za**

George

George, das Portal zur Garden Route, liegt etwa auf halbem Weg zwischen Kapstadt und Port Elizabeth. Die Stadt ist auch das Zentrum der südafrikanischen **Golf-Route** *(George Golf Club, Tel. 044/873-6116, www.georgegolfclub.co.za)* mit Weltklasseplätzen wie Oubaai und Le Grand George. Der Fancourt Golf Estate war 2003 Austragungsort des President's Cup und richtet weitere wichtige Golfturniere aus. Nicht nur Golf wird hier gespielt: Die nationalen Spitzenteams des Siebener-Rugby aus aller Welt treffen sich im Outeniqua Park zum South Africa Sevens, einem Turnier der IRB Sevens World Series.

Zu den Sehenswürdigkeiten in George zählt das **Outeniqua Transport Museum** *(2 Mission Rd., Tel. 044/801-8288, geschl. So)*, das eine große Sammlung von Dampflokomotiven und alten Waggons sein Eigen nennt. An der Ecke Hibernia Street und York Street steht eine Stieleiche, die 1811 gepflanzt wurde. Sie wird **Slave Tree** („Sklavenbaum") genannt, weil in den Stamm eine große Kette und ein Schloss eingewachsen sind, und steht unter Denkmalschutz. Unter den Kolonialgebäuden ist die **King**

Edward VII Library eines der besten Beispiele edwardianischer Architektur in der Stadt. Der **Garden Route Botanical Garden** am Ende der Caledon Street präsentiert lokale Flora.

George liegt etwa acht Kilometer vom Strand entfernt, die meisten Gäste legen auf dem Weg zum Tsitsikamma National Park (siehe S. 114) hier einen Halt ein oder besteigen den Outeniqua-Zug (siehe Kasten unten).

Mossel Bay

Vierzig Kilometer südöstlich von George, an der N2 Garden Route, liegt Mossel Bay, benannt nach den Muscheln (holländisch *mossels*), die die ersten europäischen Siedler hier fanden. Die industrielle Entwicklung der 1980er Jahre mit Offshorebohrinseln und den Anlagen zur Erdgasverarbeitung hat dieses Paradies allerdings beschädigt. Doch die Strände und das historische Stadtzentrum lohnen noch immer einen Besuch.

Viele Entdeckerschiffe ankerten in der Bucht: Bartolomeu Diaz ging hier 1488 vor Anker, gefolgt von Vasco da Gama 1497 und Admiral João da Nova 1501. Erst 1787 begann eine dauerhafte Besiedlung.

Um das 500. Jubiläum von Diaz' Landung zu feiern, eröffnete die Stadt den **Bartolomeu Dias Museum Complex.** Hier ist ein Nachbau der Karavelle zu sehen, mit der Diaz 1488 das Kap umrundete. Wer das lächerlich kleine Fahrzeug anschaut, versteht den Wagemut, der erforderlich war, um sich der Weite des Atlantik anzuvertrauen. Außerdem sind das **Maritime Museum** sowie das **Shell Museum,** das Muscheln aus aller Welt und Aquarien mit lebenden Krebstieren zeigt, zu sehen.

Der **Leuchtturm St. Blaize,** 1864 auf Cape St. Blaize erbaut, ist ein toller Platz, um Wale und Delphine zu beobachten. Der 13 Kilometer lange **St. Blaize Trail** nach Dana Bay beginnt an der Bats' Cave unterhalb des Leuchtturms.

Mossel Bay

🅰 Karte S. 101

Bartolomeu Dias Museum Complex

✉ 1 Market St.

☎ 044/691-1067

www.diasmuseum.
co.za

ERLEBNIS: Fahrt mit dem Outeniqua Choo-Tjoe

Der Outeniqua Choo-Tjoe ist der letzte Dampfzug Südafrikas im Vollbetrieb. Die 52 Kilometer lange, malerische Fahrt von George nach Knysna und zurück ist ein einzigartiger Weg, um die Garden Route zu erkunden. Der erste Abschnitt der Bahn wurde 1907 eröffnet, als „Museumsbahn" bleibt der Zug weiterhin im Einsatz.

Der Zug hält in vielen kleinen Orten, außerdem an mehreren Museen und Plätzen von historischem Interesse, darunter ein Aquarium und eine Eisenbahnwerkstatt.

Die Bahngleise winden sich durch eine faszinierende Landschaft, die man von der Straße aus gar nicht zu sehen bekommt und die tolle Fotomotive bietet – dichte Wälder, farnbedeckte Hügel, stille Seen und Bäche, die berühmte Knysna-Lagune und spektakuläre Ausblicke auf den Indischen Ozean.

Noch heute befördert der Zug pro Jahr schätzungsweise 115 000 Passagiere, 70 Prozent sind ausländische Touristen. Reservierungen werden über Outeniqua Choo-Tjoe (*2 Mission St., George, Tel. 044/801-8288, www. onlinesources.co.za, $$$*) gebucht.

Die Rundreise muss nicht an einem einzigen Tag erfolgen; man kann auch in Knysna übernachten.

Sedgefield & Wilderness

Der Badeort Sedgefield und das nahe gelegene Wilderness am Kaaimans River, östlich von George an der N2 Garden Route, sind von einer Seenkette umgeben – Langvlei, Rondevlei, Swartvlei und Groenvlei –, die ein schmaler Dünenstreifen vom Indischen Ozean trennt. Dicht bewaldete Berge bilden hier die Kulisse. Die Flussmündungen und der immergrüne Wald

INSIDERTIPP

Verpassen Sie nicht die herausragenden frischen Produkte auf dem samstäglichen Farmers Market und Scarab Craft Market, gleich westlich von Sedgefield, an der N2.

RICHARD WHITAKER
National Geographic-Mitarbeiter

sind die Heimat zahlloser Vogelarten, darunter der Federhelmturako.

Auf halbem Weg zwischen Sedgefield und Knysna liegt das für seinen Familienstrand bekannte Buffalo Bay mit sicheren Badebereichen und den etwas böigeren Abschnitten zum Surfen. Einige Ställe bieten Ausritte durch die Brandung an, wie G.R.E.A.T. Horseback Riding & Horse Trails *(Tel. 082/835-9110 oder 082/824-1248, www.great.co.za).*

Groenvlei, der einzige Süßwassersee an der Garden Route, ist ein beliebter Angelplatz für Barsche und Teil des **Goukamma Nature**

Reserve *(nahe der N2 in Buffalo Bay, Tel. 044/383-0042 oder 021/659-3500, www.capenature.co.za)*, das vor allem Vogelbeobachter und Wanderer anzieht. Sichere Strände sowie mehrere Naturpfade machen diese Gegend zu einer beliebten Ferienregion.

Knysna

Knysna, 25 Kilometer östlich von Sedgefield an der N2 Garden Route gelegen, breitet sich am Rand einer wunderschönen Lagune aus. Sie öffnet sich zwischen zwei hohen Sandsteinklippen, den *Heads* („Köpfe"), zwischen denen der Ozean hereinbraust. Ein Aussichtspunkt auf dem **Eastern Head** eröffnet einen grandiosen Rundblick. Entlang der Hauptstraße der quirligen Stadt finden sich Restaurants und Boutiquen.

Knysnas Geschichte begann 1804 mit der Ankunft eines mysteriösen Mannes, der sich George Rex nannte – offenbar ein königlicher Name. Er pflegte einen Lebensstil, der Gerüchte aufkommen ließ, er sei der illegitime Sohn König Georgs III. Er selbst bestätigte diese Geschichte nicht, doch ebenso wenig dementierte er sie. George Rex erwarb den Melkhoutkraal am Ufer der Lagune und ließ sich mit seiner Familie und einer ansehnlichen Entourage in Knysna nieder.

Das **Millwood House Museum** *(Queen St., Tel. 044/302-6320, geschl. So)* zeigt Gegenstände, die mit der Geschichte der Stadt zusammenhängen, darunter viele Objekte, die sich einst im Besitz von George Rex befanden.

Der umliegende **Knysna Forest** ist der größte Urwald Südafri-

Austernfest in Knysna

Als offizielle Austernhauptstadt Südafrikas veranstaltet Knysna natürlich ein Austernfest *(www.oysterfestival.co.za)*. Jedes Jahr im Juli kommen Feinschmecker aus dem ganzen Land zehn Tage lang an der Garden Route zusammen, um die Austern der Stadt zu probieren. Knysna-Austern zählen zu den schmackhaftesten der Welt. Normalerweise werden während des Festes über 200 000 Austern verspeist.

Damit die kulinarischen Genüsse nicht ansetzen, können Schlemmer während des Festivals an vielen Sportveranstaltungen teilnehmen, wie einem Mountainbike- und einem Straßenrennen, einem Marathonlauf und einem Angelwettbewerb. Hinzu kommt ein unvergleichlich vielfältiges Programm, zu dem ein Whiskey- und ein Jazzfest, Helikopterflüge sowie zahlreiche Kurse und Workshops gehören.

---

kas mit Arten des afromontanen Waldes – Stinkwood *(Ocotea bullata)*, Yellowwood (Steineibe), White Pear *(Apodytes dimidiata)*, Terblans Beech *(Faurea macnaughtonii)* und Assegai *(Curtisia dentata)* – sowie mit Blackwood (Afrikanischer Grenadilla), Eisenholz, Weißerle, Kapkastanie und Fynbos. Die Schönheit dieser Wildnis lässt sich an verschiedenen Stellen genießen, zum Beispiel im **Diepwalle Forest** *(16 km außerhalb von Knysna, an der R339, Tel. 044/382-9762)*.

Knysna Elephant Park

Der Elefantenpark Knysna, 23 Kilometer westlich von Knysna an der N2, ist ein privater Tierpark. Er wurde 1994 eröffnet, um dem letzten verbliebenen Elefanten in Knysna sowie verwaisten Elefanten aus dem Kruger National Park eine Heimat zu geben. Der 60 Hektar große Park bildet ein riesiges Freigehege, in dem Führer engen Kontakt zu den Tieren ermöglichen.

Plettenberg Bay

Eine 20-minütige Fahrt Richtung Osten auf der N2 führt in dieses Dorf. Nur im Dezember platzt es aus allen Nähten, wenn Urlauber

aus dem ganzen Land an die Strände strömen. Der größte ist **Robberg Beach**, ein 4,2 Kilometer langer Streifen spektakulärer Küstenlinie. Im Sommer sind oft Delphine zu sehen, die vor der Küste spielen, im Winter tummeln sich Wale in der Brandung. Am anderen Ende des Strands liegt die **Robberg-Halbinsel**. Ein elf Kilometer langer Wanderweg führt entlang der zerklüfteten Küste mit Blick auf Robbenkolonien. Angrenzend liegt der **Central Beach**; hier steht die Kult-Herberge **Beacon Isle Hotel** *(Tel. 044/533-1120)*.

Nature's Valley

Das kleine Dorf am Mündungsgebiet des Groot River gehört zum Abschnitt **De Vasselot des** Tsitsikamma National Park. Seine Wälder sind dicht mit Steineiben und Baumfarm bewachsen, die Küste ist ein schmaler Streifen mit unberührten Stränden und Felsklippen. Besucher kommen zum Schwimmen, Segeln und zu Kanufahrten.

Tsitsikamma National Park

Der Park steht – gemessen an der Besucherzahl – unter den südafri-

Knysna Elephant Park

- Karte S. 101
- 22 km westlich von Knysna an der N2
- ☎ 044/532-7732
- $ $$$$

www.knysna elephantpark.co.za

Plettenberg Bay

- Karte S. 101

Besucherinformation

- Tourism Bureau, Melville's Corner Center, Main St., Plettenberg Bay
- ☎ 044/533-4065

www.plettenbergbay. co.za

Der hübsch gelegene Fancourt Golf Estate

Tsitsikamma National Park

⬛ Karte S. 101

✉ An der N2 östlich von George, 8 km westlich der Storms River Bridge

☎ 042/281-1607

$ $$$

www.sanparks.org/ parks/tsitsikamma/

kanischen Nationalparks an dritter Stelle, und der Grund dafür ist leicht zu erkennen.

Das Khoisan-Wort *Tsitsikamma* bedeutet „Ort mit viel Wasser". Entlang der rund 80 Kilometer langen Küste reicht der Park etwa fünf Kilometer weit ins Meer hinaus und schützt so Lebewesen im Tidebereich und im Riff sowie Tiefseefische. Diese Kombination macht ihn zu einem der weltgrößten Einzel-Meeresschutzgebiete, das elf Prozent von Südafrikas gemäßigter Südküste bewahrt. 1964 wurde er zum Meeres-Nationalpark ernannt: der Erste seiner Art in Afrika.

Im dichten Wald aus Bergfynbos sowie Farnen, immergrünen und blühenden Pflanzen sind Affen und kleine Antilopen, Otter und viele Vogelarten zu Hause. Wagemutige Besucher können – über Plattformen und Stahlseile – eine Tour durch die Baumwipfel unternehmen. Zahlreiche Wanderpfade werden Richtung Meer zu felsigen Wegen, darunter der 42 Kilometer lange **Otter Trail** von der Mün-

dung des Storms River bis Nature's Valley, der in fünf Tagen zu bewältigen ist. Im Park gibt es außerdem eine Reihe von Kulturdenkmälern zu sehen – von Höhlen- und Felskunst der Khoisan bis hin zu Überresten kleiner Fischerdörfer.

Der Park ist so sicher, dass man ihn auch ohne Führer erkunden kann; gegen eine kleine Gebühr stehen aber für Gruppen ab zehn Personen Führer zur Verfügung.

Weiter entfernt

Laingsburg liegt in der semiariden Karoo, 280 Kilometer nordöstlich von Kapstadt. Der kleine Ort besitzt eine alte Steinkirche, die **Dutch Reformed Church**, und – in der Library Hall – die **Wolfaardt Collection** *(Van Riebeeck St., Tel. 023/551-1019)*. Ausgestellt sind Artefakte der Khoisan und der Niederländer, darunter Musikinstrumente, landwirtschaftliches Gerät und Haushaltsgegenstände.

Auch für Geologen ist die Region interessant. Ein Lager von weißem, quarzähnlichem Stein verläuft von Matjiesfontein über Laingsburg bis in die Provinz Ost-Kap. Seltsame Felsformationen sowie Meeres- und Erdversteinerungen sind auf dem **geologischen Spazierweg** zu sehen, der auf dem Gelände der Geelbeksbrug-Farm bei dem **Anglo-Boer War Blockhouse** angelegt ist. Touren zu den Felskunststätten der San in Springfontein arrangiert Laingsburg Tourism.

Das Dorf **Matjiesfontein** liegt über die N1 30 Kilometer westlich von Laingsburg. Die Gemeinde wurde 1884 von James Logan gegründet. Der Bahnschaffner auf der Route Kapstadt–Pretoria hatte festgestellt, dass die trockene Luft der Karoo seinen Lungen guttat. Er ließ sich hier nieder und warb für die Heilkraft der Luft. Der Ort wurde bald ein beliebter Halt auf der Bahnstrecke und lockte Prominente an, etwa den Sultan von Sansibar, Lord Randolph Churchill (Winston Churchills Vater), Cecil Rhodes, Edgar Wallace und Rudyard Kipling.

Während des Burenkriegs (1899–1902) diente Matjiesfontein den Briten als Militärstützpunkt, das viktorianische **Lord Milner Hotel** *(an der N1 in Matjiesfontein, Tel. 023/561-3011, www. matjiesfontein.com)* wurde Lazarett. 1970 wurden Dorf und Hotel restauriert und unter Denkmalschutz gestellt – das ist der Grund, weshalb Besucher hierherkommen.

Das Bahnhofsgebäude beherbergt das **Matjiesfontein Museum,** auch als Marie Rawdon Museum bekannt. Die Sammlung von David Rawdon, der sich auf die Viktorianische Zeit spezialisiert hatte, zeigt kunstvolle Kleider vergangener Tage und eine voll ausgestattete Apotheke. Das **Transport Museum** *(hinter dem Lord Milner Hotel, Tel. 023/561-3011, $)* zeigt eine Sammlung alter Autos aus der Zeit der historischen Tankstelle, die noch heute Kraftstoff verkauft.

Zwei Züge legen hier einen Halt ein, damit Besucher den Ort besichtigen können: der luxuriöse **Blue Train** *(Tel. 021/334-8459, www.bluetrain.co.za, E-Mail: bluetrain@transnet.co.za)* sowie **Rovos Rail** *(Tel. 021/323-6052, www. rovos.co.za, E-Mail: reservations@rovos.co.za).* ∎

Bungee-Jumping

Menschen, die den besonderen Nervenkitzel suchen, finden dazu an der Garden Route eine konkurrenzlose Gelegenheit: den weltweit höchsten kommerziellen Bungee-Jump. Der Sprung geht über dem Bloukrans River kolossale 216 Meter tief hinab *(Face Adrenalin, Tel. 042/281-1458, www.faceadrenalin.com, $$$$)* und bietet, wie es heißt, spektakuläre Ausblicke. Wir möchten allerdings wetten, dass man die auf dem Weg nach unten nicht wirklich wahrnimmt. Für die weniger Abenteuerlustigen gibt es einen kleineren Sprung, der nach dreistündiger Fahrt Richtung Westen auf der N2 an der Gourits Bridge *(Face Adrenalin, Tel. 083/414-2380, www.face adrenalin.com, $$$$$)* zu finden ist. Man fällt hier zwar „nur" 65 Meter tief, dafür ist es der älteste Bungee-Jump des Landes. Die Anlagen sind täglich geöffnet.

Laingsburg

⚑ Karte S. 101

Besucherinformation

✉ Laingsburg Library, Voortrekker & Meiring Sts.

☎ 023/551-1868

Anglo-Boer War Blockhouse

✉ 12 km nördlich von Laingsburg an der N2

☎ Einlass nach Anruf in Die Blokhuis nebenan, Tel. 023/551-1774

Matjiesfontein

⚑ Karte S. 101

✉ 30 km südlich von Laingsburg an der N1

☎ 023/561-3011

www.matjiesfontein. com

BIKO

18/12/1946 – 12/9/1977

Vielleicht die abwechslungsreichste Provinz Südafrikas mit einsamen Stränden und Hotspots für Surfer, mit Elefanten und wandernden Walen; die Heimat von Nelson Mandela, Steve Biko und anderen Nationalhelden

Ost-Kap

Bronzestatue des Black-Consciousness-Führers Steve Biko vor dem Rathaus von East London

Ost-Kap

Eingezwängt zwischen West-Kap und KwaZulu-Natal, den beiden beliebtesten Provinzen Südafrikas, ist das Ost-Kap ein unentdecktes Juwel. Die Küste erstreckt sich vom Umtamvuna River in KwaZulu-Natal bis zur Mündung des Storms River an der Garden Route im Westen und bis zur Grenze nach Lesotho im Norden. Die Provinz umfasst außerdem die überwiegend von der Xhosa-Kultur geprägten Homelands Ciskei und Transkei aus der Zeit der Apartheid.

Wer von Kapstadt über die beliebte Garden Route hinaus Richtung Osten reist, erlebt hier zum ersten Mal das Gefühl, tatsächlich in Afrika zu sein – direkt am Rand der Wildnis. Das Ost-Kap bietet 800 Kilometer unberührter Küstenlinie. Allein Port Elizabeth besitzt insgesamt 40 Kilometer lange Sandstrände und zählt zu den weltbesten Segelrevieren. Jeffrey's Bay ist ein Topsurfspot, während die Wild Coast, ein Ökoparadies zwischen East London und Port Edward, zu den am wenigsten erschlossenen Regionen des Landes gehört.

Viele Schiffe sind an den Riffen vor der Küste zerschellt, aber die einsamen Strände und Flussmündungen laden Wanderer und Camper zum Umherschweifen ein. Das Ost-Kap ist malariafrei und ideal für Safaris.

Westliche Region

Die westliche Region erstreckt sich entlang der Küste vom Tsitsikamma National Park über Port Elizabeth bis Port Alfred. Sie hat die höchste Konzentration von Elefantenherden in Südafrika vorzuweisen, besonders im Addo Elephant National Park und, im kleineren Maßstab, in den privaten Wildreservaten Shamwari und Lalibela.

Weiter landeinwärts geht die Hügellandschaft in die trockene Hochebene der Karoo über, die sich bis zu den Sandsteinformationen und den nackten Felsen der Sneeuberg-Kette erstreckt. Der höchste Punkt, der Mount Kompas, erreicht 2504 Meter. Die Bergkette bildet die Wasserscheide zwischen dem Sundays River und Great Fish River. Das Gebiet, früher Settler Country („Siedlerland") genannt, wurde in den 1820er Jahren von Briten kolonisiert. Diese bewirtschafteten hier riesige Parzellen und verteidigten die Ostgrenze gegen die Xhosa. Der Boden eignet sich nur für den Bewässerungsanbau. Noch heute erwirtschaften vor allem Schaf- und Safarifarmen ein akzeptables Auskommen.

Östliche Region

Die Strände entlang der Sunshine Coast zwischen St. Francis Bay und East London schwelgen in der prachtvollen Natur – Flora und Fauna gedeihen im Überfluss, und es wimmelt von Vögeln. Von East London nordwärts bis Port Edward erstreckt sich die Wild Coast entlang einer ungebändigten Küstenlinie mit zerklüfteten Felsen, hoch aufragenden Sanddünen und unerschlossenen Stränden. Es ist ein Paradies für Rucksacktouristen, in dem nur wenige Straßen asphaltiert oder überhaupt auf einer Karte verzeichnet sind. Wanderer gelangen auf sandigen Wegen von Dorf zu Dorf. ■

EASTERN CAPE

KWAZULU-NATAL

LESOTHO

N2

R56

Port Edward

R61

Rouxville

N6

R396

Maclear

Umzimvubu

R58

EASTERN CAPE

Mthatha

Port St. Johns

MANDELA ROUTE

Qunu

Coffee Bay

R56

Mvezo

R61

Richmond

Queenstown

Great Kei

N2

Mazeppa Bay

WILD COAST

R61

Kei Mouth

Nieu-Bethesda

N6

NELSON

Morgan's Bay
Haga-Haga

R344

Gonubie
Bonza Bay

MOUNTAIN ZEBRA NATIONAL PARK

King William's Town

Bhisho

Buffalo

EAST LONDON

R63

Cove Rock

N10

Kidd's Beach

Gulu Beach

GREAT FISH RIVER NATURE RESERVE

Igoda Beach

R63

Graaff-Reinet & Valley of Desolation

Great Fish

R72

Darlington Dam

Lalibela Game Reserve

Grahamstown

Bathurst

INDISCHER OZEAN

SHAMWARI GAME RES.

Kowie

Port Alfred

ADDO ELEPHANT N.P.

Zuurberg

Sibuya Game Reserve

R75

Kirkwood

AMAKHALA PRIVATE RESERVE

Kenton-on-Sea

Colchester

Apple Express

Algoa Bay

PORT ELIZABETH

Loerie

Seaview Game & Lion Park

St. Francis Bay

Jeffrey's Bay

St. Francis Bay

N

Seal Point

TSITSIKAMMA NATIONAL PARK

0   80 Kilometer
0   40 Meilen

Zur Orientierung

Pretoria

Südafrika mit Farbkodierung

Port Elizabeth

Port Elizabeth ist für Sonnenschein und die sicheren Sandstrände bekannt. Die Stadt zieht sich entlang der Algoa Bay an der Südostküste Südafrikas, etwa 800 Kilometer östlich von Kapstadt. 1820 ließen sich etwa 4000 Briten in Port Elizabeth (oder „PE", wie die Einheimischen sagen) nieder und errichteten hübsche Häuser, von denen viele noch heute stehen. Seither ist die Siedlung zur fünftgrößten Stadt Südafrikas und zu einem bedeutenden Hafen geworden.

Denkmal für den mythischen Priesterkönig Johannes und die portugiesischen Entdecker Südafrikas

Port Elizabeth

🗺 Karte S. 119

Besucherinformation

✉ Donkin Reserve Lighthouse Complex, Belmont Terr., Central

☎ 041 / 585-8884

www.portelizabeth. co.za

Urlauber kommen vor allem wegen der Wassersportmöglichkeiten hierher – Sporttauchen, Surfen und Windsurfen –, doch die Stadt besitzt auch bemerkenswerte Sehenswürdigkeiten.

Die Briten haben der Architektur von Port Elizabeth unübersehbar ihren Stempel aufgedrückt, wie ein Bummel über den zentralen **Marktplatz** mit etlichen historischen Gebäuden zeigt. Mitten auf dem Platz erhebt sich das **Rathaus** mit seinem Glockenturm, das 1858 entstand. An der Ecke Whites Road und Main Street steht das ursprüngliche, 1835 erbaute Gerichtsgebäude mit einer eindrucksvollen Buntglaskuppel. Heute beherbergt es die **Stadtbibliothek**.

In der Nähe bilden 73 Hektar baumbestandener Parklandschaft den **St. George's Park**. Hier befinden sich der weltberühmte Port Elizabeth Cricket Club (mit der Möglichkeit zu einem aufregenden Probespiel) und das älteste Bowling-Green des Landes.

In einer der ältesten noch bestehenden, aus dem Jahr 1827 stammenden Siedlerhütten ist **No. 7 Castle Hill Museum** *(Castle Hill Rd.)* untergebracht. Zu sehen sind viktorianisches Mobiliar und Haushaltsgegenstände.

Die steile **Donkin Street** führt zu gepflegten viktorianischen Häusern hinauf. Am oberen Ende der Straße hat Sir Rufane Donkin, seinerzeit amtierender Gouverneur der Kapkolonie, ein **Denkmal** für seine Ehefrau Elizabeth errichten lassen, die in Indien starb, bevor die Stadt mit ihrem Namen erbaut wurde. Eine Tafel an der Steinpyramide ehrt sie mit den Worten: „Eines der vollkommensten menschlichen Wesen, das der Stadt dort unten ihren Namen gab."

Das **Informationszentrum** der Stadt ist im alten Leuchtturm (1861 erbaut) untergebracht. Dort gibt es Karten und Infos über die Region; empfehlenswert ist die Karte für den fünf Kilometer langen **Donkin Heritage Trail**. Der Weg führt durch den Stadtteil Hill und das Zentrum und berührt 47 historische Stätten.

Am Eingang zum Hafen hält ein **Campanile** mit einem Glockenspiel Wacht. Er erinnert an die Ankunft der britischen Siedler im Jahr 1820. Besucher können die 204 Stufen erklimmen und von oben den großartigen Blick auf die Stadt genießen.

Das **St. Croix Motor Museum** in Newton Park zeigt über 80 Autos aus der Zeit ab 1900 bis in die 1960er Jahre. Eine Besichtigung kann telefonisch mit Gründer Even de Vos vereinbart werden.

An der Küste

Der meisten Besucher am Strand von Port Elizabeth zieht wohl **Bayworld** an, einer der besten und größten Museumskomplexe Südafrikas, mit Ozeanum, Reptilienpark und Museum. Im **Ozeanum** leben zwei Indopazifische Große Tümmler, die vor- und nachmittags vor Zuschauermassen ihre Show zei-

---

St. Croix Motor Museum

✉ Mowbray St., Newton Park
☎ 083/463-5286
🕒 Call for appt.
www.bayworld.co.za

Bayworld

✉ Beach Rd., Humewood
☎ 041/584-0650
💲 $–$$
www.bayworld.co.za

Apple Express

☎ 041/583-2030
💲 $$$$$ (für ein Wochenende)
www.apple-express. co.za

INSIDERTIPP

Für einen Einblick in die Geschichte von Port Elizabeth empfehlen sich der Donkin Heritage Trail, die alten Autos im St. Croix Motor Museum sowie der Blick vom Campanile auf die Stadt.

CAGAN H. SEKERCIOGLU
National Geographic-Experte

Apple Express

Der Port Elizabeth Apple Express ist der einzige Schmalspurdampfzug, der im südlichen Afrika heute noch fährt. Auf der 72 Kilometer langen Strecke von Port Elizabeth nach Loerie hält er 16-mal.

Kurz vor dem Ende der malerischen Route überquert der Zug die Brücke über den Van Stadens River, mit rund 78 Metern das höchste Schmalspurviadukt der Welt. Da nur drei reguläre Fahrten pro Monat stattfinden, ist eine rechtzeitige Reservierung unerlässlich.

Delphine und Trainer im Bayworld Ozeanum

**Seaview Game &
Lion Park**

🗺 Karte S. 119
✉ Abseits von N2,
   westlich von
   Port Elizabeth
☎ 041/378-1702
💲 $$
www.seaview
gamepark.co.za

gen. In zwei weiteren großen Meerwasserbecken tummeln sich Südafrikanische Seebären und große Südliche See-Elefanten neben allerlei Meeresgetier, darunter Rochen, Haie und Schildkröten.

Der **Reptilienpark** erlaubt Besuchern die gefahrlose Betrachtung von Land- und Sumpfschildkröten, Eidechsen und Leguanen, Krokodilen und den gefürchteten Mambas in landschaftlich gestalteten Einfriedungen.

Das **Museum** zeigt Vielfältiges, von prähistorischen Dinosaurierknochen bis zu modernen Gegenständen sowie viel ethnische Kunst und Perlenstickerei.

Strände: Die sauberen, wirklich grandiosen Strände von Port Elizabeth, die geschützt in der Algoa Bay liegen, bieten das ganze Jahr über angenehme Wassertemperaturen. Highlights sind der berühmte **Kings Beach** mit zwei Kilometer weit reichendem weißem Sand, der **Hobie Beach**, gleich neben

dem Shark Rock Pier gelegen, und der **Humewood Beach**, der regelmäßig die Blaue Flagge gewinnt.

INSIDERTIPP

Shamwari, Amakhala und andere private Schutzgebiete haben auf ertragsarmem Farmland die ursprüngliche Vegetation wiederhergestellt und die heimischen Tiere neu angesiedelt. Sie bieten Tagestouren, darunter auch Safaritrips.

JOHN SEATON CALLAHAN
National Geographic-Mitarbeiter

Zu den Surfrevieren zählen die wilde **Bluewater Bay**, die sich gleich nördlich von Port Elizabeth erstreckt, sowie **The Fence**, **The Pipe** und **Millers Point**.

Wildtiere beobachten

Mehrere Wildtierreservate liegen in erreichbarer Entfernung von Port Elizabeth. Das nächstgelegene ist der **Seaview Game & Lion Park,** 25 Kilometer westlich des Stadtzentrums. Löwen, Giraffen, Zebras, Gnus, Impalas, Ducker und etwa 40 weitere Tierarten bewegen sich hier frei. Der Park bietet eine Selbstfahrertour an, auf der man die Tiere in ihrem natürlichen Lebensraum beobachten kann.

Hauptattraktion des Parks ist die Möglichkeit, mit vier bis neun Monate alten Löwenjungen zu spielen. Zuvor wird eine kurze Einführung zum sicheren Umgang mit den Tierkindern gegeben ($).

Das private Shamwari Game Reserve liegt, versteckt in einer üppigen Landschaft, am Bushmans River, auf halbem Weg zwischen Port Elizabeth und Grahamstown. Shamwari wirbt damit, dass es eine im Verschwinden begriffene Lebensweise bewahre. Das 25 000 Hektar große Reservat hat fünf der sieben Biome Südafrikas vorzuweisen und beherbergt eine vielfältige Pflanzen-, Tier- und Vogelwelt.

Besucher können das Terrain auf Safaritrips erkunden und die Born Free Foundation Centers besuchen – eine Zufluchtsstätte für misshandelte Großkatzen. Das Reservat präsentiert die *Big Five* – Elefant, Löwe, Leopard, Büffel und das gefährdete Spitzmaulnashorn –, außerdem Flusspferde, Giraffen, Weißschwanzgnus und Geparde. Jede der sechs luxuriösen Lodges bietet ein ganz eigenes Ambiente.

Das nahe gelegene Amakhala Private Reserve spielt eine bedeutsame Rolle dabei, Weideland des 20. Jahrhunderts in seinen Naturzustand zurückzuversetzen. Die Unterkünfte vor Ort sind bequem bis luxuriös. ∎

Shamwari Game Reserve

🏔 Karte S. 119

✉ 65 km östlich von Port Elizabeth auf der N2 Richtung Grahamstown

☎ 041/407-1000 oder 877/354-2213

www.shamwari.com

Amakhala Private Reserve

🏔 Karte S. 119

✉ 65 km östlich von Port Elizabeth über die N2 Richtung Grahamstown

☎ 046/636-2750

www.amakhala.co.za

ERLEBNIS: Auf der Promenade

Auch Jahrhunderte nach der Ankunft von 4000 englischen Zuwanderern in Port Elizabeth ist der britische Einfluss noch überall in der Küstenstadt spürbar. Rathaus und Stadtbücherei lassen bis heute an den efeüberrankten Backstein der Viktorianischen Zeit denken, und die Promenade *(www.boardwalk.co.za)* mit Blick auf die wunderschönen Strände der Stadt erinnert mit ihrem Glitzern an das englische Seebad Brighton.

Diese teils anachronistische, teils absonderliche, von Touristen und Einheimischen gleichermaßen geschätzte Einkaufs- und Unterhaltungsmeile sollte man wirklich gesehen haben. In den klassischen, rot-weißen Gebäuden, die abends hell erleuchtet sind, reihen sich Geschäfte, Restaurants, Unterhaltungsarkaden und zahlreiche Attraktionen für Kinder aneinander.

Hier findet jeder den passenden Laden: Im Billabong Store gibt es den allerneuesten Surfdress, bei EzamaXhosa traditionelles Kunsthandwerk.

Entspannen kann man in den zahlreichen Kneipen und Restaurants in **Brooke's Pavilion** an der Ecke Brooke's Hill und Beach Drive. Serviert werden Gerichte aus allen Teilen der Welt, von italienischem Spaghetti bis zum japanischen Sushi.

Das **Kasino** bietet Spielern 802 Spielautomaten und 21 Spieltische.

Und wer den unverfälschten Ausblick auf den Indischen Ozean allmählich leid ist, geht hinüber zum künstlichen See und füttert Enten.

Rund um Port Elizabeth

Das Ost-Kap rund um Port Elizabeth flacht entlang der Sunshine Coast und der Shipwreck Coast zu endlosen Stränden ab. Wenn man dagegen einige Dutzend Kilometer landeinwärts fährt, wird die Landschaft gebirgiger. Dort warten die Zuurberg-Gebirgskette und das Sundays River Valley mit malariafreien Wildreservaten und malerischen Wanderwegen auf Besucher.

Elefantenkühe und -kälber im Addo Elephant National Park

Addo Elephant National Park

🗺 Karte S. 119

✉ An der N2 Richtung Grahamstown, 72 km östlich von Port Elizabeth

☎ 042/233-8600

💲 $$–$$$

www.sanparks.org/parks/addo

Addo Elephant National Park

Der Park nimmt rund 164 000 Hektar im dicht bewaldeten Tal des Sundays River ein. 1931, als in dem Gebiet nur noch elf Dickhäuter lebten, wurde der ursprüngliche Elefantenbereich des Parks zum Nationalpark erklärt. Heute hat der Park über 480 Elefanten vorzuweisen, außerdem Afrikanische Büffel, Spitzmaulnashörner und verschiedene Antilopenarten. Im Addo leben die *Big Seven*: Elefant, Löwe, Büffel, Leopard, Nashorn plus Südkaper und Weißer Hai.

Fünf der sieben größeren Vegetationsbiome Südafrikas finden sich im Park. Im subtropischen Dickicht, *Valley Bushveld*, kann man die Elefantenpopulation und eine Vielzahl von Antilopen beobachten, darunter Kuh- und Elenantilopen, Kudus und Buschböcke. In den abgelegeneren Bereichen leben in der Großen Karoo unter anderem Spießböcke, Weißschwanzgnus, Springböcke, Büffel und Spitzmaulnashörner. Auf Kap-Bergzebras, Bergriedböcke, Paviane, Blauducker und Rotkaninchen trifft man in der Zuurberg-Gebirgskette.

Vogelliebhabern bietet **SASOL Red Bishop Bird Blind**, gegenüber dem Wasserloch im Hauptcamp zu finden, die Gelegenheit, Webervögel, Reiher, Wasserhühner und Oryxweber mit ihrem leuchtend orange- bis scharlachroten Gefieder zu beobachten. Der Hauptbereich präsentiert etwa 170 Vogelarten; insgesamt sind es möglicherweise bis zu 450 Spezies, vom Braunkopfliest und Halsbandnektarvogel bis hin zur Kafferntrappe und zum Brillenpinguin. Hier befindet sich außerdem eines der wenigen Brutgebiete der Rosenseeschwalbe in Südafrika.

Künftig will man in Addo einen 120 000 Hektar großen Abschnitt entlang der östlich von Port Elizabeth verlaufenden Küste zum Meeresschutzgebiet erklären. Die vor der Küste liegenden Inseln, Heimat der weltgrößten Brutpopulation des Kaptölpels und der zweitgrößten des Brillenpinguins, sind bereits in den Park integriert.

Zwei Camps finden sich im Park: Das **Addo Rest-Camp** *(Tel. 042/233-8600, E-Mail: addo-enquiries@sanparks.org; siehe S. 293)* nahe dem Eingangstor verfügt über rund 60 Unterkünfte unterschiedlichen Typs. Zu den Aktivitäten zählen geführte Safaritrips und geführte Ausritte, außerdem gibt es einen Pool, ein Restaurant und einen Laden.

Das **Camp Matyholweni** *(Tel. 041/468-0916 oder 041/468-0918, E-Mail matyholweni@sanparks.org; siehe S. 293)* liegt in der Nähe von Colchester an der Autobahn N2. Es ist mit dem Wagen zugänglich und liegt etwa 45 Autominuten vom Hauptcamp entfernt.

Unterwegs im Addo-Park: Sie können die Asphalt- und Schotterstraßen des Parks entweder mit dem eigenen Wagen befahren (Allradantrieb ist nur auf der ausgewiesenen 4WD-Route erforderlich) oder einen Safaritrip buchen, zum Beispiel verschiedene zweistündige Fahrten mit qualifizierten Führern im offenen Landrover oder Truck. Reservierung ist zu empfehlen *(Tel. 042/233-8621)*. Zur Auswahl stehen unter anderem eine Sonnenaufgangstour, bei der man mit etwas Glück Büffel, Kudus und

---

Private Lodges im Addo-Park

Darlington Lake Lodge *(Tel. 042/243-3673)* im Gebiet des Darlington Dam des Parks ist eine intime Lodge im afrikanischen Kolonialstil.

Gorah Elephant Camp *(Tel. 011/679-2994)* im Hauptbereich des Addo ist eine Fünfsterneanlage mit luxuriösen Zeltcamps. Beim entspannten Teetrinken kann man Elefanten beobachten.

Nguni River Lodge *(Tel. 042/235-1022, www.ngunilodges.co.za)* bietet acht luxuriöse Suiten, hoch auf einem Bergrücken gelegen, mit Blick über ein Wasserloch und auf den Zuurberg.

River Bend Lodge *(Tel. 042/233-8000, www.riverbendlodge.co.za)* im Nyathi-Bereich des Parks ist eine Fünfsterneunterkunft im Schatten der Berge mit Wellnesscenter.

Surfen in Jeffrey's Bay

Surfen gewann in Südafrika in den 1960er Jahren zunehmend an Popularität, die Musik der Beach Boys wurde zum Sinnbild der Strandkultur des Landes. Seither ist die Zahl der Surfer gewaltig gestiegen, und einige Spots in Südafrika sind unter Surfern weltweit berühmt. Für Topsurfer gibt es kaum einen besseren Ort als Jeffrey's Bay.

Surfen in Jeffrey's Bay

Die meisten Surfer haben von der Brandung in **Jeffrey's Bay** gehört und träumen von der Dünung, den Tubes (hohlbrechenden Wellen) und von den beständigsten Wellenformationen Südafrikas. Die Wellen werden bis zu drei Meter hoch, doch ist der Strand auch für seine Sicherheit berühmt. Surfer pilgern zu Stränden mit Namen wie Magnatubes, Boneyards und Albatross. An einigen Stellen können sie mit Rides (Wellenritten) von bis zu drei Minuten rechnen.

Jedes Jahr im Juli steigt das weltberühmte Billabong Pro am treffend benannten Supertubes Beach. Dieser renommierte Wettkampf lockt die Topsurfer der Welt an.

Das Beste vom Besten

Gleich um die Ecke des Supertubes Beach, liegt vor dem Beach Hotel das Magnatubes' Reef, berühmt für seine schnelle und schwere Dünung. Sie bricht oft auf ganzer Länge, ist ansonsten aber einfach perfekt.

Am Boneyards gilt es, eine schnelle Wall zu bewältigen, die auf die Hauptstartzone am Supertubes zielt. Man kann sogar vor Boneyards starten, durch einige Barrel (Wellentunnel) fliegen, die das Herz zum Stillstand bringen, und am Supertubes aussteigen. Am Boneyards werden die Wellen noch bis zu drei Meter hoch, wenn es anderswo schon nicht mehr viel Dünung gibt.

ERLEBNIS: Surfen lernen

Südafrikas legendäre Surfspots wurden im Surfer-Kultfilm „Endless Summer" von 1966 kurz dargestellt. Das machte sie zu einem definitiven Traumziel auf der Wunschliste jedes ernsthaften Surfers, der die perfekte Welle sucht. Für neugierige Anfänger sind in den meisten Küstenstädten Surfschulen entstanden, die älteste ist **Gary's Surf School** in Kapstadt. Dort kann man im relativ warmen Wasser von Muizenberg, wo konstante Wellen für perfekte Lernbedingungen sorgen, den Rausch aus erster Hand erleben. Einzelstunden sind möglich, und die gesamte Ausrüstung kann man über die Schule leihen. Tages- und Wochensurftrips

sind ebenfalls im Angebot. Der Kontakt erfolgt über Gary Kleynhans *(34 Beach Rd., Muizenberg, Cape Town, Tel. 021/788-9839, www.garysurf.com, zweistündiger Unterricht inklusive Ausrüstung, $$$$$).*

Unterricht im kultigen Jeffrey's Bay bietet **J-Bay Surf School** *(Island Vibe Backpackers, 10 Dageraad St., Jeffrey's Bay, Tel. 042/293-4214, www.islandvibe.co.za, zweistündiger Unterricht inklusive Ausrüstung, $$$$$).*

Das Surfen in den Gewässern vor Durban ist eine lohnende Erfahrung. Den Versuch wert ist **Jeep uShaka Surf and Adventure** am Strand von Durban *(Tel. 084/823-9470, www.surf-adventures.co.za, 1 Std. Unterricht inklusive Ausrüstung, $$$$).*

INSIDERTIPP

Die rechtsbrechenden Tubes am berühmten Supertubes Beach in Jeffrey's Bay sind die tollsten der Welt. Mieten Sie sich bei Billabong ein Board, und stürzen Sie sich ins Blaue.

THOMAS BERENATO
National Geographic-Autor

Albatross ist der letzte Halt in einer langen Kette entlang dem Point bei Jeffrey's Bay. Manchen gelingt es, die ganze Strecke von Boneyards und durch Albatross zu surfen. Dieser Ride kann über 1,5 Kilometer lang werden.

Noch mehr Surfen in Jeffrey's

Oyster Bay besitzt einen unbeständigen, ungeschützten Beach-Break mit sauberer, mittelhoher Dünung. Am besten surft es sich dort bei leichtem Nordnordostwind.

Seal Point besteht aus zwei Abschnitten: einem äußeren und einem vollständigen Stop Rock, von dem das Inside (Ende einer Welle) bricht. Das Inside ist das häufigere Phänomen,

ausgenommen während der Hauptsaison von April bis September. Das Inside ist ein Pointbreak (die Welle bricht meist an derselben Stelle), der für gute 80 bis 100 Meter an einem Felschelf entlangläuft. Die Außendünung muss oft um den Außenpunkt brechen, bevor sie Seal Point trifft.

Einsamer Surfer am Big Bay Beach bei Kapstadt

Löwen zu sehen bekommt, eine Tagesfahrt, auf der ein Blick auf Elefanten, Zebra- und Straußenherden fast sicher ist, sowie eine Nachtfahrt.

Man kann aber auch einen örtlichen Führer anheuern, der mit ins Fahrzeug steigt. Diese Führer sind normalerweise extrem gut informiert und zeigen genau, wo das Elefantenkalb oder der Blauducker zu entdecken ist, die man so wahnsinnig gern sehen möchte.

Eine weitere Möglichkeit ist eine Tour zu Pferd. Reitwege führen

vom Hauptcamp zum Abschnitt **Nyathi** des Parks, wo es Großwild zu sehen gibt, darunter Elefanten, Afrikanische Büffel, Spitzmaulnashörner, Zebras und Antilopen. Die Ausritte werden von erfahrenen Führern geleitet. Vormittags wird ein zweistündiger Ausritt für An-

INSIDERTIPP

Addo ist kompakt und einer der besten Orte Afrikas, um Elefanten zu fotografieren. Nehmen Sie auf keinen Fall Zitrusfrüchte mit, denn die Elefanten lieben sie und beschädigen Ihr Auto, um sie zu ergattern.

JOHN SEATON CALLAHAN
National Geographic-Mitarbeiter

fänger geboten, nachmittags eine Dreistundentour für erfahrenere Reiter. Auch im Parkabschnitt **Zuurberg** kann man reiten; dort gibt es allerdings kein Großwild, dafür aber eine großartige Fynbos- und Waldlandschaft. Die Pfade eignen sich für Reiter jeder Erfahrung. Auch ein-, drei- und fünfstündige Touren sind im Angebot.

Wandern ist im Addo ebenfalls besonders beliebt, die Möglichkeiten reichen vom einstündigen Bummel über den **Cycad Trail** bis zum vierstündigen **Doringnek Trail** am Zuurberg zu einem berühmten Wasserloch. Die Routen sind deutlich gekennzeichnet; Karten erhält man im Zuurberg-Büro, 16 Kilometer vom Parkeingang

Kenton-on-Sea

entfernt. Auf die wirklich Abenteuerlustigen wartet eine Zweitagestour auf dem 36 Kilometer langen **Alexandria Hiking Trail**, der durch das größte Dünenfeld der Südhalbkugel sowie Strand und Wald führt. Übernachtet wird in Hütten am Wegesrand. Eine Reservierung über das Camp Matyholweni ist erforderlich. Schließlich kann man auf dem **PPC Discovery Trail**, einem kurzen Spazierweg durch das Taldickicht, mehr über die Pflanzen und Tiere der Region erfahren.

Strände des Ost-Kap

Die Küstenlinie des Ost-Kap, Sunshine Coast genannt, ist ein Mekka für alle Wassersportfans und verfügt über eine blühende Surferkultur. Das weltberühmte **Jeffrey's Bay** (siehe S. 126f), westlich von Port Elizabeth gelegen, bietet lange, unberührte Strände mit fantastischen Wellen und Dünung. Die Stadt ist Gastgeberin des jährlichen Surfwettkampfs **Billabong Pro** im Juli. Die sicheren Strände sind auch zum Baden und für andere Wassersportarten perfekt geeignet.

Westlich von Jeffrey's Bay erstreckt sich das **St.-Francis-Gebiet**, das Port St. Francis, St. Francis Bay, Cape St. Francis und Oyster Bay umfasst. Der Ort St. Francis Bay liegt auf Cape St. Francis, wo der gewundene Kromme River mündet. Wegen seiner Kanäle wird der Ort gern „Klein-Venedig" genannt. Die weißen Strände zählen an dieser Küste zu den sichersten zum Baden und Angeln.

Nördlich von Port Elizabeth breiten sich bis **Kenton-on-Sea** nahezu endlose Strände aus. Der **Kariega Beach** wurde im Jahr

Skimboarden

Skimboarden, ein zahmerer Vertreter unter den Extremsportarten, geht auf das Kalifornien der 1920er Jahre zurück und hat kürzlich Südafrika erfasst.

Ein Skimboard ist ein dünnes, ovales Teil aus lackiertem Holz oder Plexiglas. Um es zu reiten, braucht man eine gute Balance und einen flachen Sandstrand. Man rennt – mit dem Board in der Hand – parallel zu einer brechenden Welle, und sobald das Wasser zu einem dünnen Film verebbt ist, wirft man das Board hinein und springt auf. Damit lässt sich Eindruck schinden – es sei denn, man stürzt.

Die meisten Strände im Ost-Kap sind zum Skimboarden gut geeignet, die besten Stellen dafür sind aber wohl Kenton-on-Sea und Jeffrey's Bay.

2000 sogar zum besten Strand Südafrikas gewählt.

Nur etwas weiter östlich von Kenton-on-Sea, an der Küstenstraße R72, liegt **Port Alfred**. Einst ein Fischerdorf an der Mündung des Kowie River, verfügt Port Alfred heute über einen modernen Yachthafen. Bootsbesitzer können aufs Meer hinausfahren oder den Fluss erkunden. Mehrere Riffe vor der Küste eignen sich zum Tauchen; Keryn's Diving School bietet Anfängern ihre Dienste an.

Sibuya Game Reserve

Sibuya – das Wort bedeutet „wir kommen wieder" – ist ein 2400

Keryn's Diving School

 Small Boat Harbour, Port Alfred

☎ 082/692-6189

Kapbüffel im Lalibela Game Reserve

Lalibela Game Reserve

- Karte S. 119
- 90 km östlich von Port Elizabeth auf der N2
- 041/581-8170
- $$$$$

www.lalibela.co.za

Sibuya Game Reserve

- Karte S. 119
- Kenton-On-Sea, 130 km östlich von Port Elizabeth über die R343
- 046/648-1040
- $$$$$

www.sibuya.co.za

Hektar großes Wildreservat mit den *Big Four* (ohne Löwen) und ausschließlich mit Flussbooten zugänglich. Die Fahrt erinnert an Szenen aus dem Film „African Queen" mit Humphrey Bogart und Katharine Hepburn.

Parkplätze gibt es im Empfangsbereich in Kenton-on-Sea. Von dort aus werden die Besucher mit dem Boot zum Reservat und zum Flusscamp gebracht, eine zwölf Kilometer lange Fahrt das Mündungsgebiet des Kariega hinauf. Das Reservat ist ein Luxuscamp mit Zelten auf erhöhten Holzterrassen im **River Camp**; das **Forest Camp** gilt als noch etwas hochklassiger.

Busch, Grasland und Küstenbereich bieten in dieser Region – zusätzlich zu den *Big Four* – unzähligen Tieren einen Lebensraum, wie Antilopen (darunter der seltene Buntbock und das Bleichböckchen), Giraffen und Zebras. Sibuya

ist außerdem ein Vogelparadies mit fast 300 Arten. Man sollte vor allem auf die scheuen Narinatrogon und den seltenen Kapkauz achten.

Auf die Suche nach all diesen Tieren geht es mithilfe eines professionellen Führers: per Safaritrip, Flussfahrt oder Buschwanderung. Wem der Sinn eher nach Erholung steht, der kann auch schwimmen, mit dem Kanu fahren oder Strandspaziergänge unternehmen.

Lalibela Game Reserve

Fünf der sieben Ökosysteme Südafrikas finden sich im Wildreservat Lalibela – das erklärt die atemberaubende Vielfalt von Flora und Fauna. Alle erdenklichen Tiere, darunter die *Big Five*, Tüpfelhyänen, Zebras, Giraffen, Antilopen, Flusspferde und Geparde, bewegen sich frei auf etwa 7500 Hektar. Das Gebiet ist Privatbesitz, den keine öffentliche Straßen durchschneiden.

Lalibela besitzt drei Safari-Lodges: die **Lentaba Lodge** auf einem Hügel, **Mark's Camp** mit strohgedeckten Steinchalets und **Tree Tops**, ein Camp mit luxuriösen Safarizelten auf hohen Plattformen, die den Blick über das Tal freigeben.

In der Nähe

Etwa 60 Kilometer von der Küste landeinwärts, liegt im Settler Coun-

INSIDERTIPP

Scheuen Sie sich nicht, die Ansitze in der Tageshitze aufzusuchen – Sie werden staunen, wie viele Tiere sich auch dann zeigen, und Sie selbst bleiben ohnehin im Schatten.

KEVIN HALL
National Geographic-Experte

try der Ort **Grahamstown**, der 1812 als militärische Festung zum Schutz der britischen Siedler der Umgebung vor den Xhosa gegründet wurde. Doch wiederholte Überfälle der Xhosa auf britische Farmen sorgten dafür, dass viele Siedler ihr Land aufgaben und in die Stadt zogen. Deren Einwohnerzahl stieg dadurch beträchtlich. Heute leben 100 000 Menschen in Grahamstown. Das Stadtzentrum mit vielen viktorianischen und edwardianischen Gebäuden ist attraktiv und wird durch die Studenten der Rhodes University belebt.

Die Stadt feiert alljährlich viele Feste. Das **National Arts Festival**

(*www.nationalartsfestival.co.za*) im Juli zieht über 50 000 Besucher aus dem ganzen Land an.

Bathurst, 40 Kilometer südöstlich von Grahamstown an der R67 gelegen, ist ein kleines, 1820 gegründetes Bauerndorf, das inzwischen zu einem beliebten Rückzugsort für Künstler geworden ist. Mit seinen zahlreichen gut erhaltenen Siedlergebäuden gleicht es noch immer einer kleinen englischen Stadt des frühen 19. Jahrhunderts. Hier kann man Kunsthandwerk oder Kunst kaufen oder im Dezember am jährlichen *oxbraai* („Grill"; *www.oxbraai.co.za*) teilnehmen, einem Ereignis, das den ganzen Tag dauert. Die Stadt ist auch das Tor zu einem der wichtigsten Ananas-Anbaugebiete Südafrikas. ■

Grahamstown

🅰 Karte S. 119

Besucherinformation

✉ 63 High St., Grahamstown

☎ 046/622-3241

www.grahamstown.co.za

ERLEBNIS: Beten

Ein Spaziergang durch Grahamstown, auch die „Stadt der Heiligen" genannt, ruft bei Menschen mit spirituellen Neigungen unbändige Begeisterung und bei weltlichen Reisenden eher verwirrende Ehrfurcht hervor. Innerhalb der Stadtgrenzen gibt es über 40 Kultstätten von vertrauteren (römisch-katholische, presbyterianische Kirche) bis zu unbekannteren Religionsgemeinschaften (Pinkster Protestante Kerk, apostolische Kirche). Es gibt Kirchen für Scientologen, Mormonen, Baptisten, äthiopisch-orthodoxe Christen und andere. Die größte Kirche der Stadt ist die **Cathedral of St. Michael and St. George** (*High St. am Church Sq.*) mit Südafrikas höchstem Kirchturm (54 m); Sonntagsgottesdienste werden um 7.30 und 9.30 Uhr gehalten. Auch für Nichtreligiöse ist die 1824 errichtete Kathedrale ein unleugbar schönes, historisch bedeutsames Denkmal. Diese und die vielen anderen – überwiegend christlichen – Kirchen erinnern an die Zeit der Missionare.

In die Karoo

Zwischen dem treffend benannten Valley of Desolation („Tal der Trostlosigkeit") und der Sneeuberg-Kette öffnet sich das Gebiet allmählich hin zur riesigen, trockenen Karoo.

Silhouette eines Großen Kudus im Mountain Zebra National Park

Mountain Zebra National Park

- Karte S. 119
- Nördlich von Port Elizabeth über die N10 & R61
- ☎ 048/881-2427 oder 048/881-3434
- $ $$

www.sanparks.org/ parks/mountain_ zebra/

Das Khoisan-Wort *Karoo* bedeutet „Land des Durstes". Es bezeichnet Südafrikas gewaltiges Zentralplateau, ein Land der zerklüfteten Berge und ausgedörrten Ebenen. Es nimmt fast ein Drittel der Landesfläche ein und teilt sich in die Kleine Karoo im Süden und die Große Karoo im Norden. Früher zogen Springbockherden auf ihren Wanderungen durch die Karoo; heute ist sie eine Halbwüste, in der nur wenige Tiere und Pflanzen ein Auskommen finden. Geheimnisvolle Felsmalereien, Fossilien sowie der weltweit beste Blick auf den Sternenhimmel machen die Karoo zu einem magischen Ort.

Mountain Zebra National Park

Nördlich von Port Elizabeth liegt der Mountain Zebra National Park, ein in hohem Maße notwendiges Schutzgebiet für das Kap-Bergzebra. Nur elf Tiere dieser Spezies lebten noch in dem Gebiet, als es 1937 zum Nationalpark wurde. Die Zebras unterscheiden sich von den gewöhnlichen oder den Burchell-Zebras durch schmalere Streifen, das Fehlen von Schattenstreifen und eine hellorangefarbene Gesichtsfärbung. Mittlerweile liegt die Population wieder bei 350 Tieren.

Auch andere Säugetiere leben hier, darunter Elenantilopen, Weißschwanzgnus, Kuhantilopen, Kudus, Spring- und Spießböcke und – jüngst angesiedelt – Afrikanische Büffel und Spitzmaulnashörner.

Tiere kann man vom eigenen Wagen aus beobachten; es gibt geführte Safaritrips *(Reservierung erforderlich, $$$)* und kurze Naturwanderungen. Besucher können im Gästehaus, Cottage oder auf dem Zeltplatz übernachten.

Graaff-Reinet

Die älteste Stadt des Ost-Kap und die viertälteste des Landes ist Graaff-Reinet, das im Herzen der Karoo am Sundays River liegt. Der Ort wurde 1786 von Gouverneur Cornelius Jacob van de Graaff und seiner Frau Cornelia Reinet als Verwaltungszentrum für die umliegenden Burenfarmen gegründet. Über 200 Gebäude – von kapholländischen Giebelhäusern über viktorianische Herrenhäusern bis hin zu Sklavenhütten – stammen noch aus dieser frühen Zeit und stehen unter Denkmalschutz. Das **Reinet House** *(Naude & Murray St., Tel. 049/892-3801, $)*, ursprünglich ein niederländisch-reformiertes Pfarrhaus, ist heute ein Museum, das das frühe Leben am Kap zeigt. Das **Hester-Rupert Art Museum** *(Church St., Tel. 049/586-1030, $)*, eine ehemalige niederländische Missionskirche, präsentiert zeitgenössische Gemälde und Skulpturen. Die **Old Library** *(Church & Somerset St., Tel. 049/892-3801, $)* fungiert auch als Museum, mit Fotos, Felsmalereien und Fossilien.

Obwohl Graaff-Reinet in einer Sandebene mit unglaublich heißen Sommern liegt, wird es von einem grünen Gürtel umgeben: dem

Camdeboo Park *(Tel. 049/892-3453, $)*, acht Kilometer von Graaff-Reinet entfernt, an der N9/Murraysburg Road. Innerhalb des Parks liegen der **Nqweba Dam** und das **Valley of Desolation** mit sehenswerten Felsformationen.

Nieu-Bethesda

Etwa 50 Kilometer nördlich von Graaff-Reinet gelegen, ist dieser kleine Weiler im Tal des Sneeuberg-Gebirges zum Rückzugsort für Künstler und andere Kreative geworden, darunter Athol Fugard (geb. 1932), dessen Stück „The Road to Mecca" hier spielt.

Nieu-Bethesda ist rasch erkundet: Es besitzt ein paar Straßen, keine Straßenlaternen, einige Gästehäuser, Restaurants, einen Pub sowie einige Kunstgalerien.

Die Hauptattraktion ist das **Owl House** *(River St., Tel. 049/841-1733)*, bis zu ihrem Tod 1976 Heim von Helen Martins. Mithilfe von Koos Malgas verwandelte die Laienkünstlerin Haus und Umgebung in eine Galerie einzigartiger Glas- und Zementskulpturen. ■

Graaff-Reinet
Karte S. 119

Besucherinformation

✉ Church St.

☎ 049/892-4248

www.graaffreinet.co.za

Nieu-Bethesda
Karte S. 119

Besucherinformation

✉ Martin St., Nieu-Bethesda

☎ 072/558-4883

www.nieubethesda.info

Afrikaans für unterwegs

ja	Ja
nee	Nein
dankie	Danke
asseblief	Bitte
totsiens	Auf Wiedersehen
gesondheid!	Prost!
lekker dag!	Einen schönen Tag
Verskoon my! Jammer!	Verzeihung

East London & Umgebung

Eine zerklüftete Küste und Sandstrände umrahmen die ehemaligen Homelands Ciskei und Transkei, ein Gebiet, das viele bedeutende Führer der Schwarzafrikaner hervorgebracht hat.

Bewohner und Besucher des East London Aquarium

East London

⬛ Karte S. 119

**Besucher-
information**

✉ Shop 1 &
2 King's
Entertainment
Center,
Esplanade

☎ 043 / 733-6015

**www.tourism
buffalocity.com**

**East London
Museum**

✉ 319 Oxford St.
(Eingang an der
Dawson Rd.)

☎ 043 / 743-0686

$ $

East London

East London ist Südafrikas einziger Flusshafen. Die Stadt liegt am breiten Buffalo River und wird oft auch Buffalo City genannt. Zu den 250 000 Stadtbewohnern kommen weitere 700 000 Menschen im Ballungsgebiet. Während der sogenannten Kaffernkriege zwischen Briten, Holländern und Xhosa diente East London als Nachschubbasis. Zwischen 1858 und 1862 kamen rund 3400 deutsche Einwanderer in East London an und wurden in bereits errichteten Dörfern im Xhosa-sprachigen Bereich angesiedelt. Zur Hundertjahrfeier ihrer Ankunft errichteten die Stadtväter Denkmäler für die deutschen Siedler in East London und King William's Town.

Heute präsentiert die Stadt ihre Vergangenheit mit einer Anzahl gut erhaltener Beispiele für die Architektur des 19. Jahrhunderts, wie der 1899 erbauten City Hall (Rathaus; *Cambridge St.*) und dem Daily Dispatch Building (*Caxton & Cambridge Sts.*), wo seit 1897 Zeitungen gedruckt werden.

Zu den Sehenswürdigkeiten zählt das **East London Museum**, dessen Hauptattraktion ein präparierter Quastenflosser (*Coelacanthus*) ist. Dieser Fisch lebte 400 Millionen Jahre lang im Indischen Ozean und galt als ausgestorben, doch 1938 wurde er wiederentdeckt. Der Fang eines lebenden Quastenflossers im Hafen von East London war einer der bedeutendsten zoologischen Funde des Jahrhunderts. Weitere Ausstellungsstücke sindFossilien sowie Spuren menschlicher Fußabdrücke.

Der **Queen's Park Botanical Garden**, westlich des Stadtzentrums gelegen, besitzt einen kleinen Zoo mit rund 250 Tieren. Für Kinder wird Ponyreiten angeboten.

Auf der Esplanade rühmt sich das kleine, 1931 errichtete **East London Aquarium**, das älteste öffentliche Aquarium des Landes zu sein. Hier sind Brillenpinguine und Bewohner der Tiefsee zu sehen. Ein hölzerner Steg, der aus dem Foyer des Aquariums über die Ge-

INSIDERTIPP

East London ist das Portal zum weitgehend unerschlossenen Ost-Kap. African Heartland Journeys (*www.ahj.co.za*) leitet fünftägige Touren zu den grünen Hügeln, Steilküsten und einsamen Stränden der Region.

DAVID CASE
National Geographic-Autor

zeitenzone führt, ist als Punkt auf der offiziellen **MTN Cape Whale Route** *(Tel. 083/910-1028)* hervorragend geeignet, um Wale zu beobachten. Jedes Jahr ziehen hier zwischen Juni und November Hunderte von Südkapern vorbei, zwischen Mai und Dezember sind Buckelwale zu sehen. Die besten Beobachtungsplätze werden mit blauen Flaggen markiert, sobald die Wale gesichtet wurden.

East Londons lange Sandstrände locken Schwimmer, Sonnenanbeter und vor allem Surfer an. Außerdem können Besucher von hier aus leicht andere Urlaubsziele an der Sunshine Coast (siehe S. 127) und der Wild Coast (siehe S. 138f) erreichen und Ausflüge ins Landesinnere zu den Amatola Mountains mit afromontanen Regenwäldern unternehmen.

Nördlich der Mündung des Nahoon River erstreckt sich mit dem **Nahoon Beach** ein kilometerlanger Sandstrand mit ausgezeichneten Wellen. Das Riff ist auch für erfahrene Surfer eine hinreichende Herausforderung, so dass hier die nationalen Wettkämpfe im Surfen und Wasserski ausgetragen werden.

Gleich hinter dem Aquarium gegenüber Marina Glen liegt der Eastern Beach mit Fast-Food-Restaurants, Umkleidekabinen und eindrucksvollen Wellen für Surfer.

Der **Orient Beach** am Ostufer des Buffalo River hieß Sandy Beach, bis hier 1907 ein russisches Schiff, die „SS Orient", auf Grund lief. Der Strand ist besonders sicher, weil die Hafenmolen für eine sanfte Dünung sorgen. Besucher schlendern über den Orient Pier oder fahren mit dem Water-Tube. Vor Ort finden sich auch ein Kinderbecken mit gefiltertem Wasser, Umkleidekabinen und ein Kiosk.

Weitere Strände in der Nähe:
Der Strand von **Bonza Bay** liegt an der Quinera-Lagune; dort kann man angeln, Vögel beobachten und baden.

Cove Rock, westlich des Buffalo River an der Küstenstraße gele-

Queen's Park Botanical Garden

✉ Turnberry Ave.,
Bunkers Hill

☎ 043/705-2637

East London Aquarium

✉ Esplanade

☎ 043/705-637

$ $

www.elaquarium.co.za

King William's Town

🗺 Karte S. 119

Besucherinformation

✉ Public Library, Alexandria Rd.

☎ 034/642-3391

gen, zieht Surfer und Taucher an. Viele Menschen kommen wegen der außergewöhnlichen Felsformationen hierher – ein guter Schutz für brütende Seevögel. Es ist außerdem ein perfekter Platz, um zu angeln und Wale zu beobachten. Ein Strandspaziergang von Cove Rock zum Lagoon Valley dauert etwa 45 Minuten.

Der **Gulu Beach** liegt vier Kilometer westlich von East London und wird vor allem von Freizeitanglern besucht. Dieser Strand an der Mündung des Gulu River verfügt aber auch über sichere Abschnitte zum Baden.

Am **Igoda Beach**, 17 Kilometer westlich von East London zu finden, liegen die sichersten Badezonen an den Flussufern. Am Strand mit bewaldeten Sanddünen und im nahen Naturschutzgebiet sind Wege für Spaziergänge angelegt. Das Dorf **Winterstrand** bietet sichere Strandparkplätze.

King William's Town

King William's Town wurde 1834 von der London Missionary Society als Missionsstation am Ufer des Buffalo River gegründet; die Bewohner sind überwiegend Xhosa aus dem ehemaligen Homeland Ciskei. Viele Gebäude der Stadt stammen noch aus der Zeit der sogenannten Kaffernkriege.

Das **Amathole Museum** (*Alexandria Rd.*) besitzt eine umfassende Sammlung afrikanischer Säugetiere und ausgezeichnete Ausstellungsstücke zur Kultur der Xhosa. Das **Missionary Museum** (*Berkeley St.*) war früher Kirche und Schule, in der viele Schwarzafrikaner ihre Grundausbildung erhielten.

Steve Biko

Einer der prominentesten Söhne der Region war Steve Biko, der 1946 in der schwarzen Township Ginsberg vor den Toren von King William's Town geboren wurde und in den 1960er und frühen 1970er Jahren Führer der Black-Consciousness-Bewegung war.

Er war an den Protesten und Streiks gegen die Apartheid beteiligt, die 1976 in dem Aufstand in Soweto gipfelten. Steve Biko, der immer wieder verhaftet wurde, starb im Jahr 1977 in Polizeigewahrsam, nachdem er 26 Tage lang gemäß den Bestimmungen des Terrorismusgesetzes festgehalten worden war.

King William's Town, gemeinsam mit der nahe gelegenen Ortschaft Bhisho das administrative Zentrum des Ost-Kap und frühere Hauptstadt der Ciskei, ist mit den Kämpfen der Apartheid-Ära eng verbunden. Nelson Mandela und Thabo Mbeki, der ehemalige Staatspräsident und sein Nachfolger, stammen aus diesem Gebiet.

Steve Biko (siehe Kasten S. 136) wurde auf dem **Ginsberg Cemetery** beigesetzt.

Nelson-Mandela-Route

Als Sohn eines Thembu-Häuptlings wuchs Nelson Mandela in einer traditionellen Gemeinschaft auf und wurde darauf vorbereitet, selbst ein Stammesführer zu werden. Als erstes Kind in seiner Familie, das eine Schule besuchte, erwarb er einen Jura-Abschluss und eröffnete mit Oliver Tambo die erste schwarze Anwaltspraxis in Südafrika. An der Universität hatte er begonnen, sich politisch zu betätigen, später wirkte er an der Bildung der Jugendliga des ANC (African National Congress) mit. Stets an vorderster Front in der Kampagne des zivilen Ungehorsams gegen Apartheid, wurde Mandela nach diversen Verhaftungen 1964 wegen Sabotage und Aufwiegelung vor Gericht gestellt und zu lebenslanger Haft verurteilt. Nachdem er 1990 freigelassen worden war, setzte er seinen Protest gegen die Apartheid fort. 1994 wurde er

Sie verbindet Stätten, die in seinem Leben eine Rolle spielten.

Sie beginnt an der **University of Fort Hare**, an der Mandela studierte, und führt zur **Healdtown Institution** in Alice, wo er seine Ausbildung vollendete. Sie berührt auch **Bhisho**, den Sitz der Provinzregierung, und die drei Standorte des Nelson Mandela Museum.

Nelson Mandela Museum:

Das Museum wurde am 11. Februar 2000 eröffnet, dem zehnten Jahrestag von Mandelas Haftentlassung. Mandela bestand darauf,

Steve Biko Garden of Remembrance

✉ Cathcart St. S, nach der Brücke an der 1. Straße links abbiegen

☎ 043/642-1177 (Steve Biko Foundation)

www.sbf.org.za

Nelson Mandela Museum

✉ Nelson Mandela Dr. & Owen St., Mthatha

☎ 047/532-5110

🕐 So geschl.

💲 Spende

www.nelson mandelamuseum. org.za

Im Nelson Mandela Museum, Mthatha

bei den ersten wirklich repräsentativen demokratischen Wahlen zum Staatspräsidenten Südafrikas gewählt. 1999 verzichtete Mandela auf eine zweite Amtszeit.

Für alle, die etwas über diesen bedeutenden Mann, der in dieser Region geboren wurde und sie zu seinem Wohnsitz gemacht hat, erfahren möchten, wurde die Nelson-Mandela-Route *(mandela. wildcoast.org.za/man)* eingerichtet.

dass das Museum nicht ihm huldigen, sondern als Katalysator dienen sollte, um die örtliche Gemeinde zu fördern. Die drei Standorte sind **Mvezo**, das Stammesdorf, in dem Mandela zur Welt kam, **Qunu**, die ländliche Siedlung, in der er aufwuchs, und das **Bhunga Building** in Mthatha, der früheren Hauptstadt der Transkei. Dort zeichnet eine Ausstellung Mandelas Lebensgeschichte nach. ∎

Wild Coast

Zwischen East London und Port Edward erstreckt sich über rund 350 Kilometer die weitgehend unbewohnte und wunderbar ungezügelte Wild Coast. Die Gestade mit bewaldeten Hügeln und schroff abfallenden Klippen, bewachsenen Dünen und Sandstränden laden zur Erkundung ein. Auf Fußwegen entdecken Besucher traditionelle Xhosa-Siedlungen und Stranddörfer.

Angeln vor der Felsenküste in den Außenbezirken von East London

Ein langer Holzsteg lädt zum Bummeln ein und schützt zugleich die Primärdünen vor dem Betreten. An jedem ersten und letzten Samstag im Monat findet an der Hauptstraße ein Flohmarkt statt.

Etwa 75 Kilometer nördlich von East London liegt das Dorf **Haga-Haga** inmitten grüner Hügel, umgeben von tiefen Flusstälern, die in lange, weiße Strände übergehen. Von hier aus können Wanderer den **Wild Coast Trail** Richtung Süden nach Cintsa oder gen Norden nach Qora Mouth einschlagen. Mit 86 Kilometer Länge entlang der Küste ist der Wanderweg mit Übernachtungen normalerweise in sechs Tagen zu bewältigen.

Weiter die Küste hinauf

Weiter nördlich liegt der Badeort **Kei Mouth** am Ufer des Great Kei River. Einige Kilometer landeinwärts wartet **Morgan's Bay**, ein von steilen Klippen umgebenes Dorf, das durch ein Naturschutzgebiet mit gutem Badestrand und geschützter Lagune von Kei Mouth getrennt ist. Eine altmodische Pontonfähre befördert Wanderer und Autos auf dem Weg nach Coffee Bay oder zum legendären Hole in the Wall über den Kei River.

Der **Strandloper Trail**, ein 60 Kilometer langer, in fünf Tagen zu bewältigender Wanderweg, vermittelt das Gefühl der Einsamkeit

Das Dorf **Gonubie** – der Name bedeutet auf Xhosa „Brombeere" – liegt im Mündungsgebiet des Gonubie River, etwa acht Kilometer nordöstlich von East London an der N2. Bei Ebbe geben die Gezeitentümpel der Lagune den Blick auf kleine Meeresbewohner frei.

an unberührten Stränden. Der Weg beginnt in Kei Mouth und führt bis Gonubie hinunter.

Mazeppa Bay, von Morgan's Bay aus nach 40 Kilometern die Küste hinauf zu erreichen, ist berühmt für seine ausgezeichneten Angelmöglichkeiten. Der beliebteste Strand ist der **First Beach**; von hier aus gelangt man über eine hundert Meter hohe Hängebrücke auf die Insel von Mazeppa Bay. Die beiden anderen Hauptstrände liegen im Süden der Lagune und eignen sich für lange Spaziergänge.

Hole in the Wall
Der hoch aufragende Felsblock in Coffee Bay, von Mazeppa Bay

INSIDERTIPP
Wer zwei Tage in einem Dorf der Xhosa verbringt, kann dort deren Rituale kennenlernen, in strohgedeckten Hütten schlafen und den Ausflug mit einem Glas selbst gebrautem Maisbier begießen.

DAVID CASE
National Geographic-Autor

80 Kilometer die Küste hinauf entfernt, weist in der Mitte einen großen Durchbruch auf. Für die Xhosa ist dies der „Ort des Donners". Bei stürmischem Wetter schlagen die Wellen so laut hindurch, dass der Nachhall im ganzen Tal zu hören ist. Eine Legende der Xhosa schreibt das Loch den „Meerleu-

ten" zu, die wie Menschen aussehen, aber Flossen besitzen.

Port St. Johns
Der Mount Thesiger und Mount Sullivan an der Mündung des Umzimvubu River liegen von Coffee Bay aus entlang der Küste Richtung Osten 56 Kilometer entfernt und werden die Tore von Port St. Johns genannt. Die zwanglose Stadt ist ein Magnet für Hippies, Exzentriker und Rucksacktouristen. Drei schöne Strände, ausgezeichnete Fischgründe und eine bewegte Geschichte –

Wacky Point

Wacky Point, rechter Hand des Hauptstrandes in Kei Mouth zu finden, ist ein toller Platz zum Surfen und alljährlich Schauplatz des Wacky Point Surf Competition.

Für Landratten arrangieren die Leute der Sunray Farm Ausritte über den Strand bis zur Felsspitze in Morgan's Bay oder entlang der Mündung des Kei River.

Weitere Infos gibt Sunray Farm *(Key Mouth Rd., Haga Haga, Tel. 043/831-1087)*.

die auch den Schmuggel zu Kolonialzeiten und den verbotenen Anbau von Cannabis in jüngerer Zeit mit einschließt – wirken wohl als Anziehungspunkte.

In der Stadt ist es durchaus nicht ungewöhnlich, die *kwaito*-Rhythmen der örtlichen Xhosa zu hören oder auf der Straße einem *sangoma* (traditionellen Heiler) in vollem Ornat zu begegnen. ■

Wild Coast
🗺 Karte S. 119
Besucherinformation
☎ 043/722-2203;
e-mail: info@
wildcoast.org.za
**www.wildcoast.
org.za**

Port St. Johns
🗺 Karte S. 119
Besucherinformation
✉ Hauptstraße
☎ 047/564-1187
**www.portstjohns.
org.za**

Eine reiche Tradition der Zulu, ein pulsierendes Stadtleben in Durban, eine Region spektakulärer Berge, Surferstrände und Feuchtgebietparks mit vielen Tieren

Durban & KwaZulu-Natal

Eine Zulu flicht Hüte und Körbe

Durban & KwaZulu-Natal

KwaZulu-Natal, von den Einheimischen schlicht „KZN" genannt, ist die nordöstlichste Provinz Südafrikas und erstreckt sich vom Ost-Kap im Süden bis zum Nachbarland Mosambik im Norden.

Das Amphitheater in den nördlichen Drakensbergen

Dieses subtropische Paradies gibt Besuchern eine Kostprobe des wahren Afrika. Die rote Erde, Schirmakazien, Hitze und Feuchtigkeit verleihen KZN das Erscheinungsbild viel entfernterer und exotischerer Gebiete Afrikas – etwa im benachbarten Mosambik oder in Kenia.

Zwischen den Flüssen Tugela und Pongola dominieren traditionelle Zulusiedlungen – strohgedeckte, geflochtene Rundhütten, die rund um einen Viehkral stehen und von einem Zaun aus Stöcken umschlossen sind.

Der schmale Flachlandstreifen am Indischen Ozean wird gen Norden immer breiter und geht in eine hügelige Hochebene über, die Natal Midlands. Zwei Gebirge prägen die Landschaft: die Drakensberge im Westen und die Lebombo Mountains im Norden. Die Drakensberge zeigen sich als gezackte Basaltwand, die nahe der Grenze zu Lesotho auf 3482 Meter ansteigt. Die Lebombo Mountains bilden eine lange Kette von Vulkanfelsen, die von Swasiland aus nach Süden verläuft.

In den tiefen Schluchten der Küstenregion wächst Afromontanwald, der vom Valley of a Thousand Hills („Tal der tausend Hügel") bis zu den Midlands in feuchtes Weideland und sanfte

Hügel übergeht. Weite Savannen prägen den Norden, während die Region der Drakensberge überwiegend aus alpinem Grasland besteht.

In der Küstenregion herrscht feuchtes, subtropisches Klima, das nach Norden zu entlang der Küste zunehmend tropisch wird.

KZN bereisen

Das kosmopolitische Herz der Provinz ist Durban, die drittgrößte Stadt des Landes und ein sehr betriebsamer Hafen. Seit dem Ende der Apartheid sind Menschen aus weit entfernten Ecken der Provinz und aus der übrigen Welt nach Durban geströmt und haben das Stadtzentrum zur urbanen Drehscheibe mit moderner Architektur, Barackensiedlungen, viktorianischen Gebäuden, Moscheen, Tempeln und Basaren gemacht.

In der Nähe warten grandiose Strände, darunter Widenham, Scottburgh, Ramsgate und Marina Beach. Das Valley of a Thousand Hills ist die Heimat der Zulu, die eine traditionelle Lebensweise bewahrt haben.

Jenseits des Tals winkt eine Kostprobe des wilden Afrika: der uKhahlamba-Drakensberg National Park. Er umfasst die faszinierenden Drakensberge, die wegen ihrer außergewöhnlichen Naturschönheiten und der Vielfalt der Biotope zum Weltnaturerbe der Unesco gehören. Etwa 600 Felswände und Höhlen im Park tragen Felszeichnungen, die das Volk der San vor rund 4000 Jahren angefertigt hat. Hier erstreckt sich außerdem der Hluhluwe-iMfolozi Park, eines der ältesten Schutzgebiete des Landes.

Nach Norden entlang der Küste umschließt der iSimangaliso Wetland Park mehrere geschützte Gebiete, darunter die Naturreservate Maphelane und Kosi Bay, in denen die subtropische Küstenlandschaft, Feuchtgebiete und Tropenwälder eine enorme Artenvielfalt hervorbringen.

Der Nordostzipfel der Provinz an der Küste wird *Elephant Coast* genannt, weil hier Elefantenherden leben. Aus der Nähe kann man sie im Mkhuze Game Reserve, am Nordstrand von Zululand und im nahen Tembe Elephant Reserve sehen; beide Schutzgebiete bieten Safarifahrten. ∎

Durban

Durban wurde nach Sir Benjamin D'Urban, einem englischen Gouverneur des 19. Jahrhunderts, benannt. Bis zum Bau des Sueskanals nahmen Englands Schiffe den langen Weg rund ums Kap, und Durban war ein reizvoller Zwischenstopp auf dem Weg von und nach Indien. Eine Zeit lang galt Durban sogar als „der letzte Außenposten des britischen Empire". Der koloniale Einfluss ist im viktorianischen Stadtbild nicht zu übersehen.

Die eindrucksvolle Durban City Hall, erbaut nach dem Vorbild des Rathauses im nordirischen Belfast

Durban

⬛ Karte S. 143

**Besucher-
information**

✉ 160 Pine St., Ste. 303

☎ 031/366-7500

**www.durban.kzn.
org.za**

Mit 3,5 Millionen Einwohnern ist Durban die drittgrößte Stadt Südafrikas, und sie wächst rasch mit ihren Vorstädten, die sich immer weiter ins Umland vorschieben. Die Stadt ist ein blühendes Industriezentrum und besitzt den geschäftigsten Seehafen Afrikas.

Durban mit seinem großartigen ethnischen Gemisch bewegt sich nach einem modernen afrikanischen Beat; viele Einwohner strömten in die Stadt, nachdem die Zugangsbeschränkungen der Apartheid aufgehoben worden waren.

Die vorherrschende Kultur ist die der Zulus; die Kriegerstämme der „Himmelssöhne" prägten das Gebiet, bevor die Briten sie Ende des 19. Jahrhunderts unterwarfen. Heute sprechen etwa 63 Prozent der Einwohner von Durban zu Hause Zulu. Ein hoher Prozentsatz indischer Einwanderer hat mit Hindutempeln, Moscheen und Basaren ebenfalls der Stadt seinen Stempel aufgedrückt. Viele Inder kamen vor über einem Jahrhundert als Schuldknechte hierher, um in den Zuckerrohrfeldern zu arbeiten.

Goldene Meile

Hauptanziehungspunkt in Durban sind seine Strandmeile und die zugehörige Promenade, die mehrere Kilometer lange Golden Mile (siehe S. 146f) mit Hotelhochhäusern und schicken Restaurants.

Sea World, im gewaltigen Themenpark **uShaka Marine World** direkt unterhalb der Goldenen Meile eingerichtet, vermittelt einen Eindruck davon, was man in den ruhigeren Buchten der abgelegenen Strände finden kann. Zu besichtigen sind unter anderem ein Meerwasseraquarium, eine Delphin- und Robbenstation und eine Pinguinkolonie. Das **Offshore Rocky Reefs Exhibit** präsentiert seltene Rifffische der Küste KwaZulu-Natals, und im **Rocky Touch Pool** dürfen Besucher Seesterne und Seegurken berühren. **Exhibits of the Deep Zone** hat Kreaturen aus den dunkelsten Tiefen vorzuweisen, und im **Xpanda Shark Cage** kann man Haie aus nächster Nähe erleben ($$$$).

Daneben gibt es die typischen Themenparkattraktionen, darunter Wasserrutschen und Fahrgeschäfte. Am Village Walk drängen sich Restaurants und Geschäfte.

Stadtzentrum

Im Stadtzentrum dominiert die neubarocke **City Hall,** eine Kopie des Rathauses im irischen Belfast, den Francis Farewell Square. Das **Natural Science Museum** (Rathaus, Erdgeschoss, Smith St., Tel. 031/311-2256) befindet sich im selben Gebäude. Hier sind afrikanische Säugetiere, Vögel und Insekten zu sehen. Im ersten Stock zeigt die **Durban Art Gallery** Werke zeitgenössischer südafrikanischer Künstler, darunter Andrew Verster (geb. 1937) und Penny Siopis (geb. 1953). Sie besitzt – neben traditioneller und zeitgenössischer europäischer Kunst – eine bedeutende Sammlung von Kunst und Kunsthandwerk der Zulu. Vor dem Rathaus finden jeden Mittwoch um 13 Uhr Musical-, Gesangs- und Tanzvorführungen statt.

Neben dem Rathaus steht das **Old Court House Museum** (Smith

INSIDERTIPP

Sonnenaufgänge über dem Indischen Ozean, von Durban aus gesehen, sind ein Lieblingsmotiv der Fotografen. Mit im Bild: Fischer auf den Piers, ein toller Blick auf Surfer und die phantastische Skyline der Golden Mile.

JOHN SEATON CALLAHAN
National Geographic-Mitarbeiter

& Aliwal Sts., Tel. 031/311-2229), im ersten öffentlichen Gebäude Durbans untergebracht, das 1866 errichtet wurde. Die Exponate beleuchten die Kolonialgeschichte der Region Natal sowie lokale Berühmtheiten (nach dem Zulukönig Shaka Ausschau halten; siehe S. 27).

Einen Block vom Church Square entfernt steht die neugotische **St. Paul's Church** (Pine St., Tel. 031/305-4666), die 1853 errichtet und 1906 nach einem Brand wieder aufgebaut wurde. Gedenktafeln erinnern an frühe Siedler.

uShaka Marine World

✉ 1 Bell St.
☎ 031/328-8000
💲 $$$
www.ushakamarine
world.co.za

Durban Art Gallery

✉ City Hall, 2nd fl., Smith St.
☎ 031/311-2264/9
🕐 Eine Woche vor dem Besuch wegen eines Termins Kontakt aufnehmen.

Die Goldene Meile

Die Goldene Meile – ein glitzernder Streifen Strand und Promenade in Durban, der in Wahrheit sechs Kilometer lang ist – führt parallel zum Geschäftsviertel von der Bay of Plenty und dem North Beach bis zum South Beach. Hinter dem goldenen Strand stehen Reihe um Reihe hoch aufragende Luxushotels.

Helle Lichter entlang der *Golden Mile* in Durban

Der Name leitet sich von portugiesischen Entdeckern ab, die den Sand an dieser Küste als „Strände von Gold" bezeichneten.

Die Strände sind durch mehrere Piers voneinander getrennt und das ganze Jahr über mit Rettungsschwimmern besetzt. In den tiefen Gewässern angebrachte Netze verhindern, dass Haie in die Nähe der Badenden gelangen. Die *Golden Mile*, vor allem der North Beach, Dairy Beach und die Bay of Plenty, ist auch bei Surfern beliebt, der South Beach gilt als perfekter Strand für Anfänger. Dutzende von Becken zum Schwimmen und Plantschen, Souvenirstände und Karussells säumen das Ufer. Unterwegs trifft man auf fliegende Händler, die Kunsthandwerk der Zulu feilbieten.

Am besten beginnt man den Bummel am **Natal Command** ❶, an der Ecke Argyle und Snell Parade am Nordende der *Golden Mile*, die zur Marine Parade wird.

In der Nähe liegt die **Minitown** ❷ *(114 Snell Parade, Lower Marine Parade, North Beach, Tel. 031/ 337-7892, geschl. Mo, $)*, die Durbans interessanteste Gebäude in Miniaturform zeigt. Die Modelle sind im Maßstab 1:25 gehalten.

Zulu-Rikschas

Die bunt bemalten Zulu-Rikschas werden von farbenfroh kostümierten Fahrern gezogen. Eine Fahrt in einer solchen Riksha am Ufer entlang ist wirklich einzigartig.

Siehe auch **Umgebungskarte S. 143**

► Natal Command

↔ 0,8 km

⊙ 2 Stunden

► uShaka Marine World

Während man in Richtung Süden schlendert, liegt linker Hand die **Bay of Plenty**, ein weltbekannter Surferstrand und im Juli Schauplatz des berühmten Gunston Surfing Contest; auch der weltweit einzige abendliche Surferwettkampf wird hier ausgetragen.

Weiter geht es durch **Sunken Garden and Amphitheatre** ❸ gegenüber dem North Beach Garden Court bis zur Central Marine Parade. Der Senkgarten präsentiert hübsche Blumen, Teiche und Springbrunnen; abends ist er illuminiert. Mit etwas Glück wird im Freiluftamphitheater gerade ein Konzert gegeben. Sonntags findet hier normalerweise ein Flohmarkt statt.

An der Ecke Old Fort Road ehrt eine Statue den portugiesischen Entdecker Bartolomeu Diaz, der mit seinem Schiff bis zur Algoa Bay vordrang. Er soll Vasco da Gama zum Weitersegeln angeregt haben; da Gama erreichte am Weihnachtstag 1497 die Natal Coast.

Nun kehrt man auf die Lower Marine Parade zurück und geht entlang dem Ufer von North Beach und Dairy Beach weiter nach Süden.

Am Ende der *Golden Mile* am South Beach liegt die **uShaka Marine World** ❹ (siehe S. 145), Afrikas größter mariner Themenpark. Zu seiner Meeresweltausstellung gehören auch ein Aquarium und weitere Wasserausstellungsflächen; er unterhält außerdem ein Rehabilitationsprogramm für geschädigte Meeresflora und -fauna.

NICHT VERSÄUMEN

Bay of Plenty • Sunken Garden and Amphitheatre • uShaka Marine World

**Bartel Arts
Trust Centre**

✉ SAS Inkonkoni
Bldg., 45
Maritime Place,
Small Craft
Harbour, Victoria
Embankment

☎ 031/332-0468

www.batccentre.
co.za

**Durban Botanic
Gardens**

✉ Sydenham Rd.,
an der M8 in
Berea

☎ 031/201-1303

www.durbanbot
gardens.org.za

Rund um Victoria Embankment

Am Victoria Embankment liegt der **Wilson's Wharf**, ein neuer Komplex, in dem sich jugendliche Menschenmengen, Charterboote, Restaurants, Theater und vielerlei Geschäfte drängen. Das pulsierende

Bluebottles

Vorsicht vor gallertartigen Klecksen, die entlang der *Golden Mile* in Durban im Sand stecken. Es könnte sich um *Bluebottles* – Portugiesische Galeeren – handeln. Dieses unangenehme, kleine wirbellose Tier ist keine Qualle, wie man gemeinhin denkt, sondern vielmehr eine Kolonie winziger Polypen. Das Nesselgift der Portugiesischen Galeere ist besonders schmerzhaft und führt immer wieder zum Tode. Der seltsame Name geht auf die Luftblase dieses Organismus zurück, die er zur Fortbewegung nutzt: Diese ähnelt dem Segel einer alten portugiesischen Galeere.

städtische Kunstzentrum **Bartel Arts Trust** (BAT) konzentriert sich auf lokale Kunst und Kunsthandwerk, die das Erbe von KwaZulu-Natal reflektieren. Offene Ateliers, hochpreisige Kunstgalerien und angesagte Restaurants beleben die Szene.

Durban Botanic Gardens

Der botanische Garten Durbans ist mit einer Größe von 14,5 Hektar eine Schatzkammer für afrikanische Pflanzen. Der 1851 angelegte Park

ist die älteste Naturattraktion der Stadt und der älteste noch bestehende botanische Garten Afrikas. Die Sammlung von etwa 150 000 verschiedenen Pflanzen legt den Schwerpunkt auf Orchideen, Palmfarne und Palmen, es gibt aber auch eine eindrucksvolle Bromeliensammlung und ein Arboretum mit afrikanischen, amerikanischen und asiatischen Bäumen. Ein besonderes Anliegen sind vom Aussterben bedrohte Pflanzen.

Ein Seenbereich, ein Senkgarten, ein Farntal und ein Teehaus ermöglichen ruhige Momente.

Zwischen der Sydenham Road und St. Thomas Hill Road am Fuß der Berea (ein Bergrücken oberhalb der Stadt) gelegen, ist der Garten von der Innenstadt aus leicht zu erreichen; vom Warwick Triangle sind es zu Fuß nur wenige Minuten.

Indisches Viertel

Inder stellen fast 20 Prozent der Einwohner Durbans. Sie bilden die größte indische Gemeinde außerhalb Asiens, und ihre Kultur prägt eindeutig diesen Teil der Stadt. Die beiden vergoldeten Minarette der **Juma Masjid Moschee** (*Grey & Queen Sts., Tel. 031/306-1774, geschl. So*) erheben sich über dem lebhaften Viertel. Sie ist die größte Moschee der südlichen Hemisphäre, die bis zu 4500 Gläubigen Platz bietet. Eine Führung ist nach telefonischer Anmeldung möglich.

Gleich um die Ecke, in einer kleinen Gasse zwischen der Grey Street und Cathedral Road, quillt der Basar **Madressa Arcade** nicht nur von Besuchern, sondern auch von Gewürzbergen, farbenfrohen Stoffen und anderen indischen Waren über.

Auf dem Markt in der Victoria Street werden Gewürze sorgfältig abgewogen

Killie Campbell Museum & Africana Collection

✉ 220 Marriott Rd.

☎ 031 / 260-1720

🕐 Nur nach Vereinbarung

💲 $

http://campbell. ukzn.ac.za

Einige Stände verkaufen auch afrikanische Musik und geheimnisvolles Zauberzubehör.

An der Grey Street haben sich mehrere indische Lebensmittelläden auf das einzigartige Durban-Sandwich *bunnychow* spezialisiert: Es besteht aus einem halben, ausgehöhlten Brotlaib, der mit scharf gewürzten Fleisch- oder vegetarischen Currys gefüllt ist.

An der Ecke Queen und Victoria Street sorgen die 160 Stände des bunt bemalten **Victoria Street Market** für eine würzige Prise Indien. Es duftet nach Fleisch und Fisch, Obst und Gemüse, Gewürzen und Räucherstäbchen. Hier findet man außerdem schöne, geflochtene Körbe, Holzschnitzereien und viele weitere südasiatische Waren.

Durban besitzt über 20 Hindutempel. Der eindrucksvolle **Shree Ambalavaanar Alayam Hindu Temple** (*Bellair Rd., Umkumbaan, Cato Minor, Tel. 031/311-1111*) liegt etwas abseits des indischen Viertels, aber ein Besuch lohnt sich. Der 1883 errichtete Bau ist der älteste und größte Hindutempel Südafrikas.

Killie Campbell Museum und Africana Collection

Die Killie Campbell Collection präsentiert wichtige Forschungsquellen zur Geschichte und Kultur von

INSIDERTIPP

Man kann das indische Viertel nicht verlassen, ohne ein *bunnychow* probiert zu haben. Das lokale Fast-Food-Curry-gericht wird in einem ausgehöhlten Brotlaib serviert. ROBERTA COCI
National Geographic-Mitarbeiterin

KwaZulu-Natal. Untergebracht ist die Sammlung im **Muckleneck**, dem im neukapholländischen Stil erbauten Anwesen von Sir Marshall Campbell (1848–1917), einem Zuckerbaron und Politiker; sie besteht aus der Killie Campbell Africana Library, der William Campbell Furniture and Picture Collection und dem Mashu Museum of Ethnology.

Die Sammlungen wurden von Sir Marshalls Tochter, der bekannten Afrikana-Sammlerin Dr. (Margaret) Killie Campbell, angelegt. Ihr Bruder William stiftete Muckleneck als Magazin für die Sammlungen seiner Schwester, die seit ihrem Tod 1965 von der University of KwaZulu-Natal verwaltet werden.

Die **William Campbell Furniture and Picture Collection** zeigt die Einrichtung von Muckleneck zu der Zeit, als die Familie noch dort lebte. Einige Gegenstände sind wegen ihrer historischen Bedeutung von Interesse, wie ein Schemel, den der Zulukönig Dinizulu während seiner Verbannung schnitzte. Die kapholländische Mö-

In der Campbell Furniture and Picture Collection

Hauptthemengebiete der **Killie Campbell Africana Library** sind die sozioökonomische, politische und kulturelle Geschichte von KwaZulu-Natal. Zu den Spezialthemen zählen frühe Erforschung und Reisen in Afrika, christliche Missionen, der Zulukrieg, der Burenkrieg, die Bhambatha-Rebellion von 1906 sowie die James-Stuart-Archive, in denen mündlich tradierte Zulugeschichten aufgezeichnet sind. Die Sammlungen werden von einheimischen und ausländischen Forschern sowie der Allgemeinheit genutzt.

blierung gilt als eine der schönsten in einer öffentlichen Sammlung außerhalb der Kapregion. Die Gemäldesammlung enthält zeitgenössische schwarzafrikanische Kunst von Künstlern wie Azaria Mbatha (geb. 1941), Trevor Makhoba (geb. 1956) und George Msimang (geb. 1948) sowie topografische Ansichten des 19. Jahrhunderts der südafrikanischen Flora und Fauna von Afrikana-Künstlern wie William John Burchell (1781–1863), Thomas Baines (1820–75) und Samuel Daniels (1775–1811).

INSIDERTIPP

Rund um Durban kann man über 200 Vogelarten beobachten. Pelagische Vogelbeobachtungstouren werden vom Umgeni River Bird Park aus angeboten; sie bieten eine entspannte Möglichkeit, sich an den Vögeln zu erfreuen.

CAGAN H. SEKERCIOGLU
National Geographic-Experte

Das **Mashu Museum of Ethnology** enthält eine schöne Sammlung von kulturellen Artefakten, Holzschnitzereien, Skulpturen, Töpferarbeiten, Kleidung und Perlenstickerei. Die Studien einheimischer afrikanischer Kleidung der Künstlerin Barbara Tyrrell (geb. 1912) gelten als ein Highlight der Sammlungen.

Umgeni River Bird Park

Nur zehn Autominuten sind es vom Stadtzentrum zum Umgeni River Bird Park. Etwa tausend Vögel aus über 240 verschiedenen Arten nisten am dicht bewachsenen Umgeni River. Der Umgeni River Bird Park befasst sich auch mit der Aufzucht gefährdeter Vogelarten.

Die vielen Pfade, die sich durch die üppige subtropische Vegetation schlängeln, machen es den Besuchern leicht, Turakos, Kakadus, verschiedene Papageienarten und andere einheimische Vogelarten zu entdecken. Begehbare Vogelhäuser ermöglichen den Blick auf Aras, Jägerlieste, Tukane und Flamingos. Bei den Freiflug-Vogelschauen (*tägl. 11 & 14 Uhr*) können die Besucher Eulen, Störche, Nashornvögel und Kapgeier im freien Flug beobachten. Während der Brutsaison kann man durch ein Fenster in die „Kinderstube" schauen.

Das Cockatoo Café bietet Frühstück und leichte Mahlzeiten. ■

Umgeni River Bird Park

🅰 Karte S. 143
✉ 490 Riverside Rd., abseits der M4, Durban north
☎ 031/579-4600
💲 $
www.umgeniriver birdpark.co.za

Gewürznation

Als die Briten im 19. Jahrhundert nach Durban kamen, brachten sie indische Arbeitskräfte mit. Und mit den Indern kamen die Gewürze – immerhin erzeugt Indien 86 Prozent aller Gewürze weltweit.

Geschichtlich war Durban der größte Hafen Afrikas, und natürlich spielte es im Gewürzhandel eine bedeutende Rolle. Bevor 1869 der Sueskanal vollendet wurde, umfuhren alle Schiffe, die von Europa kamen, Afrika und legten in Durban an, ehe sie in Richtung Ostindien weitersegelten.

Deshalb findet man heute in Durban faszinierende Gewürze sowie beißend scharfe und würzige Gerichte, die mit diesen Gewürzen zubereitet werden. Zu den berühmtesten Gerichten zählt das Durban-Curry, das mit roten Chilischoten und Cayennepfeffer bereitet wird.

Wer Gewürze kaufen möchte, geht am besten zum **Victoria Street Market** an der Ecke Victoria und Queen Street. Unzählige Stände stellen ihr Angebot an exotischen Gewürzen in körnigen Pyramiden zur Schau, einige pur wie Safran oder Cayennepfeffer, andere in lokalen Mischungen mit seltsamen Namen wie „Schwiegermutter-Ausrotter" und „Flitterwochen-Barbecue".

Als würziger Snack an Ort und Stelle empfehlen sich Samosas (mit Curry gefüllte Teigtaschen) oder *bunnychow*.

Unterwasserfreuden

Die südafrikanische Ostküste am Indischen Ozean, die vom Agulhasstrom erwärmt wird, bietet das perfekte Umfeld für alle Arten von Wassersport. Den größten Ruhm genießen die Küste, Riffe und Felsbuchten von KwaZulu-Natal aber wohl dank ihrer hervorragenden Möglichkeiten zum Schnorcheln und Tauchen.

Sporttaucher und Indischer Rotfeuerfisch, Sodwana Bay

Kosi Bay (siehe S. 166f), ein Mündungsgebiet an der Grenze zu Mosambik, besteht aus vier miteinander verbundenen Seen, Teil des iSimangaliso (ein Zuluwort für „Wunder") Wetland Park, der früher Greater St. Lucia Wetland Park hieß und zu den Unesco-Welterbestätten zählt.

Der Park ist für seine artenreiche Meeresflora und -fauna bekannt, darunter die gefährdeten Leder- und Unechten Karettschildkröten, Krokodile und Flusspferde. In den Korallenriffen in der Mündung des Kosi River kann man gut schnorcheln, vielleicht entdeckt man dabei sogar den giftigen Steinfisch.

Etwas weiter südlich liegt die **Sodwana Bay** (siehe Kasten S. 153), ebenfalls ein Teil von iSimangaliso, mit den südlichsten Korallenriffen Afrikas. Benannt sind sie nach ihrer Entfernung vom Strand: vom 2-Mile Reef bis zum 9-Mile Reef. Am malerischsten ist wohl das 7-Mile Reef. Die Bedingungen in der Sodwana Bay ermöglichen das ganze Jahr über Tauchgänge, die beste Zeit ist aber im Sommer, von November bis Mai.

Taucher aus aller Welt haben **Aliwal Shoal** (siehe Kasten S. 153) unter die zehn besten Tauchplätze der Welt gewählt. Er liegt bei Umkomaas, 40 Autominuten südlich von Durban. Die Untiefe *(shoal)* ist eine versteinerte Sanddüne, vier Kilometer vor der Küste. Benannt ist sie nach der schiffbrüchigen „Aliwal", die 1849 hier auf Grund lief; das Gebiet ist voller Felsvorsprünge und Höhlen, in denen Taucher verschiedenste Schwämme, Weich- und Steinkorallen, Warmwasser-Rifffische und Kaltwasserfische und außerdem Schildzahnhaie entdecken können.

Weiter südlich, in der Provinz Ost-Kap, finden Taucher an den **Protea Banks,** etwa acht Kilometer vor der Küste von Shelly Beach, einen weiteren Weltklassespot vor. Ab einer Tiefe von 25 Metern kann man im Sommer Bullen-, Tiger- und Hammerhaie, im Winter Schildzahnhaie sehen, außerdem Bronze-, Fuchs- und Weiße Haie. Die Höhlen sind voller Weich- und Steinkorallen.

Am äußersten Ende des Ost-Kap, im **Tsitsikamma National Park** (siehe S. 114), dem ersten Meeresnationalpark Südafrikas, finden Schnorchler Gezeitentümpel mit Seesternen, Schwämmen und Mollusken. Zu den Tiefwasserarten zählen Schildzahnhaie und Adlerrochen.

Außerhalb von KZN

Kapstadt bietet das ganze Jahr über ausgezeichnete Tauchmöglichkeiten, denn auf der einen Seite der Halbinsel befindet sich der kältere Atlantik (eher im Sommer), auf der anderen der wärmere Indische Ozean (besser im Winter). Tauchen auf der kalten Seite bedeutet zwar kühle Gewässer, aber wunderschöne Braunalgenwälder. Die Westküste ist durchgehend kalt, mit Ausnahme der **Langebaan Lagoon** (siehe S. 90f), etwa eine Stunde Fahrt nördlich von Kapstadt.

In der Nähe von Mafikeng in der Nordwest-Provinz liegt die **Wondergat** („Wunderhöhle"), ein wassergefüllter Karsttrichter und Tauchziel im Landesinneren. Etwa 1460 Meter über dem Meeresspiegel können Taucher in bis zu 40 Me-

INSIDERTIPP

Das wahre Abenteuer mit Meerestieren spielt sich am Ende der Aliwal Shoal ab. Veranstalter in Umkomaas, Scottburgh und Park Rynie bieten käfiglose Tauchgänge mit Tigerhaien an. Ein sicheres und unvergessliches Erlebnis!

JON MINSTER, *Reisejournalist*

ter Tiefe seltene Süßwassergarnelen und den Sparrman-Buntbarsch aufstöbern. Die Wondergat wird regelmäßig zur Reinigung geschlossen, deshalb sollte man sich vorher erkundigen.

In nahezu jedem Zentrum des Landes gibt es Tauchschulen, die Tagestauchgänge, Kurzkurse und Leihausrüstung anbieten.

ERLEBNIS: Tauchen an den besten Spots in KZN

Sodwana Bay und Aliwal Shoal bieten einige der aufregendsten Tauchmöglichkeiten in Südafrika. Taucher aus aller Welt kommen in Scharen hierher, um die reiche Vielfalt der Meeresflora und -fauna zu erleben. Dies sind die richtigen Plätze:

SODWANA BAY
7-Mile Reef: Voller Überhänge und Felsspitzen, die den Blick auf eine reiche Meeresflora und -fauna freigeben. Über 1200 Fischarten wurden hier verzeichnet. Zu sehen sind zum Beispiel Drachenköpfe, Kugelfische, Rochen und der seltene Schaukelfisch.
Anton's Reef (2-Mile Reef): Phänomenale Vielfalt an tropischen Fischen und Korallen.

Pinnacles: Flacher Tauchgang zu einem Labyrinth höhlenartiger Korallenformationen.

Nicht versäumen: Unechte Karett- und Lederschildkröten kommen in Sommernächten zur Eiablage an die Strände; Kontakt über Elephant Coast Tourism *(Tel. 035/562-0353)*.

ALIWAL SHOAL
Cathedral: Ein Amphitheater im Riff, von Rochen,

Aalen und Schildzahnhaien bevölkert.

The Nebo: Schiffswrack, das mit Weichkorallen und Schwämmen überwuchert ist.
Raggies Cave: In der Höhle wimmelt es von Schildzahnhaien.

Kontakt über Aliwal Shoal Dive Centre *(Tel. 039/973-2233, www.aliwalshoal.co.za)* oder South Coast Tourism *(Tel. 039/312-2322)*.

Rund um Durban

Durban ist der ideale Ausgangspunkt für Erkundungsstreifzüge. Die Strände im Norden und Süden der Stadt locken mit unberührtem Sand und Brandung. Richtung Norden warten traditionelle Zuludörfer und ausgedehnte Nationalparks mit einer einzigartigen Tierwelt.

Der preisgekrönte Strand in Margate

Umdoni Coast

⛰ Karte S. 143

**Besucher-
information**

✉ Scott St.,
Scottburgh

☎ 039/976-1364

**www.scottburgh.
co.za**

Hibiscus Coast

⛰ Karte S. 143

**Besucher-
information**

✉ Panorama
Parade,
Margate

☎ 039/312-2322

**www.hibiscuscoast.
kzn.org.za**

Strände an der Südküste

Die South Coast ist eine 160 Kilometer lange, dichte Abfolge von Stränden und Badeorten, die von Durban bis Port Elizabeth reicht. Die Küste wurde von den Zulu einst *Ugu* – „Rand des großen Wassers" – genannt. Heute gibt es hier viele Strandhotels und Ferienanlagen, aber auch üppige Bananenstauden, Palmen, Akazien und Lianen gedeihen hier.

Etwa 45 Kilometer südlich von Durban liegt in Widenham, gleich hinter Umkomaas, ein geschützter Surf- und Badestrand mit malerischen, hochpreisigen Ferienhäusern oberhalb des Strandes.

Etwas weiter südlich befindet sich der quirlige Ferienort **Scottburgh**. Der Badestrand ist mit Rettungsschwimmern besetzt und komplett mit Hainetzen geschützt. Die Wellen ermöglichen tolles Surfen, Windsurfen und Bodyboarden. Der einstige Fischereihafen ist heute ein Paradies für Sportangler.

Pennington umfasst die ruhigen Strände und wunderschönen Buchten Umdoni Park, Ocean View, Kelso, Sezela, Bazely Beach, Ifafa, Elysium und Mtwalume.

Das Gebiet von Hibberdene bis Port Edward wird **Hisbiscus Coast** genannt, denn hier wachsen diese blühenden Büsche im Überfluss. Die Orte Port Shepstone, Shelly Beach, Margate, Southbroom und Port Trafalgar sind durchweg mit wunderschönen Stränden gesegnet und bieten jegliche an Urlaubsorten üblichen Einrichtungen.

Eine Art touristisches Zentrum stellt **Margate,** 20 Kilometer südöstlich von Shepstone, dar. Der 1,6 Kilometer lange Strand hat für die Stadt die Blaue Flagge gewonnen – er zählt zu den schönsten der Welt. Schicke Boutiquen und künstlerisch aufgemachte kleine Läden gibt es zuhauf, und bei Sonnenuntergang erwacht *The Strip* zum Leben. Straßencafés, Restaurants, Bars und Clubs quellen über von Menschenmassen und Musik.

Ramsgate, ein kleines Dorf südlich von Margate, ist das genaue Gegenteil. Die Strände liegen an einer parkähnlichen Anlage und bieten sich als beschaulicher Rückzugsort an.

Marina Beach, am Südrand der Provinz, hat einen Sandstrand und eine Gezeitenlagune zwischen Southbroom und San Lameer aufzuweisen. Durch die Nähe zum Trafalgar Marine Reserve sowie zur Mündung und Lagune des Mpenjati River ist es besonders attraktiv.

Valley of a Thousand Hills

Auf halbem Weg zwischen Durban und Pietermaritzburg liegt das so poetisch benannte „Tal der tausend Hügel" am Rand unzähliger Hügel, die sich so weit erstrecken, wie das Auge reicht. Hier leben Zulu noch in traditionellen Dörfern.

Schönheit und Ruhe des Tals ziehen seit Langem Künstler und

**Valley of
a Thousand Hills**

🅰 Karte S. 143

**Besucher-
information**

✉ 690 T1

☎ 031/777-1874

**www.1000hills.kzn.
org.za**

ERLEBNIS: Ein Hole-in-one schlagen

KwaZulu-Natals paradiesische subtropische Küste stellt die Kulisse für eines der begehrtesten Golfziele Südafrikas. Hier sind einige der besten Plätze:

Amanzimtoti *(1 Golf Course Rd., Athlone Park, Tel. 031/902-1166)* ist ein Paradies für Slicer, weil so viele Löcher einen Fade begünstigen. Die letzten drei Löcher sind hart, wenn es windig ist.

Durban Country Club *(101 Walter Gilbert Rd., Tel. 031/313-1777, www.dcclub.co.za)* hat zwei Plätze: Country Club und Beachwood. In Südafrika stehen sie auf Rang vier; beide sind in den Dünen angelegt und anspruchsvoll.

Kloof Country Club *(26 Victory Rd., Kloof, Tel. 031/764-0555, www.kloofcountryclub.co.za)*, im hügeligen Nebelgürtel angelegt, bietet eine willkommene Abwechslung von der Feuchtigkeit an der

Küste. Ein attraktiver Parkkurs mit hübschen Bäumen; Kloof verbindet Naturschönheit mit anspruchsvollen Wagnissen.

Margate Country Club *(Wingate Rd., Margate, Tel. 039/317-2340, www.margate-golf.co.za)* sieht einfach aus, ist aber extrem anspruchsvoll; ein angenehmer Kurs mit Wasserhindernissen. Die fünf Par-3-Löcher sind markant und hoch angesehen.

Royal Durban *(16 Mitchell Crest, Durban, Tel. 031/309-2581, www.royaldurban.co.za)* ist flach, aber einer der anspruchsvollsten Kurse des Landes. Er sieht einfach aus, doch es gibt nur wenig Schutz vor dem Wind.

San Lameer *(Main Rd., Lower South Coast, San Lameer Estate, Tel. 039/313-5141, www.sanlameer.co.za)* zählt in Südafrika zu den Top 30. Der Kurs liegt in einem Naturschutzgebiet mit reicher Vogel- und Tierwelt und hat viel Wasser. Hier wird konservatives Golf gespielt.

Der Indische Ozean bildet die Kulisse für den wellenförmigen Kurs in **Scottburgh** *(Taylor & Williamson Sts., Scottburgh, Tel. 039/976-0041, www.scottburghgolf.co.za)*. Er hat schmale Fairways mit Out of Bounds auf der rechten und Küstenwald auf der linken Seite. Der Wind hat schon vielen Golfern das Herz gebrochen.

Umgeni Steam Railways

🅰 Karte S. 143

✉ Kloof Station

☎ 031/303-3003 oder 082/353-6003

💲 $$$–$$$$

www.umgenisteam railway.co.za

Isithumba Village

🅰 Karte S. 143

✉ Isithumba Adventure Tourism, District, Road D1004, Botha's Hill

☎ 031/777-7167 or 073/303-6288

www.isithumba.co.za

Kunsthandwerker an, die Töpferarbeiten und Ledersandalen, handbemalte Stoffe, Holzmöbel und Perlenstickerei herstellen. Stände an der **Old Main Road** in der Umgebung von Hillcrest und Botha's Hill verkaufen neben diesen Erzeugnissen auch frische Agrarprodukte.

Für eine nostalgische Tour durch das Tal besteigt man die **Umgeni Steam Railways**. Die einstündige Fahrt von der Kloof Station bis zur Inchanga Station führt eine der steilsten Eisenbahnstrecken Südafrikas hinauf und durch einen der ältesten Tunnel. Die Inchanga Station von 1893 liegt in der ruhigen Umgebung der Lower Midlands.

Zwei Kulturdörfer der Zulu sind in der Umgebung von Botha's Hill für Touristen eingerichtet. Im **Isithumba Village**, in der KwaXimba Tribal Authority, zeigen erfahrene Führer den Gästen Zuluhäuser,

strohgedeckte Rundbauten. Sie können an einem traditionellen Essen und an Tänzen teilnehmen, einen *Sangoma* (traditionellen Heiler) auftreten sehen und die Nacht in modernen Chalets mit eigenem Bad im Adventure Tourism Center verbringen.

Um zu dem Dorf zu kommen, biegt man hinter Monteseel von der Old Main Road auf die District Road D1004 ab und folgt der Straße bis ins Tal; das Zentrum liegt am Ufer des Umgeni River.

Oder man unternimmt einen Abstecher zum nahe gelegenen **Phezulu Safari Park** (5 Old Main Rd., im Gebiet von Botha's Hill, Tel. 031/777-1000, www.phezulusafari park.co.za), um bei traditionellen Zulutänzen mitzumachen und Krale zu besichtigen. Außerdem kann man eine Schlangen- und eine Krokodilfarm besuchen. ■

ERLEBNIS: Einen *Sangoma* konsultieren

Die Vorstellung, einem mit Perlen und Federn geschmückten Mann gegenüberzusitzen, der singt, bläst und eine Lederpeitsche schwingt, während er einem Knochen entgegenwirft, mag befremdlich wirken, ist aber eine einzigartige kulturelle Erfahrung. *Sangomas* – traditionelle Heiler – sind ein wesentlicher Bestandteil der Nguni-Kultur. Es heißt, sie besäßen die Macht, mit den Geistern der Vorfahren zu kommunizieren, die verehrt werden und von denen man glaubt, dass sie den Alltag bestimmen. Obwohl die Nguni regelmäßig Opfer darbringen, um ihre Vorfahren zufrieden zu stimmen, wird nicht immer das erwünschte Ergebnis erzielt. An dieser Stelle tritt der *Sangoma* auf den Plan. Unterstützt von den Stimmen der Vorfahren und der Hilfe eines *iNyanga* (Kräuterkundigen), ist ein *Sangoma* in der Lage, die Zukunft vorherzusagen und Krankheiten zu heilen. Auch wenn die fragwürdigen Aktivitäten einiger *Sangomas* die Tradition in den letzten Jahren in ein schlechtes Licht gerückt haben, gibt es doch viele „gute" *Sangomas*, die oft als erfolgreicher als westliche Ärzte gelten.

Wer diese einzigartige Erfahrung sucht, kann mit Dr. Elliot Ndlovu im **Fordoun Spa Hotel** in den Midlands (Nottingham Rd., Tel. 033/266-6217, www.fordoun.com, $$$$$ pro Sitzung) eine Verabredung treffen. In der Umgebung von Kapstadt kontaktiert man **Zibonele Tours** (Tel. 021/511-4263, www.ziboneletours.com, $$$$$), die eine Township-Tour anbieten, zu der auch eine Konsultation bei einem *Sangoma* namens Ndaba gehört. In Johannesburg erfolgt der Kontakt über **A Taste of Africa** (Tel. 011/482-8114, www.tasteofafrica.co.za, $$$–$$$$).

Das wahre Afrika

Hier beginnt das ungezähmte Afrika mit seinen Savannen und der herrlichen Tierwelt. Farmer und Stammesangehörige führen ein einfaches Leben, das dem Rhythmus der Natur folgt.

Die spektakulären Drakensberge

Die Drakensberge

Entlang der östlichen Großen Randstufe Südafrikas trennen die Drakensberge – Afrikaans für „Drachenberge" – auf einer Länge von rund 965 Kilometern KwaZulu-Natal von Lesotho. Diese faszinierende, unbewohnte Wildnis aus alpinem Grasland und Wäldern, Wasserfällen und Bächen könnte man tagelang durchwandern, ohne einer Menschenseele zu begegnen.

Die Topografie dieser Felswand, die von 1720 Meter bis auf fast 3500 Meter reicht, bedingt die große Vielfalt der Flora. In höheren Lagen wachsen vorwiegend endemische und gefährdete Arten der Alpinflora, in den Tälern überwiegen Protea (Kaprosen), Palmfarne, Baumfarne, Kohlpalmen und Yellowwoodbäume (Steineiben).

Hinzu kommt eine Tierwelt von atemberaubender Fülle; sie reicht von Pavianen über diverse Antilopenarten – Elen- und Rehantilopen, Ried- und Buschböcke, Blauducker, Klippspringer und Bleichböckchen – bis zu Schakalen, Luchsen und Ottern.

Von den 299 Vogelarten sind 43 endemisch, darunter zehn, deren Erhalt von globaler Bedeutung ist, unter anderem Spiegelrallen, Kappapageien, Wachtelkönige, Rötelfalken, Klunkerkraniche und Gelbbrustpieper. Häufiger anzutreffen sind unter anderem Eisvögel, Störche, Sekretäre, Nachtschwalben, Würger und Weber.

Drakensberge

🏔 Karte S. 143

Besucherinformation

☎ 036/448-1557 oder 036/448-2455 oder 083/485-7808

www.drakensberg.co.za

Kamberg Game Reserve

⚑ Karte S. 143

✉ Giant's Castle Abfahrt von der N3, Central Berg

☎ 033/267-7251 oder 031/845-1000

💲 $

Royal Natal National Park

⚑ Karte S. 143

✉ N. Berg Rd., 19 km von der R74

☎ 036/438-6303

💲 $

Giant's Castle Game Reserve

⚑ Karte S. 143

✉ Giant's Castle Abfahrt von der N3, Central Berg

☎ 036/353-3718

💲 $, Höhlen: $, Touren mit verbundenen Augen: $$$$$

Vulture Restaurant at Giant's Castle

✉ Lammergeyer Hide

☎ Giant's Castle anrufen

💲 $$$$$ (einschließlich Transport zur Höhle)

INSIDERTIPP

Das Vulture Restaurant in Giant's Castle ist ein phantastischer Ort, die majestätischen, aber immer seltener werdenden Geier aus der Nähe zu bestaunen – und dabei zu wissen, dass das Geld zu ihrem Erhalt beiträgt.

CAGAN H. SEKERCIOGLU
National Geographic-Experte

An Unternehmungen gibt es das ganze Programm von Wandern über Fliegenfischen und Vögelbeobachten bis zu Reiten und Klettern. Von Ende Mai bis Anfang September kann man in Tiffindell in den südlichen Drakensbergen (Ost-Kap) sogar Ski laufen.

uKhahlamba-Drakensberg National Park

Ein großer Teil der Drakensberge und das Umland bilden den uKhahlamba-Drakensberg National Park (243 000 ha), seit 2000 Unesco-Welterbestätte. Die Bezeichnung der Zulu für die ausgedehnte Bergkette bedeutet „Wand der aufgestellten Speere", was die ausgedehnten Basaltgipfel und Zinnen der Berge genau beschreibt.

Die 15 Tore zum Park sind nicht durch eine Straße verbunden, sodass Besucher ein Gebiet zum Wandern oder Campen auswählen müssen. **Tendele** im Royal Natal National Park und **Giant's Castle Game Reserve** bieten Übernachtungsmöglichkeiten.

Felskunst in den Drakensbergen: Die Drakensberge sind aus archäologischer Sicht eine der bedeutendsten Regionen Südafrikas; Spuren menschlicher Besiedlung reichen 20 000 Jahre zurück. Seit der späten Steinzeit lebte hier das Volk der San in Höhlen und Unterständen und hinterließ in den vergangenen 4000 Jahren etwa 600 Stätten mit interessanter Felskunst in rund 35 000 Bildern.

Dies ist die höchste Konzentration von Felsmalereien im Afrika südlich der Sahara. Die Bilder sind von hoher künstlerischer Qualität. Die einfühlsame Wiedergabe von Tieren und Menschen deutet auf eine komplexe Verbindung der San zur Natur hin und verknüpft offenbar einige Kunstwerke mit der Schamanenreligion der San. Nicht jede Felszeichnung ist prähistorisch – die jüngsten Bilder stammen aus dem 19. Jahrhundert, und einige erzählen von Zusammenstößen mit frühen Siedlern, die Gewehre in den Händen halten.

Stätten mit Felskunst können im Royal Natal National Park, Giant's Castle Game Reserve (mindestens 50 Plätze) und im Kamberg Game Reserve besichtigt werden. Manche sind im Verlauf eines Lehrpfades zu sehen, andere nur im Rahmen einer organisierten Tour.

Das **Kamberg San Rock Art Trail and Interpretative Centre** veranstaltet solche Touren mit einem ausgebildeten Führer. Hier haben Archäologen den „Rosetta-Stein" der San gefunden – den Schlüssel zum Verständnis der Symbole im spirituellen Gehalt der Bilder. So erfuhren sie, dass die San-Jäger glaubten, sie könnten von den Tieren, die sie jagten, magische Kräfte gewinnen. Das Zentrum zeigt eine informative Videodokumentation über die Welt der San und vermittelt auch Kontakt zu ihren Nachfahren, die noch in dem Gebiet leben.

Royal Natal National Park:

Eine der faszinierendsten geographischen Erscheinungen in den nördlichen Drakensbergen ist das **Amphitheater** im Royal Natal National Park; seine gewaltige Felswand macht es zu einem höchst beeindruckenden, aufregenden Bergsteigerziel. Außerdem stürzt hier der Tugela River in fünf Stufen rund 914 Meter in die Tiefe – die **Tugela Falls** sind die höchsten

Wasserfälle Südafrikas. Ein beliebter Wanderweg führt die Tugela-Schlucht hinauf.

Giant's Castle Game Reserve:

Gewaltige Gipfel, windzerzaustes Grasland und eine grandiose Sammlung von San-Bildern sind die Anziehungspunkte des 34 398 Hektar großen Reservats südlich von Monk's Cowl.

Park-Zugang: Zugangsscheine werden von KwaZulu-Natal Wildlife in Pietermaritzburg *(Tel. 033/845-1000)* oder Durban *(Tel. 031/304-4934)* ausgegeben; außerdem im Central Drakensberg Information Centre *(Tel. 036/488-1207, www.cdic.*

ERLEBNIS: Reiten in den Drakensbergen

Die Drakensberge bieten einzigartige Möglichkeiten für Ausritte. Die Berge in dieser Welterbestätte eröffnen Ausblicke auf malerische Gipfel, in Kaskaden herabstürzende Wasserfälle und weite, offene Landschaften. Es geht zu Pferd kann man hier durch die nahe gelegenen Wildreservate streifen und dabei Giraffen, Nashörner und zahllose Antilopenarten zu Gesicht bekommen.

Wer sich für Geschichte interessiert, kann auf dem Pferderücken an einer geführten Tour über historische Schlachtfelder teilnehmen. Es geht zu Schauplätzen wie dem der **Battle of Blood River**, in der die *Voortrekkers* 1838 die Zulus zurückschlugen.

Und mit über 600 Plätzen mit Felskunst der San, die bis zu 4000 Jahre alt ist, werden in dem Gebiet auch die Wege nicht knapp, die in die frühen Epochen dieser faszinierenden Jäger zurückführen.

Touren zu Pferd führen auch zu modernen Zuludörfern, in denen man die Lebens-

stile im ländlichen Südafrika kennenlernt. Wer mag, kann sich sogar die Zeit für eine Konsultation bei einem *Sangoma* nehmen.

Die gesamte Gebirgskette kann zu Pferd erkundet werden, Wege gibt es sowohl für Anfänger wie für erfahrene Reiter. Die Angebote reichen von Ponyreiten für die Kleinen bis zu zweistündigen malerischen Ausritten durch die Berge. Auch mehrtägige Touren, mit Koch und Führer, können in den meisten Resorts in den Drakensbergen organisiert werden.

Wanderer können Lamas mieten, die bis zu 40 Kilogramm an Campingausrüstung und anderem Gepäck tragen: ein Erlebnis der besonderen Art!

Reservierungen erfolgen vor Ort oder bei einem der folgenden Anbieter: **Khotso Horse Trails** *(Tel. 033/701-1502, www. khotsotrails.co.za)*, **The Northern Horse** *(Tel. 082/337-8770, www.drakensberghorseriding. co.za)* und **Sengani Horse Trails** *(Tel. 036/352-1595)*.

Golden Gate Highlands National Park

⛰ Karte S. 143

✉ 265 km südlich von Johannesburg

☎ 058/255-0012; E-Mail: goldengate@sanparks.org

www.sanparks.org/parks/golden_gate

Hluhluwe-iMfolozi Park

⛰ Karte S. 143

✉ Off N2 at Hluhluwe exit; cross over freeway, following road for 9 miles (14 km) to entrance

☎ 033/845-1000

ACHTUNG: Der Hluhluwe–iMfolozi Park liegt in einem Malariagebiet, Schutzmaßnahmen sind also erforderlich.

co.za), uKhahlamba-Drakensberg Tourism (Tel. 036/448-1557, www.drakensberg.org.za) und im Southern Drakensberg Escape Tourism Centre (Tel- 033/701-1471, www.drakensberg.org).

Golden Gate Highlands National Park

Zwischen der Nordwestecke von KwaZulu-Natal und Lesotho liegt das einzige Schutzgebiet in der Provinz Freistaat: der Golden Gate Highlands National Park. Die landschaftliche Schönheit der hoch aufragenden Zinnen – noch Teil der Drakensberge – macht den Park zu einem lohnenden Ziel. Der höchste Gipfel, der Ribbokkop, erreicht 2829 Meter. Die Südgrenze bildet

Operation Rhino

In Hluhluwe-iMfolozi startete in den 1960er Jahren die „Operation Rhino", eine Initiative zur Rettung des Breitmaulnashorns. Die Rettungsteams fingen viele Nashörner ein und siedelten sie hier erfolgreich an. Seitdem ist die Population des Breitmaulnashorns in Südafrika auf rund 6000 Tiere angewachsen: zwölfmal mehr als bei der Zählung 1960.

Heute konzentriert sich der Park auch auf die Rettung des gefährdeten Spitzmaulnashorns, dessen Population in den letzten zehn Jahren von 14 000 auf 2550 Tiere geschrumpft ist. Mindestens ein Fünftel des weltweiten Bestands an Spitz- und Breitmaulnashörnern findet sich heute in diesem Reservat.

der Little Caledon River. Das Hochlandbiotop umfasst 11 600 Hektar einer einzigartigen, geschützten Umgebung und ist reich an Highveld- und montaner Graslandflora, Afromontanwäldern und hochlandtypischem Alpingrasland. Der Ouhout („Altholz", *Leucosidea sericea*), eine immergrüne Art, ist der häufigste Baum im Park. Dieser ist ein Paradies für Vogelbeobachter. Zu den 140 Arten zählen Kapgeier, Bartgeier, Waldrappen, Kampfadler, Lämmergeier und Turmfalken. Zu den Wildtieren Im Park gehören Weißschwanzgnus, Rehantilopen, Spring- und Bergriedböcke, Ducker, Stein- und Bleichböckchen, Kuh- und Elenantilopen, Blessböcke und Zebras. Das Gebiet ist außerdem reich an Fossilien. Der älteste je entdeckte Dinosaurierembryo – aus dem Trias (vor 220 bis 195 Millionen Jahren) – wurde 1978 hier im Park gefunden.

Innerhalb des Parks präsentiert das kleine **Basotho Cultural Village** Aspekte des traditionellen Lebens der Basotho. Wanderwege zu Stätten mit Felskunst, geführte Wanderungen zur Erkundung von Heilpflanzen und anstrengendere Zweitagewanderungen zu verschiedenen Gipfeln und Aussichtspunkten sind nur einige der möglichen Aktivitäten.

Unterkunft findet man unter anderem im Glen Reenen Rest Camp, Protea Hotel Golden Gate (www.proteahotels.com/goldengate), Highland Mountain Retreat, Brandwag Hotel (geschl. bis einschließlich März 2010) und im Qwa Qwa Rest Camp. Telefonische Buchungsmöglichkeiten und Infos für alle Häuser unter Tel. 012/428-9111 oder 082/233-9111.

Hluhluwe-iMfolozi Wildlife Park

Zwischen dem Nordrand von Zululand und der Elephant Coast liegt der spektakuläre Hluhluwe-iMfolozi Wildlife Park, der nach den Flüssen Hluhluwe und iMfolozi benannt ist. Das 96 000 Hektar große Reservat wurde 1895 eingerichtet und ist das älteste Südafrikas. Die abwechslungsreiche Topografie des Gebiets – von nebelumhüllten Hügeln bis zu sonnengebleichten Savannen mit Fieberbäumen *(Acacia xanthophloea)* und Schirmakazien *(Acacia tortillis)*, vielen traditionellen Zuludörfern und Zuckerrohrplantagen – geben perfekte Postkartenansichten ab.

Neben den *Big Five* – Elefanten, Löwen, Leoparden, Büffel und Nashörner – leben hier noch viele andere Arten, darunter Nilkrokodile, Flusspferde, Geparde, Hyänen, Streifengnus, Schakale, Giraffen, Zebras, Wasserböcke, Nyalas, Elenantilopen, Kudus, Impalas, Ducker, Riedböcke, Warzen- und Buschschweine, Mangusten und Paviane.

Für die Vögel: Der Park ist eines der Hauptbrutgebiete in Südafrika; über 300 Vogelarten wurden hier bereits ermittelt. Das Überschwemmungsgebiet des Hluhluwe River ist eine der wenigen Regionen Südafrikas, in denen sowohl Gelbkehl- und Rubinkehl- als auch Kappieper zu sehen sind. Zu den weiteren bemerkenswerten Arten im Park gehören unter anderem Afrikanische Binsenrallen, Bronzehalstauben, Zimttauben, Weißohr-Bartvögel, Graukehlnicatore, Flechtenfeinsänger sowie Gelbschnabel- und Rotschnabel-Madenhacker.

Wildtiere beobachten: Safarifahrten werden von **Hilltop Camp** *(Tel. 035/562-0848)* sowohl als Morgen- wie auch als Abendfahrten organisiert. Das Hilltop Camp im Hluhluwe-Bereich des Parks ist eines der neueren Camps und liegt

Wandern im Hluhluwe-iMfolozi Wildlife Park

hoch am Rand eines bewaldeten Steilhangs, und zwar mit Blick auf die Hügel und Täler von Zululand. Das **Mpila Camp** *(Tel. 035/550-8477)*, das zentral im iMfolozi-Bereich liegt, bietet dagegen nur Abendfahrten an.

Dank eines gut gepflegten Straßennetzes im gesamten Park (mit Raststationen) können Besucher das Reservat auf eigene Faust im Auto erkunden. Außerdem vermitteln zwei Lehrpfade – am Hilltop Camp sowie im iMfolozi-Bereich – Einblick in die Tierwelt.

Ebenfalls im Angebot sind geführte Wanderungen, die von einem speziell dazu ausgebildeten und bewaffneten Ranger geleitet werden. Die kurzen, etwa zweistündigen Tagwanderungen starten von

Rundfahrt: Maloti Mountains

Die Strecke führt durch die attraktive Landschaft des östlichen Freistaat, entlang der Grenze zu Lesotho.

Golden Gate Highlands National Park

Die Route, die immer wieder über den Klein Caledon River führt, verläuft großenteils durch Farmland, während sich zur Linken die oft schneebedeckten Maloti (oder Maluti) Mountains in Lesotho erheben.

Spektakuläre Sandsteinformationen erscheinen im wechselnden Licht gelb, golden, braun, rosafarben und grau, Bestände buschiger grauer Pappeln und hoch aufragender Pyramidenpappeln breiten sich aus, Mais- und Weizenfelder leuchten vom Frühling bis zum Sommer grün, im Winter gelbbraun. Ein kurzer Umweg führt zu schönen Felsbildern der San.

Die Fahrt beginnt am **Golden Gate Highlands National Park** ❶ (siehe S. 160f); wenn man aus dem Park hinausfährt, ragen rechts und links eindrucksvolle Sandsteinfelsen empor.

Nach 18 Kilometern Fahrt auf der R712 durch eine sanfte Hügellandschaft erreicht man den kleinen Ort **Clarens** ❷ Er ist nach dem Schweizer Ort benannt, in dem Paul Kruger, einst Präsi-

dent der alten Transvaal-Republik, 1904 im Exil starb. Das zwischen niedrigen Hügeln gelegene Clarens hat sich zum Touristenziel entwickelt. Ein grasbewachsener Platz bildet das Zentrum, dort findet man auch **Clarens Destinations** *(Shop 8, Market St., Tel. 058/250-1189)*, und man erhält Informationen zum Ort und zur Region. Wer die Felsbilder der San in Schaapplaats (siehe unten) besichtigen möchte, bucht hier *($)* und erkundigt sich nach dem Zustand der Schotterstraße.

Clarens verlässt man auf dem Weg, den man gekommen ist, und biegt rechts in die R711 Richtung Fouriesburg. Nach zwei Kilometern biegt man links ein; dort weist ein großes Schild nach Kgubetswana in der Gegenrichtung, kleinere Schilder nach Schaapplaats. Nach zehnminütiger, sechs Kilometer weiter Fahrt – zunächst auf Asphalt, doch dann auf Schotterstraßen – gelangt man zur Farm **Schaapplaats** ❸ *(Tel. 058/256-1176, www.ashgarhorses.co.za)*. Im Farmhaus kann man nach den San-Felsbildern fragen; ein Führer begleitet die Besucher auf dem zehnminütigen Spaziergang zu einer großen Höhle. Hier kann man Felsbilder von Antilopen und seltsamen, in Felle gehüllten Schamanen mit Tierköpfen betrachten; einige Bilder sind mehrere tausend Jahre alt. Ein angemessenes Trinkgeld für den Führer sind fünf bis zehn Rand (40 bis 80 Cent).

Zurück auf der R711, geht es links weiter in Richtung Fouriesburg. Wenn man den Little Caledon erneut überquert hat, fährt man einen steilen Hügel hinauf und sieht gleich hinter der Bergkuppe ein Schild zum **Surrender Hill 4**. Dort kann man parken und den Berg hinaufgehen. Eine Bronzetafel erzählt die Geschichte des Ortes: Hier ergaben sich während des Burenkriegs (1899–1902) über 4300 Buren den britischen Streitkräften; es war eine der größten Niederlagen für die Buren während des Krieges.

Nach weiteren 1,6 Kilometern bietet ein Aussichtspunkt links einen großartigen Blick auf das Little Caledon Valley, dahinter erstrecken sich Lesotho und die Maloti Mountains.

Von Clarens aus fährt man nach 36 Kilometern rechts nach **Fouriesburg 5**. Wenn man

den Ort erreicht, sieht man links **Matsoho Arts & Crafts** *(Tel. 072/230-3206)*, wo es schöne lokale Arbeiten zu kaufen gibt. Man sollte sich einige Minuten Zeit lassen, um durch Fouriesburg zu fahren. Es ist eine typische Kleinstadt des östlichen Freistaat mit Schule, Verwaltungsgebäuden und einer Kirche. Ein nettes Lokal fürs Mittagessen ist das alte Fouriesburg Country Inn *(Ecke Reitz/Theron St., Tel. 058/223-0207)* mit seinen Decken aus Pressstahl und niedrigen Sandsteinzimmern nach hinten zu.

NICHT VERSÄUMEN

Golden Gate Highlands National Park • Clarens • Schaapplaats farm • Fouriesburg

⚠ Siehe auch Umgebungskarte S. 143

▶ Golden Gate Highlands National Park

🚗 54 km

🕐 Halber Tag mit Zwischenstopps

▶ Fouriesburg

iSimangaliso Wetland Park

 Karte S. 143

Besucherinformation

✉ Besucherzentrum zugänglich von Mtubatuba auf der R618. Hinter der Brücke nach rechts aus dem Kreisverkehr auf die McKenzie St. bis zur Besucherinformation und dem Parkeingang von St. Lucia.

www.isimangaliso.com

den Camps Mpila und Hilltop. In beiden Anlagen können die Wanderungen an der Rezeption gebucht werden.

Der Hluhluwe-iMfolozi Park ist auch für seine holprigen **Wilderness Trails** berühmt, die Ian Player (Bruder des Golfers Gary Player) in den 1950er Jahren angelegt hat. Interessenten haben die Wahl zwischen insgesamt vier geführten Wanderungen von zwei bis maximal fünf Tagen Dauer.

Unterkunft: Ezemvelo KwaZulu-Natal Wildlife (die Agentur, die für das Management der Biodiversität und natürlichen Ressourcen in KwaZulu-Natal zuständig ist) bietet Hütten oder Unterkünfte für Selbstversorger in den Camps Mthwazi, Hilltop, Muntulu und Munyawaneni im Hluhluwe-Gebiet. Im iMfolozi-Gebiet stehen vergleichbare Unterkünfte in den Camps Masinda, Mpila, Sontuli, Gqoyeni und Hlathikhulu zur Verfügung. Zelten ist im Park nicht erlaubt.

iSimangaliso Wetland Park

Das früher als Greater St. Lucia Wetland Park bekannte und kürzlich in iSimangaliso (das Zuluwort für „Wunder") Wetland Park umbenannte, unberührte Ökosystem ist Südafrikas drittgrößtes Schutzgebiet und seine erste Unesco-Welterbestätte. Das 328 000 Hektar große Reservat erstreckt sich an 200 Kilometer Küstenlinie, von der Grenze zu Mosambik im Norden bis nach Maphelane südlich des St.-Lucia-Mündungsgebiets.

Der Park vereint eine Reihe bekannter Ziele, darunter das Maphelane Nature Reserve, St. Lucia Marine Reserve, Cape Vidal, Mkhuze Game Reserve, Sodwana Bay, Lake Sibaya, Rocktail Bay und Kosi Bay Nature Reserve, ein riesiges, sicheres Gebiet für eine Vielzahl von Arten und Lebewesen.

Der kombinierte Park schützt fünf einzelne, aber miteinander verflochtene Ökosysteme: das Meeressystem des Indischen Ozeans; das Küstendünensystem, das aus

Hoffen auf Flusspferde im St. Lucia Estuary

hohen, geradlinig rekultivierten Dünen und subtropischen Wäldern, Küstengrasland und Feuchtgebieten besteht; die mit dem Mündungsgebiet verbundenen Seen von St. Lucia und Kosi Bay mit den vier Süßwasserseen Sibaya, Mgobezeleni, Bhangazi North und Bhangazi South; die Mkhuze und iMfo-

Zulu-Handschlag

Mit einem Einheimischen einen Zulu-Handschlag auszutauschen, bringt garantiert Pluspunkte ein. Es ist ein dreiteiliges Ritual, das mit einem traditionellen Händeschütteln beginnt, dann in eine Armdrücker-Position übergeht und in den Ausgangszustand zurückkehrt. Die drei Phasen, die weich ineinander übergehen, werden von der üblichen Begrüßung begleitet: «Hallo» – «Wie geht's?» – «Danke, gut».

lozi Swamps und ausgedehnte Schilf- und Papyrussümpfe sowie die uralten Küstenterrassen und trockenen Savannenwälder der Western Shores.

Die Besonderheit des Parks besteht in dem Mix aus subtropischer Küste, Feuchtgebieten und Tropenwald. Dieser Lebensraum bringt eine größere Artenvielfalt hervor als einige der größeren Reservate wie der Kruger National Park oder das Okavangodelta in Botsuana. Zudem musste das Gebiet nur minimale menschliche Eingriffe verkraften. Neben Leoparden, Riesengalagos, Weißkehlmeerkatzen, Hyänen, Gnus, Impalas, Riedböcken, Büffeln, Afrikanischen Wildhunden, Gepar-

den, Zebras, Krokodilen sowie Spitz- und Breitmaulnashörnern beherbergt der Park die größte Flusspferdpopulation Südafrikas. Allein der Lake St. Lucia ist Heimat von über 800 Flusspferden und 1200 Krokodilen. Im Jahr 2001 wurden Elefanten wieder eingeführt.

Die riesige Population an Vögeln umfasst 521 verschiedene Arten. Etwa 200 Wasservogelarten nisten und fressen an den Gestaden.

Von der Sodwana Bay aus schließt der Park in Richtung Norden nicht nur Strände, sondern auch Korallenriffe vor der Küste ein, die sich über die gesamte Länge des Reservats erstrecken.

Buckelwale wandern von Juni bis November entlang dem gesamten KwaZulu-Natal-Abschnitt der Küste. Riesige Leder- und Unechte Karettschildkröten legen von November bis März ihre Eier an den Stränden ab.

Mit dem Quastenflosser ist hier eine weitere Rarität zu finden: Dieser Knochenfisch war den Wissenschaftlern aus Fossilienberichten bekannt und galt als ausgestorben – doch wurden im November 2000 überraschenderweise in einem unterseeischen Canyon vor der Küste bei der Sodwana Bay innerhalb des Meeresreservats drei Quastenflosser gesichtet und fotografiert.

Neun Eingangstore führen in den Park; er bietet Wildnispfade, geführte Wanderungen, ein Straßennetz für Safaris, die Möglichkeit, Wale zu beobachten, Schildkrötentouren, Bootstouren und Kanufahrten. Das **Crocodile Center**, nahe dem Ort St. Lucia eingerichtet, zeigt die drei afrikanischen Arten: Nil-, Panzer- und Stumpfkrokodil.

Ein Mädchen aus dem Volk der Tsonga

St. Lucia
🅰 Karte S. 143
**Besucher-
information**
☎ 083/584-7473
**www.stluciasouth
africa.co.za**

**Maphelane
Nature Reserve**
🅰 Karte S. 143
✉ Südrand des
iSimangaliso
Wetland Park
☎ 033/845- 1000

Cape Vidal
🅰 Karte S. 143
✉ Nördlich von St.
Lucia
☎ 035/590-
9012 oderr
082/841-5953;
Reservierung:
033/845-1000;
E-mail: info@
kznwildlife.com
💲 $$

Im ganzen Park steht eine Reihe von Unterkünften zur Verfügung; Reservierungen über *www.elephant-coast.kzn.org.za*.

St. Lucia: Die Stadt St. Lucia, der südlichste Eingang zum Feucht-gebietpark und sein touristisches Zentrum, ist seit 1822 als Wildtier- und Angelrevier bekannt und wurde 1895 zum Schutzgebiet er-klärt. Hier können Besucher sich orientieren und Ausflüge in Busch und Veld, Mündungsgebiete und zu Tidenteichen planen. In der Hoch-saison ist die Stadt ein Touristen-magnet mit belebten Restaurants und Souvenirläden, aber die Atmo-sphäre ist entspannt, Affen und gelegentlich auch ein Flusspferd tummeln sich auf der einzigen Hauptstraße. Gäste kommen zum Sportangeln, das an und vor der Küste sowie als *Catch-and-release*-Touren angeboten wird.

Auf dem südlichen Teil des 36 000 Hektar großen **St. Lucia Lake** – *The Narrows* genannt – kann man Bootsfahrten unternehmen (*KZN Wildlife Office, St. Lucia, Tel. 035/590-1259; Reservierung erforder-lich*) und nahe Begegnungen mit Fischadlern, Pelikanen, Flamingos, Löfflern, Reihern und Eisvögeln so-wie weiteren Wasser- und Wat-vögeln erleben. Krokodile und Flusspferde dümpeln in Sichtweite der unberührten Küstenlinie.

Maphelane Nature Reserve: Gegenüber dem St. Lucia Estuary schmiegt sich der Maphelane-Ab-schnitt von iSimangaliso ans Süd-ufer des iMfolozi River, wo er ins Meer fließt. Das abgelegene Schutzgebiet eignet sich für herrli-che Spaziergänge durch Wald und Busch. Entlang der Strände ist das Brandungsangeln eine sehr belieb-te Beschäftigung. Das **Maphelane Camp** besitzt zehn voll ausgestattete Blockhütten, jede mit zwei Schlafzim-mern, Bad, Küche und Essbereich. Außerdem gibt es 45 Trailer und Zelt-plätze mit modernen Sanitäreinrich-tungen. Darüber hinaus sind hoch-preisige Lodges verfügbar.

Cape Vidal: Cape Vidal ist ein großartiges Küstencamp in einer geschützten Bucht nördlich von St. Lucia. Das Kap mit seinen seichten Tümpeln und Felsvorsprüngen zum Schnorcheln, mit bewaldeten Sand-dünen und schönen Stränden ist ein beliebtes Schutzgebiet innerhalb des iSimangaliso Wetland Park.

Das Camp hat einen Startplatz für Angelkajaks und -jetskis sowie Hochseefischerboote; Angler fan-gen regelmäßig Speisefische wie

Marlin, Fuchshai, Bonito und Schwertfisch. Zudem sind eine Tankstelle, ein Souvenirladen und ein Lebensmittelgeschäft vorhanden. Für Selbstversorger stehen Blockhütten, außerdem Fischerhütten und Zeltplätze zur Verfügung.

Mkhuze Reserve: Mkhuze, die Nordostecke von Zululand, wird von den Lebombo Mountains im Westen, dem Indischen Ozean im Osten und Mosambik im Norden eingerahmt. Es liegt in einem Gebiet, das beiderseits der Grenze zu Mosambik vom Volk der Shangaan bewohnt wurde. Dieser Teil von iSimangaliso weist eine erstaunliche Vielfalt von Lebensräumen auf, darunter hohe Berge, breite Abschnitte von Akaziensavanne, Sümpfe, verschiedenartige Waldgebiete sowie Auenwald, einschließlich eines seltenen Typus von Sandwald.

Der topografischen Diversität ist die Vielzahl von Tierarten zu verdanken, die den Park bevölkern, darunter Spitzmaul- und Breitmaulnashörner, Elefanten, Giraffen, Nyalas – eine Antilopenart mit spiralförmigen Hörnern –, Streifengnus, Warzenschweine, Flusspferde, Impalas und Kudus. Seltener sind Geparde, Hyänen, Leoparden und Afrikanische Wildhunde zu sehen.

Etwa 420 Vogelarten sind belegt, und in der Nähe der Senken Kubube, Kamasinga und Kwamalibala wurden drei Ansitze zum Beobachten der Wildtiere errichtet. Während der Wintermonate kann man an diesen Wasserlöchern auch große Wildkonzentrationen beobachten. Zwei wunderschöne Senken, **Nhlonhlela** und **Nsumo**, sind die Heimat für Flusspferde, Kroko-

dile, Rötel- und Weißpelikane sowie Enten und Gänse.

Tageswanderungen und Nachtfahrten auf den 86 Straßenkilometern arrangiert der Manager des **Mantuma Camp** *(Tel. 038/845-1000)*. Das Camp bietet Safarizelte und Chalets für Selbstversorger.

INSIDERTIPP

Die Safarizelt-Camps in Mkuze sind toll, aber man sollte die Zelte fest geschlossen halten, um die Affen vom Essen und von den Kleidern fernzuhalten. Auch Flusspferde darf man NICHT unterschätzen: Sie holen einen Menschen locker ein!

KEVIN HALL
National Geographic-Experte

Sodwana Bay: Dank ihrer Möglichkeiten zum Sportangeln, Sporttauchen und Schnorcheln ist die Sodwana Bay – innerhalb des iSimangaliso Wetland Park ein wirklich entlegenes Gebiet Südafrikas – besonders beliebt. Die Bucht bietet tiefe Abbrüche nahe der Küste und großartige Unterwasserlandschaften mit Meeresflora und -fauna, darunter Geweih-, Tisch- und Pilzkorallen, wunderschöne Überhänge, Abbrüche und Pilzfelsen.

Taucher und Schnorchler finden hier in reichem Maße Stein- und Weichkorallen, Schwämme, Muränen, große Fischschwärme, Zacken-

Mkuzhe Game Reserve

🅰 Karte S. 143

✉ iSimangaliso Wetland Park

☎ 035/573-9004

💲 $$–$$$$$

Sodwana Bay

🅰 Karte S. 143

Besucherinformation

✉ Nach der Abfahrt Hluhluwe von der N2 auf die SDI-Straße nach Mbazwana noch 80 km

☎ 035/590-1633

barsche, Echte und Unechte Karettschildkröten, Suppen- und Lederschildkröten sowie, abhängig von
der Jahreszeit, Südkaper und Buckelwale, Walhaie und Delphine.

Dieser unberührte Ort garantiert ruhige Spaziergänge in den
Dünen auf einem fünf Kilometer
langen Lehrpfad für Wanderer und
Vogelliebhaber zum **Lake Mgobo-
seleni**. Von November bis Mai
werden auch geführte Schildkrötentouren angeboten.

erforderlich. Malariaprophylaxe ist
notwendig.

Lake Sibaya: Der größte Süßwassersee Südafrikas liegt nahe
der Nordküste zwischen Sandstränden und hohen Sanddünen.
Die weißen Strände und das
Schwemmland des Sees gehen
rasch in dichte Wälder und Farmland mit traditionellen Wohnhäusern über, die den Park in diesem
Gebiet begrenzen.

Kosi Bay

Unterkünfte findet man in **Coral Divers** (Tel. 033/345-6531,
www.coraldivers.co.za) in Hütten und
Safarizelten. Die Lodge in Coral Divers hat eine Tauchschule; dort
kann man die Ausrüstung zum Ge-
rätetauchen und Schnorcheln ausleihen. Die **Mseni Lodge** im Sodwana Bay National Park (Tel.
035/571-0284, www.mseni.co.za)
vermietet Hütten. **Ezemvelo KZN
Wildlife** (www.kznwildlife.com) hat
20 Blockhütten für Selbstversorger
mit je fünf bis acht Schlafplätzen.

Für Fahrten entlang der Küste
sind Fahrzeuge mit Allradantrieb

Der See gibt Vögeln, Säugetieren und Wasserlebewesen
einen Lebensraum, darunter ist
die zweitgrößte Konzentration
an Flusspferden und Krokodilen
in KZN. Weitere Arten sind
unter anderem Weißschwanz- und
Sumpfmangusten, Riedböcke,
Weißkehlmeerkatzen sowie Rot-
und Blauducker.

In der geschützten Bucht leben
279 Vogelarten, darunter Weiß-
brustkormorane, Grau- und Riesenfischer, Haubenzwergfischer,
Fischadler, Fischreiher, Schlangen-
halsvögel und Silberreiher.

INSIDERTIPP

Wer den Menschenmassen in Sodwana entgehen möchte, sollte nach Kosi Bay fahren. Dort gibt es die besten Möglichkeiten zum Schnorcheln und Tauchen, die Südafrika zu bieten hat.

KATE PARR
National Geographic-Expertin

In Mabibi, nahe dem Lake Sibaya, liegt die **Thonga Beach Lodge** *(an der N2, 5 km vom Lake Sibaya, Tel. 035/475-6000, nur Allradantrieb, vorher anrufen, um Transport anderer Fahrzeuge zu arrangieren)*, die sich mit weitem Blick auf die darunterliegenden Strände in den schönen Küstendünenwald schmiegt. Die strohgedeckten Buschsuiten sorgen für völlige Abgeschiedenheit.

Rocktail Bay: Der exklusive Badeort liegt zwischen der Sodwana Bay und der Kosi Bay Nature Reserve, an einer Kette von Seen, Sümpfen, Korallenriffen und abgeschiedenen Stränden.

Mit 40 Kilometern unberührter Küste bietet Rocktail Bay eine sehr private Strandgefahrung. Die warmen Gewässer locken viele Meerestiere an, darunter Leder- und Unechte Karettschildkröten, die während des Sommers hier ihre Eier ablegen. Schildzahnhaie versammeln sich an Felsriffen, und Große Tümmler spielen in den Wellen. Walhaie kommen oft nah heran, um Boote zu inspizieren, und im Winter ziehen Buckelwale durch.

Auf halbem Weg zwischen der Sodwana Bay und Kosi Bay liegt die **Rocktail Bay Lodge** *(Tel. 011 883 0747, www.rocktailbay.com)* unter dem Waldbaldachin der rekultivierten Dünen.

Kosi Bay Nature Reserve: Kosi Bay, das nördlichste Gebiet in Kwa-Zulu-Natal, besteht aus einem Sys-

tem tiefer, klarer, miteinander verbundener Seen mit einer Gesamtfläche von 37 Quadratkilometern, die durch Schilfrohrfelder voneinander getrennt sind. Ein schmales Mündungsgebiet ergießt sich bei Kosi Mouth in den Ozean. Die Seen beherbergen Krokodile und Flusspferde und sind vom Ozean durch hohe, bewaldete Dünen getrennt.

Kosi Bay Nature Reserve

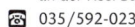 Karte S. 143

✉ In Hluhluwe von der N2 auf die R22 in Richtung Sodwana Bay abbiegen; weiter nach KwaNgwanase, dem Hauptort an der Kosi Bay

☎ 035/592-0234

Zu süß

Wer über KwaZulu-Natal hinwegfliegt, dem fallen unweigerlich die grünen Zuckerrohrfelder auf, die sich über das Land erstrecken. Zucker ist in diesem Teil des Landes ein großes Geschäft, der Industriezweig bringt pro Jahr 4,2 Milliarden Rand (372 Mio. Euro) ein. Der Zuckeranbau schafft zwar Tausende Arbeitsplätze, führt aber zu Umweltschäden infolge Abholzung und Erosion. Noch vor einigen Jahren wurden schätzungsweise 257 bis 432 Liter Wasser benötigt, um 453 Gramm Zucker herzustellen. In jüngster Zeit ist die Industrie aber bemüht, umweltfreundlicher zu werden.

Tembe Elephant Reserve

🗺 Karte S. 143

Besucherinformation

✉ N2 bis zur Abzweigung hinter Mkuze, die befestigte Straße führt zum Eingangstor

☎ 031 / 267-0144

www.tembe.co.za

Dieser Teil des iSimangaliso Wetland Park besteht aus Marschland und Mangrovensümpfen, verschiedenen Palmen sowie Eselsfeigenwäldern, in denen 250 Vogelarten leben. Viele dieser Arten erreichen hier den südlichen Rand ihres Verbreitungsgebiets, wie Reiherläufer, Zwergrallen, Palmgeier, Weißrücken- und Nachtreiher sowie Purpur- und Riedfischer.

Kosi Bay bietet ausgezeichnete Möglichkeiten zum Angeln und

bucht, sollte darauf achten, dass er im Camp eine detaillierte Karte erhält, um den Weg zur Kosi Forest Lodge zu finden. Ein Fahrzeug mit Allradantrieb ist zu empfehlen.

Kosi Bay liegt in einem Malariagebiet, entsprechende Prophylaxe ist notwendig.

Tembe Elephant Reserve

Das Reservat erstreckt sich an der Grenze zu Mosambik und wurde 1983 eingerichtet, um die Elefanten

---

ERLEBNIS: Inselo!

Diese Aufforderung wird wahrscheinlich nicht an Besucher gerichtet. In jedem Fall macht es aber Spaß, der Zulu-Einladung zu einem Stockkampf – dem zeremoniellen Sparringkampf – zuzuschauen.

Mindestens seit 1780 gibt es den Stockkampf der Zulu, über die Jahre ist er aber von einem Kriegsspiel zu einer symbolischen Kulturgeste geworden. Stockkampf ist der Schlüssel zu verschiedenen Initiationsriten, wie *Thomba*, der männlichen Pubertätszeremonie, und *Umgangela*, einem organisierten Wettstreit zwischen den Stämmen, der häu

fig dem Schlichten eines Streits dient. Jeder Kämpfer erhält zwei Stöcke: einen für den Angriff, einen zur Verteidigung. Stechen ist nicht erlaubt; der Kampf endet, sobald eine blutende Wunde auftritt. Damit es kein böses Blut gibt, hilft der Sieger anschließend, die Wunden des Verlierers zu versorgen.

In jüngster Zeit gab es Bemühungen, den Stockkampf zum Profisport zu machen. Nelson Mandela selbst hat ihn in seiner Jugend ausgeübt. Bei jeder Tour zu authentischen Zuludörfern kann man dem Kampf, der einer Choreografie zu folgen scheint, zusehen.

Schnorcheln über einem Korallenriff vor der Küste, in dem eine Vielzahl bunter tropischer Fische lebt. Buschböcke, Ducker und Affen bewohnen die bewaldeten Teile. Unterkünfte stehen in der **Kosi Forest Lodge** (*Tel. 035/474-1473 oder 072/227-5860*) zur Verfügung, außerdem gibt es eine Luxuslodge sowie Camping und Blockhütten für Selbstversorger, die von Ezemvelo KZN Wildlife unterhalten werden. Die Lodges haben Blick auf den dritten der vier Seen, die das Kosi-Lake-System bilden. Wer dort

zu schützen, die sich einst frei zwischen KwaZulu-Natal und dem südlichen Mosambik bewegen konnten und während des Bürgerkriegs in Mosambik sehr unter Wilderern zu leiden hatten. 1991 wurde der Park für die Allgemeinheit geöffnet; heute ist der 300 Quadratkilometer große Park Lebensraum für etwa 220 sehr große Elefanten.

Zu den verschiedenen Biotopen in Tembe zählen dichter Sandwald, Waldgelände, Gras- und Sumpfland, die den Elefanten und vielen anderen Spezies ideale Lebensbe

Die Lodge im Tembe Elephant Reserve

INSIDERTIPP

Im wunderschönen Tembe-Reservat kann man mitunter Elefanten beobachten, deren Stoßzähne so groß sind, dass sie am Boden schleifen. Am Mahlasela-Ansitz gibt es das ganze Jahr über Wasser. Deshalb sieht man hier garantiert Elefanten, auch im Winter.

GABRIELLA FLACKE
National Geographic-Expertin

dingungen bieten. Über 340 Vogelarten sind verzeichnet, darunter die seltenen Flechtenfeinsänger, Rotbauchreiher, Natalnachtschwalben und Zuluschnäpper.

Löwen wurden 2002 wieder in den Park eingeführt, und neben den *Big Five* begegnen die Besucher auch Flusspferden, Servalen, Hyänen, Giraffen, Schakalen, Warzenschweinen, Galagos und vielen der stärker verbreiteten Antilopenarten.

Im Park angekommen, sollte man den Wagen am Konferenzzentrum stehen lassen. Dort wird man mit einem offenen Allradfahrzeug abgeholt und zum kleinen, luxuriösen Zeltcamp von Tembe gebracht.

Ausgebildete Führer leiten morgens und abends Safarifahrten in einem offenen Fahrzeug mit Allradantrieb. Nachmittagsausfahrten werden oft zu Abendfahrten mit Halt an Elefanten-Ansitzen. Besonders lohnend ist der **Mahlasela-Ansitz**. Der **Ponweni-Ansitz** blickt über die Senke im Muzi Swamp. Aus Sicherheitsgründen sind ein Picknickbereich in **Manungu** und ein Spazierweg durch einen Elektrozaun vor großen Tieren geschützt, und ein Aussichtsturm im Parkabschnitt **Gowanini** gibt den Blick über das Reservat frei. ∎

Die Provinz schmückt sich mit einigen der strahlendsten Juwelen Süd-afrikas, etwa mit dem berühmten Kruger National Park

Kruger &
Mpumalanga

Gepardenfamilie in einem südafrikanischen Wildpark

Kruger & Mpumalanga

Die Provinz Mpumalanga hat Touristen einiges zu bieten; allein vier ihrer Sehenswürdigkeiten stehen auf der Liste der südafrikanischen Top 20: der Kruger National Park, der Blyde River Canyon, Pilgrim's Rest sowie – insgesamt betrachtet – die privaten Wildschutzgebiete.

Der Kruger National Park ist natürlich einer der weltweit besten Orte, um Wildtiere zu beobachten. In diesem südafrikanischen Vorzeigenationalpark wird man bei einer typisch afrikanischen Safari die *Big Five* – Löwen, Leoparden, Kaffernbüffel, Elefanten und Nashörner – garantiert zu sehen bekommen. Und es gibt noch mehr zu unternehmen: wie Wildniswanderungen, Astronomie-Exkursionen, Grillabende im Busch oder aber einfach Entspannen in einer Luxuslodge, wobei man mit Sicherheit Großwild sichten wird, ohne sich aus dem Sessel erheben zu müssen.

Der nordwestlich des Kruger gelegene Blyde River Canyon ist – nach dem Grand Canyon im Westen der USA und dem namibischen Fish River Canyon – die drittiefste Schlucht der Welt und eine spektakuläre Attraktion. Die Felswände des kürzlich in Motlatse umbenannten Canyons erheben sich atemberaubend steil über das Flussbett, und hinter jeder Kurve überraschen noch eindrucksvollere Panoramen.

Das südlich der Schlucht gelegene Pilgrim's Rest hingegen beschwört Erinnerungen an die 1870er Jahre, als in der Grenzstadt Goldvorkommen entdeckt wurden. Zum nationalen Denkmal erklärt, ist ein Großteil der historischen Bauten erhalten. Besucher können hier dem National Goldpanning Championship beiwohnen oder selbst ihr Glück beim Goldwaschen versuchen.

Lage und Landschaft

Die Randstufe der Drakensberge unterteilt Mpumalanga in eine westliche Hälfte, die vorrangig aus hoch gelegenem Grasland besteht und Highveld genannt wird, und in das östliche, tiefer gelegene und subtropische Low- oder Bushveld, das von Savannen geprägt wird. Im Osten bilden die Lebombo Mountains die Grenze zu Mosambik. Die tiefer gelegenen Waterberge sind ein Biosphärenreservat der Unesco; hier lassen sich die *Big Five* ohne die Gefahr einer Malariainfektion beobachten.

Im trockeneren Hochveld und dem feuchteren Lowveld gedeihen Mais, Weizen, Sorghum, Gerste, Sonnenblumen, Sojabohnen, Erdnüsse, Zuckerrohr, Gemüse, Kaffee, Tee, Baumwolle, Tabak, Zitrus- und Tropenfrüchte sowie Kernobst. Extensive Forstwirtschaft wird rund um Sabie im Norden betrieben. Viehwirtschaft spielt in Mpumalanga eine große Rolle; Rind- und Schaffleisch, Wolle, Geflügel und Milch sind die wichtigsten Produkte. Ebenso bedeutend ist der Bergbau. Die Mineralienvorkommen umfassen

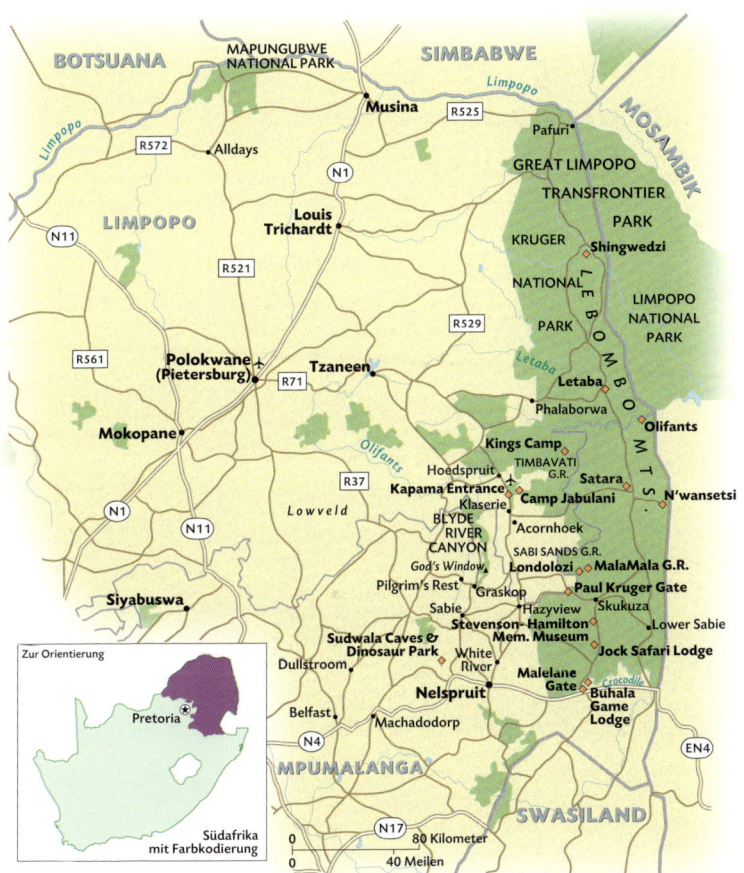

Gold, Platin, Silizium, Chromit, vanadiumhaltiges Magnetit, silberhaltiges Zink, Antimon, Kobalt, Kupfer, Eisenerz, Mangan, Kohle, Andalusit, Weißasbest, Kieselgur, Kalkstein, Talkum und Schiefer.

Mpumalangas Hauptstadt Nelspruit liegt im üppig grünen Tal des Crocodile River im Lowveld, etwa 360 Kilometer östlich von Johannesburg. Die beste Zeit für einen Besuch sind Frühjahr und Frühsommer, wenn die farbenfrohen Blüten der Bauhinien und Bougainvilleen die Stadt schmücken. Sehenswert sind unter anderem der Lowveld National Botanical Garden mit Galeriewäldern und Wasserfällen am Ufer des Crocodile River und die daran angrenzende Krokodilfarm.

Das Königreich Mapungubwe

Das abseits liegende Königreich Mapungubwe sollte man nicht versäumen. Diese Überreste einer blühenden eisenzeitlichen Stadt, die vor etwa tausend Jahren von einem afrikanischen König regiert wurde, haben Archäologen im Jahr 1933 entdeckt. Zum Nationalpark und zur Weltkulturerbestätte erklärt, vermittelt es eindrucksvolle Einblicke in den Alltag einer gänzlich anderen Zeit. ∎

Kruger National Park

Der Kruger National Park, das größte Wildschutzgebiet Südafrikas, liegt im Herzen des Lowveld. Die zwei Millionen Hektar Wildnis begleiten auf 352 Kilometern die Grenze zu Mosambik und erstrecken sich vom Crocodile River im Süden bis zum Limpopo River im Norden. Der Nationalpark ist 64 Kilometer breit und bedeckt eine Fläche von etwa 20 000 Quadratkilometern.

Großwild im Lowveld, Kruger National Park

Kruger National Park

🏔 Karte S. 175

✉ Zugang: 9 Tore, 410 & 600 km auf N1 oder N4 von Johannesburg

☎ 012/428-9111 oder 082/233-9111

www.sanparks.org/ parks/kruger

Viele halten den Kruger für den eindrucksvollsten Nationalpark Südafrikas. Hier leben 147 Säugetierarten – mehr als in jedem anderen afrikanischen Schutzgebiet; weltweit gilt der Park als Region mit der größten Artenvielfalt. Picknickplätze, Restcamps, Wasserlöcher und Unterstände sorgen für eine exzellente Infrastruktur.

Hier spürt man den Zauber der geheimnisvollen Stille Afrikas, begegnet der ursprünglichen, jungfräulichen Schönheit, die die ersten Jäger und Entdecker so berauscht hat. Nebelumwobene Hügel und baumbestandenes Land erwarten den Besucher – Akazien, Krokodilbäume, immergrüne Fieberbäume und im trockeneren Norden Mopane- und majestätische Affenbrotbäume. Mit etwas Glück begegnet man allen *Big Five* – Elefanten, Löwen, Leoparden, Büffeln und Nashörnern – in ihrem natürlichen Lebensraum, vielleicht auch den *Little Five:* Pantherschildkröten, Rüsselspringern, Büffelwebern, Nashornkäfern und Ameisenlöwen. Wer gern Vögel beobachtet, den erwarten die *Big Six:* Hornraben, Riesentrappen, Ohrengeier, Kampfadler, Bindenfischeulen und Sattelstörche.

Der Kruger National Park ist noch immer nahezu unberührt. Doch es hätte durchaus auch anders kommen können: Im 19. Jahrhundert reichte der Arm des Gesetzes noch nicht bis in die Wildnis. Es war die Hochzeit der wahllosen Jagd und hemmungslosen Wilderei nach Elfenbein. Ein Großteil der Tierarten, die heute im Nationalpark leben, wurde damals abgeschossen. Nach dem Zweiten Burenkrieg wurde Major James Stevenson-Hamilton 1902 zum ersten Wildwart dieses Territoriums ernannt. Als Geste der Versöhnung tauften die Briten 1926 das Reservat nach Paul Kruger, dessen Regierung sie in den Burenkriegen besiegt hatten. Der Kruger wurde der erste Nationalpark Südafrikas.

Parkbesichtigung

Neun Tore führen in den Nationalpark: Das Phalaborwa Gate bietet den besten Zugang zum nördlichen Teil, das Orpen Gate empfiehlt sich für die zentrale Region, das Paul Kruger Gate und das Malelane Gate erschließen den Süden.

Es gibt unzählige Möglichkeiten, den Park zu erkunden. Safaritrips durch den Busch und Wildniswanderungen zählen zu den beliebtesten (siehe Kasten unten). Besucher können mit dem eigenen Auto fahren oder sich einer der geführten Rundtouren anschließen. Das gut ausgebaute Wegenetz ist 2600 Kilometer lang, davon sind 697 Kilometer asphaltiert.

Zahlreiche Restcamps bieten komfortable, oft sogar luxuriöse Unterkunft nach Sonnenuntergang. Innerhalb der Parkgrenzen sind Erkundungsfahrten nur von Sonnenauf- bis -untergang erlaubt. Beste Zeit für die Wildbeobachtung ist die winterliche Trockenzeit: Dann ist das Gras niedrig, und die meisten Büsche und Bäume tragen keine Blätter. Da es kaum regnet,

---

ERLEBNIS: Höhepunkte im Kruger National Park

Die meisten Camps organisieren folgende Aktivitäten – alternativ können Sie sich an die Parkverwaltung wenden *(Tel. 012/ 428-9111, www.krugerpark.co.za, E-Mail: reservations@sanparks.org).*

Adventure Trails: Für jene, die den wahren Busch erleben möchten, gibt es im Kruger vier Wege für Geländewagen mit Allradantrieb.

Busch-Braai: Der Safaritrip endet mit einem von Laternen und Lagerfeuer erleuchteten Grillfest im Camp.

Safaritrips: Pirschfahrten durch den Busch frühmorgens, nachmittags und nachts.

Geführte Buschwanderungen: Bewaffnete Führer vermitteln den Gästen auf frühen Morgen- und Spätnachmittagswanderungen ihre Kenntnis der Natur (siehe Kasten S. 185).

Lebombo Overland Trail: Der 500 Kilometer lange Öko-Trail durchquert den Park auf der gesamten Länge und gilt hinsichtlich der Vielfalt von Flora und Fauna als einer der besten im südlichen Afrika. Am intensivsten erlebt man ihn während einer fünftägigen Geländewagensafari.

Olifants Stargazing: Das Olifants Camp organisiert Pirschfahrten mit Schwerpunkt Astronomie. Dazu gehören eine Einführung in den südlichen Sternenhimmel, Sternbeobachtung durchs Teleskop und ein nächtlicher Safaritrip auf dem Rückweg.

Nächtliche Buschwanderungen: Für die abenteuerlustigsten Besucher; sie wohnen in einfachen Camps und erleben den Busch zu Fuß. Abgeschiedenheit und Ruhe garantiert.

Die *Big Five*

Zu den afrikanischen *Big Five* zählen Löwe, Leopard, Elefant, Nashorn und Büffel. Ihren berühmten Beinamen verdanken sie den frühen Jägern, die von der Wildheit beeindruckt waren, mit der die Tiere reagierten, wenn sie sich in die Enge getrieben fühlten.

Ein Leopard hält ein Nickerchen im Baum; hier verzehrt er auch am liebsten seine Beute

Die Anziehungskraft dieser herrlichen Tiere wird erst in ihrem natürlichen Lebensraum vollends verständlich. Der Anblick eines Leoparden, der in der Dämmerung auf einem Feigenbaum am Fluss ruht, die Begegnung mit einem Löwenrudel, das sich an einem Riss gütlich tut, eine Elefantenherde auf ihrem majestätischen Marsch durch die Savanne – diese Momente wird man ein Leben lang nicht mehr vergessen.

Der **Afrikanische Elefant** *(Loxodonta africana)* ist das größte an Land lebende Säugetier. Wohl jeder ist von der Kraft und Eleganz dieser sensiblen, mitfühlenden Tiere beeindruckt.

Der Elefant wiegt bei einer Schulterhöhe von 3 bis 4,5 Metern zwischen 3630 und 5990 Kilogramm. Seine Gehgeschwindigkeit liegt bei sechs Stundenkilometern; die Tiere können aber bis zu 40 Stundenkilometer erreichen, wenn sie wütend oder gereizt sind. Die intelligenten Tiere nutzen seismische Vibrationen auf Infraschallfrequenzen, um über große Entfernungen zu kommunizieren.

Da Elefanten ein sehr ineffizientes Verdauungssystem besitzen, müssen sie täglich rund 45 Kilogramm Pflanzennahrung zu sich nehmen. Die abgenutzten Backenzähne werden durch nachwachsende ersetzt. Die letzten Zähne halten bis zu einem Alter von 65 bis 70 Jahren.

Miteinander verwandte Kühe und deren Junge bilden eine Herde. Manchmal werden Familien von männlichen Tieren begleitet, doch die meisten älteren Bullen schließen sich den Herden nur zur Paarung an. Nach 22-monatiger Tragzeit wird ein 90 Zentimeter großes, 20 Kilogramm schweres Kalb geboren. Bereits wenige Tage nach der Geburt kann es der Herde folgen.

Der **Löwe** (*Panthera leo*) ist eine große, fleischfressende Katze mit lohfarbenem Fell. Männchen tragen eine mächtige, dunklere Mähne an Hals und Schultern. Es überrascht kaum, dass der Mensch den Löwen respektiert und fürchtet. Unsere Vorfahren, die die afrikanischen Ebenen durchstreiften, waren leichte Beute für diese kraftstrotzenden Jäger. Die ambivalenten Gefühle, die wir Löwen und auch Leoparden gegenüber empfinden, wurzeln sicherlich in jenen Tiefen unserer Psyche, die noch vom Leben als Jäger und Sammler geprägt sind.

Löwen bevorzugen Savannen und weite Grasebenen und werden zwischen zehn und 14 Jahre alt. Ein Rudel besteht aus miteinander verwandten Weibchen, deren Nachwuchs und einigen dominanten Männchen. Im Alter von etwa zwei Jahren beginnen die Löwen, selbst zu jagen. Bevorzugte Beute sind Gnus, Impalas, Zebras, Büffel, Warzenschweine, Kudus, Kuh-, Oryx- und Elenantilopen. Die Löwinnen jagen gemeinsam, kreisen eine Herde ein und greifen das Tier an, das ihnen am nächsten ist. Die Attacke ist kurz und schnell und endet mit einem kraftvollen Sprung.

INSIDERTIPP

Beste Zeit für die Tierfotografie in Südafrika ist der Winter: Der Busch ist dann etwas lichter als im Sommer. Die ideale Zeit, die Tiere vor die Kamera zu bekommen, sind der frühe Morgen und der Abend.

SAMANTHA REINDERS
National Geographic-Fotografin

Löwinnen werden alle zwei Jahre trächtig und werfen nach einer Tragzeit von etwa 105 Tagen ein bis vier Junge. Da sie ihre Jungen gemeinsam aufziehen, säugt jede Löwin, die Milch hat, jedes Junge. Mehr als drei Viertel der Löwenjungen sterben, ehe sie zwei Jahre alt sind.

Der **Leopard** (*Panthera pardus*) zählt wohl zu den effizientesten Raubtieren an Land, ausgestattet mit kräftigen Muskeln, rasiermesserscharfen Krallen und starken Fangzähnen.

Beweglich und elegant präsentiert sich der Leopard in einem Fellkleid von hellem Ocker mit dunklen, rosettenförmigen Flecken. Sein Lebensraum kann ebenso dichter Regenwald sein wie Wüste. Die Schulterhöhe beträgt 42 bis 79 Zentimeter; Männchen sind wesentlich größer als Weibchen und wiegen 34 bis 90 Kilogramm. Leoparden sind nahezu unsichtbare, nächtliche Jäger und schleichen sich dicht an ihre Beute heran, ehe sie zum entscheidenden Angriff ansetzen. Dabei packen sie das Opfer am Hals und töten es mit ihren kräftigen Fangzähnen.

Breitmaulnashorn (*Ceratotherium simum*)

Obwohl Leoparden gelegentlich auch Menschen angreifen, meiden sie normalerweise den Kontakt zu ihnen. Die afrikanische Landbevölkerung betrachtet Leoparden dennoch mit Angst und Grauen. Die Tiere haben ungemeine Kräfte: Wenn sie mit einem erbeuteten Gnu in die Krone eines Baumes hinaufspringen, um es vor Aasfressern in Sicherheit zu bringen, stellen sie diese Kraft eindrucksvoll zur Schau.

Der **Afrikanische Büffel** oder **Kaffernbüffel** (*Syncerus caffer*) wird als gefährlichster Vertreter der *Big Five* angesehen – allerdings nur, wenn er von einem unachtsamen Jäger verwundet wurde.

Elefanten in einem privaten Wildschutzgebiet nahe dem Kruger National Park

Den Schädel mit mattschwarzen Hörnern über dem anthrazitfarbenen Körper erhoben, scheinen alte Büffelbullen ihr Gegenüber missbilligend und argwöhnisch aus kleinen Augen anzustarren. Und doch sind ihnen eiserne Härte und Erhabenheit nicht abzusprechen. Büffel haben ungeheure Kraft. Sogar Löwen begegnen ihnen mit Respekt; Büffel haben nur wenige andere natürliche Feinde. Löwen jagen sie, aber es braucht mehr als einen Jäger, einen großen Bullen zu schlagen.

Kühe und deren Nachwuchs bilden eine Büffelherde. Junge männliche Tiere schließen sich zu Junggesellenverbänden zusammen, während die alten Bullen normalerweise alleine leben. Im Alter von fünf Jahren bringen Kühe nach 11,5 Monaten Tragzeit ihr erstes Kalb zur Welt. Bevor es zur Herde darf, wird das Neugeborene zunächst im Busch versteckt. Die Kälber halten sich in der Mitte der Herde auf und werden von dieser beschützt. Nach zwei Jahren verlassen die Jungbullen ihre Mütter und schließen sich den älteren Junggesellenverbänden an.

In Afrika leben zwei Arten von **Nashörnern:** das Spitzmaulnashorn (auch Schwarzes Nashorn, *Diceros bicornis*) und das Breitmaulnashorn (auch Weißes Nashorn, *Ceratotherium simum*). Die Namen rühren von ihrer Nasen- und Maulform: Das Spitzmaulnashorn besitzt als Laubfresser eine schmale, vorstehende Lippe, das Breitmaulnashorn als Grasfresser dagegen eine breite. Beide Arten tragen zwei Hörner auf dem Nasenbein. Sie sind mit 1,6 Meter Schulterhöhe ähnlich groß, doch wiegt das Breitmaulnashorn doppelt so viel wie das Spitzmaulnashorn.

Wilderer haben die afrikanische Nashornpopulation nahezu ausgerottet. Das Horn der Tiere gilt als ungemein wertvoll.

Spitzmaulnashörner gelten als aggressiv, greifen aber meist nur deshalb an, weil sie sehr schlecht sehen – angeblich attackieren sie sogar Baumstämme. Die erwachsenen Tiere leben vereinzelt und kommen nur in der Brunftzeit zusammen. Diese ist unabhängig von der Jahreszeit; die meisten Jungen werden gegen Ende der Regenzeit geboren.

Die Tragzeit beträgt 15 bis 16 Monate. Das Kalb wiegt nach der Geburt 35 bis 50 Kilogramm und kann bereits nach drei Tagen selbstständig seiner Mutter folgen. Mutter und Junges bleiben zwei bis drei Jahre, bis zur Geburt des nächsten Kalbes, zusammen.

kommen die durstigen Tiere morgens und abends an die Wasserlöcher, wo sie bequem zu beobachten sind.

Skukuza

Skukuza ist das größte Restcamp im Kruger. Zu seinen Einrichtungen zählen ein Restaurant, Geldautomat, Laden, Internetcafé, eine Tankstelle und eine Buchhandlung.

Skukuza – wörtlich übersetzt „jener, der aufräumt" – war der Spitzname, den die Tsonga Major James Stevenson-Hamilton gaben. Der erste Wildwart des Nationalparks ließ viele Einheimische umsiedeln, als der Park eingerichtet

Letaba Elephant Hall

Auch das Elefantenmuseum im Restcamp Letaba ist ausgesprochen spannend: Vor 30 Jahren durchstreiften sieben riesige Elefantenbullen mit mehr als 45 Kilogramm schweren Stoßzähnen auf ihren Wanderungen das Naturschutzgebiet. Der damalige Nationalparkchef setzte diese Giganten ein, um Werbung für die außerordentlichen Hegeerfolge im Kruger zu machen. Jeder Bulle bekam einen Namen, und gemeinsam hießen sie „die glorreichen Sieben".

Als diese berühmten Elefanten starben, wurden ihre Stoßzähne und Schädel eingesammelt. Sie sind

Skukuza

🗺 Karte S. 175
✉ Über das Paul Kruger Gate
☎ 013/735-4153 oder 082/802-1204
www.sanparks.org/parks/kruger/camps/skukuza

Stevenson-Hamilton Memorial Museum

🗺 Karte S. 175
✉ Skukuza Rest Camp, Südufer des Sabie River
☎ 012/735-4152
www.sanparks.org/parks/kruger/camps/skukuza

Letaba Elephant Hall

✉ Letaba Rest Camp, im Norden des Kruger National Park, 48 km vom Phalaborwa Gate
☎ 013/735-6636
www.sanparks.org/parks/kruger/elephants

Im Shangana Cultural Village nahe dem Kruger National Park werden die Traditionen des Volkes der Shangaan bewahrt

wurde. Das **Stevenson-Hamilton Memorial Museum** beherbergt eine Sammlung interessanter historischer Exponate, darunter das Fahrtenmesser, mit dem Ranger Harry Wolhuter allein einen Löwen tötete.

Neben Wolhuters Messer wird auch das Fell des von dem Ranger in Notwehr getöteten Löwen im Museum gezeigt.

nun in der Letaba Elephant Hall ausgestellt. Die Stoßzähne sind sehr eindrucksvoll und erwecken jene Zeit zum Leben, bevor die Wilderei Afrikas Population von Elefanten mit großen Stoßzähnen vernichtet hatte. Dzombo, Joao, Kambaku, Mafunyane, Ndlulamithi, Shawu und Shingwedzi werden unvergessen bleiben.

Private Lodges im Kruger

Im Kruger National Park gibt es zahlreiche private Konzessionen für Lodges, die Fünf-Sterne-Luxus mit spektakulärer Wildbeobachtung kombinieren. Ganz oben steht das Duo **Singita Lebombo** und **Singita Sweni** (siehe S. 300).

Lebombo, hoch auf einem Hügel gelegen, ist die größere Lodge und besteht aus Suiten, deren Konstruktion aus Glas, Stahl und schmalen Holzbalken einen nahezu unverstellten Blick auf den

INSIDERTIPP

Die Exeter River Lodge in Sabi Sands eröffnet den Blick über den Sand River; auf den Safaritrips sieht man die *Big Five*, abends wird in der Holz-Boma Lamm aus der Karoo serviert, und zur Suite gehört ein privater Pool.

ERIN MONRONEY
*NATIONAL GEOGRAPHIC
KIDS-Autorin*

umliegenden Busch erlaubt. Das kleinere Sweni mit weniger Wohneinheiten liegt näher am Fluss und besitzt eine intimere Atmosphäre. In beiden Lodges genießen die Gäste Wildsichtungen von ihrer privaten Terrasse aus.

Morgens und abends brechen Wildhüter mit den Gästen zu Safaritrips auf. Es werden auch geführte Buschwanderungen oder Mountainbiketouren angeboten. Anders als im eigentlichen Nationalpark

dürfen die Fahrzeuge der privaten Konzessionen beim Safaritrip querfeldein fahren. Elefanten oder einem Löwenrudel kann man so aus nächster Nähe folgen. Weitere Informationen siehe S. 300.

Sabi Sands Game Lodges

Das 65 000 Hektar große **Sabi Sands Game Reserve** an der Südwestgrenze des Nationalparks ist Südafrikas exklusivstes privates Wildreservat. Viele der luxuriösesten Lodges Südafrikas sind hier zu finden, darunter **Singita Ebony** (siehe S. 300) mit neun Luxussuiten unter riesigen Ebenholzbäumen und **Singita Boulders** (siehe S. 300) mit zwölf Luxussuiten am Sand River.

Das besonders empfehlenswerte **Londolozi** ist zu Recht eine der bekanntesten Safarilodges in Sabi Sands. Angeblich sind hier die besten Wildsichtungen ganz Südafrikas möglich. Die Tiere sind an die Geländewagen gewöhnt, und die Chance, allen *Big Five* inklusive dem sehr scheuen Leoparden zu begegnen, ist groß. Vogelbeobachter werden sich von den mehr als 40 Greifvogelarten nicht losreißen können. Am Ufer des Sand River sind Paradiesschnäpper, Weißbrauenrötel, Waldnektarvögel und Rotnasen-Grüntauben zu finden.

Zudem erwarten den Besucher Abendessen im Mondlicht im Freien, auf Wunsch Frühstück im Busch und geführte Sternguckertouren. Londolozi bietet gleich mehrere Unterkunftsmöglichkeiten an: Das **Tree Camp** thront über dem Sand River; **Founder's Camp** verbirgt sich in den dichten Galeriewäldern des Sand River, und das erst kürzlich und sorgfältig renovierte **Pioneer Camp** ist von der nostalgischen Aura vergangener Zeiten durchdrungen.

MalaMala Game Reserve

Das preisgekrönte, international bekannte MalaMala Game Reserve zählt zu den ältesten privaten Wildschutzgebieten der Region. MalaMala zeichnet sich durch eine unvergleichliche Liebe zum Detail aus.

und Safaritrips bei Tag und Nacht. Buschwanderungen mit einem bewaffneten Ranger finden nach Bedarf statt.

Unterkunft bieten drei Zeltcamps: Das **MalaMala Main Camp** ist schlicht und traditionell eingerichtet; der spektakuläre Ausblick macht es zur ersten Wahl. Intimer ist das **Rattray's**, dessen Haupthaus eine Aussichtsterrasse mit Teleskop und einen Barbereich

Ein privates Wildschutzgebiet in der Nähe des Kruger National Park

Nach einem frühen Safaritrip im offenen Geländewagen, der von einem der erfahrenen Ranger von MalaMala gelenkt wird, entspannen die Gäste am Pool oder faulenzen bis zum Mittagessen auf der Aussichtsterrasse.

MalaMalas Küchenchefs verwandeln jedes Gericht in eine Versuchung; afrikanische Trommeln rufen zum Dinner unter freiem Himmel in einer von Schilfmatten geschützten *boma*. MalaMala organisiert spezielle Safaris für Fotografen, nächtliche Sternbeobachtung

besitzt; Dritter im Bunde ist das luxuriöse **Sable Camp** (*Tel. 013/735-9200, www.malamala.com/sable*) südlich des MalaMala-Hauptcamps.

Camp Jabulani

Das Camp Jabulani verbindet luxuriöse Unterbringung und unvergessliche Begegnungen mit Wild. Es liegt in einem Reservat für die *Big Five*, zu dem das **Hoedspruit Endangered Species Centre** gehört. Das Zentrum ist für sein Engagement in der Wildhege bekannt; hier können Besucher

Londolozi

✉ 236 km nach dem Paul Kruger Gate nach links, dann 28 km Schotterstraße

☎ 013/735-5653

www.londolozi.com

MalaMala Game Reserve

△ Karte S. 175

✉ Vom Paul Kruger Gate 37 km zum Hinweisschild MalaMala, dann links 29 km auf Schotterstraße. C 013/735-9200

www.malamala.com

Rattray's on MalaMala

✉ MalaMala Game Reserve, 4 km den Sand River flussabwärts vom Hauptcamp entfernt

☎ 013/735-3000

www.malamala.com/ rattrays

Camp Jabulani

△ Karte S. 175

✉ Kapama Game Reserve

☎ 012/460-5605

www.campjabulani.com

Hoedspruit Endangered Species Centre

✉ R40 zwischen Klaserie & Hoedspruit

☎ 015/793-1633

$ $$$

www.wildlifecentre .co.za

Timbavati Game Reserve

✉ Von Hoedspruit auf der R40 nach rechts; nach 8 km am Hinweisschild Timbavati links zum Tor und rechts am Schild Kings Camp; dann weitere 6 km bis zum Schutzgebiet

☎ 015/793-2436

💲 $$$

www.timbavati.com

Kurisa Moya Nature Lodge

✉ Auf der N1 zur R71 in Richtung Univ. of Limpopo, dann am Lodge-Schild links. Nach 26 km wird die Straße kurz vor dem Lodge-Eingang rechts zur Staubstraße

☎ 015/276-1131

www.krm.co.za

INSIDERTIPP

Ein einzigartiges Urwalderlebnis in entspanntem Ambiente verspricht die Kurisa Moya Nature Lodge im Magoebaskloof Forest Reserve; ein Muss für Freunde der Vogelbeobachtung, der Natur und des gesunden Lebens.

CAGAN H. SEKERCIOGLU
National Geographic-Experte

Geparde und andere bedrohten Wildarten bestaunen.

Eine unvergessliche Erfahrung sind die Safaris auf Elefanten, einzigartig die Nachtsafaris auf den grauen Riesen. Jabulani ist das einzige Camp, in dem nächtlichen Safaris veranstaltet werden. Diese Afrikani-

schen Elefanten wurden verletzt gefunden und aufgepäppelt. Nach der Safari dürfen die Reiter sie in die Gehege führen. Daneben werden Safaritrips und Ballonfahrten angeboten. Zurück im Camp, entspannen sich die Gäste im Speisebereich.

Timbavati Game Reserve

Das private Wildreservat grenzt an den Kruger und liegt nördlich von Sabi Sands. Hier ist die Chance, alle *Big Five* zu sichten, besonders gut; rund 40 Säugetierarten leben auf dem Gelände. Unter den Unterkunftsmöglichkeiten sticht das im Kolonialstil eingerichtete **Kings Camp** (siehe S. 301) hervor. Das Wasserloch gegenüber dem Camp wird von vielen Tieren aufgesucht.

Nach Bedarf werden nach dem Frühstück geführte Buschwanderungen angeboten. Dabei erleben die Gäste die weniger spektakulären, aber ebenso wichtigen Aspekte des Lebens im Bushveld. ∎

Gäste auf Londolozi; die familiengeführte Lodge gehört zu den Pionieren des Ökotourismus

ERLEBNIS: Zu Fuß durch den Busch

Es gibt keine bessere Art, Schönheit und Gerüche des afrikanischen Buschs zu erfahren, als ihn zu Fuß zu durchstreifen. Während bei einem Safaritrip vor allem die Augen angesprochen werden, sind bei der Buschwanderung alle fünf Sinne gefragt.

Zu Fuß sieht man seltener größeres Wild, denn die Tiere verbergen sich hinter Buschwerk und hohem Gras, wenn Menschen sich nähern. Der erfahrene Wildhüter wird dafür viele kleinere Dinge erklären, die von einem Safariwagen aus meist übersehen werden – wie die charakteristischen Spuren von Raubtieren und verschiedenen Antilopenarten, die runden Abdrücke der Elefanten, die dreizehige Spur des Nashorns und die vierzehige des Flusspferdes. Vielleicht zeigt der Führer eine Stelle, an der Abdrücke, abgebrochene Zweige und Blutspuren von einem nächtlichen, verzweifelten Kampf und einem Riss erzählen oder Hörner und sonnengebleichte Knochen die Arbeit von Geiern und Hyänen dokumentieren.

Naturerlebnis bei geführten Wanderungen in Singita Lebombo

Bei einer Buschwanderung lernen die Teilnehmer viel über Vögel, Insekten, kleinere Reptilien und die vielen verschiedenen Sträucher, Bäume, Schlingpflanzen, Blumen und Grasarten, die im Bushveld wachsen. Man erfährt, welchen praktischen Nutzen die einheimischen Gewächse haben, wie man etwa aus geflochtenen Rindenstreifen des Yellowwoodbaumes ein starkes Seil macht und welche Pflanzen gegen Kopfschmerzen oder Magenverstimmung wirken.

Zur Spannung einer solchen Buschwanderung trägt auch das latente Gefühl von Gefahr bei. Sind Raubtiere und große Säugetiere in der Nähe, wird die Gruppe von einem bewaffneten Ranger begleitet. Im Gespräch wird man feststellen, dass die Ranger ihre Waffe selten bis nie haben abfeuern müssen. Allerdings sollte man ihre Anweisungen, wie man sich bei der Wanderung oder der Begegnung mit einem gefährlichen Tier zu verhalten hat, genauestens befolgen.

Absolutes Busch-Erlebnis verspricht eine mehrtägige Wanderung. **Siyabona Travel** *(Tel. 021/424-1037, www.siyabona.com)* bietet zwei- bis fünftägige Buschwanderungen im Kruger und in den privaten Schutzgebieten. an

In den Luxuslodges des Kruger National Park, **Singita Lebombo** und **Singita Sweni** (siehe S. 182), führen Ranger die Gäste je nach Wunsch zwischen einer und mehreren Stunden durch die Wildnis.

Die Verwaltung des **Kruger National Park** organisiert von den meisten Camps aus Morgen- und Spätnachmittagswanderungen, verschiedene Wildnis-Trails mit drei Übernachtungen sowie Mountainbiketouren vom Olifants Camp aus. Für detaillierte Infos und Hinweise zu Ausrüstung und Kleidung einfach auf der Seite des Kruger National Park (auf der Website *www.sanparks.org*) „Activities" anklicken.

Rund um den Kruger

Auch außerhalb des Nationalparks präsentiert sich das Land typisch afrikanisch. Großwild zeigt sich je nach Laune, das Land ist mal karg, dann wieder üppig grün, und nebelverhüllte historische Städtchen sind Zeugen einer Geschichte, die längst an ihnen vorübergezogen ist.

Die 240 Millionen Jahre alten Sudwala Caves sind die ältesten Höhlen der Welt

Sudwala Caves

 Karte S. 175

✉ R539 (Sabie) Abzweigung der R539 (Sabie) von der N4 in Richtung Pretoria, dann 8 km in Richtung Sudwala Caves. Nach Verlassen der R539 überquert man den Houtboschloop River und fährt 1,6 km bergauf

☎ 013/733-4152

💲 $

www.sudwalacaves. co.za

Sudwala Caves

Die Sudwala Caves entstanden vor 240 Millionen Jahren und sind die ältesten bekannten Höhlen der Welt. Wer sie als Erster entdeckte, ist bis heute ein Geheimnis. Darin gefundene Werkzeuge aus der Steinzeit belegen, dass Menschen vor Tausenden von Jahren in den Höhlen Zuflucht suchten. Noch vor 200 Jahren brachten sich hier Angehörige des Volkes der Swazi in Sicherheit.

Rund 5,5 Kilometer des Höhlensystems von Sudwala wurden bislang untersucht; weitere Forschungen dauern an. Nur 594 Meter sind bislang für Touristen zugänglich. Am größten ist die runde **Owen Hall**. Sie misst 65 Meter im Durchmesser und ist 18 Meter hoch. Benannt ist sie nach dem Mann, der die Höhlen 1965 als Touristenattraktion eröffnete.

Es gibt zahlreiche Tropfsteinformationen, die Namen wie **Lowveld Rocket**, **Samson's Pillar** oder **Screaming Monster** tragen. Da die Owen Hall eine Art natürliche Klimaanlage sowie eine gute Akustik besitzt, dient sie als Veranstaltungsort: Hier einer Oper oder einem Theaterstück beizuwohnen ist ein großes Erlebnis.

Die Sudwala Caves sind in Privatbesitz und können nur im Rahmen einer Führung besichtigt werden. Die einstündigen Touren durch die Unterwelt finden mehrmals am Tag statt. Jeden ersten Samstag im Monat wird die fünfstündige Kristalltour veranstaltet. Abenteuerlustige Besucher können dabei zwei Kilometer tief bis zur spektakulären **Crystal Hall** mit ihren Aragonitkristallen vordringen. Auf dem Weg müssen die Teilnehmer teilweise durch schmale

....

Die Sudwala Caves entstanden vor 240 Millionen Jahren und sind die ältesten bekannten Höhlen der Welt.

....

Tunnel klettern, in denen manchmal Wasser steht. Robuste Schuhe und Kleidung sowie ein Mindestalter von 16 Jahren sind Voraussetzung; Interessierte sollten sich zwei Wochen im Voraus anmelden.

Der **Sudwala Dinosaur Park** neben den Höhlen erzählt anhand lebensgroßer und wissenschaftlich genauer Modelle prähistorischer Tiere anschaulich die Geschichte der Entwicklung des Lebens auf der Erde. Amphibien- und säugetierartige Reptilien, Dinosaurier, ausgestorbene Säugetierarten und prähistorische Menschen bieten Edutainment für die ganze Familie.

Dullstroom

Dullstroom ist von Johannesburg in Richtung Kruger National Park nur drei Stunden Fahrt entfernt

und gilt wegen der malerischen Landschaft, der Trödelläden, Pubs und Cafés und der entspannten Atmosphäre als touristisches Traumziel. Doch die Kleinstadt ist in erster Linie als Südafrikas Mekka der Fliegenfischer berühmt. An den Wochenenden strömen Angler in die Stadt und bevölkern die zahllosen Forellenteiche, aus denen so gut wie jeder sein Abendessen herausziehen kann.

Pilgrim's Rest

Die Stadt Pilgrim's Rest wurde zum nationalen Denkmal erklärt. In gewisser Weise ist Pilgrim's Rest ein lebendes Fossil, denn es versetzt die Besucher in die Zeiten des Goldrauschs in Transvaal zurück.

Sudwala Dinosaur Park

🏛 Karte S. 175

✉ Neben dem Parkplatz an den Sudwala Caves

☎ 013/733-4152

💲 $

Dullstroom

🏛 Karte S. 175

Burenkrieg

Viele Einwohner von Dullstroom wurden im Zweiten Burenkrieg (1899–1902) von britischen Soldaten – getreu deren Taktik der „verbrannten Erde" – getötet. Die überlebenden Männer gingen in den Untergrund und nahmen den Guerillakrieg gegen die besser ausgerüsteten Engländer auf. Frauen und Kinder litten am meisten, denn sie wurden in Konzentrationslagern im nahen Belfast interniert, wo viele starben. In der Stadt erinnern eine Statue und ein Garten an die Toten. Wenn man an einem kalten Morgen (Dullstroom liegt 1964 Meter hoch) die Stadt durchstreift, hört man das Knirschen der Schuhe auf dem Boden, auf dem einst die Soldaten der Buren marschierten ...

Pilgrim's Rest

Karte S. 175

**Besucher-
information**

Main St.

013/768-1060

www.pilgrims-rest.
co.za

Die Legende will, dass der Goldgräber Alec Patterson 1873 in den Hügeln der Umgebung nach Gold suchte. An einem Pilgrim's Creek („Pilgerbach") genannten Ort sah er im kristallklaren Wasser des Flusses einen riesigen Nugget

Die junge Frau trägt traditionelle Ndebeleperlen und -kleidung

leuchten. Vor Freude rief er aus: «At last the pilgrim can rest!» – «Endlich kann sich der Pilger ausruhen!»

Dieser Ausspruch wurde bekannt und hatte vorhersehbare Folgen. Die Goldvorkommen in den Flüssen von Pilgrim's Rest stellten sich als die besten ganz Südafrikas heraus. Goldgräber strömten aus allen Teilen des Landes herbei. Als die Vorkommen erschöpft waren,

wurde die Stadt aufgegeben. 1972 kaufte die südafrikanische Regierung die Siedlung und erklärte sie zum nationalen Denkmal. Die besondere Atmosphäre von Pilgrim's Rest wurde durch ein umfassendes Restaurierungsprogramm bewahrt; historische Bauten wurden wieder eingerichtet.

Viele der ursprünglichen, meist aus Wellblech und Holzbohlen gezimmerten Häuser säumen noch heute die Hauptstraße. Neben Läden und Museen findet sich hier das spätviktorianische **Royal Hotel** (Tel. 013/768-1100), das zu den bekanntesten Hotels Südafrikas zählt. Besucher können Häuser wie das **Alanglade** ($) besichtigen, in dem der Manager der Transvaal Gold Mining Estate Ltd. lebte.

Das **House Museum** ($) ist ein typisches Haus von Pilgrim's Rest und zeigt Möbel und Ausstattung im spätviktorianischen Stil. Das **War Memorial** (Main St.) gedenkt der Soldaten aus Pilgrim's Rest und Umgebung, die in den beiden Weltkriegen gefallen sind.

Im **Informationszentrum** (Main St.) erhält man Broschüren und Landkarten sowie Tickets für Stadtführungen und den Besuch der Museen. In Schaukästen werden geologische Exponate, Fotos und Gegenstände gezeigt, die mit dem Goldschürfen in Pilgrim's Rest in Verbindung stehen. Die Angestellten zeigen, wie man sein Glück beim Goldwaschen versuchen kann (siehe Kasten S. 189).

Blyde River Canyon

Der Blyde River Canyon, der erst kürzlich in Motlatse umbenannt wurde, ist eines der großen Wun-

ERLEBNIS: Goldrausch

Seit 1873 an diesem entlegenen Ort Gold entdeckt wurde, passiert hier kaum etwas, das nicht mit dem seltenen Metall zu tun hätte. Jeden September finden in der Stadt die **South African Gold Panning Championships** statt.

Besucher können ihre Fähigkeiten als Goldwäscher im **Diggings Museum** *(R533, 2 km südlich der Stadt, $)* testen oder es gleich selbst versuchen. Und so wird's gemacht: Man nehme eine Waschpfanne und tauche sie etwa 15 Zentimeter tief in einen langsam fließenden Bach, dessen Strömung nicht zu schnell, aber auch nicht zu statisch sein darf. Die Pfanne wird mit Kies gefüllt und unter Wasser kreisförmig bewegt. Dabei entfernt man mit der Hand Stücke von Moos und Schlamm, bis nur noch feiner Sand übrig ist. Da Gold schwerer als die meisten anderen Sedimente ist, lagert es sich auf dem Pfannenboden ab. Nun muss man die Ablagerung nur noch aufmerksam nach Gold durchsuchen. Reich wird man nicht, aber es macht Spaß.

der Afrikas und ein Muss für jeden Besucher. Selten erlebt man eine solche Naturschönheit und so atemberaubende Ausblicke.

Die 50 Kilometer lange Schlucht ist die zweitgrößte Afrikas und nach dem Grand Canyon in den USA und dem namibischen Fish River Canyon die drittgrößte der Welt. Sie entstand vor etwa 200 Millionen Jahren, als der Urkontinent Gondwana auseinanderbrach und Madagaskar und die Antarktis durch tektonische Kräfte von Afrika abgesprengt wurden. Damals wurde die Region westlich über das heutige Pretoria hinaus von einem riesigen, flachen Meer bedeckt, das allmählich den aufgerissenen Rand des Kontinents anhob und den Canyon schuf.

Die gut ausgeschilderte, gemeinhin **Panorama Route** genannte R532 führt an den eindrucksvollsten Aussichtspunkten entlang – eine der schönsten Verkehrsadern Südafrikas, die durch die nördlichen Ausläufer der Drakensberge verläuft.

Die Route beginnt in der Stadt Graskop und passiert die Bourke's Luck Potholes, God's Window und die Three Rondavels. Dort, wo der Ohrigstad River von Westen in den schnell fließenden Blyde River mündet, haben umweltbewusste Ingenieure den unauffälligen **Blyde Dam** an einer Engstelle unterhalb des Zusammenflusses erbaut. Die Umgebung der Schlucht ist sehr wildreich. Am Canyonende bevölkern Zebras, Streifengnus, Wasserböcke und Kudus das Lowveld. Im durch den Blyde-Damm aufgestauten See kann man Krokodile und Flusspferde beobachten. Die Randstufe ist Lebensraum des Bergriedbocks, und an den Felswänden tummeln sich Klippschliefer.

Den gesamten Canyon entlang gibt es Aussichtspunkte; zahllose Trails für Wanderer, Reiter und Mountainbiker führen durch die Schlucht. Die besten Aussichtspunkte und die exotischsten Urwaldpflanzen finden abenteuerlustige Besucher abseits der Menschenmassen, hoch über den Wolken im Nebelwald. Für die Wanderung sollte man ausreichend Proviant einpacken, denn das Gebiet kann sehr feucht sein, und der

Blyde River Canyon

🗺 Karte S. 175

✉ Östlich von Vaalhoek, Abzweigung von der R532

Die Bourke's Luck Potholes im Blyde River Canyon

Die **Bourke's Luck Potholes** (35 km nördlich von Graskop an der R532, Tel. 013/769-6019) verdanken ihren Namen dem Goldgräber Tom Bourke, der im 19. Jahrhundert in der Nähe einen Claim besaß. Bourkes Vorhersage, dass in der Region große Goldvorkommen entdeckt werden würden, bewahrheitete sich; sein eigener Claim aber blieb leider völlig unergiebig.

Das **Besucherzentrum Bourke's Luck** (R532, Tel. 031/761-6019) erläutert die interessanten natürlichen und soziokulturellen Gegebenheiten der Region. Hier beginnt der bequeme, 685 Meter lange Weg zu den *potholes* genannten Strudellöchern.

Es brauchte viele Jahrtausende, diese Felsformationen auszuwaschen. An der Einmündung des Treur River in den Blyde River entstehen wirbelnde Strudel aus Wasser, Sand und Steinen, die große, zylinderförmige Löcher ins Flussbett graben. Besucher gelangen über Fußwege und Brücken zu den bis zu 5,5 Meter tiefen Strudellöchern. Ein 137 Meter langer, behindertengerechter Rundweg führt vom Besucherzentrum zu seltenen Flechten der Region.

Die **Three Rondavels**, 14 Kilometer nördlich der Bourke's Luck Potholes gelegen, sind eine beliebte und reizvolle Sehenswürdigkeit am Blyde River. Die riesigen, abgerundeten Felsen sehen den traditionellen afrikanischen Rundhütten (*rondavels*) erstaunlich ähnlich. Wie schweigende Wächter beschützen sie die spektakuläre Aussicht.

Der Blyde River Canyon liegt im nördlichen Mpumalanga. Am besten erreicht man ihn, wenn man bis

Weg in den Nebelwald ist außerordentlich steil und anstrengend. Der Lohn für die Mühe ist die Schönheit der Landschaft und des Waldes.

Wenige Meilen nördlich von Graskop führt eine kleine, kurvenreiche Straße zum so passend „Gottesfenster" benannten **God's Window,** einem der weltweit schönsten Aussichtspunkte. Ihren Namen verdankt die Stelle dem atemberaubenden Panorama über das 900 Meter tiefer gelegene Bushveld. Seltene einheimische Baumarten klammern sich an die Wände der Klamm. Aus schwindelnder Höhe stürzen die Felsklippen zum Lowveld und dessen riesigen Wildschutzgebieten hinunter.

Phalaborwa fliegt und den Rest der Strecke mit dem Auto fährt. Noch günstiger ist es, den Besuch im Kruger National Park mit einer Mietwagentour zu kombinieren. *(Dazu verlässt man den Kruger durch das Phalaborwa Gate und fährt zunächst in Richtung Mica, anschließend weiter nach Ohrigstad, über den Abel Erasmus Pass und dann auf der abzweigenden R532 nach Graskop.)*

INSIDERTIPP

Der Blyde River mäandert durch rötliche Felsen, die die Drakensberge von den Dschungeln des Lowveld trennen. Eine Raftingtour über die Stromschnellen (Grad III–IV) führt an spektakulären Amphitheatern und smaragdgrünen Klippen entlang.

CERIDWEN DOVEY
National Geographic-Autor

Siyabuswa

Die Gemeinde im kulturellen Kernland von Mpumalanga entstand in den 1970er Jahren. Für die Ndebele, die hier noch nach den alten Traditionen leben, ist sie von großer Bedeutung. Drei verschiedene Volksgruppen der Ndebele sind im Norden Südafrikas und jenseits der Grenze in Simbabwe beheimatet. Das gastfreundliche Volk ist für seine farbenfrohen Muster, mit denen die Menschen Häuser und Kleidung schmücken, sowie für sein Kunsthandwerk berühmt.

In Siyabuswa gibt es mehrere ursprüngliche Ndebeledörfer, in denen man Kunsthandwerk kaufen kann. Man kann sich auch einer Führung anschließen, dabei viel über die traditionelle Kultur erfahren und einen königlichen Kral (Dorf) besuchen.

Weiter entfernt: das Königreich Mapungubwe

Mapungubwe liegt in der Provinz Limpopo, im äußersten Norden Südafrikas an der Grenze zu Simbabwe und Botsuana. Die Silhouetten der Affenbrotbäume, viele mehrere hundert Jahre alt, und hoch aufragende Inselberge aus Sandstein akzentuieren die weiten Ebenen. Auf einer dieser Erhebungen wurde das Königreich Mapungubwe gegründet. Es zählt zu Südafrikas bedeutendsten archäologischen Stätten und wurde 2001 zum nationalen Kulturerbe erklärt. Seit 2003 steht Mapungubwe auf der Welterbeliste der Unesco.

Von 1000 bis 1300 n. Chr. spielte Mapungubwe im Seehandel im Indischen Ozean eine Schlüsselrolle. Alluviale Goldvorkommen wurden auf dem Landweg aus dem Königreich Monomotapa in Simbabwe über Mapungubwe nach Sofala an der Küste transportiert, dort von arabischen Händlern aus dem Persischen Golf aufgekauft und auf Daus verladen.

Bevor es im 14. Jahrhundert aufgegeben wurde, hatte sich Mapungubwe zum größten Königreich im subsaharischen Afrika entwickelt. Wahrscheinlich haben Klimaveränderungen dazu geführt, dass die Bewohner nach Groß-Simbabwe auswanderten. Die Überreste

Siyabuswa

▲ Karte S. 175

Besucherinformation

✉ 10 km östlich von Marble Hill

Das goldene Nashorn von Mapungubwe

Der berühmteste Fund aus Mapungubwe ist das goldene Nashorn: Goldfolie wurde mit winzigen Nägeln auf einem sorgfältig geschnitzten Holzmodell oder einer Schablone fixiert. Das Fundstück gilt heute weithin als repräsentativ für diese Zivilisation.

Das Nashorn ist eine wunderbare Handwerksarbeit, der Künstler hat die massige Statur des Nashorns mit wirklich großem Geschick sehr naturgetreu eingefangen. Das erstaunlich modern wirkende Kunstwerk ist im Mapungubwe Museum (Old Arts Bldg., Lynwood Rd., Pretoria, Tel. 012/420-3146) der Universität von Pretoria ausgestellt. In gleicher Technik wurden eine goldene Schale und ein goldenes Zepter angefertigt; beide Stücke stammen aus demselben Grab in Mapungubwe, in dem auch das Nashorn entdeckt wurde.

Bei der Untersuchung des Inhalts einer nahen historischen Abfallhalde, die unter dem Namen „K2" bekannt ist, konnten die Archäologen interessante Erkenntnisse über Ernährung und Alltag der Bewohner von Mapungubwe gewinnen.

Das kurzbeinige Nashorn mit nur einem Horn wurde 1933 gefunden

des Palastbezirks und des gesamten Wohngebiets sowie zweier älterer Siedlungen sind nahezu unberührt erhalten. Darin gefundene, wertvolle Stücke wie das berühmte **goldene Nashorn** (siehe Kasten S. 192) sind von einzigartiger Schönheit und großer historischer Bedeutung. Als Mapungubwe entdeckt wurde, hielten die Archäologen seine genaue Lage zunächst geheim, um eine Plünderung zu verhindern. Die Fundstücke, zu denen Töpferwaren, Glasperlen, chinesisches Seladonporzellan, Keramikskulpturen, organische Reste, geschnitztes Elfenbein und Knochen gehören, stammen aus dem Zeitalter des Dau-Handels.

Mapungubwe ist Zeugnis einer afrikanischen Hochkultur, die ihre Blüte vor der Kolonisierung durch die Europäer erlebte. Archäologische Forschungen ergaben, dass sich die 5000 Einwohner durch Ackerbau ernährten. Das Königreich unterhielt Handelsbeziehungen zu weit entfernten Orten in Indien und China. Als eine der ersten Gemeinschaften Südafrikas war Mapungubwe in soziale Klassen unterteilt. Eine tiefe Kluft stand zwischen Reichen und Armen.

Mapungubwe wurde 1933 entdeckt, und bis heute wird in der Stätte gegraben. Die reiche Samm-

....

Mapungubwe ist Zeugnis einer afrikanischen Hochkultur, die ihre Blüte vor der Kolonialisierung durch die Europäer erlebte. Effektiver Ackerbau und Handelsbeziehungen bis nach Indien und China begründeten den Wohlstand.

....

lung von Artefakten aus Gold und anderen Materialien wird in der Universität von Pretoria aufbewahrt. Dass es Klassenunterschiede gegeben hat, belegen die Funde in einigen der bislang freigelegten 23 Gräbern. Die Körper dreier Verstorbener, die wie Könige sitzend und nach Westen gerichtet beigesetzt worden waren, waren mit Luxusobjekten aus Kupfer, Gold sowie importierten Glasperlen geschmückt. Die Forschungen belegen außerdem, dass in Südafrika schon sehr früh Gold bearbeitet und geschmolzen wurde. Die Fun-

de aus Mapungubwe und der benachbarten archäologischen Zone K2 sind eindeutig der Eisenzeit zuzurechnen. Handwerker schufen Gegenstände aus Ton, Holz, Elfenbein, Knochen, Straußeneiern, aus Schalen von Schnecken und Süßwassermuscheln, aus Eisen, Kupfer und Gold.

Besichtigung:

Mapungubwe liegt in einem wildreichen Nationalpark mit Übernachtungsmöglichkeiten für Selbstversorger in angenehmen Suiten mit Klimaanlage. Mapungubwes Hauptcamp, das **Leokwe Camp** im Ostteil des Parks, nimmt die Stelle ein, an der einst das Vieh des Königs in einem natürlichen, von Felsen begrenzten Kral gehalten wurde.

Im **Besucherzentrum** erhält man detaillierte Informationen über Mapungubwe. Sachkundige Führer bringen die Besucher zu dem Sandsteinfelsen, auf dessen Plateau Mapungubwe thront, und erläutern die archäologischen Ausgrabungen. Der Weg die hölzernen Stufen hinauf kann sehr anstrengend sein.

Im Park kann man Safaritrips unternehmen, auf einem Baumkronenweg zu einem Unterstand wandern oder an einem Picknickplatz am Zusammenfluss von Shashe und Limpopo den Blick auf die Stelle genießen, an der Südafrika, Simbabwe und Botsuana zusammentreffen.

Weitere Einsichten eröffnet die **Route of Lost Kingdoms**, die aus dem Herzen des Kruger National Park über Mapungubwe in die Kleinstadt Allydys führt und dabei einem von Mythen und Legenden umwobenen Weg folgt. ∎

Kingdom of Mapungubwe National Park

△ Karte S. 175

✉ Von der N1 in Musina auf die R572, dann 68 km zum Parkeingang

☎ 012/428-9111

$ $$

www.sanparks.org/ parks/mapungubwe

Das schnelllebige, kosmopolitische Johannesburg und Südafrikas elegante Hauptstadt Pretoria – vor dem Hintergrund eines riesigen, ungezähmten Binnenlandes

Johannesburg & das Binnenland

Eine Bewohnerin des Lesedi Cultural Village in traditioneller Tracht

Johannesburg & das Binnenland

Johannesburg, Provinzhauptstadt von Gauteng (Sotho für „Platz des Goldes"), rangiert unter den 40 größten Ballungsräumen der Welt. In der Umgebung liefern unterschiedlichste Örtlichkeiten – von der Township Soweto über Nationalparks mit einer Vielzahl an Wildtieren bis zu Einkaufstempeln und urwüchsigen Städten – verlockende Gründe, Südafrikas Binnenland zu besuchen.

Johannesburg wurde auf dem Traum fabelhaften Reichtums errichtet, und noch heute ist die Gier, die das im 19. Jahrhundert entdeckte Gold auslöste, eine Triebfeder dieser gewinnsüchtigsten aller afrikanischen Städte. In Johannesburg herrscht eine Rücksichtslosigkeit, die sich nicht nur in ruinösen Geschäftsabschlüssen auf höchster Ebene manifestiert, sondern auch in der schwindelerregend hohen Verbrechensrate. Heute ist Gauteng die bei Weitem reichste Provinz Südafrikas und verfügt über die größte Wirtschaftskraft im Afrika südlich der Sahara.

Johannesburg – von älteren Weißen „Jo'burg", von Schwarzen und coolen jungen Weißen „Egoli" oder „Jozi" genannt – ist eine kosmopolitische afrikanische Stadt. Nachdem der ANC 1994 an die Regierung gekommen war, öffnete sich Südafrika gegenüber dem Rest des Kontinents. Zuwanderer aus ganz Afrika strömten nach Johannesburg, um ihr Glück zu machen. Als das Geschäftsviertel der Stadt sich zu verändern begann, zog das Big Business aus dem einstigen CBD (Central Business District) in die nördlichen Vororte, um dem Chaos des urbanen Niedergangs zu entkommen. Doch die Innenstadt erholt sich allmählich. Der interkulturelle Newtown Cultural Precinct ist gemeinsam mit dem Market Theatre und dem MuseuMAfrica ein Vorbote dieses urbanen Aufschwungs.

Wer gern einkauft, sollte die Kreditkarte einpacken und die größte Shoppingmeile von Johannesburg aufsuchen: Sandton City. Das nahe gelegene Hyde Park ist das prestigeträchtigste Einkaufsviertel, zwischen beiden haben sich Outlets für viele Ultraluxusmarken niedergelassen.

Das Binnenland

Nahe Johannesburg liegt die Township **Soweto,** die während der Apartheid als Stadtteil für die erzwungene Unterbringung von Wanderarbeitern angelegt wurde. Heute ist dieser Ort ein pulsierendes kulturelles Zentrum. Pretoria, die Verwaltungs- und offizielle Hauptstadt Südafrikas mit ihren Kunst- und Naturkundemuseen, der Architektur von Sir Herbert Baker und den schicken Restaurants, liegt über eine moderne Autobahn nur 40 Fahrminuten entfernt.

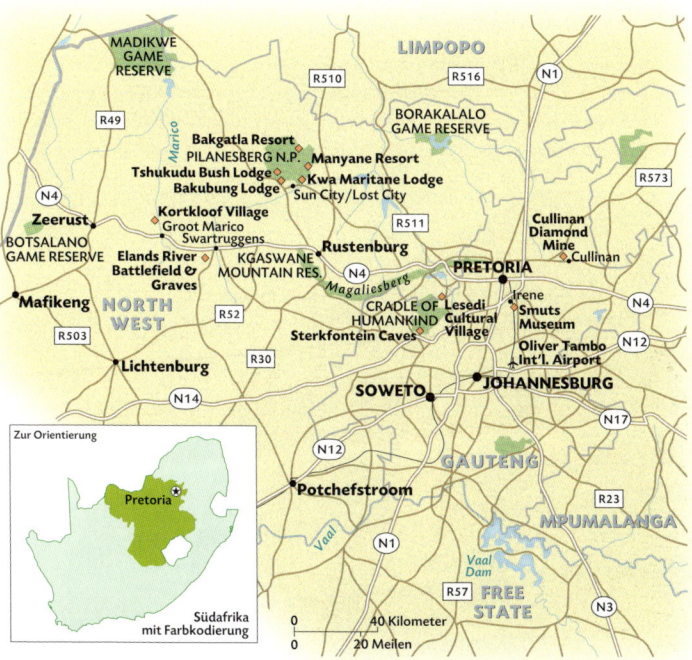

Zur Orientierung

Pretoria

Südafrika
mit Farbkodierung

Johannesburg liegt zudem in der Nähe der Wiege der Menschheit, wo man den Ursprüngen des Menschen nachspüren kann – einige der faszinierendsten paläontologischen Entdeckungen wurden hier gemacht –, oder man besucht die Magaliesberge in ihrer strengen Schönheit.

Zum glitzernden Sun City sind es von Johannesburg aus zwei Stunden Fahrt. Nicht weit von den Hotels, Restaurants, Kasinos und Golfplätzen des Ferienorts liegen der Pilanesberg National Park, ein erloschener Vulkan mit einem Kratersee, der die *Big Five* anlockt, sowie das Lesedi Cultural Village, in dem man sich über die kulturellen Unterschiede der südafrikanischen Stämme informieren kann.

Einen kompletten Szenenwechsel versprechen die ruhigen, verstaubten Städte Groot Marico und Zeerust, die vom Geist vergangener Tage erfüllt sind.

Ein Wort der Warnung

Johannesburg ist leider auch für seine Kriminalität bekannt. Deshalb sollte man immer genau auf die Umgebung achten – und bestimmte Gegenden meiden. Sicherheitskräfte des Central Improvement District (CID) in grün-gelben Uniformen sind vielerorts stationiert. Dennoch besucht man die Innenstadt von Johannesburg am besten im Rahmen einer Stadtrundfahrt. Man sollte vermeiden, als Tourist erkannt zu werden, und sich von Bezirken wie Hillbrow, Berea und Yeoville fernhalten. Carjacking und Autounfälle kommen relativ oft vor – daher gilt: Vorsichtig fahren, bei geschlossenen Fenstern und verriegelten Türen, und niemanden mitnehmen. Wer an einer roten Ampel hält und jemanden auf sein Auto zurennen sieht, sollte einfach sofort losfahren. ∎

Johannesburg

Johannesburg, das 1737 Meter über dem Meeresspiegel auf dem Highveld liegt, ist die Stadt Südafrikas, die sich am stärksten gewandelt hat. Die größte Stadt des Landes (sechs Millionen Einwohner) kämpft gegen die Kriminalität und weist – infolge des Zustroms von Einwanderern und Flüchtlingen – eine besondere Mischung der Kulturen und Sprachen auf.

Central Business District, gespiegelt in der Glasverkleidung eines Bürogebäudes in der Innenstadt

Johannesburg

⬛ Karte S. 197

Besucherinformation

✉ Rosebank Mall, Upper Level, Baker & Craddock Sts.

☎ 011 / 327-7000

www.gauteng.net

Central Business District

Johannesburg besitzt zwei zentrale Geschäftsbezirke: den alten CBD in der Innenstadt und den neuen, voll arbeitsfähigen CBD in Sandton, einem der wohlhabendsten Vororte im Norden von Johannesburg.

Diese seltsame Doppelung ist eine Folge der gewaltigen sozialen Umwälzung, von der Südafrika gegenwärtig überrollt wird. Während der Apartheid war der alte CBD als reines Weißenviertel klassifiziert; Schwarze konnten also in der City arbeiten, durften aber nicht dort le-

ben. Als der Group Areas Act 1991 abgeschafft wurde, strömten benachteiligte Schwarzafrikaner ins Stadtzentrum und nahmen oft ganze Gebäude in Beschlag. Viele Neuankömmlinge waren arbeitslos und sehr arm, und die Kriminalitätsrate stieg geradezu zwangsläufig.

Der alte CBD und seine Umgebung waren zuvor hochbegehrte Grundstücke gewesen; da Unternehmen jedoch in großem Umfang vom alten CBD in die nördlichen Vororte abwanderten – vom starken Anstieg der Kriminalität, dichten Verkehrsstaus und unzureichendem Nahverkehrsangebot angetrieben –, sanken die Immobilienpreise.

Die Provinzregierung von Gauteng hat ihren Sitz im alten CBD, und es gibt vielfältige Bemühungen, diesen Teil der City zu sanieren. Die Stadtverwaltung hat dort eine Reihe von Überwachungskameras installiert, und dies soll die Kriminalitätsrate bereits drastisch – aber nicht gänzlich – gesenkt haben. Etliche historische Gebäude wurden in Eigentumswohnungen umgewandelt, und die Stadtentwickler hoffen, dass dies neue, wohlhabendere Bewohner in die Gegend ziehen wird.

Bei allen Höhen und Tiefen des CBD bleibt Johannesburg ein Medienzentrum des Landes. Viele Zeitungen und Zeitschriften haben ihren Sitz im oder nahe dem Stadtzentrum. Einige Radio- und Fernsehsender sind allerdings schon nordwärts gezogen oder werden dies bald tun. Vor den Toren des alten CBD, in Auckland Park, liegt die Zentrale der South African Broadcasting Corporation (SABC).

Der alte CBD besitzt einen sehr dynamischen afrikanischen Charme und bietet Besuchern typische Gegensätze. Verglaste Wolkenkratzer erheben sich über indischen Basaren, die süß nach Bockshornklee und Kardamom duften. Einzelhandelsgeschäfte bieten glamouröse Anzüge an, gleich daneben befinden sich afrikanische Läden für *muti* (Arzneimittel), in denen traditionelle Heiler Ratschläge und Heilkräuter verteilen. Straßenhändler verkaufen frisches Obst, und der unverkennbare Duft der „Russians" (beliebte würzige, sehr fette Würste), die überm Holzkohlerost brut-

zeln, steigt in den Himmel – wo internationale Jets vom Oliver Tambo International Airport zu anderen Regionen Afrikas und der Welt unterwegs sind.

Diagonal Street (siehe S. 207) und der **Newtown Cultural Precinct** (siehe S. 205) sind bunte, interkulturelle Viertel, die alle Vorteile der multiethnischen Gegenwart mit einer entschieden optimistischen, ja euphorischen Zukunftssicht verbinden.

Ungeachtet des urbanen Verfalls, weist die alte CBD die größte Wolkenkratzerdichte Afrikas auf – darunter das 223 Meter hohe **Carl-**

ERLEBNIS:
Ein Rugbymatch ansehen

Einen seiner stolzesten Momente erlebte Südafrika am 24. Juni 1995, als Nelson Mandela im Rugbytrikot der „Springboks" ebendieser südafrikanischen Nationalmannschaft die Siegtrophäe des Rugby World Cup überreichte. Südafrika war endlich als Nation zusammengekommen; das ganze Land feierte eine Sportart, die so viele Jahre lang für die weiße Minderheit reserviert gewesen war.

Rugby ist ein wichtiger Teil der südafrikanischen Kultur, und im mittlerweile berühmten **Ellis Park Stadium**, in dem 1995 das Weltcup-Finale ausgetragen wurde, ein Spiel live anzusehen, ist ein unvergessliches Erlebnis. Infos zu Spielen und Kartenkauf unter *www.ellispark.co.za*. Das Stadion liegt an der Ecke Currey und Staib Street in Doornfontein, Johannesburg. Für größere Begegnungen stehen kostenlose Park-and-ride-Einrichtungen zur Verfügung, um Verkehrsstaus zu verhindern und sicherzustellen, dass alle Besucher das Stadion rechtzeitig erreichen. Im Stadion kann man an zahlreichen Essens- und Getränkeständen Erfrischungen kaufen, außerdem gibt es acht Kneipen mit Alkoholausschank.

Carlton Centre

✉ 50 Commissioner St.

☎ 011/308-1331

💲 $

Standard Bank's African Art Collection

✉ Simmonds & Frederick Sts.

☎ 011/631-1889

🕐 Geschl. So

www.standard bankgallery.co.za

ton Centre, noch immer das höchste Gebäude des Kontinents. Von seiner Aussichtsterrasse **„Top of Africa"** hat man einen herrlichen Panoramablick auf die Stadt. Einen Blick ganz anderer Art eröffnet die **Standard Bank Gallery**, die ebenfalls im Carlton Centre untergebracht ist. Dort kann man die Blüte der südafrikanischen Gegenwartskunst betrachten; Irma Stern, Gerard Sekoto und Cyprian Shilakoe haben hier ausgestellt.

Sandton und Rosebank

Der neue CBD liegt im vornehmen Sandton, dem Territorium der Neureichen – ein ultramodernes, le-

entschieden auf Europa und Amerika fixiert und gilt als „reichste Quadratmeile Afrikas" und ökonomische Drehscheibe des Kontinents. Die Johannesburger Börse ist vor mehreren Jahren nach Sandton gezogen, gefolgt von größeren Finanzinstituten und Unternehmen der Informationstechnologie, von denen viele hier ihren Hauptsitz haben. In Sandton kann man an einem Nachmittag ein Vermögen machen – oder auch verlieren.

Sandton ist purer Glamour. Es hat hervorragende Hotels (wie das Michelangelo; siehe S. 301), gute Restaurants, die jeden Geschmack – von Thaiküche über französische

Der Hillbrow Tower dominiert die Skyline von Johannesburg

benslustiges und wirklich kosmopolitisches Geschäftsviertel voller Vitalität und Ehrgeiz, das durch ungenierten Prestigekonsum genährt wird. Der Unternehmens-, Handels- und Wohnbezirk im nördlichen Teil des Großraums Johannesburg ist

Klassiker bis zu kantonesischer und Pandschabküche – bedienen, und Einkaufszentren (Sandton City, Hyde Park) ganz besonders für jene, die einen Fünfsternegeschmack und die Neigung besitzen, ihren Reichtum zur Schau zu stellen.

INSIDERTIPP

Unbedingt zu empfehlen ist ein Bummel über die Fourth Avenue in Parkhurst mit ihren vielseitigen Antiquitätenläden und Restaurants. Frühstück oder Mittagessen im Nice ist ein Muss – der Eierkorb ist meine sonntägliche Schwäche.

ROBERTA COCI
National Geographic-Mitarbeiterin

Sandton quillt außerdem über von Nachtclubs, Musiklokalen, Spas, Buchhandlungen, Galerien, Antiquitätengeschäften und Showrooms für Luxuswagen, in denen die neuesten Modelle von Aston Martin und Rolls Royce zu sehen sind. In den umliegenden ruhigen, grünen Vororten wie **Hyde Park** liegen neu erbaute Villen, wohl verwahrt hinter hohen Sicherheitsmauern; in den Auffahrten stehen Luxusvehikel.

Im nahe gelegenen **Rosebank** geht es ebenfalls lebhaft zu. Als ein Ort, den Touristen besuchen und an dem Einheimische Geschäfte machen, besitzt dieser nördliche Vorort aber ein ausgeprägteres multikulturelles Flair als Sandton und kombiniert wirkungsvoll ein erfolgreiches Industriegebiet mit einer angenehmen Umgebung zum Arbeiten, Einkaufen und für die Freizeit. Im kompakten Rosebank ist alles bequem zu Fuß zu erreichen.

Rosebank ist aber nicht nur ein Geschäftsviertel, sondern bietet

auch eine breite Auswahl an Freizeiteinrichtungen und Unterhaltung: Straßencafés, ausgezeichnete Restaurants, Pantomimen und Straßenkünstler, Nachtclubs, Kunstgalerien, Kinos, Luxushotels (darunter das Grace; siehe S. 301) und Einkaufszentren, die wöchentlich auch Flohmärkte veranstalten. Es gibt einen ausgezeichneten **African Crafts Market** *(Baker St. & Craddock Ave.)*, in dem neben grauenhaftem Touristenramsch auch authentische Antiquitäten aus Mali und Senegal zu finden sind. Eine der schönsten Einkaufspassagen in den nördlichen Vororten, **Zone@Rosebank** *(177 Oxford St., Tel. 011/788-1130, www. thezoneatrosebank.co.za),* umfasst ein großes Kino sowie etliche Läden mit Waren für Luxusshopper.

In Rosebank ist immer etwas los. Wonach der Sinn auch stehen mag – Kunst in einigen der besten Galerien Südafrikas ansehen, Geld für Designerkleidung ausgeben, einen fremdsprachigen Film anschauen oder durch baumbestandene Straßen spazieren –, Rosebank erfüllt jeden Wunsch. Der Vorort besaß früher eine herausragende Jugendstilarchitektur. Leider wurden einige der schönsten Beispiele abgerissen, doch noch immer eröffnet sich der ein oder andere überraschende Blick auf wunderbare Fassaden.

Johannesburg Art Gallery

Die Johannesburg Art Gallery liegt im Joubert Park, am Rand des alten CBD. Das Viertel rund um die JAG ist nicht gerade das beste, aber es gibt in der Nähe einen bewachten Parkplatz.

Begründerin der JAG-Sammlung war die leidenschaftliche

Nice Restaurant

 14th St. & 4th Ave.

☎ 011/788-6286

🕐 Geschl. Mo mittags, Sa–Mi abends

Musik in Johannesburg

Der Reichtum der musikalischen Traditionen im heutigen Johannesburg ist beispiellos. Afrika ist riesig, seine Kulturen sind vielfältig, und die meisten seiner musikalischen Formen sind hier erkennbar. Vor einem Restaurant hört man vielleicht einen Straßenmusiker aus Sansibar Gitarrenriffs abspulen, in denen Kadenzen der Inseln im Indischen Ozean widerhallen, während woanders Klänge aus Kenia, Nigeria oder Mali dominieren.

Die afrikanische Folkmusik von Vusi Mahlasela war vielen in der Antiapartheidbewegung eine Inspiration

Es gibt zahlreiche Lokale, in denen man Livemusik, einheimischen Diskoklängen oder *kwaito*, einer lokalen, pulsierenden Hip-Hop-Variante aus den Townships, lauschen kann.

Das **Carfax** *(39 Pim St., Newtown, Tel. 011/834-9187)* ist ein Magnet für die kulturelle und künstlerische Avantgarde von Johannesburg. Das lebhafte Kaleidoskop musikalischer Stilrichtungen und Kunstformen, die in diesem Club präsentiert werden, unterstreicht die Tatsache, dass Johannesburg heute für die unterschiedlichsten Künstler der angesagteste Ort Afrikas ist. Im Carfax geht es nicht nur um Musik; es ist typisch für eine breitere südafrikanische Kulturrevolution. Aus guten Gründen bezeichnet sich das Lokal als Südafrikas progressivsten Treffpunkt der Kunstszene.

Nur zehn Autominuten vom Carfax entfernt, findet sich das **Bassline** *(10 Henry Nxumalo St., Tel. 011/838-9145)* im Newtown Cultural Precinct – das sich als Afrikas Kulturzentrum verkauft. Das Logo des Bassline verkündet «In Music We Trust» («Wir vertrauen auf Musik»), und es ist dieser Glaube an die Integrität guter Musik und hingebungsvoller Musiker, der den anhaltenden Erfolg des Lokals begründet. Ein tiefer Glaube an die Macht von Melodie, Text und Komposition, zu verbinden, zu besänftigten und zu inspirieren, zählt zu den Grundwerten des Bassline. An den meisten Abenden hört man hier Hip-Hop, *kwaito* oder ein anderes der mutierenden Musikgenres.

In Melville findet man **Roxy's Rhythm Bar** *(20 Main St., Melville, Tel. 011/726-6019)*, eine musikalische Institution in Johannesburg, die seit 20 Jahren ausgezeichnete Livemusik vorstellt. Das Roxy's präsentiert seit seinen Anfängen neue musikalische Talente Südafrikas. In der Umgebung von Melville leben viele jüngere Studenten mit vielseitigem und anspruchsvollem Musikgeschmack, das ideale Publikum. In der Folge wurde das Roxy's rasch zur Kinderstube für junge Gruppen mit umwälzenden musikalischen Ideen, die ein Publikum zufriedenstellen, das nach neuen Klängen lechzt.

Richtung Norden befindet sich im eleganten Sandton **The Blues Room** *(Village Walk an Rivonia Rd. & Maud St., Sandton, Tel. 011/784-5527)*, ein eleganter musikalischer Nachtclub. Das überaus coole Lokal ist Anziehungspunkt für die glamouröse musikalische Elite von Johannesburg. Hier bekommt man mehr Prada zu sehen als im Carfax oder im Bassline, und die wählerische Kundschaft verlangt – und bekommt – nicht nur tolle Musik, sondern auch tolles Essen.

Die Atmosphäre in The Blues Room ist anspruchsvoll und entspannt, und die Musikstile reichen von wirklich gutem Blues über Jazzfusion bis zu schlichtem altem Rock. Die Stimmung ist nicht spröde; es geht eher um errungene Perfektion und virtuose Fähigkeiten. Hier treten echte Profimusiker auf, hier sind Raffinesse, Technik und Geschick bei der Interpretation von höchster Bedeutung. Und hier trifft man auf Musikliebhaber jeglicher Couleur und Glaubensrichtung, die im Takt mit den Füßen wippen – ein Publikum, das ein kritisches Ohr und eine Vorliebe für transkulturelle Brillanz vereint.

Der beliebte Musikclub Bassline und sein musikalisches Credo

Johannesburg Art Gallery

✉ Klein St., Joubert Park

☎ 011/725-3130

🕐 Geschl. Mo

Kunstkennerin und -sammlerin Lady Florence Phillips, Frau des Grundbesitzers und Minenmagnaten Lionel Phillips. Als sie und ihr Mann Anfang des 20. Jahrhunderts auf dem Arcadia-Besitz in Johannesburg lebten, förderte sie lokales Handwerk und Kultur. Außerdem war sie eine bedeutende Wohltäterin für berühmte, aber auch für nichtetablierte Künstler. Unermüdlich kümmerte sie sich um die Einrichtung der JAG, und 1916 wurde einer ihrer Träume wahr: Mithilfe von Finanzmitteln, die ihr Mann besorgt hatte, konnte sie die erste Sammlung des Museums zusammenstellen.

Die **Sammlung afrikanischer Kunst** ist unschlagbar; Gemälde, Skulpturen, Fotografie, Drucke, neue Medien, Videos und Installationen reichen vom 19. Jahrhundert bis in die Gegenwart. Hier findet man Meisterwerke von Gerard Sekoto (1913–93), einem Pionier der urbanen schwarzafrikanischen Kunst, Alexis Preller (1911–75), dessen Werk den Surrealismus mit afrikanischer Kunst aus Swasiland und dem Kongo verbindet, sowie von dem Bildhauer und Maler Sydney Kumalo (1935–88), der von Henry Moore und Marino Marini ebenso inspiriert wurde wie von afrikanischen Traditionen.

Exponate afrikanischer Künstler in der Johannesburg Art Gallery

Das Museum besuchen: In dem anmutigen Gebäude von Sir Edward Lutyens hat man die Wahl zwischen 15 Ausstellungsräumen. Die Sammlung der Galerie ist so groß, dass immer nur ein Zehntel gezeigt werden kann, aber auch dieser Bruchteil wird den Besucher stundenlang von der Sonne fernhalten – es sei denn, er hält sich im Skulpturengarten auf.

Hier findet man auch ein riesige Aufstellung traditioneller Stücke einschließlich der **Brenhurst Collection** und **Jacques Collection** mit Kopfstützen, Stöcken, Perlenarbeiten und Schnupftabakdosen. Solche Objekte afrikanischer Künstler wurden während der Kolonialzeit und Apartheid vernachlässigt, weil in diesen Epochen der Kunstbegriff enger und europäischer definiert wurde.

Das Market Theatre

Eines der Highlights im Newtown Cultural Precinct ist das Market Theatre, dessen Theater-, Tanz- und Musikaufführungen zu den besten Südafrikas gehören. Die Halle, in der der Komplex eingerichtet ist, war einst eine Markthalle, in der frische indische Agrarprodukte verkauft wurden. Der Umbau begann 1975, als eine Gruppe engagierter Schauspieler Finanzmittel aufbrachte, um das alte Gebäude mit seinem originellen edwardianischen Eingangsdoppelturm zu retten,

und einen Großteil der Sanierungsarbeiten selbst übernahm.

Der Komplex umfasst das **Main Theatre**, das **Barney Simon Theatre** und das **Laager Theater**. In den Jahren des Kampfes gegen die Apartheid veranstaltete es Protesttheater, und viele große Namen traten hier auf – wie Athol Fugard, Mbongeni Ngema (Autor und Komponist von „Sarafina!"), Barney Simon, John Kani, Winston Ntshona und Pieter-Dirk Uys.

Führungen sind auf Anfrage möglich.

Zu entdecken sind viele **europäische Kunstwerke**: Picasso, Degas, Pissarro und Monet sind vertreten. Auch ein El Greco hing hier – er wurde jedoch 2002 gestohlen. Und es gibt niederländische Gemälde des 17. sowie europäische und britische Werke des 18. und 19. Jahrhunderts, südafrikanische Kunst des 19. Jahrhunderts und der Gegenwart und eine repräsentative Auswahl internationaler Kunst des 20. Jahrhunderts.

Newtown Cultural Precinct

Die Gegend, in der heute der Kulturbezirk Newtown (auch Newtown Management District genannt) liegt, war früher recht heruntergekommen. Inzwischen hat sich hier ein unverblümt schickes Kulturzentrum entwickelt, das mit einer einzigartig afrikanischen Mischung aus Energie und drängendem künstlerischem Talent pulsiert. Es ist gleichsam ein Schaukasten für die dynamische Renaissance des afrozentristischen Kunstgewerbes, Theaters und einer ganzen Mischung hybrider Kunstformen, die man am ehesten als „Straßenkunst" bezeichnen könnte.

Jeden Samstag nimmt ein farbenfroher **Flohmarkt** mit einer einzigartig afrikanischen Atmosphäre neben dem Market Theatre seinen Betrieb auf. Standbetreiber verkaufen Kunsthandwerk und Kuriositäten, Kleidung, Antiquitäten, bedruckten Stoff, Skulpturen und Perlenstickerei.

Der Bezirk nimmt ein Areal ein, das im Norden von Rangierbahnhöfen und Bahngleisen, der Autobahn M2 im Süden, der West Street im Osten und Quinn Street im Westen eingerahmt wird. Nicht vergessen: Seien Sie auf Ihre persönliche Sicherheit bedacht, vermeiden Sie exzessiven Alkoholkonsum, und gehen Sie nachts nicht allein durch die Straßen.

MuseuMAfrica: Im ehemaligen Obst- und Gemüsemarkt, der an Market Theatre grenzt, ist dieses hervorragende Geschichts- und Kulturmuseum untergebracht. Es wirft einen Blick auf Südafrikas geologische, soziale, politische und wirtschaftliche Geschichte und zeigt geologische Muster ebenso wie nachgebaute Hütten, Werkzeuge, Kunstgewerbe und Kleidung der

Market Theatre

✉ 56 Margaret Mcingana St.

☎ 011/832-1641

www.markettheatre.co.za

MuseuMAfrica

✉ 121 Bree St.

☎ 011/833-5624

🕐 Geschl. Mo

südafrikanischen Völker und Stämme. Es gibt eine Dauerausstellung über die **„Treason Trials"** (Hochverratsprozesse ab 1956), die unter anderem Nelson Mandela auf die Gefängnisinsel Robben Island brachten (siehe S. 69, 72f). Zur Ausstellung **„Johannesburg Transformations"** gehören eine begehbare Baracke, ein Schlafsaal für Minenarbeiter und eine illegale Kneipe aus den 1950er Jahren.

Das Museum beherbergt außerdem das **Bensusan Museum of Photography**, das sich auf die Fortschritte der Fotosparte konzentriert, und das **Museum of South Africa Rock Art**, das Einblick in die Felskunst der San gibt.

Chinatown

Wie es zwei Central Business Districts gibt, so bestehen in Johannesburg auch zwei Chinatowns: die eine an der Commissioner Street nahe dem alten CBD, die andere an der Derrick Avenue in Cyrildene.

Zu Beginn des 20. Jahrhunderts wuchs die „First Chinatown" am westlichen Ende der **Commissioner Street** heran. Dort lebten chinesische Zuwanderer aus der Provinz Guangdong und betrieben Warenhäuser, Wäschereien, Gemüseläden, Teehäuser und wunderbare Restaurants; einige der besten liegen direkt im Schatten der Polizeistation John Vorster Square.

Es gibt hier noch immer ausgezeichnete Restaurants und Geschäfte, doch infolge des urbanen Niedergangs (und obwohl die Lokalregierung alles tut, um den CBD zu sanieren) ist die chinesische Gemeinde in die „Second Chinatown" in **Cyrildene** umgezogen.

Cyrildene war früher ein vorwiegend jüdischer Bezirk, doch inzwischen hat Mandarin längst Jiddisch als Verkehrssprache abgelöst. An der **Derrick Avenue** reihen sich nun chinesische Restaurants und exotische Läden aneinander. Beide Straßenseiten sind mit Schönheitssalons, Videotheken, Kräuterläden, asiatischen Lebensmittelgeschäften und schlichten authentischen Lokalen (Resopaltischplatten, Plastikschüsseln) vollgepackt. Hier kann man Köstlichkeiten aus Kanton und Schanghai genießen, die das Wasser im Mund zusammenlaufen lassen.

INSIDERTIPP

Beim Teespezialisten Chinese Tea in der Derrick Avenue 28 findet man einzigartige Mitbringsel und kann sich mit einer frisch aufgebrühten Tasse Tee stärken.

ROBERTA COCI
National Geographic-Mitarbeiterin

Essen in Chinatown: Zu den Esslokalen in der Chinatown in Cyrildene zählt das etablierte **Long Men** *(41 Derrick Ave., Cyrildene, Tel. 011/622-6861).* Hier werden täglich wechselnde frische Zutaten für eine im Wesentlichen kantonesische Küche verwendet. Das Dim Sum ist empfehlenswert. Am südlichen Ende der Derrick Avenue gibt es zwei ausgezeichnete Restaurants, die auf dampfgegarte Klöße spezialisiert sind: das **Ching In** *(35 Derrick Ave., Cyrildene, Tel. 082/502-6456)* und

Eines der vielen Restaurants an der Derrick Avenue in Chinatown

der **Northern Dumpling Shop**
(Südende der Derrick Ave.).

Das Essen ist toll. Doch aufge-
passt: Wer kein Chinesisch spricht,
muss seine Bestellung möglicherweise in Zeichensprache aufgeben.

Diagonal Street & Fordsburg

Die Diagonal Street im CBD kann es
so nur in Afrika geben. Im Schatten
des früheren Sitzes der alten **Johannesburg Stock Exchange** – einer
wunderschönen, modernen Konstruktion aus blauem Glas und Stahl,
die sich über die niedrige Bebauung
der alten Straße erhebt – stößt man
auf eine ungeordnete Reihe afrikanischer Heilkräuterläden. Man kann die
Waren durchstöbern – getrocknete
Leguanhäute, Hörner, Rindenstück-
chen von *Muti*-(Arznei-)Bäumen,
Schädel, Knochen, Perlen sowie „magische“ Arm- und Fußbänder –, ehe
man eine traditionelle Medizin er-
wirbt, die (das wird der Ladeninhaber
versichern) ein unfehlbares und un-
übertreffliches Heilmittel gegen alles,

von Asthma bis Tuberkulose, ist.
Möglicherweise steht auch ein *Sangoma* (traditioneller Heiler) bereit, der
die Zukunft vorherzusagen verspricht,
indem er „die Knochen wirft“. All das
am helllichten Tag in einer urbanen
Straße des 21. Jahrhunderts.

Typisch für das Viertel ist das
Museum of Man & Science – das
gar kein Museum ist, sondern vielmehr ein dunkler, würzig duftender
Laden, der sich „The King of Muti,
Herbal and Homeopathic Reme-
dies“ nennt. Das „Museum“ wird
regelmäßig von Touristen besucht,
die sich für Wanderstöcke und andere Kuriositäten, doch nur selten
für die getrocknete Haut einer Grünen Meerkatze entscheiden.

Das Fordsburg-Viertel ist zu einem
wichtigen Zentrum südasiatischer
Kultur geworden, und wer gern pakis-
tanisches Curry isst, findet hier eine
authentische Halal-Mahlzeit. Das vegetarische indische Angebot ist ebenso gut. An der **Oriental Plaza** *(eingerahmt von Bree, Malherbe, Lilian, &
Main Sts., Tel. 011/838-6752)* leben

Museum of Man & Science

✉ 14 Diagonal St.
☎ 011/836-4470
🕐 Geschl. So

Oriental Plaza

- ✉ Bree & High Sts., Fordsburg
- ☎ 011/838-6752
- 🕐 Geschl. So

www.orientalplaza-fordsburg.co.za/

Muslime und Hindus in beneidenswerter Harmonie miteinander, von ihrem gemeinsamen Ziel angetrieben: angemessener Profit. Der Komplex birgt etwa 300 Läden, in denen es von einwandfreien Sperry-Segelschuhen bis zu schlecht gemachtem Ramsch aus Fernost alles zu kaufen gibt. Hier kann man originale Desig-

Essen in Fordsburg: Die Auswahl an Restaurants in Fordsburg und an der Plaza ist riesig. Zwei der besten sind **Al Makka** (*28 Mint Rd., Tel. 011/838-2545*) und **Just Samoosas** (*Shop 186/7 Oriental Plaza, Tel. 011/833-1139*). **Jimmy's Killer Prawns** (*41 Central Rd., Tel. 011/836-7237, www.jimmyskiller-*

Fordsburg ist Standort vieler südasiatischer Lebensmittelgeschäfte

Gold Reef City

- ✉ Shaft 14, Northern Pkwy., Ormonde
- ☎ 011/248-6800
- 🕐 Geschl. Mo
- 💲 $$$

www.goldreefcity.co.za

nerstücke finden, die 30 bis 40 Prozent weniger kosten als in den Einkaufspassagen in Rosebank oder Sandton. Berühmt ist die Plaza für ihre Stoffe: Baumwolle, fröhlich-bunte Synthetiks und Seidenstoffe. Alle Preisangaben sind nur Vorschläge – es versteht sich von selbst, dass der Kunde handeln muss.

Beim Gang über die Plaza wird der Geruchssinn von köstlichen Düften gekitzelt. Die Gewürzläden (ein besonders beliebter unter ihnen ist das **Akhakwaya Spice Centre,** *Shop S263, Tel. 011/836-9280*) verkaufen frisch gemahlene Curryzutaten, die aus großen Behältern geschaufelt werden.

prawns.com) steht bei Kennern von Meeresfrüchten hoch im Kurs.

Gold Reef City

Gold Reef City (wie die berühmte Lost City in Sun City; siehe S. 233 & 236), fünf Kilometer vom Stadtzentrum entfernt am Northern Parkway gelegen, ist ein Themenpark. Er wurde am Standort einer ehemaligen Goldmine (Schacht Nummer 4 der Crown Mines) errichtet, ganze Straßenzüge wurden mitsamt den eingerichteten Häusern der Minenarbeiter originalgetreu wieder aufgebaut. Die Angestellten tragen sogar die authentische Kleidung des 19. Jahrhunderts.

Die Attraktionen sind zahlreich und vielfältig. Auf Kinder, Jugendliche und Adrenalinjunkies warten Fahrten mit **Anaconda, Flintstones, Miners' Revenge** und **Golden Loop**. Wer sich dafür interessiert, wie Gold geschürft wird, unternimmt eine Fahrt in eine der tiefsten Goldminen der Stadt. Oder man betrachtet Goldadern in einer alten Mine und schaut zu, wie Gold in Barrenformen gegossen wird. Außerdem gibt es ein Kasino, eine nostalgische Dampfzugfahrt, ein 4-D-Kino und das Apartheid Museum.

Apartheid Museum

Man kann das heutige Südafrika nicht wirklich verstehen, ohne eine klare Vorstellung von den Auswirkungen, die von der Apartheid auf das ganze Land ausgingen, zu haben – genau darum bemüht sich das Apartheid-Museum.

Das 2001 eröffnete Museum liegt auf dem Gelände der Gold Reef City und nimmt eine Fläche von sieben Hektar ein. Es wurde von einem Konsortium von Architekten entworfen, die Ausstellungen stammen von einer interdisziplinären Gruppe von Kuratoren, Filmemachern, Historikern und Designern. Der umgebende Garten ist so angelegt, dass er wie ursprünglicher südafrikanischer Busch aussieht.

INSIDERTIPP

Einblick in Jo'burgs bunte Geschichte geben die faszinierenden historischen Spaziergänge des Parktown Heritage Trust *(www.parktownheritage.co.za).* **Mehrere Routen führen durch unterschiedliche Teile der Stadt.**

ROBERTA COCI
National Geographic-Mitarbeiterin

Besucher gewinnen vielleicht schon beim Betreten des Gebäudes einen kleinen Eindruck von der Realität der Apartheid: Denn dort stufen Museumsmitarbeiter jeden nach Rasse und Hautfarbe ein. Ein wirklich erhellender und leicht verstörender Vorgang. Sobald er sich „erholt" hat, wird der Besucher die durchdachte Verwendung von dokumentarischem Filmmaterial, Fotos, Texttafeln, historischen Objekten und persönlichen Be-

---

Apartheid Museum

✉ Gold Reef City, Northern Pkwy. & Gold Reef Rd., Ormonde

☎ 011 / 309 4700

🕓 Geschl. Mo

💲 $

www.apartheid museum.org/

Kunst zu verkaufen

Die Menschen, die es aus dem gesamten Kontinent aus wirtschaftlichen Gründen nach Johannesburg zieht, bringen auch diverse Kunstgewerbe mit; viele stellen selbst Objekte her und verkaufen sie. Masken, perlenbestickte Puppen, Drahtkörbe und Holzschnitzereien zählen zu den geschätzten Stücken, die man auf Märkten und in Geschäften überall in der Stadt finden kann.

Eine Kostprobe gibt der riesige Flohmarkt in **Bruma** *(geschl. Mo)*. Der samstägliche Flohmarkt am **Market Theatre** (siehe S. 205) gilt als das Original. In der Rosebank Mall findet sonntags ein **Rooftop Market** statt, der gleichermaßen von Einheimischen und Touristen frequentiert wird. Und dies ist nur für den Anfang ...

Einer der Ausstellungsbereiche im Apartheid Museum

richten über das Leben im alten Südafrika zu würdigen wissen.

Die Exponate, die in 22 Ausstellungsbereichen aufgestellt sind, bilden alltägliche Szenen der Apartheid ab, auf TV-Monitoren sind Bilder vom Kampf („The Struggle") gegen das Regime zu sehen. Die Ausstellungen leiten den Besucher auf einer zutiefst ergreifenden emotionalen Reise, die von der Geschichte dieses staatlich sanktionierten Systems ethnischer Unterdrückung erzählt und mit einem Blick auf Südafrika nach dem Ende der Apartheid schließt.

Ein besonders eindringliches Display besteht aus 131 Schlingen, die vom Dach hängen. Jede Schlinge repräsentiert einen der politischen Gefangenen, die während der Ära der Apartheid gehenkt wurden oder „in der Haft verstarben". Weitere Darstellungen fangen tief greifende Ereignisse in der Geschichte der Apartheid ein: das berüchtigte „Massaker von Sharpeville", den Rivonia-Prozess, den So-weto-Aufstand und die Auslöschung des schwarzen District Six in Kapstadt. Sie zeigen außerdem die Antiapartheidbewegung im Exil und den umfassenden internationalen Sportboykott.

Auch sämtliche entscheidenden Persönlichkeiten sind hier: der Architekt der „Grand Apartheid" H. F. Verwoerd, Südafrikas „starker Mann" B. J. Vorster und P. W. Botha – ebenso wie Desmond Tutu, F. W. de Klerk, Märtyrer Steve Biko und natürlich Nelson Mandela.

Das Museumserlebnis gipfelt in der Geburt einer neuen Demokratie 1994 und der Amtseinführung von Mandela – „dem Häftling, der Präsident wurde". Das sollte man nicht versäumen.

Museumsführung: Offizielle vierstündige Führungen durch das Museum starten das ganze Jahr über dienstags, mittwochs, donnerstags und freitags, einschließlich Abholung vom Hote. ■

ERLEBNIS: Helfen im Kampf gegen Aids

Mit der HIV/Aids-Pandemie steht Afrika ein furchtbarer Feind gegenüber. Die tragische Krankheit ist ein unersättlicher Killer, und trotz der Anstrengungen, die Ausbreitung zu verhindern, steigt die HIV-Infektionsrate in vielen afrikanischen Ländern weiter an. Zusätzlich zu Armut und Mangelernährung, die bereits in weiten Teilen des Kontinents wüten, lähmt Aids die Lebens- und Wirtschaftskraft vieler Nationen. Südafrika ist da keine Ausnahme.

Die Krankheit macht Millionen Kinder zu Waisen, und die Zahl der elternlosen Familien in Südafrika gibt der Regierung Anlass zu wachsender Sorge. Es sind schlicht nicht genügend Ressourcen vorhanden, um diesen Kindern die Ausbildung und Fürsorge zu geben, die sie benötigen. Darüber hinaus haben HIV-Infizierte in Südafrika oft keinen Zugang zu den Medikamenten, die es ihnen ermöglichen würden, ein relativ gesundes, normales Leben zu führen.

Eines der größten Probleme, mit denen sich das Land konfrontiert sieht, ist der Mangel an hoch qualifizierten Arbeitskräften im Gesundheits- und Entwicklungsbereich, weil Aids viele gut ausgebildete Arbeitskräfte das Leben gekostet hat und ihre gesunden Kollegen abschreckt. In den letzten Jahren hat es einen Massenexodus von Ärzten aus dem Land gegeben. In vielen Nationen Afrikas beträgt die durchschnittliche Lebenserwartung inzwischen weniger als 40 Jahre, mit sämtlichen negativen Konsequenzen für Gesundheitsfürsorge und wirtschaftliche Entwicklung.

Eine weitere Herausforderung ist die Aufklärung. Die Regierung hat Anstrengungen unternommen, um das Bewusstsein für die Gefahr einer Infektion zu erhöhen und über Möglichkeiten aufzuklären, diese zu verhindern. Doch es muss mehr getan werden. Die Übertragungsraten sind noch immer zu hoch.

Der Einsatz von Einzelpersonen ist entscheidend im Kampf gegen Aids in Südafrika. Freiwillige können auf vielfältige Weise helfen: bei der Gesundheitsfürsorge, Aufklä-

INSIDERTIPP

Aids ist in Südafrika ein wirkliches Problem. Deshalb gilt die „ABC-Regel": Abstain – Be Faithful – Condomize („enthaltsam sein – treu sein – Kondom benutzen").

RICHARD WHITAKER
National Geographic-Mitarbeiter

rung oder Kinderbetreuung. Viele Programme schärfen das allgemeine Bewusstsein, indem sie Freiwillige in Gemeinden und Schulen schicken, um die Menschen zu informieren. Einzelne Freiwillige können bei diesem Prozess mithelfen, zum Beispiel Plakate erstellen oder Vorträge halten.

Auch direkte Hilfe für Familien, die von Aids betroffen sind, ist möglich. Freiwillige können Lebensmittel und Kleider ausliefern, mit Familien darüber sprechen, wie sie gesund bleiben können, und dringend benötigte moralische Unterstützung leisten. Angehörige medizinischer Berufe sind für die Behandlung von Patienten besonders gefragt, und motivierte Menschen mit wissenschaftlichem Background können in Labors aushelfen.

Darüber hinaus gibt es viele Programme, die Aufklärung, Gesundheitsfürsorge und Sozialhilfe für Millionen Aids-Waisen im Land zur Verfügung stellen, andere kümmern sich um HIV-Tests und die Beratung von Erwachsenen. Freiwillige benötigen keine besonderen Fähigkeiten oder Qualifikationen, allerdings brauchen sie ein gewisses Maß an Mitgefühl, Geduld und Flexibilität. Viele der von Aids betroffenen Menschen benötigen Fürsorge und Ermutigung, damit sie mit der Situation umgehen und Fortschritte machen können.

Informationen, wie man sich engagieren kann, geben die **Nelson Mandela Foundation** *(Tel. 011/728-1000, www. nelsonmandela.org),* **Treatment Action Campaign** *(Tel. 086/136-3448, www.tac.org.za)* und **Greater Good South Africa** *(Tel. 021 794 0580, www.myggsa.co.za).*

Soweto

Es klingt zwar wie ein afrikanisches Wort, tatsächlich aber ist Soweto das Kurzwort für South Western Townships. In den 1950er Jahren ließ die Apartheidregierung Soweto südlich von Johannesburg entwerfen und erbauen: als Schlafstadt für schwarze Wanderarbeiter, von deren Arbeitskraft die Stadt so sehr abhing.

Gepflegte Häuser der wachsenden Mittelschicht Sowetos

Soweto

⛰ Karte S. 197

Besucherinformation

✉ Walter Sisulu Square of Dedication, Kliptown

☎ 011/982-8034 oder 082/962-6776

www.sowetotourism. co.za

Einmal begonnen, wuchs Soweto planlos zu einer Ansammlung von Townships heran, die sich immer weiter ausbreiteten. Obwohl die Regierung versuchte, dem Einhalt zu gebieten, zogen mehr und mehr verarmte Schwarze auf der Suche nach Arbeit nach Johannesburg – aus ländlichen Gebieten ohne Zukunft (den „Homelands"), aus den sogenannten Bantustans (die wirtschaftlich nicht überlebensfähig waren) und sogar aus den afrikanischen Nachbarländern.

Soweto ist heute eine eigenständige Stadt, in der über zwei Millionen Menschen leben – die größte schwarzafrikanische urbane Konzentration auf dem Kontinent. Soweto ist Standort der einzigen Privatklinik Südafrikas in schwarzem Besitz, und sein öffentliches Krankenhaus, Chris Hani Baragwanath, ist das größte Afrikas. Zunehmend wird Soweto auch für sein Nachtleben bekannt, in dem Jazz- und kwaito-Clubs (*kwaito* ist Hip-Hop im Soweto-Stil) wie **The Rock** und **Back Room** eine Rolle spielen.

Das Spektrum an Behausungen in Soweto reicht von Wellblechhütten bis zu den Luxusvillen der Neureichen. Schwarze Wanderarbeiter wurden ursprünglich in winzigen „Streichholzschachtelhäusern" mit vier Zimmern untergebracht, und diese Gebäude sind noch immer überall zu sehen. Soweto umfasst auch wohlhabendere Mittelschichtviertel wie **Diepkloof**, das sich gleich hinter Orlando West erstreckt, und die benachbarte **Diepkloof Extension**, wo Bäume die gepflegten Straßen säumen und es gute Schulen gibt.

Eine unglückselige soziale Realität sind die Barackenviertel (höflich „informelle Siedlungen" genannt), die um die Stadt entstanden sind. Leider sind noch immer viele Südafrikaner arm und arbeitslos und ihnen bleibt keine andere Wahl, als in diesen provisorischen Behausungen Zuflucht zu suchen.

Kampf gegen Apartheid

Die meisten Menschen besuchen Soweto, um Einblick in die vergangenen politischen Kämpfe – und Triumphe – der Township zu gewinnen. Sie blickt auf eine stolze Geschichte als Ort zurück, an dem der Widerstand gegen das Apartheidregime aufblühte. Mit dem Freiheitskampf werden unter anderem **Kliptown** und **Freedom Square** (nahe Union St. & Boundary

---

ERLEBNIS: Ein Drink in einer Shebeen

Für die Mehrheit der südafrikanischen Bevölkerung sind Shebeens (Kneipen in den Townships, die traditionell keine Konzession besitzen) zauberhafte Orte. Sie sind ein Symbol der Rebellion – und ein toller Ort, um einen netten Abend zu verbringen. Die Apartheidregierung versuchte, schwarze Südafrikaner von jeder Art unabhängiger wirtschaftlicher Aktivität auszuschließen, aber einfallsreiche Männer und Frauen (Letztere werden liebevoll *shebeen queens* genannt) in den Townships öffneten ihre Häuser für die Gemeinschaft und tischten dort Mixturen aller Art auf.

Das Verbot, das die Menschen in den Townships im Zaum halten und demütigen sollte, führte stattdessen zur Entwicklung einen neuen Kultur. Shebeens wurden zu den angesagtesten Treffs, in denen man nächtelang feierte, politische Versammlungen abhielt und legendäre Sänger wie Miriam Makeba ihre Startchance bekamen. Shebeens waren allerdings auch riskante Unternehmen,

die stets mit Polizeirazzien rechnen mussten. Dann wurde der Alkohol beschlagnahmt, oft gab es auch Verhaftungen. Das schreckte die Shebeen-Besitzer allerdings nicht ab.

1984 wurde auch der Apartheidregierung deutlich, dass die Shebeens eine Macht darstellten, mit der man rechnen musste. Sie erklärte sich bereit, 27 Konzessionen auszugeben. Heute gibt es mehrere hundert konzessionierte Shebeens im Land. Dennoch haben, wie es heißt, die nichtkonzessionierten noch immer das Heft in der Hand.

Für eine solche Kneipenerfahrung bietet sich das **Wandies Place** (618 Makhalenele St., Dube Village, Tel. 011/982-2796, www.wandies. co.za) an. Wandi Ndaba eröffnete die illegale Kneipe 1981 und musste ein ganzes Jahrzehnt lang mit der Gefahr einer Razzia leben, bis er schließlich 1991 eine Konzession erhielt. Heute bietet er das volle Programm mit Restaurant und Bar, das man nicht versäumen sollte. Die meisten Township-Touren bieten einen Shebeen-Besuch; Details siehe S. 214.

ERLEBNIS: Besuch einer Township

Während der Apartheid wurden Schwarze (ebenso wie Inder und andere Nichtweiße) gezwungen, sich in Townships in den Randgebieten der Städte niederzulassen. Ein Großteil der städtischen Bevölkerung lebt nach wie vor in diesen selbstständigen Siedlungen, viele von ihnen in Behausungen ohne Strom und andere Grundversorgung. Viele Besucher können einen ganzen Monat in Südafrika verbringen, ohne einen Fuß in eine Township zu setzen. Doch eine Township-Tour bietet die Gelegenheit, eine Vorstellung von der südafrikanischen Realität zu gewinnen.

Die Zeit der Führung ist mit unterschiedlichsten Aktivitäten ausgefüllt. Ob man Heilkräuterläden durchstöbert, in einer Shebeen etwas trinkt, in *spaza*-Shops in Privathäusern einkauft, Livemusik lauscht oder sich einfach mit den Menschen vor Ort unterhält: Eine Township-Tour vermittelt in jedem Fall Einblick in eine andere Kultur.

Zu den etabliertesten Anbietern von Tagestouren durch Soweto zählt **Themba Day Tours & Safaris** *(Kontakt: Pat Duxbury, Tel. 011/463-3306, E-Mail: nik@global.co.za, www.sowetotour.co.za/index.html).* Das Unternehmen vermittelt eine neue Perspektive und persönlichen Einblick in die größte und lebendigste schwarze Stadt Afrikas.

Für weitere Ausflüge in der Umgebung von Johannesburg kontaktiert man **Soweto Tours** *(Tel. 011/326-1700, www.soweto.co.za)* oder **Vhupo Tours** *(Tel. 011/936-0411, www.vhupo-tours.com).* Für Touren in Kapstadt wendet man sich an **Camissa Travel and Tours** *(Tel. 083/392-8588, www.gocamissa.co.za)* oder **Inkululeko** *(Tel. 021/433-2322, www.inkululekotours.co.za).*

Die Preise liegen zwischen 300 und 800 Rand (25 und 65 Euro).

Rd., Kliptown) in Verbindung gebracht. Hier billigte die Congress Alliance (eine Gruppe gleich gesinnter Organisationen, die 1955 zusammenkamen, um eine Zukunft für alle Menschen in Südafrika zu entwerfen.) die Freiheitscharta. Der ANC übernahm später die Freiheitscharta als Politik.

Eine weitere bedeutende Institution ist die **Regina Mundi Church** *(1149 Khumalo St., Rockville, Tel. 011/986-2545, geschl. am Wochenende, Spende).* In ihren Mauern fanden viele Protestversammlungen, Zusammenkünfte von Menschen, die leidenschaftlich gegen die Apartheid aufbegehrten, und Trauerfeiern für getötete Widerstandsführer statt.

Orlando West ist das einzige Stadtviertel der Welt, in dem zwei

> Orlando West ist das einzige Stadtviertel der Welt, in dem zwei Friedensnobelpreisträger zu Hause waren: Nelson Mandela und der anglikanische Erzbischof Desmond Tutu.

Friedensnobelpreisträger zu Hause waren: Nelson Mandela und der anglikanische Erzbischof Desmond Tutu. **Nelson Mandelas erstes Haus** *(Vilakazi St., Orlando West, Tel. 011/936-7754, $),* in dem der spätere Präsident bis zu seiner Verhaftung 1962 lebte, enthält persönliche Gegenstände, einschließlich der Ehrendoktortitel. In der Nähe steht **Desmond Tutus Wohnsitz** *(Vilakazi St., Orlando West, nicht öffentlich zugänglich)* nahe der **Holy Cross Church**, seiner Heimatgemeinde.

Eine der ergreifendsten Sehenswürdigkeiten Sowetos ist das **Hector Pieterson Memorial Site & Museum** *(Khumalo & Pela Sts.,*

Kinder starben, darunter der zwölf Jahre alte Hector Pieterson. Das tragische Ereignis setzte eine Dynamik frei, die schließlich zum Ende der Apartheid führte.

Im Jahr 2002 wurden das Denkmal und das Museum in der Nähe der Stelle erbaut, an der der kleine Hector erschossen worden war. Das Denkmal ist eine

Eine „informelle Siedlung" in Kliptown, dem ältesten Wohnbezirk Sowetos

Orlando West, Tel. 011/536-0611, $) gegenüber der Holy Cross Church. Am 16. Juni 1976 versammelten sich in Soweto viele Schulkinder, um gegen die Anordnung der Regierung zu protestieren, Afrikaans als Unterrichtssprache an den Schulen der Townships einzuführen. Die Sicherheitskräfte des Apartheidregimes waren in Bereitschaft, und als Kinder die verbotene ANC-Hymne „Nkosi Sikelel' iAfrika" anstimmten, eröffnete die Polizei das Feuer. Zwanzig

Steinplatte mit einer Inschrift, das Museum zeigt Fotos und Filme.

Soweto ist ein pulsierendes, lärmendes Durcheinander; wenn man erst einmal mittendrin steht, findet man nicht so leicht wieder hinaus. Deshalb und auch, weil die Sicherheit ein Problem sein kann, sollte man die Stadt am besten im Rahmen einer Führung besuchen, die normalerweise einen halben oder ganzen Tag dauern. Es werden auch Touren zu speziellen Themen angeboten. ∎

Pretoria

Nur eine halbe Stunde von Johannesburg entfernt liegt das ruhige, elegante Pretoria, offizielle Verwaltungsmetropole und De-facto-Hauptstadt Südafrikas, in einem üppig grünen, von
Hügeln umschlossenen Tal. Wegen der Wolken violett blühender Bäume, die im Sommer
seine Durchgangsstraßen säumen, wird es liebevoll „Jacaranda City" genannt.

Standbild von Paul Kruger auf dem Church Square in der Innenstadt von Pretoria

Pretoria

⬢ Karte S. 197

Besucherinformation

✉ Old Nederland-
sche Bank Bldg.,
Church St.

☎ 012/358-1485

Wahrscheinlich besiedelte zuerst das
Volk der Ndebele das Tal, in dem
Pretoria liegt; später kamen Flüchtlin-
ge vor den *mfecane* (wörtlich „Zer-
quetschen" feindlicher Stämme) der
Zulu, die durch Shakas militärische
Abenteuer in und um das heutige
KwaZulu-Natal ausgelöst worden
waren. Die Stadt Pretoria, gegründet
1855, wurde nach dem berühmten
Voortrekker-Führer Andries Pretorius,
dem Helden der Schlacht am Blood
River (1838), benannt.

Pretoria ist eine besonders hübsche Stadt mit breiten, von Jaca-
randabäumen bestandenen Boule-
vards und einer gelassenen Atmosphäre. Als Verwaltungsmetropole
verdankt sie den zahlreichen ausländischen Botschaften und Konsula-
ten ein kosmopolitisches, urbanes
Flair. Als Standort vieler höherer Bil-
dungsinstitutionen – der großen
University of Pretoria, der (Fernstu-
dium-)University of South Africa,
der Tshwane University of Techno-
logy und des Council for Scientific
and Industrial Research – ist sie
auch die inoffizielle akademische
Hauptstadt des Landes. Die Anwesenheit so vieler Studenten verspricht eine pulsierende Energie,

La Madeleine

Prominente, Diplomaten und Liebhaber einer guten Küche kommen in Scharen ins La Madeleine *(122 Priory Rd., Lynnwood Ridge, Tel. 012/361-3667, geschl. So, mittags auf Anmeldung)* **– wegen der herausragenden französischen und einheimischen Gerichte und des rustikal-französischen Dekors. Daniel und Karine Leusch, Küchenchefs und Besitzer dieser Pretoria-Institution, haben in den letzten 20 Jahren zahlreiche Auszeichnungen gewonnen. Die kleine Speisekarte wechselt regelmäßig, aber vielleicht stehen gerade entbeinte Wachtel mit Portsauce und Trüffeljus oder Medaillons vom Springbockfilet mit Cranberrysauce und in Honig und Rotwein pochierten Birnen darauf. Nicht versäumen!**

vor allem in Vierteln wie Hatfield, wo schrille Bars, Diskos und Esslokale dominieren.

Ein Besuch Pretorias

Weil sie so dicht beieinander liegen, scheinen die äußeren Vororte von Pretoria und Johannesburg ineinanderzufließen. Doch im Stadtzentrum gibt es ausgeprägte Viertel. In der Mitte liegt **Pretoria Central**, das Herz der Stadt, mit historisch bedeutsamen Bauten. Eine Statue von Präsident Paul Kruger beherrscht den **Church Square** *(angrenzend an Paul Kruger & Church Sts.)*, Pretorias Mittelpunkt, vom **Old Raadsaal** (Ratssaal), **Palace of Justice** (Justizpalast) und weiteren stattlichen Gebäuden eingerahmt.

Der eindrucksvolle Komplex des **South African State Theatre** an der Pretorius Street umfasst sechs Veranstaltungssäle und einen riesigen öffentlichen Platz. Die Theater-, Ballett-, Opern-, Kabarettaufführungen und Sinfoniekonzerte sind von hoher Qualität. Im Momentum kann man die Arbeit vielversprechender neuer Produzenten, Regisseure und Darsteller begutachten. Das Opera House fasst 1300 Zuschauer, die kleineren Säle Intimate und Rendezvous sind für Kabarett und Revue ausgelegt. Das Drama Theatre hat 640 Plätze, alle auf einer Ebene. Der drittgrößte Veranstaltungssaal ist die Arena.

INSIDERTIPP

Wer Spaß und einen pulsierenden Ort zum Abhängen sucht, ist in Hatfield nahe der University of Pretoria genau richtig. In zahlreichen Lokalen kann man essen, trinken und die Nacht durchtanzen.

KATE PARR
National Geographic-Expertin

Der nahe gelegene **Burgers Park** *(Jacob Maré St., zwischen van der Walt & Andries Sts.)* ist ein hübscher botanischer Garten im viktorianischen Stil mit Rosenbeeten und einem viktorianischen Haus, das heute ein Restaurant beherbergt.

Auf der anderen Seite des Church Square entstand 1884 das bescheidene viktorianische **Paul Kruger Museum** – es sieht heute beinah noch so aus wie zu der Zeit,

South African State Theatre
✉ 320 Pretorius St.
☎ 012/392-4027
www.statetheatre.co.za

Paul Kruger Museum
✉ 60 Church St.
☎ 012/326-9172
💲 $

Eine Büste von Kruger, dem großen Führer des Burenwiderstands, im Paul Kruger Museum

**Transvaal
Museum of
Natural History**
✉ Paul Kruger St.
☎ 012/322-7632
🕐 Geschl. So
💲 $

als Paul Kruger, von 1883 bis 1902 Präsident der Republik Transvaal und Führer des Burenwiderstands gegen den britischen Imperialismus, hier wohnte.

Das britische Interesse an der Republik Transvaal verstärkte sich, nachdem 1886 in Witwatersrand Gold gefunden worden war, was später zum Ausbruch des Burenkrieges (1899–1902) führte. In Konzentrationslagern, die von den Briten errichtet wurden, starben viele tausend burische Männer, Frauen und Kinder zusammen mit ihren afrikanischen Arbeitern.

Das Hausmuseum enthält Möbel, Fotos und persönliche Dinge. Man beachte die beiden steinernen Löwen auf der Veranda, die Präsident Kruger 1896 als Geburtstagsgeschenk vom Bergbaumagnaten Barney Barnato erhielt. Exponate im angrenzenden Museum spüren Krugers Leben nach.

Viele südafrikanische Staatsleute und Berühmtheiten sind auf dem nahe gelegenen **Heroes' Acre** (Church St. & D. F. Malan Dr.) auf dem Church Street Cemetery beigesetzt. Im 19. Jahrhundert gepflanzte Bäume beschatten die angenehmen Spazierwege.

Während man in den jeweiligen Vierteln relativ sicher und einfach umherlaufen kann, ist für die größeren Distanzen ein Auto oder Taxi vorzuziehen.

Transvaal Museum of Natural History

Das 1892 gegründete Transvaal Museum liegt im Zentrum Pretorias. Vor dem eindrucksvollen Portal sind riesige Wal- und Saurierskelette aufgebaut. Das traditionelle Sandsteininterieur ist rund um luftige und geräumige Ausstellungsräume entworfen.

Die Exponate umfassen Informationen zu bedeutenden Hominidenfunden von der Welterbestätte Cradle of Humankind („Wiege der Menschheit"; siehe S. 226ff) mit der dazugehörigen versteinerten Fauna. Unter den weiteren Sammlungen finden sich Fossilien von Amphibien, Fischen, Reptilien und Pflanzen aus der Karoo, von säugetierartigen Übergangsformen der Reptilien aus dem späten Perm (ebenfalls in der Karoo gefunden) sowie eine große Sammlung präparierter Säugetiere, Vögel, Reptilien und Wirbelloser, namentlich Käfer und Schmetterlinge.

Das berühmteste Objekt im Museum aber ist ein Abguss des **Schädels von „Mrs. Ples"** (abgeleitet von *Plesianthropus* – „beinah menschlich"), die „ihren" Spitznamen von Journalisten erhielt. Der Schädel wurde 1947 in den nahe gelegenen Sterkfontein Caves von Robert Broom vom Transvaal Museum ausgegraben (siehe Kasten S. 23).

Heute nimmt man an, dass Mrs. Ples, die ein kleines Gehirn besaß, aufrecht ging. Klassifiziert ist sie als *Australopithecus africanus*, ein ferner Vorfahre der Menschheit. Überreste von anderen Angehörigen dieser Spezies stammen aus Taung in der Provinz Nord-West und Makapansgat in Nord-Kap. Diese Fossilien sind von enormer Bedeutung, ebenso wie die der Funde von Meave Leakey, die die versteinerten Knochen und Zähne des *Kenyanthropos platyops* entdeckte. Sie sind etwa 3,5 Millionen Jahre alt und gehören wahrscheinlich zu einer ganz neuen Gattung der Vormenschen. Bedeutsam ist auch die Entdeckung eines kompletten fossilen Skeletts von einem der ältesten affenähnlichen Vorfahren des Menschen in den Sterkfontein Caves durch Dr. Ron Clarke, Stephen Motsumi und Nkwane Molefe von der University

of the Witwatersrand, das mindestens 3,5 Millionen, sehr wahrscheinlich aber vier Millionen Jahre alt ist.

Museumsbesuch: Dank der attraktiven Gestaltung der Ausstellung wird die Vergangenheit hier in aufregender, dramatischer Weise zum Leben erweckt. Das Museum

Käse

Auch wenn es in Südafrika schon seit einiger Zeit eine etablierte Käseindustrie gibt, geht es mit der handwerklichen Käseherstellung erst in den letzten Jahren bergauf. Etwa die Hälfte der Käseproduktion des Landes wird rund um das West-Kap erzeugt (wegen des europäischen Einflusses und des milden Klimas), doch überall im Land findet man Käsehersteller, auch in Pretoria. Traditionell werden milde Käsesorten erzeugt, in letzter Zeit spielen aber verstärkt kräftige, originäre Mischungen der kleineren Fromagerien eine Rolle. Zu empfehlen ist Bokmakiri, ein Ziegenweichkäse, der mit Pfeffer und Knoblauch überzogen ist.

bietet etliche Programme und Führungen für Studenten (jeden Alters) und Besucher aus dem In- und Ausland. Im **Discovery Centre** *($, nur mit Anmeldung)* können jüngere Besucher Naturgeschichte mit allen fünf Sinnen erleben. Ein besonders beliebtes Exponat im Discovery Centre ist eine Rekonstruktion eines *Deinonychus*-Sauriers.

Das Transvaal Museum of Natural History wird gleichsam von heiliger Ehrfurcht angesichts der Komplexität und Wunder der Schöpfung getrieben. Nirgendwo wird das deutlicher als in den Dauerausstellungen wie **Genesis I: Hall of Life** im Erdgeschoss. Sie erzählt die bemerkenswerte Geschichte, wie das Leben auf unserem Planeten ent-

en die Verbindungen zwischen den heutigen Menschen und ihren hominiden Vorfahren im Einzelnen genau nachzuvollziehen.

Die **Austin Roberts Bird Hall** mit fast 870 Vogelarten aus dem südlichen Afrika ist nach dem Autor des bekanntesten südafrikanischen

Das Transvaal Museum birgt eindrucksvolle Sammlungen zur Naturgeschichte

stand und sich entwickelte, und spürt dem Vorgang von den ersten Cyanobakterien vor 3,5 Milliarden Jahren bis zur faszinierenden Biodiversität von heute nach.

Die **Mammal Hall** konzentriert sich auf die Entwicklung der Säugetiere, obgleich es hier auch Displays gibt, die sich mit Sauriern und den eindrucksvollen säugetierartigen Reptilien der Karoo befassen. Reproduktionen von Hominidenschädeln, darunter der des *Australopithecus africanus* (Mrs. Ples), sind zu sehen. Die Ausstellung zeigt, wie schwierig es ist, anhand der Vielfalt der gefundenen Hominidenfossili-

Vogelbuchs benannt, der früher Leiter des Transvaal Museums war. Die Nummerierung von Roberts' „Birds of Southern Africa" wird benutzt, um die Hunderte von Vögeln zu identifizieren, die im Zwischengeschoss ausgestellt sind.

Geoscience Museum: Das Geoscience Museum, das im Transvaal Museum untergebracht ist, heißt in der spannenden Welt der Edel- und Halbedelsteine willkommen. Das Museum bestückt seine Sammlung aus geologischen Stätten des gesamten Landes. Neben den faszinierenden Displays befinden sich leicht verständliche Erklärungen der Wissenschaft, die hinter den Diamanten, Drusen, Fossilien und Meteoriten steckt. Es gibt außerdem Informationen zum Meteoritenkrater Tswaing, der nur 40 Kilometer entfernt liegt.

Pretoria Art Museum

Eine beständig wechselnde Sammlung südafrikanischer Kunst ist in dieser Galerie im Arcadia Park im Ostteil der Stadt zu sehen. Der Schwerpunkt liegt auf den Alten Meistern, namentlich Pieter Wenning, J. H. Pierneef, Frans Oerder, Anton van Wouw, Hugo Naudé, Irma Stern und Maggie Loubser. Internationale Kunst konzentriert sich auf grafische Drucke aus Europa und den Vereinigten Staaten. Führungen werden angeboten.

Union Buildings

Wer Nelson Mandelas Antrittsrede als südafrikanischer Präsident verfolgt hat, hat auch einen Blick auf die Union Buildings im Hintergrund geworfen. (Eine Statue Mandelas sollte an der Stelle aufgestellt werden, an der er seine Antrittsrede hielt, wurde stattdessen aber auf dem Mandela Square in Sandton platziert.)

Die 285 Meter hohen Union Buildings sind das Meisterstück des britischen Architekten Sir Herbert Baker (1862–1946), der viele öffentliche Gebäude Südafrikas entwarf. Die Konstruktion steht oberhalb von Pretoria auf dem Hügel Meintjies Kop im Viertel Arcadia und ist aus goldfarbenem Sandstein erbaut. Das mit Kolonnaden versehene Zentralgebäude schwingt sich um ein Amphitheater (dort stand Mandela). Zwei eindrucksvolle Flügel repräsentieren die beiden Sprachen, denen zur Zeit der Union 1910 der offizielle Status zuerkannt wurde, Englisch und Afrikaans – dieses Symbol hat im neuen Südafrika mit seinen elf offiziellen Sprachen keine Relevanz mehr.

Mit den Zwillingskuppeltürmen zu beiden Enden der zentralen Kolonnade, den dekorativen Wasserbecken, Brunnen, Skulpturen und Balustraden im Amphitheater und rundherum strahlen die Union Buildings eine unauffällig-ernste Zuversicht aus. Der Komplex wurde zur Zeit der Union in Auftrag gegeben und drei Jahre später fertiggestellt. Seither beherbergen die Union Buildings die Exekutive. Auch der Präsident der Republik hat hier seine Büros. Das Gelände ist nicht allgemein zugänglich, aber man kann im grandiosen Park picknicken.

INSIDERTIPP

Im Pretoria Zoo sieht man afrikanisches Großwild und gefährdete Arten aus der Nähe; so kann man sich mit der Tierwelt vertraut machen, ehe man auf Safari geht.

CAGAN H. SEKERCIOGLU
National Geographic-Experte

National Zoological Gardens of South Africa

Der größte Zoo Südafrikas, auch als Pretoria Zoo bekannt, ist zugleich der einzige Nationalzoo. Seine Tiersammlung begann 1899 mit nur 46 Tieren, darunter ein Serval, zwei

Pretoria Art Museum

✉ Schoeman & Wessels Sts., Arcadia

☎ 012/344-1807

💲 $

www.pretoriaart museum.co.za

National Zoological Gardens of South Africa

✉ 232 Boom St.

☎ 012/328-3265

💲 $$ (inkl. Aquarium und Reptilienpark)

www.nzg.ac.za

Erdmännchen, eine Puffotter und zwei graue Schlafmäuse. Wahrlich ein bescheidener Anfang für einen Komplex, der sich heute über 85 Hektar erstreckt und internationales Ansehen genießt.

Heute beherbergt der Nationalzoo 202 Vogel-, 93 Reptilien- und 209 Säugetierarten sowie vier wirbellose und sieben Amphibienspezies – alles im allem über 9000 einzelne Tiere von fast jedem Kontinent. Eine weitere interessante Tatsache: Das weltweit erste in einem Zoo geborene Breitmaulnashorn kam in den National Zoological Gardens zur Welt.

Auf dem ausgedehnten Gelände begegnet man den *Big Five*, außerdem Sichuan-Takins, Kodiakbären, singenden Gibbons, Antilopen und dem Königstiger, um nur einige aus der internationalen Tiergemeinschaft des Zoos zu nennen. Rund 13 Kilometer Wege durchziehen den Zoo; weniger energiegeladene oder körperlich beeinträchtigte Menschen können einen Golfwagen mieten und sanft an den Tieren vorbeizockeln. Oder

> ## Satellitenzoos
> Der Zoologische Garten verwaltet drei Außeneinrichtungen: iLichtenburg in der Provinz Nord-West, Mokopane in Limpopo und Emerald Animal World Facility in Vanderbijlpark. Die Außenstellen umfassen zusammen weitere 7600 Hektar und dienen als Aufzuchtstationen für zahlreiche einheimische und exotische Tiere.

man setzt sich in die Seilbahn und sieht sich den Zoo aus der Vogelperspektive an.

Bei einer Abendführung (*$$$$*) kann man sogar das Verhalten von Nachttieren beobachten; ein Führer verhilft zu interessanten Einblicken in das Leben von Eulen, Elefanten, Löwen und Kleinen Pandas. Auch Campingtouren (*$$$*) werden angeboten, bei denen man mitunter vom Gebrüll des afrikanischen Dschungelkönigs, des Löwen, geweckt wird.

Flamingos im Zoologischen Garten von Pretoria

Der Zoo verfügt außerdem über das größte Binnenland-**Aquarium** des Landes, in dem man Schildzahnhaie, Zitteraale, Piranhas und Quallen zu Gesicht bekommt. Tropenfische, die durch bunte Korallenriffe flitzen, sind immer eine beliebte Attraktion. Auch im Aquarium werden Abendführungen angeboten.

Der Zoo umfasst auch einen **Reptilienpark**, einen bei Kindern beliebten **Bauernhof** und Südafrikas drittbeste Sammlung exotischer Pflanzen.

Es gibt ein Restaurant sowie einen Picknickbereich mit Grill am Apies River.

Klapperkop Fort und Military Museum

In Reaktion auf zivile Unruhen (der sogenannte Jameson Raid und Aufstände in Johannesburg) zehn Jahre vor Ausbruch des Burenkrieges wurde Fort Klapperkop errichtet. Es steht hoch über Pretoria, der Stadt, die es schützen sollte. Der Bau begann im Dezember 1896 und dauerte ein Jahr. Es lohnt sich, den Hügel zum Fort Klapperkop zu erklimmen. Das dortige Museum zeigt ungewöhnliche und seltene Objekte, und man hat einen grandiosen Blick auf die Stadt und die Landschaft ringsum.

Voortrekker Monument und Museum

Auf einem kleinen Hügel außerhalb Pretorias erhebt sich das Voortrekker Monument, das 1949 eingeweiht wurde und für die Afrikaaner im Land ein nationales Symbol darstellt. Es ehrt jene Tausende *Voortrekkers* (Pioniere),

die im Großen Treck von 1834 bis 1854 die Kapkolonie verließen, um sich von den Briten unabhängig zu machen (siehe S. 26).

Um den Sockel verläuft eine Ringmauer aus Granit, in die eine Kette von 64 Ochsenwagen gehauen ist; sie steht für die Schlacht am Blood River, in der Trekker und Zulus aufeinandertrafen.

INSIDERTIPP

Die Cenotaph Hall im Voortrekker Monument ist so konstruiert, dass alljährlich am 16. Dezember die Sonne durch das Kuppeldach auf das Ehrenmal und die Worte *«Ons vir jou, Suid-Afrika»* **– «Wir für dich, Südafrika» – fällt.**

SAMANTHA REINDERS
National Geographic-Fotografin

In der gewaltigen **Hall of Heroes** illustrieren 27 Basrelieftafeln, die einen riesigen, 91 Meter langen Fries bilden, den Großen Treck sowie das Alltagsleben der *Voortrekkers* und Zulus. Die Darstellung der indigenen Südafrikaner ist offensichtlich verzerrt, der Fries ist dennoch eindrucksvoll.

In der **Cenotaph Hall** findet man den Kernpunkt des Museums, ein Ehrenmal, das an Piet Retief und all die anderen *Voortrekkers* erinnert, die während des Großen Trecks starben. Flaggen der verschiedenen *Voortrekker*-Republiken schmücken die Halle, und mehrere Schaukästen enthalten zeitgenössische Relikte,

Klapperkop Fort & Military Museum

✉ Johann Rissik Dr.
☎ 012/460-3235
🕐 Geschl. Sa–So

Voortrekker Monument & Museum

✉ Voortrekker Monument Heritage Site, Eeufees Rd., Groenkloof
☎ 012/326-6770, 012/325-7885, or 012/325-0477
💲 $$$

www.voortrekker
mon.org.za

Smuts Museum

✉ Jan Smuts Ave., Irene

☎ 012/667-1176

💲 $

Cullinan Diamond Mine

✉ 95 Oak Ave., Cullinan

☎ 012/305-2649

💲 $

darunter Waffen und Haushaltsgegenstände.

Trotz seines ideologischen Ballasts bleibt das Denkmal historisch bedeutsam. Dies zu zeigen war einer der Gründe für den Besuch von Nelson Mandela im Jahr 2002, der von Drohungen des rechtsgerichteten AWB begleitet wurde. Im Gespräch ist der Bau eines Erbe-Zentrums, das politische Implikationen der *Voortrekker*-Bewegung ignoriert und sich nur auf ihre Geschichte konzentriert.

INSIDERTIPP

Für einen ganz besonderen Ausflug bucht man eine Heißluftballonfahrt bei Life Ballooning *(www.lifeballooning.co.za)* **in Cullinan, die mit einem Besuch der Diamantmine Cullinan kombiniert werden kann.**

ROBERTA COCI
National Geographic-Mitarbeiterin

Bei Pretoria: Smuts Museum

In dem idyllischen Dorf Irene, südöstlich von Pretoria gelegen, steht am Doornkloof das Farmhaus, in dem der frühere Premierminister Jan Smuts (1870–1950) seinen Ruhestand verbrachte. Mit seinem weitläufigen, ruhigen Grundstück ist das Museum ein überaus angenehmer Zwischenstopp in einem gedrängten Reiseplan. Im Innern finden sich historische bis sentimentale Objekte; einige befassen sich mit Botanik, Smuts' größter Leidenschaft.

Diamantmine Cullinan

Die drittergiebigste Diamantmine Südafrikas, viermal größer als die berühmte Big Hole in Kimberley, befindet sich in der altmodischen Bergbaustadt Cullinan und bietet Führungen über und unter der Erde an. Zu sehen sind hier Kopien berühmter Steine, die vor Ort gefunden wurden (darunter der Taylor-Burton-Diamant). Das ehemalige viktorianische Wohnhaus des Minendirektors, **Oak House** *(103 Oak Ave., Tel. 012/305-2364)*, ist zu einem Gästehaus mit Teegarten umgestaltet worden. ∎

Der Cullinan-Diamant

Berühmt als weltweit einzige Quelle für blaue Diamanten, wurde 1902 die Premier Diamond Mine, 40 Kilometer östlich von Pretoria, eröffnet. Nach drei Betriebsjahren förderte man hier den Cullinan-Diamanten zutage, mit 3106,75 Karat (621,35 Gramm) der größte je gefundene Rohdiamant. Hundert Jahre später änderte die Mine ihren Namen schließlich in **Cullinan Diamond Mine** – zu Ehren des weltberühmten Fundes. Aus dem originalen Cullinan-Diamanten wurden neun große Steine und 96 kleinere Brillanten geschnitten – der größte ist der „Stern von Afrika". Alle befinden sich im Besitz der britischen Königsfamilie, einige gehören zu den Kronjuwelen.

ERLEBNIS: Freiwilligenarbeit mit Tieren

Südafrika ist für seine vielfältige Tierwelt bekannt, doch auch hier hat der moderne Lebensstil der Natur schwere Wunden geschlagen. Trotz der vielen Natur- und Wildreservate im Land gilt es, einen ständigen Kampf für das Überleben der einheimischen Arten auszufechten – ein Kampf, in dem Freiwillige höchst willkommen sind.

Paviane im Kruger National Park

Wer sich beim Thema Umweltschutz angesprochen fühlt, für den gibt es viele Möglichkeiten der Freiwilligenarbeit mit Wildtieren in Südafrika. Elefanten aufspüren, Weiße Haie markieren, Pinguine säubern, Löwen beobachten – es herrscht kein Mangel an Abenteuern für einen guten Zweck.

Generell tragen sich Freiwilligenprogramme selbst: Man zahlt einen bestimmten Betrag für Unterkunft und Essen und folgt einem organisierten Ablauf von Arbeitseinsätzen. Offizielle Programme dauern meist zwischen einer und zwölf Wochen, obwohl viele Organisationen, vor allem in den Städten, auch mit einigen Stunden Freiwilligenarbeit zufrieden sind. Zu den meisten Programmen gehört eine angemessene Schulung; so werden sie für jeden Reisenden zur wertvollen Erfahrung – eine wunderbare Möglichkeit, praktische Naturkenntnisse zu erwerben und dabei noch einen ökologischen Beitrag zu leisten.

Ein solches Projekt ist das **Enkosini's Kariega Game Reserve Project**. In zwei-, drei- oder vierwöchigen Programmen werden Freiwillige durch Buschwanderungen, Übernachtungen im Freien sowie Tages- und Nachtsafaritrips in Umweltschutz und Überleben im Busch ausgebildet – ein sehr praxisorientiertes Programm, bei dem Freiwillige (oder „Umweltschutz-Manager", wie sie genannt werden) Gelegenheit haben, im Kreise der *Big Five* zu arbeiten. Vielleicht überwacht man die Beute der Löwen, spürt Hyänen auf oder leitet Studien über eine der vielen Arten von Farmen.

Das Projekt bezieht auch die Gemeinde ein; an einem Tag pro Woche unterrichten die Freiwilligen nämlich an einer unterfinanzierten Farmschule vor Ort.

Die Art der Arbeit bestimmt die Unterkunft: Wer Elefanten in der Wüste aufspüren möchte, sollte sich aufs Zelten einrichten; wer in Kapstadt mit Pinguinen arbeitet, kann abends ins eigene Hotel zurückkehren. Die meisten Programme stellen standardmäßige Gemeinschaftsunterkünfte mit ordentlichen Duschen und Essen bereit.

Hinsichtlich der Art der Arbeit ist die Auswahl ungewöhnlich groß – Reinigen von Ställen und Errichten von Umzäunungen, Aufspüren und Überwachen von Tieren, Untersuchungen leiten oder sogar im Käfig mit Weißen Haien tauchen – für die Besucher ein ungewöhnliches Erlebnis.

Für Reisende aus dem Ausland ist es wahrscheinlich am einfachsten, sich an eine Organisation zu wenden, die Unterkunft und Anreise bucht und ein Programm vermittelt, das den jeweiligen Anforderungen entspricht. Dazu zählen **Enkosini Eco Experience** *(Tel. 082/442-6773, www.enkosiniecoexperience.com)* und **Aviva Wildlife Conservation and Community Projects** *(Tel. 021/557-4312, www.aviva-sa.com)*. Die Preise schwanken erheblich, je nach Art und Länge des Programms.

Wiege der Menschheit

Unter der verbrannten Erde des westlichen Gauteng liegt ein System dolomitischer Sandsteinhöhlen, das versteinerte Überreste unserer hominiden Vorfahren enthält. Dieses Gebiet ist geologisch interessant, doch aus einer genealogischen Perspektive ist es atemberaubend.

Exponate in der *Cradle of Humankind*, der Stätte einiger weltweit bedeutsamer paläoanthropologischer Funde

Cradle of Humankind

✉ 40 km westlich von Johannesburg, von der R400 auf die R563 Hekpoort Rd.

☎ 011/355-1400

💲 $$–$$$

www.cradleofhuman kind.co.za

Zu verstehen, woher wir kommen, ist der Schlüssel, um zu verstehen, wer wir sind. Ein klares Bild von der Umwelt zu gewinnen, die unsere früheste Heimstätte war, den evolutionären Druck zu begreifen, der uns formte und uns zwang, zum *Homo sapiens* – und nicht zum Zwergschimpansen – zu werden, hilft uns zu definieren, was „Mensch sein" bedeutet. Diese Definition muss auf empirischen Fakten basieren: fossile Zeugnisse, Schädelkapazität, Gebiss und Physiologie. Und

deshalb ist die *Cradle of Humankind*, die „Wiege der Menschheit" – auch Maropeng genannt, das Setswana-Wort für „der Ort, an dem wir einst lebten" – so bedeutend. Sie ist zentral für unser Verständnis dafür, wer und was wir sind.

Vierzig Kilometer westlich von Johannesburg liegt ein 47 000 Hektar großes Tal. Die Landschaft ist wenig bemerkenswert: Akazien, zerzaustes Buschwerk, Steinaufschlüsse, niedrige Inselberge. Winters wie sommers brennt die Sonne herab. Ein windgepeitschter, fast unwirtlicher Ort – keinerlei Ähnlichkeit mit dem Garten Eden. Dennoch ist diese Gegend – Sterkfontein und *Cradle of Humankind* – eine der reichsten Quellen für hominide (menschenartige) Fossilien in Afrika. Das Tal birgt mindestens 40 verschiedene Stätten mit Fossilien, von denen bislang nur 13 ausgegraben wurden.

Fossilien, die in Sterkfontein gefunden wurden, erzählen uns, dass unsere frühesten Vorfahren etwa drei Millionen Jahre lang in diesem Tal und der Umgebung lebten. Im angrenzenden Swartkrans gibt es Zeugnisse für den frühesten belegten Gebrauch von Feuer – vor 1,3 Millionen Jahren. Über 40 Prozent aller fossilen Hominidenfunde aus Afrika stammen aus Sterkfontein und Umgebung: insgesamt über 500 Fossilien, außerdem Tausende von Steinwerkzeugen.

In dem Gebiet liegen auch **Bolt's Farm,** wo Fossilien von *Dinofelis*-artigen (Säbelzahn-)Katzen gefunden wurden, **Haasgat,** wo es einen 1,3 Millionen Jahre alten Fossilbeleg für Ur-Baumaffen gibt, und **Gondolin,** wo 9000 Fossilien der verschiedensten Spezies entdeckt wurden. Kaum verwunderlich, dass dieses unglaublich fossilienreiche Gebiet 1999 zur Welterbestätte erklärt wurde. Sechs Jahre später erteilte die Unesco-Welterbekommission die Erlaubnis, das geographisch getrennte, aber paläontologisch dazugehörige Gebiet Taung in der Provinz Nord-West miteinzubeziehen.

Dennoch ist es nicht nur die Menge oder die Vielfalt der Fossilien, die Sterkfontein auszeichnen. Es ist die Tatsache, dass drei der bedeutendsten fossilen Hominidenfunde aus dieser *Cradle of Humankind* stammen. Der erste ist das **„Kind von Taung"**, ein versteinerter Schädel, der 1924 in Taung von Steinbrucharbeitern der Northern Lime Company freigelegt und dessen Bedeutung zuerst von Professor Raymond Dart erkannt wurde (er schrieb ihn einer neuen Spezies zu). Der zweite ist **„Mrs. Ples"** (wahrscheinlich *Mr.* Ples, gemäß neuen Forschungen von Dr. Francis Thackeray vom Transvaal Muse-

INSIDERTIPP

Ein Picknick ist eine tolle Möglichkeit, die *Cradle* zu erleben. Packen Sie sich etwas ein, und suchen Sie ein malerisches Fleckchen; oder lassen Sie sich vom Cradle Restaurant einen Picknickkorb zurechtmachen, inklusive Kellnerservice.

ROBERTA COCI
National Geographic-Mitarbeiterin

um), die 2,5 Millionen Jahre alt ist und 1947 von Robert Broom in Sterkfontein entdeckt wurde. Und der dritte ist **„Little Foot"**, 1995 von Dr. Ron Clarke und Phillip Tobias entdeckt, ebenfalls in Sterkfontein. Das Wesen und die Bedeutung jedes dieser Funde zu verstehen hilft uns, auch die Bedeutung der *Cradle* und den Grund zu verstehen, weshalb jede Reise nach Südafrika einen Besuch dieser Stätte einschließen muss.

„Kind von Taung"

Vor Professor Darts Durchbruch mit dem „Kind von Taung", das er *Australopithecus africanus* („südlicher afrikanischer Affe") nannte, glaubte man, dass sich die Menschheit in Asien und nicht in Afrika entwickelt habe. Die vorherrschende Meinung basierte teilweise auf einem Schädelfund aus England: Der „Piltdown-Mann" hatte eine große

und der Gebrauch von Präzisionswerkzeugen der Entwicklung des großen Gehirns vorangingen, stellte alle bis dahin anerkannten Theorien über die menschliche Evolution auf den Kopf.

„Mrs. Ples"

Der Erhaltungszustand von „Mrs. Ples" ist außerordentlich gut, und es ist leicht zu verstehen, weshalb

Das alte Höhlensystem in Sterkfontein, einer Unesco-Welterbestätte

Hirnschale, aber primitive, affenähnliche Züge. Die Vorstellung, dass die Menschheit afrikanischen Ursprungs sein könnte, war ein paläontologisches Sakrileg. Darts aufsehenerregende Hypothese – und die Tatsache, dass der Piltdown-Mann sich als geschickte Fälschung entpuppte – führte zum Umdenken.

Darts These, das „Kind von Taung" sei ein Vertreter einer Spezies kleiner, aufrecht gehender UrHominiden, die vor 2,6 bis 2,5 Millionen Jahren lebten, war nichts weniger als revolutionär. Seine Behauptung, dass zweibeiniger Gang

die Entdeckung dieses Schädels solches Aufsehen erregte. Die Altersbestimmung der Sterkfontein-Funde ist schwierig; im Gegensatz beispielsweise zu den ostafrikanischen Hominidenfunden werden Hominide in Südafrika anhand stratigrafischer Zeugnisse datiert und mit zuverlässig datierten Pflanzenresten in Verbindung gesetzt, weil das Gebiet nicht vulkanisch ist. Demnach scheint „Mrs. Ples" vor etwa 2,5 Millionen Jahren gelebt zu haben, zu einer Zeit, als es hier Waldgebiete und wucherndes Grasland gab.

Der Entdecker des Schädels, Dr. Broom, ordnete seinen Fund einer neuen Gattung, *Plesianthropus*, zu, heute gilt er dagegen als der vollständigste Hirnschädel der Spezies *Australopithecus africanus* (wie das „Kind von Taung"), die unser Vorfahr sein könnte. Später wurde entschieden, alle Sterkfontein-Fossilien als *Australopithecus africanus transvaalensis* zu klassifizieren (weiterhin dieselbe Gattung und Spezies wie die Taung-Fossilien, aber eine separate Unterart). Der Fund ist bedeutsam, weil er einen weiteren fossilen Beweis lieferte und Darts frühere Behauptung stützte, dass der *Australopithecus* früher als alle anderen Hominidenfossilien *(Homo erectus, Homo neanderthalensis)* einzuordnen und aller Wahrscheinlichkeit nach ein direktes Missing Link zwischen *Homo habilis*, einem Ur-Hominiden aus dem Miozän, und uns selbst sei.

„Little Foot"

Viele paläontologische Funde erscheinen als Kombination aus purem Glück und gelenktem Zufall – das, was Carl Jung „Synchronizität" nannte. Dies trifft auf Fossil Nummer drei zu. Ron Clarke, der Entdecker von „Little Foot", untersuchte Fossilien, die in den 1970er Jahren in Sterkfontein ausgegraben worden waren, als ihm einige Fußknochen auffielen. Eine frische Bruchstelle ließ ihn vermuten, dass der Rest der Fußknochen noch in Sterkfontein zu finden sein könnte, und 1998 erwies sich dies als richtig. In der Folge entstieg ein Hominidenskelett der kalkhaltigen Brekzie: Ein vollständiger Schädel sowie Fragmente von Arm-, Fuß- und Beinknochen sind freigelegt worden; die übrigen Skelettreste werden gegenwärtig mit großer Sorgfalt ausgegraben. „Little Foot" ist

---

ERLEBNIS: Bei archäologischen Grabungen zusehen

Angesichts der Fülle der Fossilienvorkommen in Südafrika hat der Besuch einer archäologischen Stätte absolute Priorität. Öffentlich ausgestellte Schätze wie die berühmte „Mrs. Ples" anzuschauen ist ein unglaubliches Erlebnis – doch das ist nichts gegen das aufregende Gefühl, unmittelbar zu beobachten, wie Geschichte ans Licht kommt.

Es gibt mehrere Möglichkeiten, archäologische Ausgrabungen zu beobachten. Das **Maropeng** in der *Cradle of Humankind* bietet heute private Führungen zur berühmten Hominidenfossilien-Stätte Swartkrans. Wissenschaftler, die gegenwärtig an der Stätte graben, leiten die Führungen und verschaffen der Öffentlichkeit die seltene Gelegenheit, eine aktive archäologische Ausgrabung zu beobachten. Swartkrans hat das größte

Exemplar eines *Australopithecus robustus* hervorgebracht, einer Spezies, die vor fast einer Million Jahren ausgestorben ist. Es ist außerdem international bekannt für die Entdeckung des frühesten Belegs für den kontrollierten Gebrauch von Feuer.

Nach einer Einführung starten die Wanderungen von Sterkfontein nach Swartkrans. Dort begleiten Wissenschaftler die Gäste durch die Stätte, geben einen Überblick über die Geschichte von Swartkrans und erläutern die laufenden Ausgrabungen. Die Führung schließt mit einem Picknick, bevor es zurück nach Sterkfontein geht.

Kontakt über **Maropeng** *(Tel. 014/577-9000, www.maropeng.co.za).* Führungen ($$$$$), die zweimal pro Monat angeboten werden, sind auf zwölf Personen beschränkt.

Maropeng Visitor Centre

✉ Von der D400 auf die R563, knapp nördlich der Kreuzung N14 & R563

☎ 014/577-9000

💲 $$$

www.maropeng.co.za

der bislang vollständigste *Australopithecus*-Fund. Ursprünglich wurde sein Alter auf 3,5 bis 3 Millionen Jahre veranschlagt, doch laut einer neuen Studie könnte „Little Foot" auch über vier Millionen Jahre alt sein – eines der ältesten bekannten *Australopithecus*-Fossilien und das älteste Südafrikas.

Nach allgemeiner Ansicht ist die Entdeckung von „Little Foot" ebenso bedeutsam wie Darts Taung-Fund, Donald Johannsons „Lucy" *(Australopithecus afarensis)*, Mary Leakeys Laetoli-Fußspuren und die Entdeckung des Skeletts des „Turkana Boy" *(Homo erectus)* 1984 am Nariokotome in Kenia.

Besichtigung der *Cradle*

Das **Maropeng Visitor Centre** in der *Cradle of Humankind* – ein brillantes architektonisches Konzept, das die British Guild of Travel Writers als weltweit bestes neues Tourismusprojekt ausgezeichnet hat – umfasst interaktive Displays, Restaurants, einen Marktplatz und ein Amphitheater mit kulturellen Präsentationen unter freiem Himmel.

Zum Besucherzentrum gelangt man über einen Fußweg durch den Busch; es erscheint als niedriger Erdwall, der sich aus der Landschaft erhebt: Dieser sogenannte Tumulus ist nach dem Vorbild eines antiken Grabhügels gestaltet.

Sowie man den Tumulus betritt, beginnt eine Zeitreise – zurück in ein Zeitalter, bevor Leben auf der Erde existierte. Die Reise in die Vergangenheit umfasst eine Bootsfahrt auf einem unterirdischen See, vier Milliarden Jahre zurück in jene Zeit, in der sich unser Planet formte.

Die Reise setzt sich fort mit Schaukästen, die von kraftvollen audiovisuellen Shows, Soundeffekten und theatralischen Displays zum Leben erweckt werden. Sie zeigen, wie die Sterkfontein-Höhlen entstanden, und erkunden die Evolution des Menschen: Anhand von fünf Hominidenmodellen wird der Prozess der Evolution illustriert. Am Ausgang des Tumulus findet sich ein zauberhaftes „Children's Dig", das ein Fossilienlager nachbildet.

Vom Auswertungszentrum aus geht es die Straße zu den **Sterkfon-**

Unesco-Stätten

Südafrika beheimatet acht Unesco-Welterbestätten – mehr als jedes andere afrikanische Land. Die Unesco, die UN-Organisation für Erziehung, Wissenschaft und Kultur, bemüht sich um Anerkennung und Schutz verschiedener Stätten, die für die Menschheit bedeutsam sind. Weltweit sind es derzeit 878 Stätten, die meisten unter ihnen in Europa.

In Südafrika werden *Cradle of Humankind*, Robben Island, Mapungubwe und das Richtersveld als Stätten von kultureller Bedeutung erachtet. Der iSimangaliso Wetland Park, Cape Floral Regions und der Vredefort Dome sind als Naturerbestätten anerkannt. Der uKhahlamba-Drakensberg National Park gilt in beiderlei Hinsicht als bedeutend.

Als erste Stätte wurde 1999 der iSimangaliso Wetland Park anerkannt. Das jüngste südafrikanische Welterbe ist das Richtersveld (seit 2007). Diese unterschiedlichen Schauplätze repräsentieren ein Land, das mit besonderer Schönheit und kultureller Bedeutung gesegnet ist.

Das Besucherzentrum Maropeng erzählt von den Ursprüngen der Menschheit

tein Caves hinunter, die bekanntesten Stätten der *Cradle*, in denen „Mrs. Ples" und „Little Foot" gefunden wurden. Führungen, die oberirdisch beginnen und die Besucher tief in die Eingeweide der Erde leiten, dauern etwa eine Stunde. Ein **Ausstellungszentrum** zeigt die Rekonstruktion einer bergmännisch hergestellten Höhle. Ausführlich wird die Geschichte der Höhlenbildung, Geologie, Säugetier- und Hominidenfossilien dargestellt.

Ebenfalls öffentlich zugänglich ist die **Wonder Cave.** Ihre gewaltige Höhlenkammer zeigt schöne Tropfsteinformationen, die vermutlich 2,2 Millionen Jahre alt sind. Man kann mit dem Aufzug hinunterfahren oder sich abenteuerlustig abseilen. Es werden auch Abendführungen angeboten: der perfekte Zeitpunkt, um der dort heimischen Fledermauspopulation zu begegnen.

Rund um die Höhlen

Die *Cradle of Humankind* bietet viel mehr als Höhlen – wie zahlreiche Safarifarmen, Läden mit Kunsthandwerk, Restaurants und Gästehäuser. Das private **Rhino and Lion Nature Reserve** besitzt 600 Tiere, darunter Breitmaulnashörner, Löwen, Geparden und Afrikanische Wildhunde.

Man kann auch die **Old Kromdraai Gold Mine** besuchen, eine der ersten Minen in der Umgebung von Johannesburg, in der 1881 Gold gefunden wurde. Auf der einstündigen Bergwerkstour bekommt man ein Gefühl dafür, wie das Leben eines Minenarbeiters an der Wende zum 20. Jahrhundert gewesen sein muss.

Liebhaber von Kunst und Kunsthandwerk schlagen die Touristenroute **Crocodile Ramble** (*Tel. 014/577-9323, www.theramble.co.za*) entlang dem nahe gelegenen Crocodile River ein, die die *Cradle of Humankind* und den Hartbeespoort Dam einschließt. Unterwegs trifft man auf Ateliers, Galerien, Stände mit Kunsthandwerk sowie Unterkünfte und kleine Tierfarmen. ■

Wonder Cave

🅰 Karte S. 197

✉ Cradle of Humankind, an der Kromdraai/Broederstroom Rd., Kromdraai Conservancy

☎ 011/957-0106

💲 $$

Old Kromdraai Gold Mine

🅰 Karte S. 197

✉ Cradle of Humankind; von der N14 zwischen den Abzweigungen M47 & R563 rechts abbiegen

☎ 011/957-0211

💲 $$

www.oldkromdraai goldmine.co.za

Tiefer ins Binnenland

Wer den Städten den Rücken kehrt, kommt in ein natürliches Land, das fest in der Vergangenheit verwurzelt ist. Doch während man über die knappe Poesie menschlichen Selbstverständnisses sinniert, sollte man den Sonnenschutz nicht vergessen.

Eine Tänzerin im Lesedi Cultural Village

Lesedi Cultural Village

 Karte S. 197

✉ An der R512 Richtung Sun City, 10 km nördlich des Lanseria Airport

☎ 012/205-1394

$ $$$$$

www.lesedi.com

Lesedi Cultural Village

Für Touristen mit wenig Zeit liefert das Dorf Lesedi (seSotho für „Licht") eine schnelle, aber effiziente Erfahrung mit einigen der indigenen Kulturen Südafrikas. Das multikulturelle „lebende Dorf" ist Standort von fünf traditionellen Wohnhäusern: der Zulu, Ndebele, Xhosa, Pedi und Basotho. Familien aus jeder dieser ethnischen Gruppen leben dauerhaft in ihrem Teil Lesedis.

Besucher des Dorfes können für einen Tag kommen oder über Nacht bleiben. Tagestouren beginnen um 11.30 und 16.30 Uhr. Die Vormittagsführung dauert etwa drei Stunden, die Nachmittagstour gerät eher länger – und dramatischer: Wenn die Abenddämmerung über Lesedi hereinbricht, beginnen die Trommeln zu schlagen, der Abend lebt mit traditionellem Gesang auf, und tanzende Gestalten werfen geheimnisvolle Schatten auf das umgebende Bushveld.

Zu beiden Tagestouren gehören eine audiovisuelle Show, eine Führung zu den Wohnhäusern der Zulu, Basotho, Xhosa und Pedi sowie

Auf der Suche nach Kuriositäten zum Schnäppchenpreis? Die allermeisten Stände am Hartbeespoort Dam, bei Pretoria, liefern dafür die perfekte Gelegenheit!

KATE PARR
National Geographic-Expertin

eine panafrikanische Mahlzeit, die im **Nyama Choma** („das größte afrikanische Fest") serviert wird. Dieses Restaurant mit 200 Plätzen und original afrikanischem Dekor umfasst drei Zonen: Südafrika, Ostafrika und Nordafrika. Das gesamtafrikanische Thema ist kürzlich durch die Eröffnung eines neuen Restaurantteils erweitert worden: Im Nil-Raum wird die Küche dieser Ecke des Kontinents serviert – Couscous und mit Minze gewürzte Gerichte mit einem aromatischen Hauch von Kreuzkümmel und Koriander. Wer mag, entspannt nach der Mahlzeit bei einer Wasserpfeife, einer „Hubbly-Bubbly", die den Rauch abkühlt, indem sie ihn durch einen Wasserbehälter leitet.

Übernachtung: Wer die Nacht in Lesedi verbringt, wird feststellen, dass afrikanische Gastfreundschaft warm und einladend und das traditionelle Verhalten makellos ist. Bei der Ankunft wird der Gast von der Familie, der das Wohnhaus zum Übernachten gehört, willkommen geheißen. Die Gästezimmer bieten eine einzigartige Gelegenheit – man wohnt bei einer traditionellen

afrikanischen Familie auf dem Land, aber in Räumen, die mit allem modernen Komfort, einschließlich eigenem Bad, ausgestattet sind. Das Familienoberhaupt ist persönlicher Begleiter, Mentor und Führer des Dorfbesuchers und beantwortet sämtliche Fragen.

Sun City

Zwei Autostunden in Richtung Nordwesten von Johannesburg

Sun City
- Karte S. 197
- 190 km nordwestlich von Johannesburg
- 014/557-1000

ERLEBNIS: Aus der Luft

Den Aufenthalt in dieser Gegend sollte man nicht allein damit verbringen, durch die Scheinwelt von Sun City zu stiefeln – wie wär's mit einer Heißluftballonfahrt! Dank des heißen, trockenen Klimas ist das südafrikanische Binnenland einer der besten Plätze dafür, zum Beispiel mit **Bill Harrop's Original Ballon Safaris** (www.balloon.co.za).

Auch Gleitschirmfliegen ist beliebt, einer der besten Startplätze ist am Hartbeespoort Dam; Kontakt über **South African Hang Gliding and Paragliding Association** (Tel. 012/668-1219, www.sahpa.co.za).

Wer es gesetzter mag, besteigt die **Hartbeespoort Cableway** (Tel. 012/253-1706, $) für einen Ausblick von der Bergspitze auf den Hartbeespoort Dam – Picknickkorb nicht vergessen!

entfernt, wartet tief im Gebirgszug des wilden Pilanesberges der glitzernde Unterhaltungs- und Urlaubskomplex Sun City im Las-Vegas-Stil. Er wurde vom südafrikanischen Hotelmagnaten Sol Kerzner erbaut, der im damaligen Bantustan von Bophuthatswane – eines von mehreren Gebieten, die während der Apartheid Schwarzen vorbehalten waren (was es von den strengen Spielgesetzen des Landes

Luxuszüge

Die Welt der Luxuszüge ist, wie die der luxuriösen Seereisen, von Nostalgie für das Goldene Zeitalter des Reisens geprägt – funkelndes Kristall, Mahagonitäfelung, erlesene Speisen und ein Cocktail in einem schweren Glas, um den Sonnenuntergang zu feiern.

Eine Dampflok schlängelt sich durch das östliche Transvaal

In Südafrika kann man im Blue Train und bei Rovos Rail noch Glamour und Luxus erleben.

Blue Train

Durchdrungen vom Nimbus des Geheimnisvollen, hat der Blue Train im Verlauf eines halben Jahrhunderts Regierungsführer, Präsidenten, Könige, Prinzessinnen und Angehörige des Adels befördert, stets in stillem, unaufdringlichem Luxus, mit Anmut, Eleganz und Romantik.

Die Verpflegung an Bord des Blue Train wird allen Wünschen eines Gourmets gerecht, und die Gerichte werden durch die besten Weine ergänzt, die Südafrika zu bieten hat.

Während des Tages kann man sich an den Schreibtisch setzen oder im bequemen Sessel in der Privatsphäre der eigenen Suite entspannen und dabei die großartige afrikanische Landschaft durchs Fenster betrachten. Abends verwandelt ein Butler den Wohnraum in ein geräumiges

Schlafzimmer. In vielen Suiten stehen Doppelbetten. Marmorkacheln und goldene Armaturen im Bad verstärken das Gefühl von schwelgerischem Luxus.

In früheren Jahren befuhr der Blue Train nur eine Route: zwischen Pretoria und Kapstadt. Heute fährt er auch auf anderen Strecken: von Pretoria nach Durban und von Pretoria zur Bakubung Game Lodge. Man kann den Zug außerdem zu anderen Bahnzielen in Südafrika anmieten.

Der Kontakt erfolgt über Blue Train *(Tel. 012/334-8459 oder 021/449-2672, E-Mail: info@bluetrain.co.za, www.bluetrain.co.za).*

Rovos Rail

Drei herausragende Züge werden von Rovos Rail betrieben. Die Züge haben modernes Rollmaterial, aber auch klassische Waggons aus den 1920er und 1930er Jahren, die sämtlich nach höchsten Standards mit Holzvertäfelung, edwardianischer Ausstattung und allem modernem Komfort sorgfältig restauriert wurden. Von den beiden wunderschön renovierten Speisewagen wurde der formellere 1911 zuerst in Dienst gestellt. Er ist reich an postedwardianischer Ausschweifung und verfügt über geriffelte Teaksäulen und -bogen. Insgesamt erzeugen das traditionelle Dekor und die zeitgenössische Ausstattung ein grandioses, elegantes Ambiente. Die Tiffany-Zugmaschinen der Bahnen wurden 1893 gebaut.

Die Unterbringung bei Rovos Rail ist – mit einem Wort – luxuriös. Jede Suite ist für eine Doppelbelegung ausgelegt und mit Doppelbett oder zwei Einzelbetten sowie mit einer geräumigen Lounge ausgestattet. Die elf Quadratmeter großen, geschmackvoll restaurierten De-luxe-Suiten bieten mit Doppelbett oder zwei Einzelbetten ebenfalls Unterkunft für zwei sowie Lounge und eigenes Bad. Mit etwa 16 Quadratmetern belegen die treffend benannten Royal Suites nicht weniger als die Hälfte eines Waggons und verfügen über ein stilvoll eingerichtetes Bad mit viktorianischen Armaturen und Badewanne.

Ein Aussichtswagen in einem der Luxuszüge von Rovos Rail

Zwei erstklassige Küchenchefs sorgen für die Mahlzeiten an Bord von Rovos Rail, herausragende südafrikanische Weine ergänzen die Küche. Nach vorheriger Absprache kann die Speisekarte besonderen Anforderungen angepasst werden – ein wichtiger Service für Reisende mit Lebensmittelallergien. Bar und Zimmerservice stehen jederzeit zur Verfügung.

Einige Routen von Rovos Rail führen durch besonders romantische und spektakuläre Landschaften im südlichen Afrika. Man hat die Wahl zwischen der Fahrt von Kapstadt nach Pretoria (mit Halt in Matjiesfontein und Kimberley), der sechstägigen Reise von Kapstadt zu den Victoriafällen, die durch das benachbarte Simbabwe und atemberaubende Landschaften führt, oder Ausflügen mit dem „Shongololo Express". Letzterer stellt den Reisenden vor die Wahl, für welches Abenteuer er sich entscheiden möchte, etwa für das Southern Cross Adventure (Fahrten in neun Länder im Süden des Kontinents: Namibia, Südafrika, Lesotho, Swasiland, Mosambik, Simbabwe, Botsuana, Sambia und Tansania). Detaillierte Fahrpläne gibt es auf Anfrage.

Der Kontakt erfolgt über **Rovos Rail** *(Tel. 012/553-8000 oder 021/421-4020, E-Mail: marielle@rovos.co.za oder sandy@rovos.co.za, www. rovos.co.za).*

Sun City Hotel
✉ Sun City Resort
☎ 014/554-5110

www.suninter
national.com

The Cabanas
✉ Sun City Resort
☎ 014/557-1580

www.suninter
national.com

The Cascades
✉ Sun City Resort
☎ 014/557-5840

www.suninter
national.com

Palace of the Lost City
✉ Sun City Resort
☎ 014/557-4301

www.suninter
national.com

ausnahm) – ein Kasino einrichten wollte. Offiziell 1979 eröffnet, wurde Sun City zum internationalen Symbol einer Antiapartheidstimmung, als amerikanische und britische Musiker den Kulturboykott durchbrachen, um hier zu spielen.

Heute präsentiert Sun City Spielautomaten, Rockkonzerte, Oben-ohne-Revuen, zwei 18-Loch-Golfplätze, die von Gary Player entworfen wurden, und jede nur erdenkliche Extravaganz.

Vier Hotels bieten verschiedene Stilrichtungen und Attraktionen (siehe auch S. 304f): das glitzernde **Sun City Hotel**, das elegante, mondäne **Cascades** mit üppigen Gärten und reichlich plätscherndem Wasser, das **Cabanas**, ideal für entspannte Familienferien, und der außergewöhnliche, märchenhafte **Palace of the Lost City**, der die Fantasien von Rider Haggard aufleben lässt und mit Fresken und handgemalten Deckenbildern geschmückt ist, die Tiere und Kulturen Südafrikas abbilden.

(siehe auch S. 304f)

INSIDERTIPP

Das Pilanesberg Game Reserve, zwei Stunden westlich von Jo'burg, ist voller Großwild, weniger überlaufen als der Kruger und unter der Woche besonders friedlich.

CAGAN SEKERCIOGLU
National Geographic-Experte

Zu den Anlagen in Sun City zählen auch das **Valley of the Waves** (ein künstlicher Wellenpark), Bogen- oder Tontaubenschießen unter Anleitung durch ausgebildete Trainer, Quadfahrten auf einem Wildnispfad und Ausritte auf Elefantenrücken im nahe gelegenen Pilanesberg National Park.

Pilanesberg National Park

Im Krater eines erloschenen Vulkans liegt der 55 000 Hektar große

Im opulenten Palace of the Lost City

Falsche Vorhersage

1856 erklärte das 14-jährige Xhosa-Mädchen Nongqawuse, es habe während des Badens Geister gesehen. Diese hätten ihm mitgeteilt, dass die uralten Xhosa-Krieger am 18. Februar 1857 von den Toten auferstehen und die britischen Siedler vom Land der Xhosa vertreiben würden, sofern die Xhosa all ihr Vieh schlachteten und ihre Ernten zerstörten. Wenn die Krieger ihre Aufgabe beendet hätten, würden sie Ernten und Vieh wieder auffüllen und obendrein Krankheit und Alter auslöschen. Die Xhosa hatten unter den Briten schwer zu leiden. Auf Drängen ihrer Häuptlinge vertrauten sie auf Nongqawuses Prophezeiung und zerstörten ihre gesamte Nahrung einschließlich 400 000 Stück Vieh. Der Tag der Abrechnung sollte mit einer blutroten Sonne beginnen, doch der 18. Februar brach ohne ungewöhnliche Astralfarben an. Ohne Nahrung – und ohne Geisterkrieger –, hungerten zwischen 25 000 und 75 000 Xhosa, viele wurde zu Kannibalen. Nongqawuse entkam mit knapper Not. Sie flüchtete zu den Briten, die sie auf Robben Island festsetzten.

Pilanesberg National Park, der dicht bewaldete Schluchten, typisches Bushveld und hügeliges Grasland ebenso umfasst wie den **Mankwe Lake**, der im Schlot des Vulkans liegt. Der Park besetzt ein Übergangsgebiet zwischen dem regenreicheren Lowveld im Osten und der ariden Kalahari im Westen. Deshalb kommt es hier zu einer sehr ungewöhnlichen Überlagerung von Pflanzen, Säugetieren und Vögeln. Arten aus feuchteren Zonen wie Kapkastanie und Graubülbül treten zusammen mit Spezies aus ariden Zonen wie Maskenbülbül, Schabrackenhyäne und Kameldorn auf. Es ist auch äußerst selten, dass man – wie hier – Impala und Springbock zusammen antrifft, weil Erstere feuchtere Zonen und Letzterer trockene Regionen bevorzugt.

Das Pilanesberg Game Reserve, wie es auch genannt wird, öffnete seine Pforten 1979 nach einer der größten Wild-Umsiedlungsaktionen des Landes mit Tieren aus dem gesamten südlichen Afrika. Heute sind bewaldete Flusstäler und dichter Busch die Heimat von etwa 10 000 Raubtieren, Aas- und Pflanzenfressern. Löwen fühlen sich ebenso wohl wie Leoparden, Spitz- und Breitmaulnashörner, Elefanten und Büffel – Afrikas *Big Five*. Als weitere Arten leben hier unter anderem die scheuen, nachtaktiven Schabrackenhyänen, Geparde, Rappenantilopen, Zebras, Flusspferde und Krokodile.

Fast 200 Kilometer ausgezeichneter Straßen führen durch den Park. Man kann sie auf eigene Faust oder bei Touren mit professionellen Führern erkunden. Unterwegs gibt es viele Hochsitze und malerische Plätze, um auszusteigen und sich die Beine zu vertreten oder in der Wildnis zu picknicken. Überall im Park kann man außerdem zahlreiche Stätten der Stein- und der Eisenzeit sehen, einige können auf Voranmeldung besichtigt werden.

Dank seines Übergangscharakters ist das Game Reserve Pilanesberg auch ein ausgezeichneter Ort, um Vögel zu beobachten: Über 300 Arten gibt es hier zu entdecken. In **Manyane** im Osten kann

Pilanesberg National Park

🅰 Karte S. 197
✉ Gegenüber vom Sun City
☎ 014/555-1600
💲 $–$$

www.pilanesberg-game-reserve.co.za

Der Pilanesberg National Park ist ein Zufluchtsort für Wildtiere

man ein riesiges, begehbares Vogelhaus besuchen und etwa 80 verschiedene Arten einheimischer Vögel aus der Nähe betrachten. In der **Manyane Complex's Walking Area** erfährt man auf einem Lehrpfad viel über die Umwelt.

Die natürliche Umgebung von Pilanesberg lässt sich auf vielfältige Art genießen. Auf der Elephant Back Safari reitet man, wie der Name besagt, auf Elefantenrücken eine Stunde lang durch den Park. Oder man betrachtet das Wild während einer Safari im Heißluftballon aus der Vogelperspektive. Besucher, die im Bakgatla Resort oder in Manyane übernachten, können an Nachtfahrten oder Safaritrips am frühen Morgen oder frühen Abend teilnehmen.

Der Park verfügt über drei Luxuslodges und zwei Resorts. **Tshukudu Bush Lodge** *(Tel. 014/552-6255, www.legacyhotels.co.za)* bietet gute Unterkunft im Herzen von Pilanesberg und hält ein sensibles Gleichgewicht zwischen rustikaler Einfachheit und notwendigem Luxus. Die **Bakubung Lodge** *(Tel. 014/552-6000, www.legacyhotels.co.za)*, mit eigenem Flusspferdbecken ausgestattet, bietet Komfort im Hotelstil und Beschaulichkeit nahe Sun City. In der opulenten **Kwa Maritane Lodge** *(Tel. 014/552-5100, www.legacyhotels.co.za)* kann man über die weiten Ebenen von Pilanesberg schauen. Das familienfreundliche **Manyane Resort** *(Tel. 014/555-1000, www.goldenleopard.co.za)* liegt gleich hinter dem Eingang zum Pilanesberg und präsentiert sich mit strohgedeckten Chalets im afrikanischen Stil. Das **Bakgatla Resort** *(Tel. 014/555-1000, www.goldenleopard.co.za)* schließlich bietet hochklassige Safarizelte, die auf makellosen Rasenflächen stehen, Chalets im Kolonialstil und Konferenzräume für bis zu 250 Personen.

Swartruggens und Umgebung

Die charmante Alte-Welt-Stadt wurde 1875 auf den Farmen Scheepersrus und Brakfontein gegründet. Sie gehört zum **Marico District** und liegt etwa 40 Kilometer östlich von Groot Marico (siehe S. 239).

Der Name Swartruggens (fast unmöglich, ihn überzeugend über die Lippen zu bringen, wenn man kein Afrikaans spricht) bedeutet „schwarze Bergrücken" und leitet sich vom Erscheinungsbild der Berge oberhalb der Stadt ab. Heute ist Swartruggens eine typische Bushveldsiedlung. Viehwirtschaft, Weizen- und Tabakanbau und Wildparks sind die wichtigsten wirtschaftlichen Aktivitäten in diesem Gebiet. Wer mutig genug ist, kann auf der **African Game and Art Straußenfarm** auf den großen Laufvögeln reiten, zurückhaltendere Gäste durchstöbern den Kramladen.

In dem Gebiet gibt es mehrere **Diamantminen**, die auch lange nach den ersten Diamantenfunden

1932 noch arbeiten. Das Besucherbüro gibt Informationen über eine Besichtigung.

Oder man besucht **Elands River Battlefield and Graves**, wo während des Burenkrieges vom 4. bis 16. August 1900 eine heftige Schlacht ausgetragen wurde.

Ein weiterer unberührter Fleck, der vor allem für leidenschaftliche Wanderer einen Besuch lohnt, ist das **Kgaswane Mountain Reserve** an den nördlichen Hängen der Magaliesberge westlich von Rustenburg. Ein weites Tal zwischen zwei Gebirgsrücken bildet das Herzstück des Parks. Er kann auf eine große Vielfalt an Wildtieren verweisen, die man am besten von einem der vielen exzellenten Wanderwege aus sieht. Zur Auswahl stehen zwei Routen mit Übernachtung und zwei kürzere Wege. Vogelbeobachter erfreuen sich an den 250 Arten im Park, und Umweltschützer finden an der Brutkolonie der Kapgeier Gefallen.

Groot Marico

Wie der amerikanische Westen ist Groot Marico, an der N4 zwischen Swartruggens und Zeerust gelegen, ein Beispiel für Leben, das Kunst imitiert. Das Gebiet ist heute in vieler Hinsicht eine Verkörperung des Werks des großen südafrikanischen Autors Herman Charles Bosman (1905–1951), einst Lehrer an einer hiesigen Sprachenschule für Afrikaans. In „Marico Revisited" sagt er über die Stadt: «Ich kenne keinen anderen Ort, der so schwer von Atmosphäre ist, so seltsam und dunkel durchdrungen von diesem Lebensstoff, der den authentischen Stempel Südafrikas trägt.» Bosmans beste Erzählungen sollte jeder lesen, der sich für Südafrika im Allgemeinen und das Marico-Gebiet im Besonderen interessiert. Die Bücher sind schrullig, ironisch, seltsam bewegend, überschäumend komisch und oft recht düster.

Groot Marico bedeutet auf Afrikaans „großer Marico", eine echte Fehlbenennung, denn tatsächlich handelt es sich um eine winzig kleine Stadt, die sich seit dem Ende

Swartruggens
- Karte S. 197

Kgaswane Mountain Reserve
- Karte S. 197
- Westlich von Rustenburg
- 014 / 533-2050
- $–$$$$$
www.tourismnorthwest.co.za

Groot Marico
- Karte S. 197

Besucherinformation
- Main St.
- 014 / 503-0085
www.marico.co.za

des 19. Jahrhundert kaum verändert hat. Groot Marico mag klein sein, aber es ist ein Ort, der in Geschichte und Kultur dieses Landesteils eine erhebliche Rolle spielt.

Die Stadt wurde in den 1850er Jahren von den *Voortrekkers* gegründet, und es gibt in dem Gebiet Felsbilder, die von frühen San gezeichnet wurden. Hier stößt man auch auf die Ruinen von **David Livings-**

2,5 km von Groot Marico entfernt, *Tel. 014/503-0085), das fünf Zimmer mit Bad bereithält. Ebenfalls eine gute Wahl ist **Angela's Groot Marico Guest House** *(Fakkel & Houkoers Sts., Tel. 014/503-0082)* mit zwei Doppel- und zwei Familienzimmern, jeweils mit Bad. Wer das authentische Marico erleben möchte, sollte in der **Riverstill Guestfarm** einkehren. Sie liegt am

ERLEBNIS: Durch die Baumkronen

Die Gebirgskette der Magaliesberge ist unvorstellbare 2,4 Milliarden Jahre alt und damit eines der ältesten Gebirge der Welt. Für Historiker ist es ein Traum, denn in diesem Gebiet wurden nicht nur die frühesten Vormenschen gefunden, es gibt auch mehrere Schlachtfelder des aus dem 19. Jahrhundert zu erkunden. Die ungewöhnliche Schönheit der Bergkette wird sogar oft von der historischen Bedeutung des Gebiets überschattet. Als Barriere zwischen den tieferen Bushveldgebieten im Norden und dem kühleren Highveld ist es ein natürlicher Treffpunkt für höchst unterschiedliche Arten. Wie lässt sich das besser erforschen als aus der Vogelperspektive? Mitten im Ysterhout Kloof, einer der malerischsten Schluchten der Bergkette, findet man die Magalies-

berg Canopy Tour. Sie ermöglicht die Sicht auf sonst unzugängliche Flora und Fauna, indem man mithilfe eines Kabelsystems durch die Baumkronen „gleitet". Zweieinhalb Stunden lang hängt man in einem Geschirr an einem Kabel und wird mit erfahrenen Führern, die sich eingehend mit der Geschichte und Ökologie des Gebietes befassen und für ein unvergessliches Ökoerlebnis sorgen, durch die Schlucht transportiert. Kontakt: **Magaliesberg Canopy Tours** *(Tel. 014/535-0150, www.magaliescanopytour. co.za, $$$$$).*

Baumkronentouren werden auch im **Tsitsikamma Forest** *(Tel. 042/281-1836, www.canopytours.co.za)* an der Garden Route und in **Karkloof** in KwaZulu-Natal *(Tel. 033/330-3415, $$$$$)* angeboten.

tones erster **Missionskirche** in Mabotsa. Doch darum geht es in Groot Marico nicht; es geht vielmehr darum, das Landleben der Afrikaner kennenzulernen – das Essen, die Getränke, die Unterhaltung und die Gastfreundschaft.

Dazu ist ein kurzer Aufenthalt in einem der einfachen Gästehäuser in dem Gebiet gut geeignet. Das beste ist vielleicht das **Botshabelo Guesthouse** *(am Marico River,*

Flussufer, acht Kilometer außerhalb der Stadt, und bietet Hütten für Selbstversorger; auf Vereinbarung kocht der Besitzer für die Gäste.

Weitere Attraktionen in Groot Marico sind unter anderem eine Sonnenuntergangskreuzfahrt auf dem **Marico Bosveld Dam** *(Tel. 014/252-1303)* und eine Probe *potjiekos.* Der Name klingt nicht gerade vielversprechend (*potjiekos* heißt wörtlich übersetzt „Topfessen"), da-

Am Marico River bei Groot Marico

hinter verbirgt sich aber ein wunderbarer Eintopf, der in traditionellen Dreibeintöpfen über offenem Akazienfeuer gekocht wird.

Die Touristeninformation der Stadt kann eine Führung durchs **H. C. Bosman Living Museum** *(Paul Kruger St., Tel. 083/272-2958)* organisieren. Es ist in einem Nachbau der örtlichen Schule untergebracht, an der der Geschichtenerzähler 1926 unterrichtete. Hier wird in einem Außenofen Brot gebacken, dazu gibt es *potjiekos*, man erzählt Geschichten am offenen Feuer, und es werden Aufführungen, Lesungen und Musicals veranstaltet.

Jedes Jahr im Oktober wird das **Herman Charles Bosman Festival** veranstaltet, das ganze Jahr über finden außerdem Mini-Bosman-Wochenenden statt.

Zeerust und Umgebung

Im Marico Valley – an der N4 (der Hauptverbindungsstraße von Südafrika nach Botsuana), etwa 240 Kilometer nordwestlich von Johannesburg gelegen – findet sich Zeerust, das wirtschaftliche Zentrum der Gegend. Die Stadt ist nach Casper Coetzee benannt, der Mitte der 1860er Jahre hierher verpflichtet wurde, um eine Festung und eine Kirche zu erbauen. Nach seinem frühen Tod übernahm die kleine Stadt, die auf dem Gelände einer früheren Farm entstanden war, den Namen Coetzee se Rust („Coetzees Ruhe"), was schließlich zu Zeerust verkürzt wurde.

Kortkloof Village

Die Sprache der Einheimischen im Gebiet von Groot Marico ist Tswana, und das Kortkloof Cultural Village *(Tel. 018/642-1312)* **im Bezirk Groot Marico wird vom Volk der Tswana betrieben. Tswana, die hier arbeiten, üben das traditionelle Handwerk ihres Stammes aus, sie stellen zum Beispiel Möbel und Schnitzereien aus einheimischen Hölzern her. Weitere kunstgewerbliche Formen sind unter anderem Handarbeit, Töpferei und Perlenstickerei. Außerdem kann man hier das typische traditionelle Essen genießen.**

Zeerust
- Karte S. 197

**Besucher-
information**
- Public Library
- ☎ 018/642-3713

**Botsalano Game
Reserve**
- Karte S. 197
- ✉ 50 km nördlich
  von Mafikeng an
  der Grenze zu
  Botsuana
- ☎ 018/386-8900
- $ $–$$$$

Zeerust ist heute eine verstaubte, etwas heruntergekommene Stadt; als Herman Charles Bosman in Groot Marico unterrichtete, war es dagegen eine pulsierende Metropole. Bosman erwähnt oft *mampoer*, einen kräftigen Schnaps, der aus Pfirsichen gebrannt wird. Der Alkoholgehalt liegt bei rund 64 Prozent. Um die Echtheit zu prüfen, zündet man ihn an: Nur wenn er mit blauer Flamme brennt, ist es der wahre Stoff. **Mampoer-Touren** können vor Ort telefonisch mit der Besucherinformation Groot Marico (siehe S. 239) arrangiert werden. Die Touren sind eine ausgezeichnete Möglichkeit, das Leben vor Ort ebenso zu kosten wie eine Probe des hervorragenden Lokalgetränks.

Zu den historischen Sehenswürdigkeiten in Zeerust zählen die **Church of St. John the Baptist,** ein 1873 errichtetes Nationaldenkmal, und die **Lutheran Dinokana Mission Lehurutshe,** die ein Christusbild von 1889, aus dem Gründungsjahr der Kirche, ihr Eigen nennt.

Noch bedeutend weiter in der Zeit zurück reist man bei einer kurzen Spritztour nach **Marula Kop,** einer Siedlung der Eisenzeit, etwa 50 Kilometer nördlich von Zeerust gelegen. Dort gibt es eine seltene Steinmauer und sogar Belege für eine Eisenschmelze und den Terrassenbau.

Ehe man Zeerust hinter sich lässt, sollte man **Ouma se Kombuis** („Großmutters Küche") besuchen, um den wahren Geschmack der Afrikaans-Hausmannskost und eine große Portion nostalgischen Zaubers einzufangen. Die Milch-

törtchen und das selbst gebraute Ingwerbier sind paradiesisch. Außerdem gibt es uralte Küchen- und Farmgeräte zu besichtigen. Kontakt über die Besucherinformation Groot Marico (Tel. 014/503-0085, E-Mail: info@marico.co.za, www. marico.co.za).

Über 400 Vogelarten (mehr als in Pilanesberg) finden sich im Gebiet von Mafikeng, unmittelbar südlich von Zeerust. Es ist ein Para-

---

Bosman erwähnt oft *mampoer*, einen kräftigen Schnaps, der aus Pfirsichen gebrannt wird. Der Alkoholgehalt liegt bei rund 64 Prozent. Um die Echtheit zu prüfen, zündet man ihn an: Nur wenn er mit blauer Flamme brennt, ist es der wahre Stoff.

---

dies für Vogelbeobachter. Viele dieser Spezies sind im **Botsalano Game Reserve,** 50 Kilometer nördlich von Mafikeng, entlang der Grenze zu Botsuana zu sehen. In Botsalano wird seit einigen Jahren ein Aufzuchtprogramm für Breit- und Spitzmaulnashörner betrieben – eine wahre Erfolgsgeschichte! Das kleine, intime Reservat ist sehr unprätentiös, sehr wenig touristisch und bietet den seltenen Geschmack des unverfälschten Afrika. Es existiert eine ansehnliche Population großer Pflanzenfresser: Büffel, Giraf-

Marico Eye Fountain

Dieser 17 Meter tiefe Brunnen wird vom Marico River, einem der wenigen ganzjährigen Flüsse in diesem Trockengebiet, gespeist und sprudelt kristallklares Wasser hervor. Das Wasser ist so rein, dass die Sichttiefe bei etwa 18 Metern liegt. Das macht Marico Eye zu einem der heißen Favoriten unter Binnengewässer-Gerätetauchern. Beliebt sind nächtliche Tauchgänge, die Taucher kehren mit Geschichten über eine unglaubliche Unterwasserschönheit an die Oberfläche zurück. Enthusiasten kampieren am Marico Eye draußen im Bushveld.

fen, Kuh- und Elenantilopen sowie Kudus, um nur einige zu nennen, die man in aller Bequemlichkeit vom sehr guten Straßennetz aus beobachten kann.

Eine weitere Möglichkeit, in der Nähe von Zeerust Wildtiere zu sehen, ist das rustikale **Moretele Tented Camp** *(an der R511, Tel. 012/252-0131)* am Ufer des Moretele River, das seinen Gästen auch ausgezeichnete Gelegenheit zum Fliegenfischen bietet. Über 350 Vogelarten sind in dem (malariafreien) Gebiet belegt. Die Unterkünfte im Moretele-Camp bestehen aus zehn Safarizelten. Auf dem Gelände gibt es keinen Strom.

Madikwe Game Reserve

Das Wildreservat Madikwe verdankt seine Existenz der „Operation Phoenix". 1993 brachte dieses Umsiedlungsprojekt über 8000

Wildtiere in den Park. Drei Jahre später wurden auch Raubtiere eingeführt – zuerst Geparden, dann Wildhunde, gefolgt von Hyänen und schließlich Löwen, die aus den Nationalparks Etosha und Pilanesberg stammten. Im selben Jahr wurden 180 Elefanten aus Gonarezhou in Simbabwe hierher gebracht. Diese haben sich prächtig vermehrt: Die Elefantenpopulation liegt gegenwärtig bei 250 Tieren.

Etwa 12 000 Tiere leben in Madikwe. Alle Raubtierarten sind vertreten, außerdem Spitz- und Breitmaulnashörner, Büffel, Giraffen, Zebras sowie eine gesunde Antilopenpopulation. Über 350 Vogelarten sind belegt. Das Terrain besteht aus offenem Grasland und Bushveldebenen, die mit Felsaufschlüssen und Inselbergen durchsetzt sind. Erwarten kann man die allgemein üblichen Möglichkeiten zur Wildtierbeobachtung in offenen Safarifahrzeugen unter Führung eines erfahrenen Profis.

Die Unterbringung in Madikwe entspricht dem gehobenen Standard der Lodges auf dem Tanzanian Northern Circuit. Zur Auswahl stehen unter anderem die **Jaci's Safari Lodge** *(Tel. 014/778-9900, www.madikwe.com)* mit Blick auf ein Wasserloch am Ufer des Marico River, die **Buffalo Ridge Safari Lodge** *(Tel. 011/805-9995, www.buffaloridgesafari.com)* in Fünfsternequalität auf einem Bergrücken mit weitem Blick über die nördlichen Ebenen und **Jaci's Tree Lodge** *(Tel. 014/778-9900, www.madikwe.com)*, die aus acht Baumhäusern besteht: Jedes ist etwa vier Meter über dem Boden rund um riesige Leadwood- und *Tambotie*-Bäume gebaut. ∎

Madikwe Game Reserve

✉ Auf R49, 100 km von Zeerust

☎ 018/350-9931 oder 018/350-9932

💲 $–$$

www.madikwe-game-reserve.co.za

Marico Eye Fountain

✉ Quelle des Marico River

☎ Marico Ramble Tours, 014/503-0100

Im Reich der Naturwunder: weiße Sanddünen, kristallklare Quellen, urzeitliche Höhlen und Ebenen voll kunterbunter Wildblumen

Nord-Kap

Das Goegap Nature Reserve in voller Blüte

Nord-Kap

Südafrikas größte, am dünnsten besiedelte Provinz Nord-Kap reicht im Norden bis an den Gariep River (Oranje). Im Westen durch den Atlantik begrenzt, präsentiert sich der größte Teil des Nord-Kap als karge, mit Buschwerk bewachsene Halbwüste und Wüste mit niedrigen Felshügeln. Kalahari, Namaqualand und Richtersveld sind Teile dieser Region der extremen Kontraste: Im Sommer wird es brütend heiß und im Winter bitterkalt.

Kamele sind in der Kalahari der ursprüngliche Geländewagen für Wüstensafaris

Weiter Himmel über schier endlosen Ebenen, mächtige Kameldornbäume (Acacia erioloba), riesige, strubbelige Nester der Siedelweber, das Brüllen der mageren Kalahariløwen, einzigartige Wildniserfahrungen in den Nationalparks und die unglaubliche jährliche „Show" der Wildblumen – das sind die Bilder dieser Landschaft.

Die San waren die ersten Bewohner des Nord-Kap und wurden durch europäische Siedler und einwandernde afrikanische Völker allmählich daraus vertrieben. Die wenigen *wirklichen* San leben noch heute hier. Die gesamte Region, vor allem entlang der Flussläufe des Gariep und Vaal, ist eine Fundgrube für Felsgravuren der San. Die Provinz ist auch reich an Fossilien.

Der Bergbau spielte schon immer eine wichtige Rolle. Auf die ersten Diamantenfunde im 19. Jahrhundert bei der Provinzhauptstadt Kimberley folgte ein rasantes Wirtschafts- wie Bevölkerungswachstum. Zu den Sehenswürdigkeiten in der Provinz Nord-Kap zählen die Umgebung von Alexander Bay und Kimberley, wo Diamanten abgebaut werden. Der Kgalagadi Transfrontier Park ist ein großes Naturschutzgebiet, das sich entlang der Grenze von Südafrika und Botsuana erstreckt. Die Stadt Kuruman lockt mit kristallklarem Quellwasser im Überfluss und der Missionsstation, in der sich David Livingstone und seine zukünftige Frau Mary Moffat kennenlernten. Für den Höhepunkt sorgt der Frühling (Ende August bis September) im Namaqualand: Wenn die Winterregen gut waren, explodiert das Land in einem Blütenmeer Millionen gelber, weißer, violetter und roter Namaqualand-Gänseblümchen und blühender Sukkulenten.

Ackerbau ist im trockenen Nord-Kap, abgesehen von einem schmalen Streifen um Kakamas und Upington entlang dem Gariep River im Norden, kaum möglich. Wichtigstes Anbauprodukt sind Tafeltrauben sowie Trauben für die Weiter-

verarbeitung zu Sultaninen und Rosinen. In der Region werden auch zunehmend größere Mengen an guten Tafelweinen gekeltert.

Den Norden nimmt weitgehend die Wüste der Kalahari ein, geprägt von roten Sanddünenwellen und trockener, von Akazien bestandener Savanne, Heimat des großen Kalahari-Springbocks und des Spießbocks.

Es gibt nur wenige Gebiete, in denen jährlich mehr als 400 Millimeter Regen fallen. Im Westen regnet es fast ausschließlich im Winter, während der Osten einen Großteil des

Wassers heftigen Sommergewittern verdankt. In vielen Gebieten der Provinz kann es extrem heiß werden . Die höchsten Temperaturen Südafrikas werden entlang der Grenze zu Namibia gemessen; das Sommermaximum kann 40 Grad Celsius betragen. Umgekehrt gilt Sutherland als kältester Ort Südafrikas, in dem die Temperaturen regelmäßig unter minus zehn Grad Celsius fallen. Dank der kalten, klaren Wetterverhältnisse ist Sutherland ein wichtiges Astronomiezentrum mit mehreren größeren Observatorien. Die Winter im Nord-Kap sind meist eisig und klar. ■

Kimberley

Obwohl Kimberley in einer trockenen, staubigen Ecke des Nord-Kap liegt und nur noch ein Schatten seiner selbst ist, strahlt es noch heute etwas von dem Mythos jener Zeit aus, als es die Welthauptstadt der Diamanten war.

1867 spielte ein Teenager am Ufer des Gariep River (Oranje) in der Nähe von Hopetown und fand dabei einen glitzernden Kieselstein, der sich als Diamant entpuppte. Als 1871 unweit dieser Stelle weitere

Am Rand des Big Hole thront Kimberley, die Stadt, die dem „Loch" ihre Existenz verdankt

Steine entdeckt wurden, setzte der Diamantenrausch ein: Tausende von Schürfern und Arbeitern strömten in die Region. Zwei Jahre später wurde die Ansammlung von Baracken und Hütten zur Stadt erklärt und nach dem britischen Kolonialminister John Wodehouse, Earl of Kimberley, benannt. Aus der Stadt wurde schnell eine Großstadt. Im Laufe der Zeit konnte sich Kimberley mit einer Reihe von Neuerungen schmücken, die es als Erstes besaß: Es war die erste Stadt auf der Südhalbkugel mit elektrischer Straßenbeleuchtung (1882), hier wurde die erste Bergbauschule des Landes gegründet (1896), und 1913 folgte die erste Flugschule.

Der zauberhafte historische **Bahnhof** an der Florence Street unweit des Stadtzentrums ist Haltepunkt der Luxuszüge von **Rovos Rail** und des **Blue Train** (siehe S. 234f).

Das Big Hole und Kimberley Mine Museum

Kimberleys größte Mine, das „**Big Hole**", ist eine erstaunliche Sehenswürdigkeit. Das 800 Meter tiefe Loch, die zweittiefste von Hand gegrabene Ausschachtung der Welt, ist heute bis auf eine Höhe von 174 Metern unterhalb des Rands geflutet. In den 30 Jahren von 1871 bis 1914, als der Abbau hier eingestellt wurde, holten die Bergleute unglaubliche 2720 Kilogramm Diamanten aus dem Big Hole. Seine Fläche umfasst 13 Hektar.

Rund um das Big Hole findet sich eine Reihe von Attraktionen, die thematisch mit ihm in Verbindung stehen und gemeinsam als Museum und Besucherzentrum fungieren: Dazu zählen Aussichtsplattformen, historische Schaukästen sowie einige sehr gut erhaltene Wellblechhäuser des alten Kimberley. Die Besichtigung dieser kleinen Goldgräbersiedlung versetzt den Besucher zurück in jene Zeit, als Barney Barnato (1852–97) und Cecil John Rhodes hier herrschten und Diamanten einfach eingesammelt wurden.

In den wieder aufgebauten historischen Häusern residierte unter anderem die Boxschule von Barney Barnato, es gibt einen Tabakladen, eine Bank, eine Kirche sowie Bars und Restaurants. De Beers Consolidated Mines hat die meisten Bau- und Restaurationsarbeiten finanziert und zeigt den alten Salonwagen der Privateisenbahn der De-Beers-Direktoren sowie den Nachbau eines Farmhauses jener Zeit. Besucher können diamantenhaltigen Kies sieben – vielleicht kommt da-

bei ein Stein von unschätzbarem Wert zutage! Höhepunkt ist eine in luftiger Höhe aufgehängte Plattform von der aus man direkt in den Schlund des Big Hole blickt.

Im speziell dafür konstruierten Tresor **Diamond Vault** sind mehrere tausend echte Diamanten zu besichtigen, darunter „616" und „Eureka". Ersterer verdankt seinen etwas einfallslosen Namen seinem Gewicht von 616 Karat. Er ist der größte ungeschliffene Diamant-Oktaeder der Welt. „Eureka" bedeutet im Griechischen „Ich habe es gefunden". Dieser Stein ist jener Diamant, über den der Junge 1867 stolperte.

Eine hundertjährige, restaurierte Straßenbahn befördert Besucher täglich zwischen 9 und 16.15 Uhr stilvoll vom Rathaus zum Big Hole.

Rund um die Mine

Die **Ernest Oppenheimer Memorial Gardens** *(Jan Smuts Blvd.)* gegenüber dem Verwaltungszentrum erinnern an den berühmten Diamanten-Tycoon Sir Ernest Oppenheimer (1880–1957), Oberhaupt des riesigen Minen- und Geschäftsimperiums der Familie Oppenheimer und erster Bürgermeister von Kimberley. Seine Büste blickt über das **Miners Memorial**, auch „Brunnen der Schürfer" genannt: Fünf Bergleute halten mit erhobenen Händen ein gigantisches Sieb, wie man es benutzte, um Kies von Diamanten zu trennen.

In der Nähe zeigt die **Duggan-Cronin Photo Gallery** die Arbeiten des irischen Fotografen Alfred Duggan-Cronin (1874–1954), der bei De Beers angestellt war. Zwischen 1919 und 1939 fotografierte er die Männer, die aus allen Teilen

Kimberley

🅰 Karte S. 247

Besucherinformation

✉ Besucherzentrum Diamantveld, 121 Bulfontein Rd.
☎ 053/832-7298
🕐 Geschl. So

The Big Hole/ Kimberley Mine Museum

✉ Tucker St.
☎ 053/830-4417
www.thebighole.co.za

Duggan-Cronin Photo Gallery

✉ Egerton Rd.
☎ 053/839-2743
🕐 Mo–Fr, am Wochenende nach Absprache
💲 Spende

McGregor Museum

- ✉ Atlas St.
- ☎ 053/839-2722
- 🕐 Geschl. So nachmittag
- 💲 $

Pioneers of Aviation Museum

- ✉ Gen. Kan ver der Spuy Dr.
- ☎ 053/839-2700
- 🕐 Geschl. an Feiertagen
- 💲 Spende

Kimberley Africana Library

- ✉ 63–65 Du Toitspan Rd.
- ☎ 053/830-6247
- 🕐 Geschl. Sa/So

Wildebeest Kuil Rock Art Centre

- ✉ An der R31 zwischen Kimberley & Barkley West
- ☎ 053/839-7069 oder 082/222-4777
- 💲 $

www.museumsnc. co.za

Noch immer groß

Kimberleys Big Hole galt lange Zeit als das weltweit größte von Hand gegrabene Loch. Dieser Behauptung setzte der einheimische Historiker Steve Lunderstedt 2005 ein Ende. Er entdeckte, dass die Mine in Jagersfontein das Big Hole übertraf: mit 200 Metern von Hand gegrabener Tiefe. Seitdem fordert er, dass Kimberley seine Tourismusprospekte korrigieren müsse – bis heute hat niemand darauf reagiert.

des südlichen Afrika nach Kimberley kamen, um in den Diamantminen zu arbeiten. Duggan-Cronin besuchte auch die Heimatregionen der Menschen, die er abgelichtet hatte. Die einmalige Sammlung mit über 6000 Aufnahmen dokumentiert detailliert die Unterschiede in Kleidung, Schmucknarben und Frisuren der einheimischen Völker dieser Region. Da sich viele dieser Kulturmerkmale inzwischen verändert haben oder verschwunden sind, ist die historische Bedeutung der Fotosammlung von Duggan-Cronin enorm.

Das nahe gelegene, 1897 von Cecil Rhodes gegründete Sanatorium beherbergt das **McGregor Museum.** In dem eindrucksvollen Bau sind noch zahlreiche Zimmer mit der Einrichtung von 1900 erhalten. Er wurde als Hotel, später als Schule genutzt und 1976 als Museum eröffnet. Schwerpunkt des McGregor Museum und seiner lokalen Ableger sind Geschichte und Naturkunde der Region. Die Schaukästen widmen sich Themen wie Vorgeschichte, Diamantenrausch, der

Belagerung Kimberleys im Burenkrieg (1899–1902) sowie der regionalen Flora und Fauna.

Das zum McGregor Museum gehörende **Pioneers of Aviation Museum** an der alten Flugschule dokumentiert anhand historischer Aufnahmen den Beginn der Luftfahrt in Südafrika. Ausgebildet wurden die ersten Piloten in einem von Compton-Patterson entworfenen Doppeldecker, dessen Nachbau ebenfalls zu sehen ist.

Das stattliche Haus **Dunluce**, das früher Lillianville hieß, ist ein wunderbares Beispiel für die Architektur der späten Viktorianischen Zeit. Im Jahr 1975 wurde es dem McGregor Museum vermacht und kann nur im Rahmen einer vom Museum organisierten Führung besichtigt werden.

Buchliebhaber sollten der **Kimberley Africana Library** und ihrer umfangreichen Sammlung von Büchern und Dokumentationen über das südliche Afrika unbedingt einen Besuch abstatten. Wertvollstes Stück ist die von Robert Moffat (dem Schwiegervater David Livingstones) angefertigte Übersetzung der King-James-Bibel in die Sprache der Tswana.

Rund 14 Kilometer nordwestlich von Kimberley sind im **Wildebeest Kuil Rock Art Centre** Felsgravuren der heute San genannten Ureinwohner des südlichen Afrika erhalten. Zur Einführung wird ein 25-minütiger Film gezeigt. Danach geht es etwa 800 Meter über einen heiligen Hügel, an dem mehr als 400 Felsgravuren zu sehen sind. Infotafeln und Audio-Erläuterungen helfen beim Verständnis; es werden auch Führungen angeboten. ■

Die Kalahari

Die Kalahari an der Grenze zu Namibia ist eine unerbittliche Landschaft, geprägt von endloser Weite und Affenbrotbäumen, durchwandert von einigen wenigen nomadisierenden San. Der Name leitet sich vom Tswana-Wort *kgala* – „großer Durst" – ab. Angesichts der nicht enden wollenden Dünen, an die sich hier und da ein Busch klammert, wird der Name verständlich.

Im Tswalu Kalahari Reserve

Kuruman

Kuruman (216 000 Einwohner) an der N14 zwischen Johannesburg und Upington ist der Hauptort der Kalahari. Ihre Existenz verdankt die Stadt einer ungewöhnlichen Quelle, die *Gasegonyane* („kleine Wasserkalebasse") oder „Das Auge" genannt wird. Aus ihr ergießen sich täglich 20 Millionen Liter sauberen, kristallklaren Wassers, das die Landwirtschaft hier überhaupt erst ermöglicht. Zweites wirtschaftliches Standbein ist der Abbau von Mangan, Eisen und von Mineralien.

Im nahe gelegenen **Maruping** gründete die London Missionary Society 1816 eine Mission. Wenig später, 1820, erlaubte Mothibi, das Oberhaupt der rund 10 000 Batswana, die in der Region lebten, dem schottischen Missionar Robert Moffat und seiner Frau Mary, die Missionsstation nach Seodin, ebenfalls in der Nähe von Kuruman, zu verlegen.

In Seodin lernte Moffat Setswana und machte sich gemeinsam mit Helfern an die gewaltige Aufgabe, die King-James-Bibel in diese Spra-

Kuruman
Karte S. 247
Besucherinformation
Main St.
☎ 053 / 712-1001
**www.kuruman
kalahari.co.za**

Kuruman Moffat Mission

✉ Moffat Ln., ab Hotazel Rd. ausgeschildert

☎ 053/712-2645

Wonderwerk Cave

✉ 43 km südlich von Kuruman, an der R31 von Daniëlskuil nach Kimberley bei der Farm Wonderwerk

☎ 082/832-7226

www.museumsnc.co.za

che zu übersetzen. Dazu musste er zunächst ein Transkriptionssystem entwickeln. Das fertige Werk wurde 1857 mit einer Handpresse, die noch heute funktioniert, gesetzt und gedruckt. Moffats Buch war die erste vollständige Bibelausgabe, die in Afrika gedruckt wurde.

In der **Kuruman Moffat Mission** errichtete Robert Moffat gemeinsam mit Robert Hamilton und vielen einheimischen Helfern eine Bruchsteinkirche, die viele Jahre als größtes Bauwerk im Highveld galt. Einer der berühmtesten Besucher dieser Missionsstation war der vom Missionar zum Forschungsreisenden gewandelte David Livingstone. Hier lernte er seine spätere Ehefrau Mary kennen, die Tochter von Robert und Mary Moffat.

bänden und der südafrikanischen United Congregational Church als ökumenisches Zentrum des Großraums Kuruman genutzt.

Wonderwerk Cave

Diese Sehenswürdigkeit ist eine Höhle, die weit in den Hügel hineinreicht. Seit mehreren Jahren finden hier Ausgrabungen statt. Archäologische Funde weisen auf eine durchgängige menschliche Besiedlung der Stätte über Zehntausende von Jahren fast bis zum heutigen Tag hin. Besucher können sich anhand einer Ausstellung im kleinen Museum nebenan darüber informieren. Die Höhle kann im Rahmen einer Führung besichtigt werden.

Neben der Stätte stehen Übernachtungsgästen drei Bungalows für Selbstversorger sowie eine Gemeinschaftsküche und ein Grillplatz zur Verfügung.

Witsand Nature Reserve

Inmitten des grenzenlosen Meeres charakteristischer, roter Kalaharidünen sticht die ungewöhnliche, 2500 Hektar große Insel blendend weißen Sandes ins Auge.

Geologen nehmen an, dass diese eigenartige weiße Oase ihre Existenz einem Quarzitbecken verdankt, das zwischen den Dünen ein natürliches Wasserreservoir bildet. Durch die vorherrschenden Winde wird roter Kalaharisand in das Becken geweht. Das Eisenoxid, das dem Kalaharisand seine charakteristische rostrote Farbe verleiht, wird mit der Zeit durch Regenfälle und das ständig sehr hoch stehende Wasser im Becken ausgewaschen. Übrig bleiben Siliziumkörner und mit ihnen das auffällige, makellose Weiß.

ERLEBNIS:

Kamelreiten

Thinus und Landa Conradie von der **Gästefarm Koppieskraal** (Tel. 084/564-4613 oder 082/336- 9110, E-Mail: koppieskraal@gmail.com), nur 40 Kilometer vor der namibischen Grenze gelegen, sind die Ansprechpartner für spannende Kameltouren. Landas Großvater kaufte seine Kamele der Polizei in Upington ab. Auf deren Nachkommen reiten heute die Gäste während der von Landa oder ihrem Mann geführten Kamelsafaris. Die Touren sind eine halbe bis zu zwei Stunden lang; auch eine Campingsafari mit Übernachtung wird angeboten.

Die Stiftung Kuruman Moffat Mission Trust hat die Kirche und die historische Missionsstation restauriert. Heute dienen die Bauten nicht nur als historische Denkmäler, sondern werden von Gemeindever-

Beim Versuch, im Witsand Nature Reserve die Dünen zum „Grollen" zu bringen

Das Dünensystem ist etwa zehn Kilometer lang und fünf Kilometer breit. Hier finden sich die berühmten „grollenden Dünen der Kalahari". Verlässliche Zeugen berichten, dass vor allem bei trockenem, heißem Wetter ein unheimliches Grollen von den Dünen zu hören ist, wenn sie durch Windstöße oder durch Menschen gestört werden. Der Volksglaube behauptet, dass die Dünen nur in den Monaten grollen, die ein „r" enthalten: zwischen September und April. Auf jeden Fall muss der Sand warm und trocken sein, um solche Töne zu erzeugen – und er tut es auch in den Wintermonaten. Es lohnt sich, diesem bizarren Naturphänomen zu lauschen!

Abgesehen von dem unüblichen Weiß und den Geräuschen, ist das Witsand („weißer Sand") Nature Reserve ein reizvolles Naturschutzgebiet mit großem Vogelreichtum. Man kann hier mehr als 170 Vogelarten beobachten, darunter das Nama-Flughuhn, Siedelweber und den kleinsten afrikanischen Raubvogel,

den Halsband-Zwergfalken. Ein in den Boden gegrabener Unterstand erlaubt die Vogelbeobachtung an einem geschützten Wasserloch. Vogelbeobachter und Fotografen finden sich hier Auge in Auge mit Vögeln und Wild, die ihren Durst stillen. Spießböcke, Kuhantilopen, Springböcke, Ducker und Steinböckchen sind in großer Zahl vertreten; auch eine kleine Kuduherde hat sich hier angesiedelt.

Unbedingt empfehlenswert ist der Naturlehrpfad **Botanical Meander**. Der Weg führt über 3,3 Kilometer hinweg durch charakteristische Landschaft der Kalahari und informiert über die mehr als 40 Pflanzenarten, die jeweils nummeriert sind. Es gibt auch ein kleines Open-Air-Museum und einen schattigen Picknickplatz.

Im **Informationszentrum** erläutern Schaukästen Archäologie und Naturgeschichte der Region. Bücher, Zeitschriften und Videos vertiefen die Themen. In einem kleinen Laden kann man einige

Witsand Nature Reserve

🅰 Karte S. 247

✉ 275 km nordwestlich von Kimberley auf der R64, dann Schotterstraße nach Groblershoop und Zugangsstraße (Schotter) nach Witsand

☎ 053/313-1061 oder 083/234-7573

💲 $–$$$$$

wwwwitsandkala hari.co.za

Kenhardt
🗺 Karte S. 247

Besucherinformation

✉ Municipality,
Park St.

☎ 054/651-6500

Upington
🗺 Karte S. 247

Besucherinformation

✉ Kalahari Oranje
Museum Complex, 4 Schröder
St.

☎ 054/332-6064

Grundnahrungsmittel kaufen. Zu den hier möglichen Aktivitäten zählen Dünensurfen und Radfahren; auf einer Geländewagenstrecke, die von Witsand außerhalb des Schutzgebiets ausgebaut wurde, können Besucher ihr Offroad-Fahrkönnen im Wüstensand testen.

Übernachtungsmöglichkeiten bieten zehn strohgedeckte Bungalows für Selbstversorger (4-Sterne-Kategorie), Wohnmobil- und Zeltplätze sowie ein Camp für Rucksacktouristen. Besuchern stehen Picknickplätze zur Verfügung. Ein Restaurant gibt es nicht; man kann aber im Voraus Essen bestellen.

Von Kimberley aus fährt man über die R64, durchquert Griquatown und biegt danach in Richtung Groblershoop ab. Nach 80 Kilometern in Richtung Groblershoop geht es am Wegweiser nach Witsand rechts auf eine Schotterstraße; nach 45 Kilometern ist das Schutzgebiet erreicht.

Verneuk Pan

Die Kalahari war jahrhundertelang Kernland der Ureinwohner Südafrikas, der San. Sie überlebten in dieser unwirtlichen Umgebung durch das Sammeln essbarer Pflanzen und durch Jagd. Kleine Verbände der San nomadisieren noch heute im Grenzgebiet zum Kgalagadi Transfrontier Park. Überreste ehemaliger Siedlungen der San sind in der Nähe der Stadt **Kenhardt** in der Verneuk Pan und auf der Farm Bitterputs erhalten.

Upington

Die Stadt am Ufer des Gariep River (Oranje) wurde 1884 gegründet und nach Sir Thomas Upington,

dem Premierminister der Kolonie, benannt. Upington ist die heimliche Hauptstadt der Provinz Nord-Kap.

Bereits 1875 gab es hier eine Missionsstation, die zu einer Stadt heranwuchs. Am Standort der ehemaligen Mission informiert der **Kalahari Oranje Museum Complex** (4 Schröder St., Tel. 054/331-1373, geschl. Sa/So, Spende) über die Ureinwohner und die Geschichte der gesamten Region.

INSIDERTIPP

In der Verneuk Pan eröffnet ein Gespräch mit den *karretiemense* – den „Karrenleuten", die auf Eselskarren von Farm zu Farm ziehen – tiefe Einblicke in die Lebensbedingungen dieser Region.

SAMANTHA REINDERS
National Geographic-Fotografin

Zwei **Tier-Standbilder** stehen stellvertretend für die Geschichte von Upington: ein Esel *(am Ende der Schröder St., beim Museumskomplex)* lobt die Verdienste dieses Tieres für die Entwicklung der Stadt. Ein Kamel mit Reiter *(am Beginn der Schröder St., vor der Polizeistation)* erinnert an jene Zeiten, als es noch keine Geländewagen gab und die Patrouillen auf Kamelrücken in die lebensfeindliche Kalahari hinausritten.

Die **South African Dried Fruit Cooperative** *(32 Industrial Rd., Tel. 054/337-8800)* am Stadtrand ist die weltweit zweitgrößte Anlage zur Produktion von Trockenfrüchten und berühmt für die Qualität ihrer

Sultaninen. Dank der warmen Wintertemperaturen eignet sich Upington gut als Zwischenstopp auf dem Weg zu den Augrabies Falls, in die Wildschutzgebiete des Nord-Kap, in die Kalahari, nach Namibia und zum Fish River Canyon. Das Angebot an Übernachtungs- und Einkaufsmöglichkeiten sowie Restaurants ist sehr gut.

Vor der Weiterreise lohnt ein Stopp in den **Orange River Wine Cellars** *(32 Industrial Rd., Tel. 054/ 337-8800, www.orangeriverwines.com, geschl. Mo).* Hier kann man die köstlichen Tropfen verkosten, die in künstlich bewässerten Weingärten am Ufer des Gariep River heranwachsen. Die größte Kooperative des Landes exportiert viele ihrer Weine nach Europa und in die USA.

Spitskop Nature Reserve

Das Naturschutzgebiet nördlich von Upington verdankt seinen Namen einem auffälligen *kopje* („flacher Hügel") aus Granit, der sich auf dem Areal befindet. Von den insgesamt 5641 Hektar Fläche stehen 3000 Hektar Besuchern offen.

Es gibt mehrere Möglichkeiten, das Reservat zu erforschen. Ein gut ausgebauter, 37 Kilometer langer Rundkurs auf Schotterstraßen führt zu einem Unterstand mit Teleskop auf dem **Spitskop Hill**, von dem aus man hervorragend Wildtiere beobachten kann. Aktivere Naturen wandern auf einem der drei Wanderwege unterschiedlicher Länge. Auf der längsten Tour übernachten die Wanderer in einer eigens dazu eingerichteten Hütte.

Vor allem die Tierwelt dieser semiariden Landschaft mit ihren Felsbuckeln und sandigen Ebenen lockt Besucher an – und die farbenfrohe Fülle der Wildblumen, die nach den Sommerregen aufblühen. Spitskop ist echte Kalahari, trocken, mit einem weiten blassblauen Himmel und endlosen Sandebenen.

An klaren Tagen ist die Kuppe des Spitskop aus über 40 Kilometer Entfernung zu sehen. Als die Menschen noch mit Ochsenwagen unterwegs waren, soll der Hügel als Treff- und Rastpunkt vieler Reisender gedient haben.

Spitskop Nature Reserve

🅰 Karte S. 247

✉ 13 km nördlich von Upington, auf dem Weg zum Kgalagadi Transfrontier Park

☎ 054/332-1336

Der namengebende Felsbuckel im Spitskop Nature Reserve

Die San

Die San (beziehungsweise Khoisan) leben seit Jahrtausenden im nordwestlichen Teil des heutigen Südafrika. Physiologie und Knochenbau der San weisen deutliche Kennzeichen auf, die dafür sprechen, dass sie Nachkommen des Volkes der Sangoan sind, das seit der jüngeren Altsteinzeit als Jäger und Sammler das südliche Afrika durchstreifte.

Zeitgenössische Felsbildkunst bei der Kleinstadt Andriesvale

Für Wissenschaftler sind die San gleichsam ein genetischer „Adam", denn ihre DNA trägt die ältesten genetischen Merkmale, die bislang bei Menschen festgestellt werden konnten. Unter allen Völkern der Erde scheinen sich die San am wenigsten verändert zu haben.

Seitdem ihre ursprünglichen Schweifgebiete drastisch eingeschränkt wurden, leben viele San heute in Siedlungen. Nur noch wenige Gemeinschaften in der Kalahari setzen das traditionelle Leben fort, wie es ihre Vorfahren seit über 20 000 Jahren geführt haben: Sie sammeln essbare Pflanzen, Wurzeln, Beeren und Insekten und gehen mit Pfeil und Bogen auf die Jagd nach Wild. Straußeneier dienen zur Aufbewahrung, Wüstenmelonen sowie Wurzeln und Knollen spezieller Pflanzen sind eine lebenswichtige Wasserquelle. Die Sprache der San ist wegen ihrer Bandbreite an Klicklauten einzigartig; einige dieser Töne haben Eingang in andere lokale afrikanische Sprachen gefunden.

Traditionell führten die San ein nomadisches Leben. Archäologische Funde bestätigen aber auch, dass die Menschen über längere Zeiträume an einem festen Ort blieben, wenn es dort ausreichend Nahrung gab. Die Wohnformen reichen von einfachen Unterständen gegen die Frühjahrsregen bis hin zu richtigen Siedlungen an einem sicheren Wasserloch in den trockenen Monaten des Jahres. In der Trockenzeit hält sich das Wild in der Nähe solcher Wasserlöcher auf, und die Männer der San konnten ihr Jagdgeschick unter Beweis stellen. In der Regenzeit war das Sammeln essbarer Pflanzen, die Aufgabe der Frauen, die leichtere Form der Nahrungsbeschaffung. Da sie häufig weiterzogen, besaßen die San nur wenig Eigentum. Ein Grabstock, einige Scheite Feuerholz, Straußeneier, vielleicht noch ein Tragegurt für das Baby war meist alles, was sie mit sich führten. Einige hatten Waffen wie eine Lederzwille oder Pfeil und Bogen. Eine Decke diente zusätzlich als Beutel für Nahrung.

Die Kunst der San

Die San sind vor allem für ihre außergewöhnliche Kunst bekannt. Alte Felsmalereien und -gravuren der San finden sich überall in der südlichen Hälfte Afrikas in Höhlen und unter Felsüberhängen – sie bieten einen unvergesslichen Anblick. Die Wiedergabe von Jägern, Wild und von Kreaturen, die halb Mensch, halb Tier zu sein scheinen und wohl Medizinmänner, Scha-

manen oder Heiler darstellen sollen, ist ungewöhnlich lebensnah. Die Malereien sind von vollkommener Schönheit und wurden mit perfektem künstlerischem Geschick ausgeführt. Sie sprechen für die nahezu mythische Verbundenheit der San mit den Tieren, von denen ihr Überleben abhing.

Die San haben vor langer Zeit aufgehört zu malen. In einigen Gemeinschaften in der Kalahari werden aber noch immer rituelle Praktiken ausgeführt, in denen Szenen der einzigartigen Felsbildgalerien zum Leben erwachen. In nächtelangen Zeremonien klatschen und singen die Frauen, während die Männer in wachsender Ekstase um das Lagerfeuer tanzen. Der in Trance gefallene Schamane windet sich, wie von Schmerzen gepeinigt, bei dem Versuch, in die Welt der Geister einzudringen. Bei anderen Gelegenheiten versucht er, sich in ein bestimmtes Tier zu verwandeln, dessen magische Kraft helfen soll, einen Kranken zu heilen, Regen herbeizurufen oder Jagdwild vor den Bogen zu locken. Man nimmt an, dass jene surrealen Gestalten auf den San-Malereien, die Menschen mit nichtmenschlichen Köpfen zeigen, diesen Trancezustand abbilden.

Traditionelles Kunsthandwerk der San

Wildwasserrafting auf dem Gariep River

Rund um den Spitskop kann man verschiedene Antilopenarten beobachten: Spießböcke, Elen- und Kuhantilopen, Steinböckchen und große Herden der Kalahari-Springböcke. Weitere Säugetierarten sind Zebras sowie kleinere Tiere wie Mangusten, Erdmännchen und Erdhörnchen. Puffottern, Kapkobras und Schildkröten sind Vertreter der Reptilien. Vogelbeobachter können unter anderem Nama-Flughühner, Fiskalwürger, Habichte, Riesentrappen und Strauße sichten.

Die **Kalahari Monate Lodge** *(Theuns & Truia Botha, Manager des Spitskop Nature Reserve, Tel. 054/332-1336, E-Mail: teuns@intekom.co.za)* gegenüber dem Eingang bietet komfortable Unterkunft.

Gariep River

Der Gariep River (Oranje), der längste Fluss Südafrikas, entspringt in den Drakensbergen von Lesotho. Auf einer Länge von 2187 Kilometern fließt er quer durch Südafrika nach Nordwesten. In der Nähe von Kimberley vereint er sich mit seinem wichtigsten Nebenfluss, dem Vaal. Von dort setzt der Gariep River seinen Weg durch die unfruchtbaren Halbwüsten der Kalahari und des Namaqualandes in der Provinz Nord-Kap fort. Dann überwindet er die **Augrabies Falls** (siehe S. 259) und mündet schließlich bei Alexander Bay in den Atlantik.

Rafting und Kanufahren gehören zu den beliebtesten Sportarten auf dem Gariep River, vor allem nach den Regenfällen im März und April, nach denen der Fluss schneller ist. Eine der beliebten Möglichkeiten ist eine mehrtägige Raftingsafari auf dem Flussabschnitt, der durch den **Richtersveld Transfrontier National Park** (siehe S. 268f) mäandert – diese Tour hält spektakuläre Gebirgs- und Wüstenpanoramen bereit. Die Stromschnellen oberhalb der Augrabies Falls sorgen für ganz andere Gefühle: Das Herz rast, und die Haare stehen zu Berge (siehe Kasten S. 259).

Augrabies Falls National Park

Dank seiner dramatischen Schluchten- und Felsenlandschaft ist der

INSIDERTIPP

Halten Sie im Augrabies Falls National Park Ausschau nach der endemischen Augrabies-Gürtelechse. Die Männchen besitzen einen leuchtend roten Schwanz, einen blauen Kopf und gelbe Vorderbeine.

RES ALTWEGG
National Geographic-Experte

Augrabies Falls National Park zu jeder Jahreszeit ein eindrucksvolles Erlebnis. Doch wenn der Gariep River Hochwasser führt und 56 Meter tief über den Hauptfall donnert, ist die Szenerie wirklich beängstigend. *Aukoerebis* bedeutet in der Sprache der hier lebenden Khoisan „Ort des großen Lärms" – ein passender Name für die Fälle, wenn sie ihren höchsten Wasserstand erreichen.

Unter all den Aktivitäten, die im Nationalpark angeboten werden, sollte der Besuch der Fälle ganz oben auf der Liste stehen. Beste Zeit ist bei Sonnenuntergang, wenn es kühler ist und das verblassende Licht zarte Farben auf die umliegenden Felsen zaubert. Von den verschiedenen Aussichtspunkten sind die jeweiligen Besonderheiten der Wasserfälle und der Schlucht zu erkennen. Ein fantastisches Gesamtpanorama eröffnet sich vom Gipfel des **Moon Rock**.

In diesem Gebiet herrschen extreme Temperaturen. In der Tageshitze ist Schatten überlebenswichtig, und die kleinen Tiere suchen unter Felsüberhängen, Bäumen oder in Erdhöhlen Zuflucht.

Rund um die Fälle: Der mit 55 000 Hektar relativ kleine Nationalpark ist Heimat einer erstaunlichen Viel-

**Augrabies Falls
National Park**

🗺 Karte S. 247

✉ 40 km nordwestlich von Kakamas

☎ 054/452-9200

💲 $$

**www.sanparks.org/
parks/augrabies.co.za**

ERLEBNIS: Rafting auf dem Gariep

Der Gariep fließt auf 2187 Kilometer Länge von den Drakensbergen bis nach Alexander Bay am Atlantik und bietet eine Fülle spannender Abenteuermöglichkeiten. Vor allem auf dem Teilstück durch die Wüste des Richtersveld ist die Landschaft faszinierend. Halbedelsteine liegen an seinen Ufern, bizarre Felsformationen türmen sich übers Wasser, zahlreiche kleinere Tiere und Affen haben hier ihren Lebensraum, und natürlich ist auch der Vogelreichtum außergewöhnlich. Da es im Fluss weder Flusspferde noch Krokodile gibt, ist er ideal für eine erholsame Kanutour oder zum Wildwasserraften.

Es werden verschiedene geführte Touren angeboten; besonders beliebt ist ein vier- bis siebentägiger Trip, bei dem die Veranstalter Essen und Campingausrüstung zur Verfügung stellen. Die Teilnehmer legen zwischen 40 und 160 Kilometer auf dem Fluss zurück. Die Länge ist abhängig vom Wasserstand und Strömung und dem gewählten Zeitrahmen. Die meisten Veranstalter arbeiten mit aufblasbaren Zwei-Personen-Kanus. Bei einer solchen Tour kann man schwimmen, wandern, Vögel oder Wild beobachten und natürlich den besten Weg über die Stromschnellen suchen – Abenteuer und Spaß sind garantiert.

Buchungen nehmen **Umkulu Safari & Canoe Trails** *(Tel. 021/853-7952, www.umkulu.co.za)* und **Felix Unite** *(Tel. 021/404-1830, www.felixunite.com)* entgegen.

Ein siebentägiger Trip kostet rund 2500 Rand (200 Euro).

falt von Flora und Fauna. Springböcke, Elenantilopen, Klippspringer, Kudus, Steinböckchen und Spießböcke werden gesichtet. Ihnen folgen Räuber und Aasfresser wie Karakale, Falbkatzen, Löffelhunde, Schabrackenschakale und Leoparden. Der Nationalpark ist außerdem Lebensraum des vom Aussterben bedrohten Spitzmaulnashorns. Gi-

ERLEBNIS:
Spaß in Augrabies Falls

Um den Park zu besuchen, benötigt man keinen Führer – aber eine geführte Tour ist wesentlich intensiver. Sehr zu empfehlen ist beispielsweise das Abenteuer **„Gariep 3-in-1"**: Die Teilnehmer raften zunächst drei kurvenreiche Kilometer auf dem Fluss, wandern danach vier Kilometer durch die Schluchten und radeln schließlich auf Mountainbikes zwölf Kilometer zum Camp zurück.

Anspruchsvoller ist der **Klipspringer Hiking Trail**. Mit Führer geht es drei Tage lang (zwei Übernachtungen in Hütten) 39,5 Kilometer weit durch den Nationalpark.

Reservierungen für beide Touren unter Tel. 012/428-9111, *www.sanparks.org/ tourism/reservations*.

raffen haben wegen der großen Hitze in diesem Schutzgebiet eine hellere Färbung als üblich. Zu den kleinen Säugetieren zählen Klippschliefer und zwei Arten der Mangusten: die Fuchs- und die Schlankmanguste.

Der Fluss und die umgebende Wildnis sind ein Paradies für Vogelbeobachter. Neben Rosenköpfchen, Blaustirn-Blatthühnchen, Bienenfressern, Masken- und Siedelwebern sowie Kormoranen kann man auch Goliath-, Grau- und Schwarz-

halsreiher, Felsen- und Schreiseeadler sowie Grau- und Riesenfischer, Hauben-Zwergfischer, Turmfalken, Nilgänse, Schwarzenten und Graukopfkasarkas aufstöbern.

Angler ziehen *Yellowfish* (Barben) wie den *Largemouth* (*Labeobarbus kimberleyensis*) und den *Smallmouth* (*Barbus aenus*) aus dem Wasser; außerdem Welse, Oranje-Karpfenfisch (*Labeo capensis*) und Brassen.

Beim Kanufahren oder Rafting wird man Steppenpaviane, Grüne Meerkatzen, Buschhasen, Erdhörnchen, Leoparden, Karakale, Falbkatzen, Löffelhunde, Kapfüchse und Fingerotter sehen.

Die ursprünglichen Bewohner dieser Region sind die Nama. Einige führen noch ihr traditionelles Leben; auffällig sind ihre igluförmigen *matjieshuise* („Mattenhäuser") aus Schilfmatten, die über ein Gerüst gelegt werden und hervorragend an die Umgebung angepasst sind. Das Schilf der Matten dehnt sich im Winter aus und schützt vor Regen und Wind; im Sommer schrumpft es und lässt eine kühlende Brise durch.

Über den Nationalpark sind mehrere Campingplätze, Chalets und Familienbungalows verteilt. Die Reservierung muss über die offizielle Website des Nationalparks erfolgen (*www.sanparks.org/parks/ augrabies.co.za*). Vor allem in der Hochsaison sollte man mit dieser wie mit anderen Reservierungen nicht zu lange warten!

Tswalu Kalahari Reserve

Das luxuriöse Tswalu Kalahari Reserve gehört der Familie Oppenheimer, ist Teil des größten, privaten Schutzgebietes in Südafrika und spricht besonders anspruchsvolle Reisende

Zebras im Tswalu Kalahari Reserve

an. Erklärtes Ziel von Tswalu ist es, „die Kalahari in ihren ursprünglichen Zustand zurückzuführen". Für die Wiedereinführung von Geparden und Wildhunden erhielt das Reservat den Preis des World Wildlife Fund für den „besten Schutz bedrohter Tierarten".

Tswalu ist unendlich exklusiv. Es werden höchstens 30 Gäste aufgenommen und vom aufmerksamen Personal verwöhnt. Selbstverständlich sind die Unterkünfte auf dem höchsten Stand von Luxus und Komfort. Das *motse* (Tswana für „Dorf") fügt sich perfekt in die umgebende Landschaft ein und besteht aus lediglich acht geräumigen, üppig ausgestatteten *legaes* (Tswana für „Haus"). Den De-luxe-Standard halten auch der hervorragend sortierte Weinkeller und der persönliche Küchenchef, der natürlich exzellent kocht.

Zwischen den roten Kalaharidünen von Tswalu sind viele Tierarten zu beobachten: Ellipsenwasserböcke, Leier- und Elenantilopen, Kudus, Büffel, Nyalas, Zebras, Streifengnus, Impalas, Geparde, Leoparden, Lö-

Reisezeit

Beste Zeit für einen Besuch in Tswalu ist der Winter (*April–Aug.*) mit milden und sonnigen Tagen.

wen, Hyänen sowie Spitz- und Breitmaulnashörner. Zu den Möglichkeiten der Wildtierbeobachtung zählen Ausritte, Safaritrips und geführte Buschwanderungen.

Die wichtigsten Erfolge im Naturschutz erzielte das Reservat mit der Auswilderung echter Kalahari-Löwen, von Geparden und Afrikani-

Tswalu Kalahari Reserve

🏔 Karte S. 247

✉ 300 km nordwestlich von Kimberley

☎ 011 / 274-2299

💲 $$$$$

www.tswalu.com

schen Wildhunden. Bemerkenswert sind die Erfolge beim Schutz des vom Aussterben bedrohten Wüsten-Spitzmaulnashorns. Ein Drittel der gesamten Weltpopulation lebt im Tswalu-Reservat.

Typische Tiere der Kalahari wie Rappen- und Pferdeantilopen, Spieß- und Springböcke sowie die stets unterhaltsamen Erdmännchen sind weitere Vertreter der über 70 Säugetierarten des Schutzgebietes. Bei nächtlichen Safaritrips sind Begegnungen mit Erdferkeln, Erdwölfen, Stachelschweinen, Schabra-

habichte, Zwergfalken, Riesentrappen, Nama-Flughühner, Fleckenuhus und Rotbauchwürger wird man auf jeden Fall sichten.

Kgalagadi Transfrontier Park

Der Kgalagadi erstreckt sich mit 3,6 Millionen Hektar beidseits der Grenze von Südafrika und Botsuana. Dieses gigantisch große Naturschutzgebiet wurde 1999 als Afrikas erster grenzüberschreitender Nationalpark gegründet, indem der botsuanische Gemsbok National Park

Der Spießbock ist der Platzhirsch im Kgalagadi Transfrontier Park

ckenhyänen und weiteren Geschöpfen der Nacht möglich.

Auch Vogelbeobachter kommen im Tswalu Kalahari Reserve auf ihre Kosten; mehr als 200 Vogelarten wurden registriert. Da es nur wenige Bäume gibt, kommen nicht so viele große Vögel vor; dennoch kann man damit rechnen, Adler sowie Weißrücken- und Ohrengeier vor die Linse zu bekommen. Sing-

und der südafrikanische Kalahari Gemsbok National Park zusammengelegt wurden. Im gesamten Gebiet gelten einheitliche Bestimmungen. Besucher können sich im Nationalpark frei bewegen und die Grenzen beliebig überqueren. Allerdings benötigen sie für den Besuch ein geländegängiges Fahrzeug.

Kalahari leitet sich von *Kgalagadi*, „durstiges Land", ab. Trotz der un-

INSIDERTIPP

Der Kgalagadi Transfrontier Park ist der Fotografentraum schlechthin. Ist man am frühen Morgen als Erster am Tor, kann man die Sonnenstrahlen einfangen, die durch den von den Springbockherden aufgewirbelten Staub blitzen.

SAMANTHA REINDERS
National Geographic-Fotografin

wirtlichen Bedingungen leben hier zahlreiche Tiere. Die meisten sind perfekt an das Leben in der Wüste angepasst, wie der Spießbock und der dunkelmähnige Kalahari-Löwe.

Die enorme Ausdehnung des Nationalparks ermöglicht die jahreszeitlichen Wanderungen riesiger Herden von Elen- und Kuhantilopen, Springböcken und Gnus. Unter den rund 200 Vogelarten finden sich Sekretäre, Bussarde, Adler und Geier. Neben Löwen gehen Leoparden, Geparde und Hyänen auf Jagd.

Unterkunft in Hütten und Bungalows findet man in den Camps **Mata Mata, Twee Rivieren** und **Nossob** auf südafrikanischer Seite. Hier gibt es auch Treibstoff und Lebensmittel; Twee Rivieren hat sogar ein Restaurant. Mittlerweile haben auch private, teurere Buschcamps eröffnet: Das **Bitterpan Bush Camp** liegt an der Rundtour für Geländewagen, das **Kalahari Tented Camp** befindet sich in der Nähe von Mata Mata. ■

Kgalagadi Transfrontier Park

🅰 Karte S. 247

✉ 260 km nördlich von Upington auf der R360

☎ 054/561-2000

💲 $$$–$$$$

www.sanparks.org/parks/kgalagadi

Das eigenwillige Leben der Erdmännchen

Was bei Erdmännchen als Erstes auffällt, ist der absurde Afrikaans-Name *Meerkats* – nur um eines klarzustellen: Diese kleinen Säugetiere aus der Familie der Mungos haben keine besondere Beziehung zu Meer oder See, geschweige dass es in ihrem ariden Lebensraum, der Kalahari, besonders viele Seen gäbe. Doch die irreführende Namensgebung passt zu den ungewöhnlichen Tierchen.

Erdmännchen sind außerordentlich gesellige Geschöpfe. Das Leben der Gruppen mit bis zu zwanzig Mitgliedern dreht sich rund um die Uhr um die Nahrungsbeschaffung. Lieblingsbeute sind Insekten, gefressen wird aber so gut wie alles. Ihre Kolonien ähneln Ameisenhügeln; einen großen Teil des Tages verbringen sie in dem Tunnelsystem, und wenn sie nicht gerade putzig aussehen, tricksen sie ihre Kumpel aus und fressen deren Jungen. Der Kindsmord soll den

Nachkommen des Alphaweibchens die Konkurrenz der Jungen anderer Weibchen vom Leib halten. Abgesehen von diesen garstigen Unarten, sind Erdmännchen sehr kooperativ. Ammen und Kindermädchen kümmern sich um die Kleinsten. Wenn die Jungen älter sind, lernen sie von den Erwachsenen Überlebenstechniken, beispielsweise wie man einen Skorpion frisst (indem man zuerst den Stachel entfernt).

Vieles, was wir über Erdmännchen wissen, ist dem Kalahari Meerkat Project zu danken. Seit 1993 widmet sich das im Kuruman River Reserve ansässige Projekt den längerfristigen sozialen Folgen, die der eigenwillige Lebenswandel der Erdmännchen hat. Die Tiere haben eine Lebenserwartung von zwölf bis 14 Jahren, daher ist eine stete, langfristige Forschung erforderlich. Weitere Informationen finden sich auf *www.kalaharimeerkats.com*.

Namaqualand

Das abgelegene, einsame Namaqualand zieht während der kurzen Blüteperiode Scharen von Touristen an. An einem sonnigen Tag scheint die blühende Landschaft nur aus Farbe und Raum zu bestehen. Weniger flüchtig sind die weiteren Merkmale dieses harschen Landes: von Kupferadern durchzogene Hügel, meditative Weite und eigenartige Bergwerksstädtchen.

Das Goegap Nature Reserve zur Blütezeit

Springbok

🅰 Karte S. 247

Besucherinformation

✉ Voortrekker St.

☎ 027/712-8035

Springbok

Man sieht es nicht unbedingt auf den ersten Blick, doch Namaqualands wichtigste Stadt Springbok hat durchaus etwas mit ihrem flinken Namengeber, dem Springbock, gemeinsam. Die Siedlung wurde 1850 mit dem Beginn des Bergbaus in der Region gegründet und hat sich seitdem zu deren unbestrittenen Hauptstadt entwickelt. Während andere Boomtowns verödeten, als die Minen geschlossen wurden, ist es Zähigkeit und Glück zu verdanken, dass Springbok der Wechsel in

die Tourismusbranche gelang und über die Jahre weiterhin gedieh.

Springbok schmiegt sich in ein Tal zwischen den Granitkuppen der Klein Koperberge, der „kleinen Kupferberge". Die Stadt liegt abseits der N7, etwa 120 Kilometer südlich der Grenze zu Namibia und 600 Kilometer nördlich von Kapstadt. Es gibt zahlreiche Läden, Restaurants und Unterkunftsmöglichkeiten. Zum Höhepunkt der Wildblumenblüte im August/September wird die Stadt von unzähligen Besuchern überschwemmt. Dann ist eine rechtzeitige Reservierung unbedingt zu empfehlen.

Wer eine Pause vom Überfluss der Blüten benötigt, findet auch andere Attraktionen, wie die **Blue Mine** *(Voortrekker Rd., gegenüber der Agenbag-Tankstelle, Tel. 027/744-1000, das Okiep Country Hotel kann einen Besuch arrangieren),* die 1852 ihren Dienst aufnahm und nun schon lange geschlossen ist. Ihre azurblauen Gesteinsschichten ziehen zahlreiche Besucher an. Auch das **Namaqualand Museum** *(Monument St., Tel. 027/718-8100, geschl. Okt.–Juni Sa/So, Spende)* ist einen Besuch wert. In einer ehemaligen Synagoge eingerichtet, zeigt es Artefakte zur Naturgeschichte und Historie des Ortes.

Über die R64 geht es acht Kilometer nach Osten zur **Simon van der Stel Mine** *(Besichtigung nach Voranmeldung beim Namaqua Regional Tourism Office, gegenüber der Agenbag-Tankstelle, Voortrekker Rd., Tel. 027/712-8035),* in der der ehemalige Gouverneur ab 1685 Kupfer abbauen ließ. Wer genau hinschaut, entdeckt noch Graffiti seiner Leute.

Goegap Nature Reserve

Das Goegap Nature Reserve liegt rund 16 Kilometer von Springbok entfernt und bedeckt 15 000 Hektar sandiger Ebenen mit eindrucksvollen Granit-Inselbergen. Das Naturschutzgebiet wurde erheblich vergrößert, als ihm 1990 die Farm Goegap zugeschlagen wurde. Wie überall im Namaqualand ist auch hier die jährliche kunterbunte Wildblumenblüte die Hauptattraktion. Wie ein Teppich legt sie sich im Frühjahr mit den meisten der 581 nachgewiesenen Blumenarten über die Region. Unter den Tieren, die man sichten kann, sind Eidechsen und Schildkröten, verschiedene Insektenarten und Kleinwild. Zu den 94 Vogelarten in diesem Gebiet gehören Strauß, Kapuhu, Rotstirn-Bartvogel, Kaffernadler und Kaptriel.

Die Blumen sind übrigens ziemlich launisch: Sie öffnen ihre Blüten nur bei sonnigem, warmem Wetter. Am schönsten präsentieren sie sich in den Stunden um die Mittagszeit, zwischen 11 und 15 Uhr. Da sich die Blumen dem Licht zuwenden, sollte man darauf achten, zwischen den

Goegap Nature Reserve
- ✉ 16 km östlich von Springbok
- ☎ 027/718-9906
- 💲 $–$$$$$

ERLEBNIS: Wildblumen auf der Spur

Wer Südafrika zur Blütezeit der Wildblumen im Namaqualand besucht, für den ist ein Abstecher in die Provinz Nord-Kap Pflicht. Doch Vorsicht, die Blumen sind ein sehr flüchtiges Phänomen! Die Blüte währt nur kurz; zudem kann sie, abhängig von den Winterregen, zu jeder beliebigen Zeit zwischen Juli und Oktober auftreten. Am besten ruft man vorab die Parkverwaltung oder ein Hotel in der Region an, um eine – wenn auch vage – lokale Voraussage über die mögliche Zeit der Blüte zu erhalten.

Am einfachsten geht es per Flugzeug nach Upington oder Kapstadt; von dort aus kann man bei einer Rundfahrt die verschiedenen Schwerpunkte der Blüte besuchen. Nähere Information gibt die Verwaltung des Namaqua National Park (siehe S. 266).

Alternativ kann man die Wildblumen vom Pferderücken aus bewundern: **Namaqualand Horse Trails** *(südlich von Springbok an der N7, nach David oder Anne Barnes fragen, Tel. 027/718-3583)* organisiert Ausritte mit erfahrenen Führern.

Namaqua National Park

🗺 Karte S. 247

✉ 67 km auf der N7 von Springbok nach Süden

☎ 027/672-1948

💲 $–$$

www.sanparks.org/parks/namaqua

Hondeklipbaai

🗺 Karte S. 247

Blüten und der Sonne zu stehen, um sie nicht zu übersehen.

Im **Informationszentrum** erhält man weitere Informationen über den Pflanzenreichtum des Namaqualandes; der zum Schutzgebiet gehörende **Hester Malan Wildflower Garden** zeigt anschaulich verschiedene Sukkulentenarten.

INSIDERTIPP

Steigen Sie im Sommer oder Herbst, wenn weniger Touristen da sind, im Gästehaus des Goegap Nature Reserve ab: Bei einer Wanderung am frühen Morgen ist die fantastische Landschaft überwältigend.

CARSTEN SCHRADIN
National Geographic-Experte

Zur Besichtigung des Reservats stehen eine Rundtour für Geländewagen sowie eine 17 Kilometer lange touristische Strecke, die auch mit normalen Pkws befahren werden kann, zur Verfügung. Zwei kurze Naturlehrpfade erschließen Wanderern die Region, und wer auf dem Rad unterwegs ist, findet gut ausgebaute Mountainbikewege. Unterwegs können Besucher Steinböckchen, Spring- und Spießböcke, Klippspringer, Hartmann-Bergzebras und Löffelhunde sichten.

Namaqua National Park

Der erst kürzlich eingerichtete Nationalpark, rund 67 Kilometer südlich von Springbok gelegen, stellt Pflanzen und Tiere des Namaqualandes

unter Schutz, die durch die Ausbreitung des Farmlandes bedroht waren. Im Reservat kann man wandern, umherfahren und picknicken. Wie für die übrige Region gelten auch hier August und September als beste Reisezeit, wenn die erstaunliche Vielfalt der Wildblumen die Landschaft zum Leben erweckt.

Der Nationalpark ist nur während der Wildblumenblüte täglich von 8 bis 17 Uhr geöffnet. Im **Skilpad Rest Camp** bieten vier Bungalows Unterkunft für jeweils drei bis vier Personen. Im Park selbst gibt es keine Unterkünfte. Snacks und kleine Mahlzeiten bekommt man im Kiosk am Parkeingang.

Hondeklipbaai

Die Hafenstadt Hondeklipbaai wurde 1846 gegründet. Von hier aus wurde das in Okiep, nahe Springbok, abgebaute Kupfererz nach

Woher kommt der Name?

Niemand weiß wirklich, wie Hondeklipbaai ("Hundefelsenbucht") zu seinem ungewöhnlichen Namen kam. Eine Legende erzählt, dass wütende Stadtbewohner eine Meute von Wildhunden, die sie bedrohte, bei einem Felsen niedermachten, der daraufhin diesen seltsamen Spitznamen erhielt. Eine andere Geschichte berichtet von einem Felsen neben der Polizeistation, der einem sitzenden Hund glich und von einem Blitz gesprengt wurde. Keine der beiden Erklärungen scheint besonders glaubhaft.

Europa verschifft. Das Erz wurde mühevoll auf Ochsenwagen 105 Kilometer weit von den Minen an die Küste transportiert. Nachdem mehrere mit Kupfererz beladene Schiffe im dichten Nebel und bei schwerer See, wie sie an diesem Teil der Küste häufig vorkommen, gekentert waren, wurde in den 1870er Jahren eine Eisenbahnlinie von den Minen bis zur Küste bei Port Nolloth gebaut. Hondeklipbaai verlor damit seinen Daseinszweck.

Rundstrecken, die von der N7 abzweigen. Südlich der Stadt liegt das Wrack der 1945 gesunkenen „Aristea" vor der Küste – ein schöner Platz für den Sonnenuntergang.

Diamond Coast

Bis vor Kurzem war die gesamte Nordwestküste Südafrikas, die reich an Diamantenvorkommen ist, Teil des Sperrgebiets. Ausschließlich Arbeiter und Führungskräfte der Diamantminen durften sich hier auf-

Port Nolloth

🅰 Karte S. 247

Besucherinformation

✉ Neben dem Rathaus

☎ 027/851-1111

www.portnolloth.co.za

Frühling im Namaqua National Park

Heute dient die Kleinstadt als Hafen für Fischerboote und für Schwimmbagger, die vor der Küste nach Diamanten suchen. Bei Farmern aus dem Hinterland ist sie als Sommerfrische beliebt. Fisch, vor allem Langusten, ist ein wichtiger Wirtschaftsfaktor. Das Tauchen nach Langusten ist streng reglementiert; aber wer sein Glück versuchen möchte, kann in Springbok eine Genehmigung beantragen.

Zur Wildblumenblüte im August und September lohnt die Fahrt auf den Panoramastraßen der Umgebung; besonders reizvoll sind die

halten. Auch heute wird jede Bewegung in dem Gebiet überwacht, und nach wie vor sind Genehmigungen notwendig, um es zu betreten. Doch Teile der Diamond Coast sind nun für Touristen zugänglich (siehe Kasten S. 268).

Port Nolloth

Port Nolloth wurde 1854 als Ziel der Ochsenwagen (später der Eisenbahn) gegründet, mit denen Kupfer an die Küste transportiert und im Hafen verschifft wurde. Heute ist die Stadt der einzige richtige Ferienort an der Diamond Coast.

ERLEBNIS: Entlang der Diamond Coast

Die „Diamantenküste" ist weitestgehend Sperrgebiet. Dennoch können Touristen mittlerweile einige Küstenabschnitte besuchen. Folgende drei Touren werden angeboten:

Schiffswrack- Route *(Start 9 Uhr am Koingnaas Caravan Park oder in Noup)* Die Tour führt die Teilnehmer entlang blendend weißer Strände durchs Diamantminen-Sperrgebiet. An diesem gefährlichen Küstenabschnitt sind mehrere Schiffe gestrandet, deren Wracks die Ufer säumen, darunter ein zyprischer Frachter und ein brasilianischer Dampfer. Unterwegs passiert man mehrere Müllgruben aus dem Late Stone Age. Mit Glück erspäht man den Schwarzen Austernfischer, der zu den bedrohten Vogelarten gehört. Wie die anderen hier vorgestellten Touren dauert die Schiffswrack-Route vier Stunden.

Strandveld-Route *(Start 9 Uhr am Koingnaas Caravan Park oder in Noup)* Auch diese Tour führt durch Sperrgebiet und nimmt die Teilnehmer auf eine abenteuerliche Fahrt über unwirtliche, gelbe Sanddünen mit. Unterwegs sind Ducker, Spring- und Spießböcke, Steinböckchen sowie Kleinwild wie Erdmännchen, Löffelhunde und Strauße zu sehen. In dem 30 000 Hektar großen, privaten Naturschutzgebiet wachsen vielfältigste Pflanzen wie Zwiebelgewächse und Sukkulenten, darunter mehrere endemische Arten.

World of Diamonds Mine Tour *(Start 8 Uhr am Informationsbüro in Kleinzee)* Auf dieser Tour lernt man den komplizierten Prozess des Diamantenabbaus kennen. Wenn der Produktionsplan es zulässt, darf man auf den riesigen Bagger klettern, der innerhalb von 60 Sekunden 70 Tonnen Erdreich um 200 Meter verschieben kann. Außerdem besucht die Tour eine Kolonie von über 350 000 Südafrikanischen Seebären. Informationen zu den Touren gibt **De Beers** *(Tel. 027/807-2999 oder www.coastofdiamonds.co.za)*

Richtersveld Transfrontier National Park

🅰 Karte S. 247

✉ Abzweigung von der N7 bei Steinkopf, dann weiter über Port Nolloth & Alexander Bay; die letzten 80 km sind Staubstraße

☎ 027/831-1506

💲 $–$$$$$

www.sanparks.org/ parks/richtersveld

In Port Nolloth können die Feriengäste in der Sonne liegen, die herrlichen Strände entlangwandern oder ihr Geschick beim Küstenangeln versuchen. Eine Angelgenehmigung stellt das Tourismusbüro von Port Nolloth neben dem Rathaus aus. Hat es mit dem selbst gefangenen *Yellowtail* (Barbe) oder *Snoek* (Schlangenmakrele) nicht geklappt, kann man die Fische – je nach Fang – bei den einheimischen Fischer kaufen. Neben dem Tourismus spielen die Verarbeitung von Langusten und der Diamantenabbau vor der Küste eine wichtige wirtschaftliche Rolle.

Bewohner der Township Sizamile bieten Kulturtouren an, bei denen sie Besuchern auch ihre Wellblechhütten zeigen. Die Führer erläutern die jüngsten Entwicklungen in der Siedlung, erzählen von Kultur und Geschichte und von den Problemen, denen die Menschen hier noch immer gegenüberstehen. Auch Kleinunternehmen wie Kindertagesstätten, Gemüsegärten und Hühnerzucht werden den Besuchern gezeigt. In einer Shebeen (Bar) kann man den Namaqualand-Whisky kosten. Informationen zu diesen Touren erhält man im Tourismusbüro in Port Nolloth.

In **Lekkersing**, an der R382 nordöstlich von Port Nolloth gelegen, zeigt eine Dorfgemeinschaft traditionelles Handwerk der Nama und demonstriert, wie *velskoene* (Schuhe aus Rohleder), Stühle aus *riempie* (Lederriemen), Hüte und Mattenhäuser hergestellt werden.

Richtersveld Transfrontier National Park

Die südafrikanische Nationalparkorganisation und die hier lebenden Nama verwalten den Richtersveld Transfrontier National Park gemeinsam. Die extrem trockene, herbe Landschaft verdankt einen Großteil ihrer Feuchtigkeitszufuhr dem dichten Nebel, der sich fast jeden Morgen über den eisigen Wassern des Atlantiks bildet und anschließend landeinwärts zieht.

Auch wenn Vans und andere hochrädrige Fahrzeuge im Nationalpark zugelassen sind, ist ein Geländewagen ideal. Nahrungsmittelvorräte und Treibstoff gibt es nur bei einem Gemischtwarenladen in Sendelingsdrift (geschl. Sa/So).

Unterkunft bieten die fünf sehr gut ausgestatteten Campingplätze im Nationalpark: Richtersburg, Kokerboomkloof, De Hoop, Potjiespram sowie die Tatasberg & Ganakouriep Wilderness Camps.

INSIDERTIPP

Die einmalige, 760 Kilometer lange Rundtour für Geländefahrzeuge durch den Richtersveld National Park ist die ideale Gelegenheit, einen Sandsturm zu entfesseln. Geführte Rundfahrten gibt es von April bis September, aber da die Strecke deutlich ausgeschildert ist, kann man sie ruhig auf eigene Faust in Angriff nehmen.

ROBERTA COCI
National Geographic-Mitarbeiterin

Komfortabler wohnt man im **Arieb Guest Cottage** mit zehn Betten, fünf Zimmern und zwei Bädern. ∎

Ein Geländewagen sucht seinen Weg durch die Dünen der Diamond Coast

REISEINFORMATIONEN

Heißluftballon im Pilanesberg Game Reserve

REISEPLANUNG

Reisezeit

Die Reisezeit hängt davon ab, in welchen Teil Südafrikas man reisen will und welche Aktivitäten man plant. Viele Ziele sind während der südafrikanischen Ferienzeit (Ende Juni–Juli und Anfang Dez.–Mitte Jan.) überfüllt. Im Kruger National Park und in den Wildreservaten von Mpumalanga und KwaZulu-Natal wird es über die Sommermonate (Dez.–März) sehr heiß und feucht, die beste Zeit für die Parks sind der Frühling (Sept.–Okt.), wenn die Jungen gerade geboren sind, oder der Winter (Juni–Aug.), wenn die Vegetation lichter ist und die Tiere entsprechend besser zu sehen sind. Die Provinz West-Kap und die Garden Route sind zwischen März und April am schönsten, doch wer die Strände und die Hitze liebt, sollte die beiden Regionen im Januar und Februar besuchen. Der Winter ist ideal für einen Besuch des trockenen Nord-Kap; über den Sommer ist es dort sengend heiß. Besucher der West- und Nordwestküste sollten Ende August und September dorthin fahren: Dann erleben sie die Wildblumen in schönster Blüte. Die Strände und die Küstenresorts von KwaZulu-Natal sind im Sommer heiß und überlaufen, umso milder und angenehmer ist es dort im Herbst (April bis Mai) und Frühling (Sept.–Okt.).

Klima

Weite Teile des Landes erhalten im Sommer ihre Niederschläge, eine Ausnahme ist das südwestliche Kap mit seinem mediterranen Klima: Hier sind die Winter feucht und die Sommer trocken. Auf dem Highveld erlebt man heiße Sommer mit nachmittäglichen Gewitterstürmen, die Winter sind dagegen trocken und sonnig, die Nächte können frostig kalt werden. Heiße und feuchte subtropische Bedingungen herrschen im Lowveld und entlang der Nordostküste: Während im Sommer heftige Niederschläge fallen, bleiben die Winter warm und trocken. In der Karoo und im Norden des Landes präsentieren sich die Winter extrem trocken, sonnig und frisch während des Tages, frostig in der Nacht.

Die folgenden Angaben zu den durchschnittlichen maximalen/minimalen Tagestemperaturen und zu den durchschnittlichen monatlichen Niederschlägen für Städte in den einzelnen klimatischen Regionen des Landes stammen vom südafrikanischen Wetterdienst:
Kapstadt (mediterranes Klima)
Januar: 26/16 °C, 15 mm
Juli: 18/7 °C, 82 mm
Durban (subtropisches Klima)
Januar: 28/21 °C, 134 mm
Juli: 23/11 °C, 39 mm
Johannesburg (Highveld)
Januar: 26/15 °C, 125 mm
Juli: 17/4 °C, 4 mm

Kimberley (Karoo, Zentralplateau)
Januar: 33/18 °C, 57 mm
Juli: 19/3 °C, 7 mm
Nelspruit (Lowveld)
Januar: 29/19 °C, 127 mm
Juli: 23/6 °C, 10 mm
Detaillierte Wetterinformationen und konkrete Wettervorhersagen für einzelne Städte und Regionen: www.weathersa.co.za

Nicht vergessen

Besucher können vor Ort in den größeren Städten alles kaufen oder leihen: Kleidung, Medikamente, Camping- und Wanderausrüstung, Kameras einschließlich Zubehör und Fahrzeuge. Sehr sinnvoll ist ein Geldgürtel, der unter der Kleidung getragen wird: So können Bargeld und Wertsachen sicher transportiert werden. Für den Tag empfiehlt sich ein leichter Tagesrucksack. Nur wenige Einrichtungen (Restaurants und Hotels) bestehen auf formeller Kleidung. Wer auf Safari in entlegene Gebiete des Landes fahren will, sollte darauf achten, dass die Kleidung braun, olivgrün oder khakifarben ist und die folgenden Dinge nicht vergessen werden: Fernglas, Wanderschuhe, ein Rucksack, Wasserflasche, Sonnenhut, Sonnencreme und alle notwendigen Medikamente (einschließlich Medikamenten zur Malariaprophylaxe für das Lowveld und die Nordostküste).

Versicherungen

Jeder Südafrikareisende sollte sich schon im Heimatland gegen Verlust und Diebstahl von Geld und Wertsachen, Krankheit und Unfälle versichern. Wer das vergessen sollte, kann sich noch vor Ort bei einer der großen südafrikanischen Versicherungsgesellschaften versichern. Im Fall von Verlust, Diebstahl oder kriminellen Überfällen sollte man sich sofort an die örtliche Polizei wenden. Der Vorfall wird polizeilich aufgenommen und eine (Vorgangs-)Nummer für den Fall vergeben, der dann bei der Versicherung mit eingereicht werden sollte. Daher empfiehlt es

sich, alle Rechnungen von Dingen aufzubewahren, die eine Versicherung möglicherweise ersetzen soll.

Formalitäten

Der Reisepass sollte am Tag der Einreise noch sechs Monate gültig sein. Bürger der EU und der Schweiz können Südafrika 90 Tage lang ohne Visum besuchen.

Für einen Besuch in Südafrika sind keine Impfungen verpflichtend, es sei denn, man reist aus einem Land ein, in dem Gelbfieber vorkommt. In diesem Fall muss man einen Impfnachweis gegen Gelbfieber erbringen. Wer in abgelegene Landesteile reisen möchte, sollte sich im eigenen Interesse gegen Hepatitis A und Typhus impfen lassen.

Personen über 18 Jahren dürfen die folgenden Artikel in den angegebenen Mengen zollfrei einführen: 50-Milliliter-Flakons Parfüm, 250 Milliliter Eau de Toilette; ein Liter Likör oder Spirituosen und zwei Liter Wein; 200 Zigaretten, 50 Zigarren und 250 Gramm Tabak sowie andere Waren im Wert bis zu 3000 Rand (240 €). Auf Waren bis zu einem Wert von 12 000 Rand (960 €) werden 20 Prozent Zollsteuer erhoben. Generell dürfen keinerlei Drogen eingeführt werden.

An Bargeld dürfen nur bis zu 5000 Rand (400 €) ein- oder ausgeführt werden.

Festivals

Immer mehr südafrikanische Städte erfinden Kunst- und Food-Festivals, um Touristen anzulocken. In den Lokalzeitungen wird auf die entsprechenden Ereignisse hingewiesen. Zu den renommierten Festen zählen die folgenden: Wer gern tanzt, sollte zum **Dance Umbrella** (Johannesburg, Mitte Feb.–Mitte März, www.at.artslink.co.za/~arts/umbrella) fahren, das einen Monat lang an mehreren Aufführungsorten südafrikanische Choreografien und Performances zeigt. Jedes Jahr findet zu Ostern die riesige **Rand Show**

(*Nasrec, südlich von Johannesburg, www.randshow.co.za*) statt: mit einer Messe, einem Jahrmarkt, Tiervorführungen und Popkonzerten. Das **National Arts Festival** (*Grahamstown, letzte Woche im Juni bis 1. Juliwoche, www.nafest.co.za*) ist das landesweit größte jährliche Event zu Musik, Schauspiel, Tanz und schönen Künste. Das **Stellenbosch Wine Festival** (*1. Augustwoche, www.wineroute.co.za/festival.asp*) bietet Besuchern die Möglichkeit, eine große Auswahl an lokalen Weinen zu verkosten. Wenn die Wale zur Paarung und zum Kalben zum südwestlichen Kap zurückkehren, findet das **Hermanus Whale Festival** (*Ende Sept./Anfang Okt., www.whalefestival.co.za*) mit Musik, Kunsthandwerkmarkt und Öko-Events statt.

Eine Übersicht für jeden Monat über alle Festivals in Südafrika bietet: *www.southafrica.info/travel/cultural/festivals.htm*.

Reiselektüre

Es gibt unzählige Bücher, die man vor oder während der Südafrikareise lesen könnte, um sich einen Eindruck vom Land, von seiner Geschichte, den Menschen und der Kultur zu verschaffen. „South Africa: A Modern History" von R. Davenport und C. Saunders ist solch ein Standardwerk. „Commando" von Deneys Reitz ist ein Klassiker über den Burenkrieg aus der Sicht der Buren. Steve Bikos „I Write What I Like" und Nelson Mandelas Autobiografie „Der lange Weg zur Freiheit" geben Einblicke in die Gedankenwelt dieser beiden großen südafrikanischen Führer. Eine wunderbare Zusammenfassung über Fossilien und das Leben auf den Farmen der Karoo bietet Eve Palmers „Plains of Camdeboo". Die Kurzgeschichten von Herman Charles Bosman sind fast schon ein Muss, um den südafrikanischen Humor zu verstehen. Eine hervorragende Auswahl aus der endlosen Liste an guter südafrikanischer Belletristik sind diese Titel: M. Chapman (Hrsg.): „The Paperbook of South African English Poetry"; J. M. Coetzee: „Warten auf die Barbaren" und „Schande"; Athol Fugard: „Selected Plays"; Antjie Krog: „Country of My Skull"; Es'kia Mphahlele: „Pretoria, Zweite Avenue"; Alan Paton: „Denn sie sollen getröstet werden"; Richard Rive: „Buckingham Palace: District Six"; Olive Schreiner: „Story of an African Farm"; Ivan Vladislavi: „The Restless Supermarket".

ANREISE

Die meisten Urlauber reisen auf dem Luftweg ein, nur einige wenige kommen mit dem Auto aus den Nachbarländern. Die Mehrzahl jener, die mit dem Schiff anreisen, sind Teilnehmer einer Kreuzfahrt.

Mit dem Flugzeug

Der wichtigste internationale Flughafen ist Johannesburgs O. R. Tambo International Airport; internationale Flüge gehen aber auch zum Cape Town International Airport von Kapstadt und Durbans International Airport. Viele der international operierenden Fluggesellschaften – darunter South African Airways, British Airways, Quantas, Air France, KLM und Lufthansa – bieten Direktflüge nach Südafrika an. Von Deutschland, Österreich und der Schweiz dauert der Flug nach Südafrika rund zehn Stunden.

Alle südafrikanischen internationalen Flughäfen werden von der ACSA (Airports Company of South Africa) gemanagt, die an den internationalen und nationalen Flughäfen Infoschalter betreibt. Besucher werden gebeten, nur Träger, Shuttleservices und Taxis mit dem offiziellen ACSA-Logo oder einer Lizenz der ACSA zu nutzen. Die Flughäfen Johannesburg, Kapstadt und Durban werden derzeit im Hinblick auf die Fußballweltmeisterschaft 2010 umgebaut. Deshalb soll der Flughafen von Durban in King Shaka International Airport umbenannt werden und vom Süden in den Norden der Stadt umziehen.

Viele von der ACSA lizenzierte Taxi- und Shuttleservice-Unternehmen arbeiten an den großen Flughäfen; die Infoschalter helfen, Taxis und Busse zu finden. **Magic Bus** *(Tel. 011/548-0822, www.magicbus. co.za)* ist ein renommiertes Transportunternehmen, das den Transport zwischen den drei großen Flughäfen beziehungsweise den entsprechenden Stadtzentren organisiert.

In Johannesburg und Kapstadt gibt es Gepäckaufbewahrungen.

Nützliche Websites:
Flughäfen: *www.acsa.co.za*
Air France: *www.airfrance.com*
British Airways: *www.ba.com*
Cathay Pacific:
www.cathaypacific.com
KLM–Royal Dutch Airlines:
www.klm.com
Lufthansa: *www.lufthansa.com*
Antas: *www.antas.com.au*
South African Airways:
www.flysaa.com

Mit dem Auto

Einige Urlauber reisen von Namibia, Botsuana, Mosambik, Swasiland oder Simbabwe aus mit dem Auto ins Land. Eine Liste aller möglichen Grenzübergänge mit Telefonnummern und Öffnungszeiten findet sich unter *www.home-affairs.gov.za/land_border_posts.asp.*

UNTERWEGS IN SÜDAFRIKA

Mit dem Flugzeug

Da Südafrika ein großes Land ist, lohnt es sich für all jene mit begrenztem Zeitbudget, auch innerhalb des Landes ins Flugzeug zu steigen. Die staatliche Fluggesellschaft South African Airways (SAA) fliegt zwischen allen Großstädten und größeren Städten des Landes, die Fluglinien Airlink und South African Express fliegen mit kleineren Maschinen zu vielen regionalen Zielen, zum Beispiel in Städte unweit des Kruger National Park, wie Nelspruit, Phalaborwa und Hoedspruit. Weite-

re Ziele sind George an der Garden Route, Margate an der Südküste von KwaZulu-Natal und Upington, dem Ausgangspunkt für den Kgalagadi Transfrontier Park oder den Gariep River (Oranje).

In den letzten Jahren erlebte man den Aufstieg (manchmal auch den Fall) kleiner Fluggesellschaften, die in Konkurrenz zu SAA auf den Hauptrouten zwischen Kapstadt, Johannesburg und Durban fliegen. Um wie die großen Fluglinien Geld zu sparen, müssen die Fluggäste nun ihre Getränke auf dem Flug extra bezahlen. Einige Gesellschaften fliegen nach Port Elizabeth, George, East London und Nelspruit. Zu den etablierten Fluglinien unter den kleinen Fluggesellschaften zählen Kulula, 1Time und British Airways (in Südafrika unter der Flagge von Comair).

Gute Flugpreise bekommt man als Online-Frühbucher und bei Ausnutzung von Randzeiten (wie an Sonntagen frühmorgens oder spätabends).

Bei Inlandflügen sollten die Fluggäste eine Stunde vor der Abflugzeit am Flughafen sein.

Die Luftfahrt ist in Südafrika sehr gut überwacht, es gibt strenge Wartungsvorschriften und sehr gute Noten für die Sicherheit.

Nützliche Websites:
1Time: *www.1time.aero*
British Airways/Comair:
www.ba.co.za
Kulula: *www.kulula.com*
South African Airways:
www.flysaa.com

Mit dem Auto

In den meisten südafrikanischen Städten sind die öffentlichen Transportmittel für Touristen nur unzureichend sicher und effizient. Auch aus diesem Grund fahren die meisten Ausländer zwischen und in den Städten mit Mietwagen. In Südafrika herrscht Linksverkehr, ausländische Führerscheine werden akzeptiert, wenn sie in Englisch verfasst sind und die Unterschrift und ein Foto des Führerscheininhabers aufweisen. Wer keinen solchen Führerschein hat, muss sich zu Hause vor der Abreise einen internationalen Führerschein besorgen.

Das Land hat ein gutes, teilweise sogar sehr gutes Straßennetz mit asphaltierten und Schotterstraßen. Die Hauptverkehrsstrecken werden als „National Roads" bezeichnet und tauchen auf Schildern und Karten mit der Abkürzung N1, N2, N3 et cetera auf. Regionale Straßen sind als R43, R62 oder R306 gekennzeichnet, sie sind Verbindungsstraßen zu den Nationalstraßen oder verbinden Städte innerhalb einer Region. Die Nationalstraßen sind meist, aber nicht immer breiter als die Regionalstraßen. Der südafrikanische Automobilclub (The South African Automobile Association) berichtet auf seiner Website im Kapitel „Travel & Routes" wöchentlich über den Straßenzustand und die Straßenarbeiten im Land.

Zu den großen Vergnügungen, mit dem Auto in Südafrika unterwegs zu sein, zählen die Fahrten über Land auf Nebenstrecken. Viele Nebenstraßen führen im Zickzackkurs über Land, oftmals durch traumhafte Landschaften. Besucher können auch problemlos mit dem eigenen oder einem Mietwagen auf Safari in den Nationalparks und den privaten Schutzgebieten gehen. Die meisten können mit ganz normalen Fahrzeugen besucht werden, nur auf relativ wenigen Strecken wird ein Allradantrieb empfohlen.

Viele internationale Mietwagenfirmen wie Avis, Budget und Hertz haben Filialen in Südafrika, sie unterhalten Büros in den internationalen Flughäfen und großen Städten. Auch heimische Mietwagenfirmen wie Tempest und Imperial bieten gute Konditionen.

Da Südafrika bekanntermaßen ein großes Land ist und die Entfernungen zwischen den Städten entsprechend groß sind, lohnt es sich, bei Vertragsabschluss auf eine unbegrenzte Kilometerzahl zu achten. Vor der Übernahme des Mietwagens sollte man auch gemeinsam mit dem Vermieter alle Schäden am Lack und der Karosserie in einem Protokoll festhalten. Wer vorhat, viel im Gelände zu fahren (zum Beispiel in Wildreservaten), sollte vorab klären, ob der Vertrag das auch uneingeschränkt erlaubt.

Generell gilt, vorsichtig zu fahren. Manch südafrikanischer Autofahrer hält Verkehrsregeln für überflüssig, und die Anforderungen an die Verkehrstauglichkeit eines Fahrzeugs sind bei Weitem nicht so streng wie in Westeuropa. In vielen Gebieten, vor allem auf ländlichen Nebenstrecken, sind die Straßen nicht eingezäunt, und man muss immer mit die Straße querenden Tieren rechnen. Aus diesem Grund (und aus ganz generellen Sicherheitsaspekten) sollten man nachts nie lange Strecken fahren. Tramper sollten generell nicht mitgenommen werden, auch sollte man an scheinbaren Unfallstellen vorbeifahren: Viele Kriminelle inszenieren einen Unfall, um ahnungslose Helfer auszurauben.

Nützliche Websites:

South African Automobile Association: *www.aa.co.za*
Avis: *www.avis.co.za*
Budget: *www.budget.co.za*
Hertz: *www.hertz.co.za*
Imperial: *www.imperialcarrental.co.za*
Tempest: *www.tempestcarhire.co.za*

Mit öffentlichen Verkehrsmitteln

Am ehesten kann man die Suburban Railway in Kapstadt und die derzeit in Gauteng entstehende Gautrain Rapid Rail Link als für Touristen geeignete U-Bahnen in Südafrika bezeichnen. Von den beiden Systemen fährt aber nur der Gautrain über eine nennenswerte Distanz unter der Erde.

Kapstadts Bahnsystem unter der Federführung von Metrorail verbindet die Vororte mit dem Zentrum und die Städte rund um Kapstadt. Die Website von Metrorail *(www. capemetrorail.co.za)* bietet Karten, Fahrpläne, Bahnhofsinformationen, Neuigkeiten zu aktuellen Verzögerungen und Details zu den Beförderungsbestimmungen. Einfache sowie Hin- und Rückfahrkarten können an den meisten Haltestellen gekauft werden. Für auswärtige Besucher ist die Linie am interessantesten, die die gesamte Kaphalbinsel vom Stadtzentrum bis Simon's Town abfährt – sie hält allerdings in jedem Vorort entlang der Strecke. Auf diese Weise kann man die Rugby- und Cricketfelder in Newlands, die Strände der False Bay und die Gezeitenpools von Muizenberg, St. James, Kalk Bay, Fish Hoek, Clovelly und Simon's Town bequem besuchen. Die Linie ist auch praktisch, wenn man die Pinguinkolonien bei Boulders unweit von Simon's Town besuchen möchte. Die Bahnstrecke von Muizenberg nach Simon's Town ist teilweise sehr abwechslungsreich, weil sie direkt an der Wasserlinie entlangführt und schöne Blicke auf den Ozean eröffnet.

Besucher sollten sich nur Tickets für die erste Klasse kaufen, da sie weniger überfüllt und sicherer ist. In der Vergangenheit hat es immer wieder Sicherheitsprobleme in der Metrorail gegeben, inzwischen fährt Sicherheitspersonal in den Zügen mit. Auch wenn die Wahrscheinlichkeit gering ist, in einen Zwischenfall verwickelt zu werden, sollte man sich immer vergegenwärtigen, dass das System nicht vollständig sicher ist.

Die zweite interessante Metrorail-Linie verbindet Kapstadt mit Stellenbosch, dem Zentrum des Kap-Weinland.

Das Gautrain-Projekt (www. gautrain.co.za) soll das Zentrum von Johannesburg, Sandton, den O. R. Tambo International Airport und Pretoria mit einer Schnellbahnverbindung ausstatten. Die Linie Johannesburg–Sandton soll unterirdisch verlaufen.

Noch wird gebaut, die Fertigstellung der Verbindung von Sandton zum Flughafen ist für Mitte 2010, der restlichen Strecken für Mitte 2011 geplant. Die Fahrt vom Flughafen nach Sandton soll nur noch 15 Minuten betragen, die Fahrzeit von Johannesburg nach Pretoria soll sich auf rund 40 Minuten verkürzen.

Mit dem Bus

Zwischen den Großstädten und den größeren und kleineren übrigen Städten gibt es gute, regelmäßige Verbindungen. Busse sind eine günstige, angesichts der oft großen Entfernungen aber auch zeitintensive Transportmöglichkeit. In der Regel sind die Preise für Langstreckenfahrten verhältnismäßig günstiger als für Fahrten zwischen nahe gelegenen Zielen. Wer keinen eigenen Wagen zur Verfügung hat und unabhängig reisen will, für den sind die Busse teilweise die einzige Möglichkeit, kleinere und abgelegene Ziele zu erreichen.

Die größten Busgesellschaften des Landes sind Greyhound, Intercape, Translux und SA Roadlink. Sie bieten Busse mit verstellbaren Sitzen und Klimaanlage an. Bei Greyhound und SA Roadlink können Tickets online reserviert werden, Tickets für Busse von Intercape und Translux können telefonisch oder in den Büros der Firma gebucht werden.

Wer Geld sparen möchte, sollte sich über den Greyhound Travel Pass informieren: Er bietet Reisenden unbegrenztes Fahren an 7 oder 15 Tagen innerhalb einer Zeitspanne von 30 Tagen oder 30 Tage unbegrenztes Fahren in einem Zeitraum von 60 Tagen (Preise und Bedingungen stehen auf der Website der Firma).

Mit Ausnahme von Kapstadt hat gegenwärtig keine andere Stadt ein für Touristen interessantes öffentliches Nahverkehrssystem mit Bussen, möglicherweise ändert sich daran noch etwas bis zur Weltmeisterschaft 2010. In Kapstadt fahren für Touristen interessante Shuttlebusse alle 10 bis 15 Minuten zwischen Victoria & Alfred Waterfront und dem Hauptbahnhof. Zudem sind die Busse von Golden Arrow (www.gabs.co.za) im größten Teil des Großraums Kapstadt unterwegs; für Auswärtige sind aber nur die Linien, die vom Stadtzentrum über Sea Point und Camps Bay nach Hout Bay fahren, interessant.

Nützliche Websites:

Baz Bus: www.bazbus.com
Greyhound: www.greyhound.co.za
Intercape: www.intercape.co.za
Translux: www.translux.co.za
SA Roadlink: www.saroadlink.co.za

Mit der Bahn

Die Bahnlinien, die von südafrikanischen Urlaubern am meisten genutzt werden, sind die teuren Luxuszüge, die auf einigen wenigen Strecken durch das südliche Afrika fahren. Rovos Rail bietet eine ganze Reihe dieser Luxusreisen. Die Züge der Bahngesellschaft verkehren regelmäßig zwischen Pretoria und Kapstadt, seltener von Pretoria nach Durban, zu den Victoriafällen im benachbarten Simbabwe oder von Kapstadt nach George. Rovos bietet auch jährliche Bahnfahrten von Kapstadt nach Daressalam in Tansania und von Pretoria nach Swakopmund in Namibia.

Der luxuriöse Blue Train startet wöchentlich von Kapstadt nach Pretoria und zurück.

Sowohl Rovos Rail als auch Blue Train bieten jeden erdenklichen Luxus; bei der Fahrt geht es nicht um schnelles Ankommen, sondern um luxuriöses Sightseeing vom bequemen Armsessel aus.

Die eigentlichen Intercityzüge sind für ausländische Touristen nicht zu empfehlen: Die Züge von Shosholoza Meyl sind langsam, ineffizient und auf vielen Strecken auch unzuverlässig. Die Züge fahren viermal die Woche von Kapstadt nach Johannesburg und zurück; seltener zwischen Kapstadt und Durban, Kapstadt und East London, Johannesburg und Port Elizabeth und Johannesburg und Nelspruit. Wer sich dennoch für diese Züge entscheidet, sollte eine Reservierung für die Touristenklasse mit einem Schlafwagenabteil für vier Personen vornehmen.

Nützliche Websites:

Blue Train: www.bluetrain.co.za
Rovos Rail: www.rovos.co.za
Shosholoza Meyl:
www.spoornet.co.za/ShosholozaMeyl

Mit dem Taxi

Das Wort taxi hat in Südafrika zwei ganz verschiedene Bedeutungen: Zum einen bezieht es sich auf die Tausende von Minibussen, die für den Massentransport auf bestimmten Strecken im Stadtgebiet und zwischen verschiedenen städtischen Großräumen sorgen. Auch wenn viele Menschen jeden Tag sicher mit diesen Minibussen unterwegs sind, sollten sie nur von erfahrenen Afrikareisenden genutzt werden.

Unter taxi versteht man aber auch das Taxi, wie man es rund um den Globus kennt: Ein Auto mit einem Taxameter, das seine Fahrgäste von A nach B chauffiert. Taxis mit Taxameter könnten nicht einfach an der Straße herbeigewunken werden, man findet sie aber an den Haltestellen aller großen Flughäfen, in den Stadtzentren und bei großen touristischen Sehenswürdigkeiten wie Kapstadts Victoria & Alfred Waterfront. Vom Hotel, Restaurant oder Laden lässt sich ebenfalls ein Taxi bestellen. Es gibt keine landesweit operierenden Taxiunternehmen. Um nicht an eine zwielichtige Gesellschaft zu geraten, empfiehlt es sich, Angestellte im Hotel oder Restaurant zu bitten, ein vertrauenswürdiges Taxiunternehmen anzurufen.

PRAKTISCHE TIPPS
Kommunikation

Südafrika hat eine hervorragende Kommunikations-Infrastruktur mit einer guten Post, zuverlässigem Internet und anderen Telefondienstleistungen.

Postämter: Das South African Post Office ist für die Briefzustellung und alle weiteren postalischen Dienstleistungen zuständig. Postämter sind an ihrem rot-weiß-blauen Logo, das einen offenen Briefumschlag zeigt, zu erkennen. Briefmarken können im Postamt gekauft werden; große Supermärkte verkaufen Briefmarken in Heftchen. Die Post bietet auch Expresszustellung, Paketdienst und Kurierservice an. Die Tarife für die einzelnen Dienstleistungen finden sich auf der (nicht sehr benutzerfreundlichen) Website der Post. Eine Postkarte nach Europa kostet rund 4,20 Rand (Airmail; 0,34 €) und 2,5 Rand (0,20 €) auf dem Landweg, ein kleiner Brief 4,90 Rand (0,40 €) per Luftpost und 4,15 Rand (0,33 €) auf dem Landweg. Postlagernde Sendungen können zu allen Hauptpostämtern der Großstädte und größeren Städte geschickt werden. Der Empfänger muss sich mit einem Pass ausweisen.

Viele Dienstleistungen, auf die die Post früher im Monopol hatte, werden nun auch von der international operierenden Postnet-Gesellschaft angeboten, sie unterhält Annahmestellen in allen Großstädten und vielen größeren Städten. Postnet bietet unter anderem Paket- und Kurierdienste und die Nutzung des Internet an.

Nützliche Websites:
Postnet: *www.postnet.co.za*
South African Post Office:
www.sapo.co.za

Briefkästen: Ausreichend frankierte Briefe können in die leuchtend roten, rechteckigen Briefkästen (ab und zu trifft man noch auf alte, zylindrische Briefkästen) geworfen werden. Unter dem Briefschlitz befindet sich meist ein silber- oder messingfarbenes Schildchen, auf dem die Leerungszeiten genannt werden.

Telefon: Derzeit hat noch Telkom (*www.telkom.co.za*) das Monopol für die Festnetzleitungen in Südafrika,

Konkurrenten werden aber Telkom demnächst den Markt streitig machen. Fast im ganzen Land kann man direkt telefonieren, für Ferngespräche im Land und international ist unter Umständen jedoch eine Vermittlung notwendig. Innerhalb Südafrikas hat jede Stadt eine dreistellige Vorwahl und siebenstellige Rufnummer. In Südafrika muss man generell auch bei Ortsgesprächen die vollständige zehnstellige Nummer wählen.

Alle Nummern mit der Vorwahl 0800 sind kostenlose Rufnummern.

Details zu internationalen Ferngesprächen von Südafrika aus siehe Kasten S. 11.

Öffentliche Telefone findet man überall im Land. Die Apparate von Telkom – häufig Kartentelefone, seltener Münztelefone – tragen die grüne, blaue und weiße Farbe von Telkom. Telefonkarten im Wert von 20, 50, 100 und 200 Rand (1,60 €, 4, 8 und 16 €) werden in den Städten in vielen Cafés und kleinen Läden verkauft. In den Telefonzellen finden sich auch genaue Anweisungen – in Englisch, teilweise auch in weiteren Sprachen –, wie man telefoniert.

Nützliche Telefonnummern:
Hinweis: Alle folgenden Nummern sind kostenpflichtige Telefonnummern.
1023 Auskunft
1025 Ein Vermittler hilft bei einem Fern- oder R-Gespräch innerhalb Südafrikas.
10900 Ein Vermittler hilft bei einem internationalen Ferngespräch.
10903 Internationale Auskunft

Handys: Fast das ganze Land ist an das Handynetz angeschlossen, allerdings verliert man in ländlichen Gebieten schon einmal den Empfang. Die wichtigsten Handyprovider sind Vodacom, MTN und Cell C; sie haben an den Flughäfen und in den Städten ihre Läden.

Jeder Reisende, der sein eigenes Handy in Südafrika verwenden möchte, sollte mit dem heimischen

Provider klären, ob das Handy in Südafrika funktioniert. Alternativ kann man am Flughafen ein Starterpaket kaufen und Prepaidkarten in Supermärkten, Cafés et cetera nachkaufen. Eine dritte Möglichkeit ist, sich für die Zeit des Aufenthaltes ein Handy zu leihen.

Nützliche Websites:
Cell C: *www.cellc.co.za*
MTN: *www.mtn.co.za*
Vodacom: *www.vodacom.co.za*

Internet: In Südafrika gibt es viele Internetdienste, die Schnelligkeit ist aber teilweise eingeschränkt. In der Regel ist es kein Problem, in den Städten und in der Nähe touristischer Hauptsehenswürdigkeiten E-Mails abzurufen, im Internet zu surfen oder zu skypen. In den städtischen Gebieten stellen viele Hotels und Gästehäuser ihren Gästen sogar WLAN und Internet zur Verfügung. Auch in den kleineren ländlichen Gebieten wird man in der Regel einen Internetanschluss finden.

Maße
Südafrika arbeitet mit dem metrischen System.

Damenbekleidung
Deutschland

| 34 | 36 | 38 | 40 | 42 | 44 |

Südafrika

| 87 | 92 | 97 | 102 | 107 | 112 |

Herrenbekleidung
Deutschland

| 46 | 48 | 50 | 52 | 54 | 56 |

Südafrika

| 92 | 97 | 102 | 107 | 112 | 117 |

Schuhgrößen Frauen
Deutschland

| 37–37/38 | | 38–38/39 |
| 39–39/40 | | 40–40/41 |

Südafrika

| 5–5½ | 6–6½ | 7–7½ | 8–8½ |

Schuhgrößen Männer
Deutschland

| 41/42 | 42 | 43 | 44 | 45 | 45/46 |

Südafrika

| 7 | 7½ | 8½ | 9 | 10 | 11 |

Elektrizität

Die Stromspannung beträgt 220/230 Volt. Die Stecker haben zwei bis drei runde Stifte. Die Stromversorgung ist in den städtischen Gebieten einigermaßen zuverlässig, kann aber in ländlichen Gebieten immer wieder mal unterbrochen sein. Der größte Stromkonzern Eskom hat massive Probleme, den wachsenden Strombedarf des Landes zu decken. So kann es in Spitzenzeiten zu Stromausfällen kommen, allein schon deshalb sollte man eine batteriebetriebene Taschenlampe dabeihaben.

Etikette

Im Allgemeinen sind die Südafrikaner warmherzig und freundlich, in den Städten erlebt man unter Umständen eine größere Distanz Fremden gegenüber. Vor allem in Kleinstädten und ländlichen Räumen sollte man sich an die folgende Begrüßungsformel gewöhnen: Einheimischer: *„Hello."* – Besucher: *„Hello."* – Einheimischer: *„How are you?"* (*„*Wie geht es Ihnen?") – Besucher: *„Fine, thanks. And you?"* („Danke, gut. Und Ihnen?") – Einheimischer: *„I'm fine, too."* ("Danke, mir geht's auch gut.") Im Land ist es üblich, Fußgängern zuzuwinken und auch auf diese Weise zurückgegrüßt zu werden.

Schwarze begrüßen sich mit dem dreifachen Handschlag: Händeschütteln auf westliche Art, dann die Hände des Gegenübers mit dem Daumen nach oben umschließen, dann nochmaliges Händeschütteln. Das Händeschütteln wird von vielen Europäern als schlaffer Händedruck empfunden, ist aber in diesem Fall ein Ausdruck des Respekts gegenüber dem Fremden. Manchmal trifft man auch auf dem Land noch sehr traditionell geprägte Menschen, die aus Respekt extrem leise sprechen und ihrem europäischen Gegenüber nicht in die Augen schauen.

Feiertage

Südafrika hat viele staatliche Feiertage, an denen die Banken, Geschäfte und die Verwaltung geschlossen sind (wenn ein staatlicher Feiertag auf einen Sonntag fällt, ist der folgende Montag ein Feiertag).

1. Januar Neujahr
21. März Tag der Menschenrechte
Karfreitag
Familientag (Ostermontag)
27. April Nationalfeiertag *(Freedom Day)*
1. Mai Tag der Arbeit
16. Juni Tag der Jugend *(Soweto Day)*
9. August Nationaler Frauentag
24. September Tag des kulturellen Erbes *(Heritage Day)*
16. Dezember Tag der Versöhnung *(Day of Reconcilation)*
25. Dezember Weihnachten
26. Dezember Tag des guten Willens *(Day of Godwill)*

Alkoholgesetze

Südafrika hat recht entspannte Alkoholgesetze: Alle Personen dürfen ab dem 18. Lebensjahr Alkohol kaufen. Bier, Wein und Spirituosen können in ausgewiesenen Alkoholgeschäften (*liquor stores*, von den Einheimischen *bottle stores* genannt) gekauft werden. Sie haben zu den normalen Geschäftszeiten geöffnet. Große Supermärkte dürfen nur Wein verkaufen.

Medien

Die Pressefreiheit ist durch die Verfassung garantiert, das Land hat starke unabhängige Medien, die in elf offiziellen Landessprachen publizieren. Das Staatsfernsehen, die South African Broadcasting Corporation (SABC), ist teilweise zu zurückhaltend oder befangen in seiner politischen Berichterstattung, was aber durch starke kommerzielle Sender ausgeglichen wird.

Zeitungen: Einige englischsprachige Zeitungen sind schon über hundert Jahre alt. Jede Großstadt hat ihre eigenen englischen Morgen- und Abendzeitungen: In Kapstadt sind es *Cape Times* und *Cape Argus,* in Johannesburg *Citizen, Sowetan* und *Mtar,* in Durban der *Mercury* und die *Daily News.* In den letzten Jahren hat die Sensationspresse in den Städten eine zunehmende Zahl an Lesern gewonnen.

Zu den informativsten und anspruchsvollsten Wochenzeitungen gehören die *Mail & Guardian,* die jeden Freitag erscheint und fundierte Artikel über politische, wirtschaftliche und kulturelle Themen veröffentlicht.

Die wichtigste nationale Sonntagszeitung ist die in Johannesburg erscheinende *Sunday Times,* ein Mix aus Sensationsberichterstattung, ernsthaften Reportagen und politischen Kommentaren. Daneben gibt es die weniger gelesene, dennoch sehr gute *Sunday Independent,* in der viele Artikel aus britischen und US-amerikanischen Zeitungen erscheinen. Im Großraum Durban erscheint mit der *Sunday Tribune* zudem eine eigene Sonntagszeitung.

Die neue, landesweit erscheinende Tageszeitung der *Sunday Times – The Times* – ist die erste Lokalzeitung mit einer umfangreichen interaktiven Website.

Fernsehen: Das Staatsfernsehen strahlt sein Fernsehprogramm über seine drei Kanäle SABC 1, 2 und 3 in vielen der offiziellen Landessprachen aus. Englische Nachrichten, Dokumentar- und Sportsendungen und Filme werden dabei auf allen drei Kanälen gesendet. Ausländische Besucher, die englische Programme suchen, werden am ehesten bei den freien Sendern e.tv oder den Pay-TV-Sendern M-NET und DSTV fündig. Über DSTV hat man auch Zugang zu CNN, BBC World und Sky sowie zu den 24 Stunden täglich sendenden lokalen Nachrichtenkanälen von e.tv.

Online-Nachrichten: Gute, aktuelle lokale und internationale Nachrichten können über die Internetprovider iafrica, iol und News24 abgerufen werden. Die Seite von iol ist besonders hilfreich, da man dort Links zu den Online-Ausgaben aller wichtigen südafrikanischen Zeitungen findet.

Nützliche Websites:

iafrica: *www.iafrica.com*
iol: *www.iol.co.za*
News24: *www.news24.com*

Radio: SABC macht einen guten Job und sendet in den meisten offiziellen Landessprachen. Gute Nachrichtensendungen und Talkshows werden über den hauseigenen Radiosender SAFM ausgestrahlt. Viele kommerzielle Radiosender senden auf eigenen Frequenzen, darunter der Sender 567 Cape Talk in der Kapstädter Region und der Sender 702 Talk Radio in der Region Gauteng. Beide bieten über den Tag einen Mix aus aktuellen Nachrichten, Interviews und Talkshows. Dazu gesellen sich viele regionale Radiostationen auf dem Land, die vor allem Popmusik ausstrahlen; am beliebtesten ist die nationale Musikstation 5FM.

Geld

Die offizielle Währung ist der Rand, der in 100 Cent unterteilt ist. Scheine gibt es in den Werten 200, 100, 50, 20 und 10 Rand. Die bronzefarbenen Münzen haben die Werte 5, 10, 20 und 50 Cent, daneben gibt es nickelfarbenen Münzen im Wert von 1 und 2 Rand und eine bronzefarbene Münze mit Silberrand im Wert von 5 Rand.

Das südafrikanische Bankensystem ist sehr gut. Die wichtigsten Banken heißen Standard, First National, Nedbank und ABSA und sind mit ihren Filialen und Geldautomaten im ganzen Land vertreten. Geldautomaten findet man an allen Flughäfen und Einkaufszentren sowie an vielen Straßen (sogar in Kleinstädten auf dem Land). Mit der heimischen Bankkarte kann man sich die lokale Währung von den Geldautomaten auszahlen lassen, es empfiehlt sich aber, zur Sicherheit vor Antritt der

Reise bei der heimischen Bank nachzufragen.

Die bekannten Kreditkarten sind weit verbreitet, in kleineren Orten sollte man aber vor dem Einkauf nachfragen, ob die jeweilige Karte akzeptiert wird. Die bekanntesten Karten sind Mastercard und Visa.

Reiseschecks und ausländische Währungen können in den Banken, bei einigen Reisebüros und Wechselstuben (die bei vielen Sehenswürdigkeiten zu finden sind) eingetauscht werden. Wichtig ist, vorab immer nach der Kommission zu fragen. Auch größere Hotels sind bereit, Schecks und Banknoten einzutauschen, verlangen aber oft hohe Gebühren.

Öffnungszeiten

Die meisten Läden und Büros in den städtischen Großräumen haben von Montag bis Freitag ab 8.30/9 Uhr geöffnet und schließen zwischen 16.30 und 17.30 Uhr. Viele haben am Samstag von 9 bis 12.30/13 Uhr geöffnet. In Kleinstädten und Dörfern auf dem Land schließen manche Läden mittags für eine Stunde zwischen 12 und 14 Uhr und haben über das Wochenende geschlossen.

Größere Läden in den städtischen Einkaufszentren öffnen deutlich länger, manche an den Wochentagen bis 21 oder 22 Uhr (vor allem an Freitagen und in der Ferienzeit) sowie samstags und sonntags von 10 oder 11 Uhr bis etwa 16 Uhr. Die Banken haben in der Regel von 9 Uhr bis 15.30 Uhr an den Wochentagen und von 9 bis 10.30 oder 11 Uhr am Samstag geöffnet. Viele Postämter haben von 8.30 bis 16.30 Uhr geöffnet.

Tankstellen an den Hauptstraßen sind rund um die Uhr geöffnet, dasselbe gilt für die Tankstellen in den städtischen Großräumen. Kleinere Tankstellen öffnen um 7 und schließen um 22 Uhr, haben aber auch individuelle Öffnungszeiten.

Gotteshäuser

Die Mehrzahl der Südafrikaner sind Christen, die einer der vielen unab-

hängigen afrikanischen Kirchen oder der anglikanischen, katholischen, niederländisch-reformierten, methodistischen oder presbyterianischen Kirche angehören. Andere sind einer der charismatischen evangelikalen Kirchen angeschlossen. Daneben gibt es Muslime, Hindus, Juden und Anhänger der traditionellen afrikanischen Glaubensrichtungen. Jede dieser religiösen Gruppen hat ihre eigenen Kirchen oder Gebetsräume, doch nur die wenigsten können besichtigt werden. Wer der entsprechenden Kirche angehört, ist immer zum Gebet willkommen.

Zeitunterschied

Südafrika hat nur eine Zeitzone, der Unterschied zur Mitteleuropäischen Zeit (MEZ) beträgt im Winter plus eine Stunde, während der Sommerzeit gibt es keinen Zeitunterschied.

Trinkgeld

Siehe Kasten S. 10. Wer mit einem Leihwagen unterwegs ist, wird in den Städten beim Einparken von „Auto-Bewachern", die teilweise pseudooffizielle Kleidung tragen, angesprochen. Sie bieten an, das Auto während der Parkzeit zu „bewachen". Bei der Rückkehr sollte man ihnen – je nach Parkzeit und Wetterbedingungen – zwei bis zehn Rand (0,16 bis 0,80 €) geben.

Einrichtungen für Behinderte

Auch wenn laut Verfassung die Rechte der Behinderten geschützt sind, hat der Staat in den letzten Jahren nicht viel für die Verbesserung der Lebensbedingungen und des Alltags der Behinderten getan. Neuere öffentliche Gebäude haben inzwischen meist eine Rampe, Aufzüge und Toiletten für Rollstuhlfahrer. Auch Behindertenplätze sind auf Parkplätzen ausgewiesen. In jedem Fall sollte man sich vor Antritt der Reise über die Gegebenheiten vor Ort informieren.

Epic Enabled (www.epic-enabled. com) organisiert regelmäßig Safarireisen für Behinderte und kann auch Touren, die auf die Bedürfnisse des Einzelnen zugeschnitten sind, im Land arrangieren.

Besucherinformation

Auch kleine Städte haben inzwischen eine eigene Touristeninformation; an den Flughäfen findet man entsprechende Schalter. Wer in einer Stadt ankommt, sollte als Erstes zur örtlichen Touristeninformation gehen und sich einen Überblick über die lokalen und regionalen Sehenswürdigkeiten verschaffen, meist werden auch gute Detailkarten angeboten.

Die Telefonnummer für generelle touristische Informationen und Sicherheitsfragen lautet 083/123-2345.

Unter den vielen Internetseiten mit allgemeinen Informationen und Tipps für die Reiseplanung ist die Website *www.southafricaholiday.org.uk* besonders zu empfehlen. Weitere nützliche Websites:

www.sa-venues.com
www.southafrica.net
www.southafrica.info

Die wichtigsten Touristeninformationen

Kapstadt: The Pinnacle, Ecke Burg St. & Castle St. *(Tel. 021/426-4260, www.tourismcapetown.co.za).* Die Website bietet auch zahlreiche Links zu den Touristeninformationen der anderen Städte in der Provinz West-Kap.
Durban: Tourist Junction, 160 Pine St. *(Tel. 031/304-4934, www.durban.kzn.org.za)*
Johannesburg: 1 Central Place, Ecke Henry Nxumalo St. & Jeppe St., Newtown *(Tel. 011/639-1600, www.joburg.org.za, www.joburgtourism. com)*
Pretoria: Tourist Information Center, Church St. *(Tel. 012/358-1430).*

Der offizielle Internetauftritt *(www. tshwanetourism.com)* ist eher mager; besser sind die Seiten *www.4pretoria. co.za und www.sa-venues.com.*

Regionale Touristeninformationen

Ost-Kap: *www.ectourism.co.za*
Gauteng: *www.gauteng.net*
KwaZulu-Natal: *www.zulu.org.za*
Mpumalanga:
www.mpumalanga.com
Nord-Kap: *www.northerncape.org.za*
Provinz Nord-West:
www.tourismnorthwest.co.za
West-Kap: *www.capetourism.org*

IM NOTFALL

Folgende Notrufnummern gelten im ganzen Land:
Polizei 10111
Krankenwagen und Feuerwehr 10177
Nationale Notfallrufnummer 107
Handy-Notfallrufnummer 112
Touristische und Sicherheitsinformationen 083/123-2345

Sicherheit & Polizei

Falls man in einen Unfall oder eine kriminelle Straftat verwickelt ist, sollte man die Telefonnummer 10111 wählen, man wird dann mit der nächstgelegenen Polizeistation verbunden. Wann dann jemand vor Ort eintrifft, hängt davon ab, wo man sich befindet.

Meist wird man aufgefordert, mit auf die Polizeiwache zu kommen, um dort Anzeige zu erstatten; sie wird schriftlich festgehalten und muss unterschrieben werden.

Wichtig ist auch nach einer offiziellen (Vorgangs-) Nummer zu fragen, unter Umständen wird eine solche Nummer von der Versicherung eingefordert. Südafrikanische Polizisten tragen dunkelblaue Uniformen und eine blaue Kappe. Ihr Ausbildungsstand variiert sehr, teilweise kommt es wegen fehlender Englischkenntnisse zu Verständigungsproblemen.

Botschaften & Konsulate
DEUTSCHLAND
Pretoria
Botschaft
180 Blackwood Street
Arcadia, Pretoria 0002
Tel. 012/427-8900
www.pretoria.diplo.de
Kapstadt
Generalkonsulat
19. Stock
Triangle House
22 Riebeek St.
Cape Town 8001
Tel. 021/405-3000
www.kapstadt.diplo.de
Honorarkonsulate gibt es in Durban (Tel. 031/266-3920) und Port Elizabeth (Tel. 041/397-4700).

ÖSTERREICH
Pretoria
Botschaft
1109 Duncan St.,
Brooklyn, Pretoria 0181
Tel. 012/452-9155
www.aussenministerium.at/pretoria
Kapstadt
Generalkonsulat
3. Stock
1 Thibault Square (Ecke Long St./ Strijdom)
Cape Town 8001
Tel. 021/421-1440
Honorarkonsulate gibt es außerdem in Durban (Tel. 031/261-6233; ohne Passbefugnis), Johannesburg (Tel. 011/447-6551; ohne Passbefugnis) und Port Elizabeth (Tel. 041/ 364-1564; ohne Passbefugnis).

SCHWEIZ
Pretoria
Botschaft
225 Veale St.
Parc Nouveau
New Muckleneuk 0181, Pretoria
Tel. 012/452-0660
Tel. 012/452-0661 (Konsularabteilung)
www.eda.admin.ch/pretoria
Kapstadt
Generalkonsulat 26. Stock
1 Thibault Square (Ecke Long St./ Strijdom)

Cape Town 8001
Tel. 021/418-3665
www.eda.admin.ch/capetown
Ein Konsulat gibt es außerdem in
Durban (Tel. 031/568-2457).

Fundsachen

Generell empfiehlt es sich,
zur Sicherheit zu Hause Kopien
der wichtigsten Dokumente wie
Pass, Flugticket und Reiseschecks
zu machen und diese dann sicher
und getrennt von den Originalen
mit auf die Reise zu nehmen (eine
zweite Kopie sollte abrufbereit zu
Hause deponiert werden).

Sollte ein Dokument verloren
gehen, muss umgehend die Polizei
und/oder die Botschaft (Pass)
verständigt werden.

Wer Wertsachen verliert, die
durch die Reiseversicherung gedeckt
sind, muss sich den Verlust bei der
nächstgelegenen Polizeistation bestätigen lassen (an die Vorgangsnummer denken!).

Hilfe bietet auch die Sicherheits-
notrufnummer 083/123-2345.

Verhalten im Fall eines Autounfalls

Wer in einen Autounfall mit Perso-
nenschaden verwickelt ist, sollte zunächst über die Notrufnummer
10177 oder über die Handy-Notruf-
nummer 112 einen Krankenwagen
rufen. Als Nächstes muss die Polizei
informiert werden (Tel. 10111). Unter Umständen wird man aufgefordert, persönlich auf der Wache zu
erscheinen und seine Sicht des Vor-
falls zu Protokoll zu geben. Auch
hier gilt, für die Versicherung um
eine Vorgangsnummer zu bitten.

Wenn keine Personen verletzt
und nur Schäden am Auto feststell-
bar sind, ist man per Gesetz nicht
verpflichtet, die Polizei zu rufen.
Wenn es Zeugen gibt, sollte man
diese um die Kontaktdaten bitten.
Und natürlich sollte man alle Daten
des Unfallpartners haben (vor allem
auch Angaben zu seiner Autoversicherung).

Die am Unfall beteiligten Fahrzeuge dürfen vor dem Eintreffen
der Polizei nicht bewegt werden. In
Südafrika sind bei Unfällen schnell
diverse Abschleppdienste zur Stelle,
die aggressiv um den Auftrag buh-
len. Es empfiehlt sich auch, vor einer
Entscheidung zunächst die Mietwagenfirma und/oder die Autoversicherung anzurufen.

Die Autoversicherung sollte generell schnellstmöglich informiert
werden – ob man nun schuldig oder
unschuldig am Unfall ist.

GESUNDHEIT
Krankenhäuser & Ärzte

In den Ballungsräumen haben Kran-
kenhäuser und die medizinische
Versorgung im Allgemeinen einen
sehr hohen Standard. Wer einen
Arzt oder Zahnarzt braucht, findet
im Telefonbuch unter dem Stich-
punkt „Medical Practitioners" alle
Ärzte, die in der Region praktizieren.
Außerhalb der üblichen Zeiten werden die Ärzte auf ihren Anrufbeant-
wortern die Telefonnummer eines
Bereitschaftsarztes nennen. Kran-
kenhäuser sind rund um die Uhr auf
Notfälle eingerichtet.

Große staatliche Krankenhäuser

Kapstadt: Groote Schuur Hospital,
Main Rd., Observatory
(Tel. 021/404-9111)
Durban: Addington Hospital,
Erskine Terrace, South Beach
(Tel. 031/327-2000)
Johannesburg: Johannesburg
General, Jubilee Rd., Parktown
(Tel. 011/488-4911)
Wer eine Privatklinik aufsuchen will,
kann sich an eine der folgenden Ge-
sellschaften wenden, die Kranken-
häuser in ganz Südafrika betreiben:
Netcare *(Tel. 011/301-0000, www.
netcare.co.za)* und Medi-Clinic *(Tel.
021/809-6500, www.mediclinic.co.za).*

Medikamente

In den Ballungsräumen gibt es ausreichend Apotheken, einige sind

rund um die Uhr zu erreichen. Die
einheimischen Apotheker sind gut
ausgebildet und können ihre Kunden gut über die richtigen Einnah-
mevorschriften informieren.

Gesundheitliche Risiken

HIV/Aids ist ein sehr ernsthaftes
Problem in Südafrika, vor allem unter der heterosexuellen Bevölkerung. Entsprechende Vorsorge muss
der Einzelne treffen, vor allem sollte
auf sicheren Sex geachtet werden.

Wer im Lowveld von Mpu-
malanga und des nördlichen Kwa-
Zulu-Natal reist, sollte unbedingt
auf die Prophylaxe gegen Malaria
achten. Die entsprechende Behandlung muss mindestens eine Woche
vor Reiseantritt begonnen werden,
nach der Reise müssen die Medikamente meist vier bis fünf weitere
Wochen eingenommen werden
(siehe Beipackzettel).

Wer gegen die Medikamente
zur Malariaprophylaxe allergisch ist
oder sich generell dagegen entscheidet, muss sich extrem vorsichtig
kleiden (möglichst wenig unbedeck-
te Haut) und die nicht bedeckten
Körperpartien mit einem guten
Mückenschutz eincremen. Mücken
sind vor allem während der Dämmerung und der Nacht aktiv: Ein
Moskitonetz sollte unbedingt verwendet werden.

Wasser

Generell ist das Leitungswasser sauber; wer im Busch unterwegs ist,
sollte sich erkundigen, ob das Wasser vor Ort unbedenklich ist. Wer
wandert und gezwungen ist, Fluss-
wasser zu trinken, sollte es auf jeden
Fall vor dem Trinken abkochen und
mit entsprechenden Reinigungstab-
letten versetzen.

Vor dem Schwimmen in Flüssen
und Seen wird gewarnt: Generell
sollte man sich vor dem Sprung ins
kühle Nass vergewissern, dass keine
Gefahr der Infektion mit Bilharziose
(Schistosomiasis) besteht – und ob
Flusspferde und Krokodile ein Problem sein können.

Hotels & Restaurants

Südafrikas Tourismusindustrie hat seit Beginn der 1990er Jahre einen rasanten Aufstieg erfahren. Heute finden Urlauber in den Metropolen und großen Städten eine riesige Auswahl an unterschiedlichen Übernachtungsmöglichkeiten und Restaurants. Und selbst in den kleinsten Ortschaften gibt es sicher ein akzeptables B&B, eine Selbstversorgerunterkunft und ein Lokal. Der Standard hinsichtlich Sauberkeit und Professionalität schwankt sehr, ist aber insgesamt hoch. Verglichen mit europäischen Preisen, ist das Niveau akzeptabel, meist bekommt man eine gute Leistung für sein Geld.

Hotels

Die Terminologie hinsichtlich der Unterkunftsmöglichkeiten entspricht denen in anderen englischsprachigen Teilen der Welt, wenn sie auch manchmal etwas schwammig ist. Ein und derselbe Unterkunftstyp wird deshalb auch schon einmal *hotel*, ein anderes Mal *lodge, guesthouse* oder *country house* genannt (oder gleich eine Kombination dieser Begriffe). Im Jahr 2000 wurde deshalb ein offizieller touristischer Klassifikationsrat gebildet, der die Richtlinien für eine Kategorisierung festlegte. Heute gibt es für jede Unterkunftsform eine Skala von ein bis fünf Sternen. Bisher ist die Klassizierung aber eine freiwillige Angelegenheit. Die im Folgenden genannten Kriterien entsprechen denen des Rates (*www.tourismgrading.co.za*).

Neben den eigentlichen Zimmern sollte ein Hotel einen Empfangsbereich, einen Speisesaal oder zumindest einen Frühstücksraum haben. Die in den Hotels servierten Mahlzeiten und Getränke können auch von Dritten geliefert werden.

Lodges: Eine Lodge bietet Übernachtungsmöglichkeiten in freier Natur. In den Tarifen der sogenannten Game-Lodges sind Mahlzeiten und einige Getränke eingeschlossen, teilweise auch Safaris, geführte Wanderungen oder der Besuch einer historischen Stätte. (Die Abstufung bezieht sich daher vor allem auf das Gesamtangebot der Lodge).

Guesthouses (Gästehäuser): Dabei handelt es sich um größere Häuser oder um nach eigenen Vorstellungen umgebaute Privathäuser.

Diese Gästehäuser werden in der Regel von den Besitzern geleitet, die oft in Anbauten wohnen. Manche Häuser haben auch öffentliche Bereiche, die allen Gästen gemeinsam zur Verfügung stehen.

Country Houses (Landhäuser): Ein sogenanntes *country house* ist ein etwas größeres Gästehaus, das meist ruhig außerhalb der Stadt liegt – entweder liegen ein See, ein Naturschutzgebiet oder ein Wald in der Nähe. Landhäuser bieten in der Regel den gleichen Service wie ein Hotel, einschließlich eines Abendessens.

Hotelketten: In der folgenden Liste werden nur einige Hotels genannt, die zu internationalen oder lokalen Ketten wie Hilton, Sheraton, Sun International, City Lodge oder Protea gehören. Details zu den einzelnen Häusern lassen sich leicht im Internet recherchieren:

> www.hilton.com
> www.starwoodhotels.com/sheraton
> www.suninternational.com
> www.citylodge.co.za
> www.proteahotels.com

Alle Südafrika-Besucher, die auf eigene Faust ihre Übernachtungen organisieren wollen, finden im Internet hervorragende Adressen. Auf vielen Websites sorgen Landkarten für eine gute Orientierung, oft kann auch nach speziellen Kriterien wie Kategorie, Provinz, Stadt oder Preis gesucht werden; nützlich sind:

> www.roomsforafrica.com
> www.wheretostay.co.za/
>   accommodation
> www.sa-venues.com/
>   accommodation
> www.south-african-hotels.com

In Südafrika ist per Gesetz das Rauchen in allen geschlossenen öffentlichen Räumen verboten. Da dadurch alle Häuser nur Nichtraucher aufnehmen, wird dieses Kriterium beim einzelnen Eintrag nicht mehr erwähnt. Wo Rauchen erlaubt ist, wird es erwähnt.

Restaurants

Vor 15 bis 20 Jahren gab es nur eine kleine Auswahl an Restaurants, das kulinarische Niveau war höchstens mittelmäßig. Heute ist die Auswahl umso größer. Kapstadt, das Kap-Weinland und die Städte der Provinz West-Kap sind ausgesprochen gastronomische Urlaubsziele geworden, es gibt eine ganze Reihe an Spitzenrestaurants und Dutzende hervorragender Lokalitäten. Zu Spitzenzeiten – vor allem ab Mitte Dezember bis Mitte Januar – ist es unbedingt notwendig, einen Tisch im Voraus zu reservieren.

Viele Hotels haben ihre einstigen Speisesäle in – teils sehr gute – Hotelrestaurants umgebaut, wo sowohl Hausgäste als auch Auswärtige essen können. Manche dieser Restaurants haben sogar ein vom Hotel unabhängiges Management.

Die Tage, in denen die französische Küche in den Toprestaurants vorherrschte, sind längst vorüber. Derzeit liegt die Fusionsküche sehr im Trend, bei der unter Verwendung südafrikanischer Zutaten Weltküchen mit der heimischen Küche kombiniert werden. Sushi und die asiatische Fusionsküche – stark von Japan, Thailand und Vietnam geprägt – sind in den Städten gut vertreten. Doch wem der Sinn nach moderner west- oder osteuropäi-

---

 Hotel   Restaurant  Anzahl der Zimmer  Anzahl der Plätze (Restaurant) P Parken Geschlossen

scher Küche steht, wird ebenso fündig wie derjenige, der traditionell südafrikanisch essen gehen möchte.

Noch immer sind allerdings die Desserts die Stiefkinder der Gastronomen. So findet man immer wieder die Klassiker Crème brûlée, Eis mit Schokoladensauce, Käse- und Apfelkuchen und *malva*-Pudding auf den Karten.

Leider gilt auch für Südafrika, was in vielen anderen Regionen der Welt der Fall ist: Die Fischbestände sind erschöpft. Aus diesem Grund können viele Fischrestaurants nicht immer die Auswahl und Qualität an Fischen anbieten, die früher selbstverständlich waren.

Viele Restaurants bieten ein À-la-carte-Menü an, andere ein Tagesgericht *(specials of the day)* oder ein Festpreismenü. Viele Restaurants haben inzwischen eine eigene Homepage, auf denen die aktuelle Speisekarte nachzulesen ist. Meist bekommt man eine gute Qualität für sein Geld.

Etliche Weingüter in den Weinregionen der West-Kap bieten ihren Gästen einen lecker gefüllten Picknickkorb an, sodass man bei schönem Wetter draußen auf dem Gelände essen kann.

Heute hat fast jedes Restaurant die Konzession, zumindest Wein und Bier auszuschenken. Es ist aber nach wie vor selbst in teuren Restaurants normal, eine eigene Flasche Wein mitzubringen; relativ wenige Lokalitäten verbitten sich das. „BYO" *(bring your own)* ist eine hervorragende Möglichkeit für Reisende, die aufs Geld schauen müssen, weil viele Häuser für den ausgeschenkten Wein das Doppelte des Ladenpreises verlangen. Selbst bei einem Korkgeld von 1,50 bis 5 Euro spart man in der Regel noch Geld.

Hinsichtlich der Kleidervorschriften sind die südafrikanischen Restaurants sehr unkompliziert. Gepflegtleger ist die Devise: Lange Hosen und ein offenes Hemd sind die Regel bei einem Abendessen. Mittags akzeptieren viele Lokale sogar kurze Hosen, vor allem wenn man drau-

ßen isst. Wer sich über die Wortschöpfung *waitron* wundern sollte: Sie wird inzwischen von vielen Restaurants im Zuge der Gleichberechtigung verwendet und ist eine Neuschöpfung aus den Begriffen *waiter* („Kellner") und *waitress* („Kellnerin").

Die nachfolgende Aufzählung differenziert nicht zwischen Raucher- und Nichtraucherrestaurants, weil per Gesetz alle Restaurants, Cafés und Bars Nichtraucherlokale sind. Raucher müssen mit separaten Räumen vorliebnehmen.

Zwei Websites bieten einen guten Überblick über die Restaurantszene: Eat Out *(www.eatout.co.za)* deckt die meisten Großstädte und größeren Städte ab, oft um Kritiken von Gästen ergänzt. Dining Out *(www.dining-out.co.za)* ist nicht ganz so umfangreich, bietet dafür umfangreichere Beschreibungen, detaillierte Speisekarten und Bilder.

Kreditkarten

Die Mehrzahl der Hotels und Restaurants in Südafrika akzeptiert die gängigen Kreditkarten Mastercard und Visa.

Gliederung

Hotels und Restaurants sind kapitelweise, innerhalb eines Kapitels nach Preisen und in alphabetischer Reihenfolge sortiert.

Rollstuhlfahrer sollten sich vorab persönlich darüber informieren, wie die konkrete Situation für sie im Hotel oder Restaurant ist.

M = Mittagessen   A = Abendessen

■ KAPSTADT & DIE KAPHALBINSEL

KAPSTADT

🏨 **CAPE GRACE**
🍴 **$$$$$** ★★★★★
WEST QUAY RD., VICTORIA & ALFRED WATERFRONT
TEL. 021/410-7100
www.capegrace.com
Hauptpluspunkt des Hotels ist neben dem gebotenen Luxus

die Lage mit Blick auf den Tafelberg, den Hafen und das Meer. Das Restaurant kocht saisonal wechselnde Gerichte, die die malaiische Vergangenheit des Kap reflektieren.
🛗 120 🛏 70 🅿 ♻ 🖼 🏊 🏋

🏨 **MOUNT NELSON**
🍴 **$$$$$** ★★★★★
76 ORANGE ST., GARDENS
TEL. 021/483-1000
www.mountnelson.co.za
Seit über einem Jahrhundert erwarten riesige Palmen, üppig grüne Gärten und feine Unterkünfte die Gäste des „Nellie" nahe dem Stadtzentrum. Kühle, elegante Farbtöne beherrschen die Räume, zur Auswahl stehen Luxuszimmer, Luxussuiten und ein Penthouse. Im Hotel finden sich mehrere Bars und Restaurants (siehe S. 282f unter **The Cape Colony, Oasis** und **Planet Champagne Bar**).
🛗 201 🅿 ♻ 🏊 🖼 🏋

🏨 **VINEYARD HOTEL & SPA**
🍴 **$$$$** ★★★★
60 COLINTON RD. (BEI DER PROTEA RD.), NEWLANDS
TEL. 021/657-4500
www.vineyard.co.za
Ein jahrhundertealtes Farmhaus bildet das Zentrum der 2,4 Hektar großen, wunderschönen Gartenanlage. Schon allein deshalb und wegen des Blicks auf den Tafelberg ist es etwas ganz Besonderes. Die Zimmer sind in einem modernen Stil eingerichtet, das Hotel kann ein eigenes Fitnessstudio und ein Spa, außerdem verschiedene Plätze zum Essen und Trinken, darunter das preisgekrönte **Myoga** (siehe S. 283f).
🛗 175 🛏 210 🅿 🏊 🖼 🏋 🖼

🏨 **CAPE HERITAGE HOTEL**
$$$$–$$$$$ ★★★★
HERITAGE S., 90 BREE ST.
TEL. 021/424-4646
www.capeheritage.co.za
Das hübsche Boutiquehotel in einem alten Gebäude von 1771 liegt im historischen Zentrum

Kapstadts. Die Zimmer haben Schiebefenster und Stilmöbel, die polierten Hartholzböden sind aus 200 Jahre altem *Yellowwood* (Steineibe) gearbeitet. In der Nähe liegen einige gute Restaurants.

 17

METROPOLE
$$$–$$$$$ * * * *
38 Long St.
TEL. 021/424-7247
www.metropolehotel.co.za
Das elegante, moderne Hotel liegt im renovierten Georgian Building in der trendigen Long Street. Die beigefarben, schwarz oder weiß gehaltenen Räume haben Bäder mit Travertinfliesen und französischer Leinenbettwäsche. Das hoteleigene **M-Café** ist zu allen Mahlzeiten geöffnet.

 25 30

THE CULLINAN
$$$–$$$$
1 CULLINAN ST.,
WATERFRONT
TEL. 021/418-6920
www.southernsun.com
Das auffallende, mehrstöckige Cullinan gehört zu der internationalen Kette Southern Sun und liegt dort, wo Zentrum und Waterfront aufeinandertreffen. Von hier aus sind fast alle touristischen Sehenswürdigkeiten gut zu erreichen.

 410 15

17 ON LOADER STREET
$$–$$$ * * *
17 LOADER ST.,
DE WATERKANT
TEL. 021/418-3417
www.17loader.za.net
Nur zehn Minuten vom Zentrum und der Waterfront entfernt, liegt das B&B im vornehmen Viertel De Waterkant: Die Kopfsteinpflasterstraßen werden von vielen Cafés und Kaffeebars gesäumt. Von der gemütlichen Dachterrasse bietet sich ein grandioser Rundumblick über die Stadt bis hin zum berühmten Tafelberg.

 9

LEEUWENVOET HOUSE
$$–$$$ * * * *

8 KLOOF NEK RD.,
TAMBOERSKLOOF
TEL. 021/424-1133
www.leeuwenvoet.co.za
Das renovierte viktorianische Haus bietet schöne Zimmer, die in kühlem Beige und Weiß gehalten sind. Das Hotel liegt angenehm am Stadtrand, gleich vor der Tür beginnt das Restaurantareal rund um die trendige Kloof Street.

 15

MORNINGSIDE COTTAGE
$$ * * * *
3 THATCH CLOSE, TOKAI
TEL. 021/712-0441
www.morningside-cottage.co.za
Das luxuriöse B&B bietet Ruhe und Frieden – auch dank seiner Lage in einem grünen Vorort, unweit der Wanderwege und Golfplätze. Jedes Zimmer hat ein eigenes Bad, für die Gäste gibt es zusätzlich eine Sonnenterrasse, einen Garten und einen Pool.

 5

DER BESONDERE TIPP

THE CAPE COLONY
$$$–$$$$
MOUNT NELSON HOTEL,
76 ORANGE ST., GARDENS
TEL. 021/483-1948
www.mountnelson.co.za
Hohe Decken, ein großes Wandgemälde, das das alte Kapstadt zeigt, und leise Pianoklänge sorgen für eine besondere koloniale Atmosphäre. Die europäische und asiatische Küche des Hauses zählt zu den besten des Landes. Wie wäre es mit Springbock in vietnamesischer Sauce?

 90

SAVOY CABBAGE
$$$–$$$$
101 HOUT ST., CITY CENTER
TEL. 021/424-2626
www.savoycabbage.co.za
Zu den Attraktionen dieses ungewöhnlichen Restaurants mit Champagnerbar gehören die freigelegten uralten Mauern und der gläserne Treppenaufgang. Spezialitäten des Hauses sind das Brot und der mit Ananas, Kokos-

nuss und Koriander marinierte rohe Rifffisch (*Red Roman*).

 90 Geschl. So A, Sa–So M

AUBERGINE
$$$
39 BARNET ST.,
GARDENS
TEL. 021/465-4909
www.aubergine.co.za
Eine äußerst elegante Einrichtung und klassische Küche mit einem Hauch von Asien sorgen für ein volles Haus. Das mit Lavendel gewürzte Lamm oder das Lachstatar mit einer scharfen Guacamole sind nur zwei Gerichte von vielen. Das Restaurant hat unter seinem Chefkoch Harald Bresselschmidt viele Preise gewonnen.

 80 Geschl. So A, Sa–Di M; 2 Wochen Juni & Juli

DER BESONDERE TIPP

JARDINE
$$$
185 BREE ST., CITY CENTER
TEL. 021/424-5640
Das Restaurant wurde nach seinem preisgekrönten Chef George Jardine benannt. Es liegt in eleganter Umgebung und bietet Spezialitäten wie ein Langusten-Risotto, eine Austern-Vinaigrette und mit Rosmarin gewürzten Ochsenschwanz.

 80 Geschl. Mo A, Sa–Do M

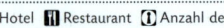 

DER BESONDERE TIPP

🍴 MYOGA
$$$
VINEYARD HOTEL, COLINTON RD.
(BEI DER PROTEA RD.),
NEWLANDS
TEL. 021/657-4545
www.myoga.co.za
Zusammen mit der umwerfend eleganten Einrichtung des Hauses macht der mit Preisen ausgezeichnete Küchenchef Mike Basset aus dem Myoga etwas ganz Besonderes. Die Küche vereint das Beste der lokalen und internationalen Küche. Als Vorspeise empfehlen sich die Garnelen mit drei verschiedenen Saucen, gefolgt von Springbock in Pfeffer-Koriander-Sauce und dem Dessert *Elements of Chocolate*. Doch auch wenn man sich für etwas anderes entscheidet: Es schmeckt alles hervorragend!
🏠 100 P 🆒

🍴 ANATOLI
$$–$$$
24 NAPIER ST., GREEN POINT
TEL. 021/419-2501
www.anatoli.co.za
Das Lokal in einem umgebauten Warenhaus mit hohen Decken und den Möbeln und Accessoires aus dem Nahen Osten kredenzt seinen Gästen eine große Auswahl an türkischen Gerichten (Kebabs in allen Variationen und Lamm, das mit Orange und Koriander gewürzt wird).
🏠 120 🕐 Geschl. So A, M P

🍴 BUKHARA
$$–$$$
33 CHURCH ST., CITY CENTER
TEL. 021/424-0000
www.bukhara.com
Auch wenn die Lokalität ein wenig an einen Hangar erinnert, zählt das Bukhara zu den besten Indern der Stadt. Die ganze Bandbreite indischer Gerichte steht zur Auswahl: köstliches Knoblauch-Naan, scharfe Tandooris, Rogan Josh mit Lamm oder Huhn, Butterhuhn, vegetarische Linsengerichte ...
🏠 250 🕐 Geschl. So M

🍴 OASIS
$$–$$$
MOUNT NELSON HOTEL,
76 ORANGE ST., GARDENS

TEL. 021/483-1948
www.mountnelson.co.za
Hier sitzen die Gäste auf einer Terrasse am Pool und genießen ein entspanntes Mahl. Die Atmosphäre der Außenterrasse wird in den Speisesaal im Innern übertragen: Eine Wand aus grünem Blattwerk beherrscht den Raum. Sonntags werden zum Brunch ein Glas Orangensaft oder Sekt und eine Zeitung gereicht.
🏠 100 🕐 Nov.–März nur A
P 🆒

🍴 YUM
$$
2 DEER PARK DR.,
VREDEHOEK
TEL. 021/461-7607
Das Yum ist ein gemütliches Restaurant am Fuß des Tafelbergs mit guten Preisen. Einige Vorschläge: Cajun-Huhn mit Guacamole, Chili und Koriander, italienische und asiatische Pastagerichte oder Muscheln in roter Thaisauce.
🏠 85 🕐 Geschl. Mo–Do M,
Mo–Fr Frühstück

🍴 AFRO CAFÉ
$–$$
48 CHURCH ST.,
CITY CENTER
TEL. 021/426-1857
Hier werden Gerichte des gesamten Kontinents zubereitet, auch die Stoffe und die Einrichtung sind afrikanisch. Die Stammgäste kommen wegen der Eintöpfe, scharfen Currys, hervorragenden Kaffees und wegen der Livemusik donnerstags und freitags abends.
🏠 86 🕐 Geschl. im Winter A

🍴 PLANET CHAMPAGNE & COCKTAIL BAR
$–$$
MOUNT NELSON HOTEL,
76 ORANGE ST., GARDENS
TEL. 021/483-1948
www.mountnelson.co.za
Ein netter Platz, um bei einem Bier oder einem Glas Sekt, der mit Crème de Cossls als Kir serviert wird, auszuspannen. Dazu werden leichte Mahlzeiten und Kanapees serviert. Bei schönem Wetter bietet sich von der Terrasse ein wunderschöner Blick in den Hotelgarten.
🏠 40 P 🆒

🍴 ROYALE KITCHEN
$–$$
273 LONG ST., CITY CENTER
TEL. 021/422-4536
Eine Treppe hoch befindet sich das eher ungewöhnliche Hamburger-Restaurant mit einer eigenartigen Einrichtung und Musiktapete. Die hervorragend zubereiteten Burger werden mit zartem Käse, Pilzen oder Chilisaucen serviert. Für Vegetarier gibt es spezielle Varianten.
🏠 50 🕐 Geschl. So A

🍴 OBZ CAFÉ
$
115 LOWER MAIN RD.,
OBSERVATORY
TEL. 021/448-5555
www.obzcafe.co.za
Ein stimmungsvolles Feinschmeckerrestaurant mit Holzböden und hohen Decken. Hier kann man herrlich frühstücken oder ein leichtes Mittagessen einnehmen. Spezialität des Hauses ist das mit Honig frittierte Huhn, das mit Chilimus serviert wird. Abends werden kleine Theateraufführungen und Stand-up-Comedy gezeigt.
🏠 250

🍴 OLIVE STATION
$
165 MAIN RD.,
MUIZENBERG
TEL. 021/788-3264
Ein ungewöhnlicher Ort mit einer Kombination aus Keller-Feinschmeckerladen (in dem man Olivenprodukte kaufen kann) und einem Restaurant in einem alten Eisenbahnwaggon mit Blick aufs Meer. Die Speisekarte ist levantinisch: Es gibt Mezes, gefüllte Weinblätter, Moussaka und Lammbraten, aber auch ein Frühstück oder einfach einen Kaffee mit einem Stück Gebäck.
🏠 80 🕐 A nur Do P

🍴 TONI'S ON KLOOF
$
88 KLOOF ST., GARDENS
TEL. 021/423-7617
Hier stimmt das Preis-Leistungs-Verhältnis, auch deshalb kommen die Kapstädter gern hierher. Von der Terrasse aus kann man die Passanten bestaunen, auf den Tisch kommen Gerichte aus Mosambik oder Portugal, wie hervorragende Garnelen-Rissole

🔄 Aufzug 🚭 Nichtraucher ❄ Klimaanlage 🏊 Pool im Haus 🏊 Pool im Freien 💪 Fitnessclub 💳 Kreditkarten

(Pasteten) oder traditionelle Eintöpfe mit Schweinefleisch, Geflügel, Chorizo und Bohnen.
 48

DIE KAPHALBINSEL

THE CELLARS-HOHENORT
$$$$$ ★ ★ ★ ★ ★
93 BROMMERSVLEI RD.,
CONSTANTIA
TEL. 021/794-2137
www.cellars-hohenort.com
Eine schöne Adresse, wenn es einem in Kapstadt zu unruhig ist! Die Gäste nächtigen in einem eleganten Herrenhaus aus dem 18. Jahrhundert, das von Gärten und Weinbergen umgeben ist. Von den Zimmern hat man einen schönen Blick auf die Berge und spürt die Eleganz der guten alten Zeit. Gekocht wird internationale und Cape-Malay-Küche, die Gäste dinieren auf der beschatteten Veranda oder im Innern eines der beiden Hotelrestaurants.
ⓘ 55 🍴 45 🅿 🍴 ≋

🏨 QUAYSIDE HOTEL
$$$–$$$$ ★ ★ ★ ★
JUBILEE SQUARE,
SIMON'S TOWN
TEL. 021/786-3838
www.quayside.co.za
Das Hotel liegt mitten im historischen Zentrum von Simon's Town – mit Blick auf das Ufer und den Hafen. Die Zimmer mit Blick entweder in die Berge oder aufs Meer sind in den nautischen Farben Blau und Weiß gehalten.
ⓘ 26 🅿 🍴

🏨 ROCKLANDS
$$
25 ROCKLANDS RD., MURDOCH VALLEY SOUTH, SIMON'S TOWN
TEL. 021/786-3158
www.rocklandsbnb.com
Versteckt am Hang unweit eines Naturreservats, verlangt das B&B angemessene Zimmerpreise und hat auch Zimmer mit Bad. Die Gäste genießen von der Veranda einen traumhaften Blick auf den Ozean.
ⓘ 6

🍴 BLACK MARLIN
$$–$$$
MAIN RD., MILLER'S POINT,

SIMON'S TOWN
TEL. 021/786-1621
www.blackmarlin.co.za
Das Meeresfrüchte-Restaurant mit Blick über den Ozean ist der ideale Ort für ein Mittagessen bei einer Fahrt um die Kaphalbinsel. Zur Auswahl stehen Köstlichkeiten wie *Kingklip*, Garnelen, frisch gefangene Fische und Hummerkuchen. Tischreservierung ist erwünscht.
🍴 180 🅿 🕐 Geschl. So A

🍴 BLUES
$$–$$$
THE PROMENADE, VICTORIA RD., CAMPS BAY
TEL. 021/438-2040
www.blues.co.za
Schon seit Jahren ist das Blues beliebt – was wohl auch an dem schönen Blick über Camps Bay und den Ozean liegt. Zu den Spezialitäten zählen frische Meeresfrüchte, Steaks und italienische Klassiker.
🍴 240 🅿

🍴 CHAPMAN'S PEAK HOTEL RESTAURANT
$$–$$$
CHAPMAN'S PEAK DR.,
HOUT BAY
TEL. 021/790-1036
www.chapmanspeakhotel.co.za
Die Kapstädter lieben es, hier an einem Sonntagnachmittag auf der Terrasse zu sitzen, an einem Glas Wein zu nippen und Meeresfrüchte zu genießen. Gratis ist dabei der Blick auf das Wasser und die umliegenden Berge. Zu den Favoriten zählen Fisch, Garnelen und Calamares.
🍴 90 🅿

🍴 BRASS BELL
$–$$$
KALK BAY STATION, MAIN RD., KALK BAY
TEL. 021/788-5455
www.brassbell.co.za
Der Komplex mit mehreren Bars und Lokalen befindet sich zwischen dem Bahnhof und dem Meer. Spezialität der Lokale ist der fangfrische Fisch vom nahen Hafen – gegrillt oder als Curry.
🍴 200

🍴 SIMON'S AT GROOT CONSTANTIA
$–$$

GROOT CONSTANTIA ESTATE, GROOT CONSTANTIA RD., CONSTANTIA
TEL. 021/794-1143
www.simons.co.za
Auf der Terrasse eines der ältesten Weingüter des Landes werden zu einem Glas lokalen Wein Cape-Malay-Gerichte, Wild und verschiedene Fischgerichte serviert. Wem das zu opulent ist, bestellt einen einfachen Salat und einen Burger.
🍴 180 🅿 🕐 Geschl. Mo A, Juni–Aug.

🍴 WINESENSE
$–$$
KALK BAY MAIN RD., KALK BAY
TEL. 021/788-1869
Die Weinbar bietet einen speziellen Service: Hier können die Gäste die lokalen Weine glasweise probieren, ohne gleich eine Flasche kaufen zu müssen. Dazu schmecken Tapas, ein gegrilltes Steak oder ein hervorragend zubereiteter Thunfisch.
🍴 60 🕐 Geschl. So A

■ DIE WESTKÜSTE

CITRUSDAL

HEBRON HIGHWAY HOSPITALITY
$$
AN DER N7, GLEICH UNTERHALB DES PIEKENIERSKLOOF-PASSES (AUF DER CITRUSDAL-SEITE)
TEL. 022/921-2595
www.hebron.co.za
Das Gästehaus hat Zimmer mit Bad, die allesamt farbenfroh und individuell eingerichtet sind. Auch ein Frühstück wird auf Wunsch serviert, ein Coffeeshop auf dem Gelände bietet leichte Mahlzeiten.
ⓘ 6 🅿 ≋

🍴 PATRICK'S
$–$$
CITRUSDAL CENTRAL SPORTS GROUNDS
TEL. 022/921-3062
Der auf der Speisekarte angebotene Fisch wurde vom Besitzer des Restaurants und Pubs mit irischem Einschlag höchstpersönlich gefangen. Auf jeden Fall einen Versuch wert ist der *Kingklip* in einer köstlichen Käse-Garnelen-Sauce. Auf der Karte finden sich aber auch einfache

Gerichte wie etwa leckere Pizzen, Schnitzel, Burger und kalorienreiche Desserts.
🛗 60 🅿 ♿ Geschl. M & So–Mo A

DARLING

🏨 TRINITY GUEST LODGE
🍴 $$$ ★★★★
19 LONG ST.
TEL. 022/492-3430
www.trinitylodge.co.za
Die geschmackvoll in Creme und Grün gehaltene viktorianische Lodge begeistert mit ihren vielen Lavendelbüschen und den Gästezimmern mit eigenem Bad, Daunenbettdecken und handbesticktem Leinen. Im Restaurant werden Forellen mit Kartoffelkuchen und Lammkeule serviert, die Weine stammen aus der Region Darling.
🍴 8 🛗 30 🅿 ♿ Geschl. Juli 🌊

🍴 BISTRO SEVEN
$–$$
7 MAIN RD.
TEL. 022/492-3626
Bei schönem Wetter sollte man unbedingt im Garten des Cottage-Restaurants essen. Eine kleine Bar serviert vor oder nach dem Essen die Drinks, auf der Karte finden sich vor allem Fleischgerichte wie Steaks und herzhafte Aufläufe.
🛗 36 🅿 ♿ Geschl. Mo–Fr M, Di A

🍴 EVITA SE PERRON
$
DARLING, BAHNHOF
TEL. 022/492-2831
www.evita.co.za
Das Restaurant mit Veranstaltungsräumen wurde von der südafrikanischen Ikone Pieter-Dirk Uys (Alter Ego: Dragqueen Evita Bezuidenhout) gegründet. Einrichtung und Küche sind durch und durch afrikanisch. Es gibt ein Festpreisbüfett mit Lammbraten, Salat, Gemüse und kalten Gerichten in den Sommermonaten. Fast immer kann man bei Evita se Perdon auch mittags essen, ein klassisches Abendessen gibt es nur an jenen Wochenenden, an denen Aufführungen stattfinden (siehe S. 87).
🛗 100 🅿 ♿ Geschl. Mo M

LANGEBAAN

🏨 FARMHOUSE HOTEL &
🍴 RESTAURANT
$$–$$$
5 EGRET ST.
TEL. 022/772-2062
www.thefarmhouselangebaan.co.za
In wunderbarer Lage – auf einer Anhöhe mit Blick über die Langebaan Lagoon – bietet das Hotel Zimmer aller Preisklassen, von einfach bis luxuriös. Zu den Spezialitäten des hervorragend bewerteten Hotelrestaurants zählen Seezunge, Tintenfisch, Ochsenschwanz-Auflauf und kalorienschwere Desserts. Im Sommer wird die Terrasse eingedeckt, im Winter isst man drinnen am Kamin.
🍴 15 🛗 100 🅿 🌊 🎾

🏨 GECKO BEACH HOUSE
$$–$$$ ★★★★
17 BEACH RD.
TEL. 022/772-1586
www.geckobeachhouse.com
Privates, ruhiges Gästehaus am Strand, alle Zimmer haben ein eigenes Bad und viele Blick über die Lagune. In der riesigen Lounge brennt an kalten Tagen ein wärmendes Feuer.
🍴 5 🅿

🍴 DIE STRANDLOPER
$$
AM STRAND, ABZWEIG VON DER STRASSE ZUM CLUB MYKONOS
TEL. 022/772-2490
www.strandloper.com
Ein beliebter Treffpunkt der Einheimischen und Touristen, die hier gemeinsam in den köstlichen Meeresfrüchtegerichten schwelgen, die auf dem Strand über offenem Feuer zubereitet werden. Wer vorzeitig satt ist, kann zwischen den Gängen einen kurzen Strandspaziergang einlegen; Festpreismenüs. Frühzeitige Reservierung ist erwünscht. Keine Kreditkarten.
♿ Geschl. im Winter

🍴 BOESMANLAND
PLAASKOMBUIS
$
BEIM CLUB MYKONOS
TEL. 022/772-1564
www.boesmanlandfarmkitchen.com
Übersetzt aus dem Afrikaans,

bedeutet der Name des Lokals „Buschmannland-Farmküche", der Name spiegelt sich auch in der Karte: Hier findet man Meeresfrüchte und lokale Gerichte wie ein köstliches, über dem Feuer gebackenes Brot und traditionellen afrikanischen *pap* (Maisbrei) mit Zwiebeln und Tomatensauce. Festpreisbüfett.
🛗 450 ♿ Di–So M & A 🅿

PATERNOSTER

🏨 BLUE DOLPHIN
$$ ★★★★
2 WARRELKLIP ST.
TEL. 022/752-2001
www.bluedolphin.co.za
Komfortables Be&B mit Blick über die Dünen und den Strand. Jedes Zimmer hat Seeblick und ein eigenes Bad mit Handtuchheizung. Die Gäste können den Nachmittag auf den Betten auf der Holzterrasse verbummeln.
🍴 4 🅿

🍴 NOISY OYSTER
$
ST. AUGUSTINE RD.
TEL. 022/752-2196
Die Westküste ist berühmt für ihre Meeresfrüchte – und das Noisy Oyster eine gute Adresse, um sie zu testen. Die Tische stehen im Sommer im kühlen Garten. Probieren sollte man den auf griechische Art zubereiteten fangfrischen Fisch mit Tomaten, Knoblauch und Zwiebeln.
🛗 60 🅿 ♿ Geschl. Mo–Di M, So–Di A & Juni–Juli

🍴 VOORSTRANDT
RESTAURANT
$$
AM STRAND,
STRANDLOPER ST.
TEL. 022/752-2038
Das direkt am Strand gelegene, kleine Lokal bietet eine Bar und einen schönen Blick aufs Meer. Auch hier finden sich Meeresfrüchte auf der Karte – vor allem fangfrischer Fisch.
🛗 150 🅿

RIEBEEK-KASTEEL

🏨 ROYAL HOTEL
🍴 $$–$$$
33 MAIN ST.
TEL. 022/448-1378
www.royalinriebeek.com

🛗 Aufzug 🚭 Nichtraucher ❄ Klimaanlage 🏊 Pool im Haus 🌊 Pool im Freien 🏋 Fitnessclub 💳 Kreditkarten

Das Hotel in einem wunderschönen Gebäude aus dem 19. Jahrhundert vermietet Zimmer (mit eigenem Bad), die in Beige, Schwarz und Weiß gehalten sind. Ein luxuriöser Garten, eine Bar und ein Speisesaal für die abendlichen Mahlzeiten runden das Angebot ab.

 10 ♣ 40 🅢 ☒

🏨 OLD OAK MANOR
🍴 GUEST HOUSE
$$
7 CHURCH ST.
TEL. 022/448-1170
Ein kapholländisches Haus wurde in dieses Gästehaus umgewandelt. Rund um das Gebäude stehen alte Eichen, im Innern besticht die Einrichtung mit Holz und Antiquitäten. Das Restaurant Café Felix serviert südafrikanische Küche, verwendet werden frische Zutaten der Saison. Die Gäste können drinnen oder im Garten essen.

🅘 5 ♣ 60 🅟 🕓 Restaurant geschl. M, Mo A, Do ☒

🍴 THE BARN
$–$$
34 CHURCH ST.
TEL. 022/448-1377
Nettes Ambiente dank dem von Eichen beschatteten Patio im Sommer und dem wärmenden Kaminfeuer im Winter. Das Lokal bietet schöne Ausblicke und eine mediterran geprägte Karte mit Mezes, Pastagerichten, Ente mit Orange, leichtem gegrilltem Fisch, Risotto mit Steinpilzen und Moschuskürbis.

♣ 50 🅟 🕓 Geschl. Mo–Di M, So–Di A

🟧 WEST-KAP

CALITZDORP

🏨 ROSE OF THE KAROO
🍴 $–$$
VOORTREKKER RD.
TEL. 044/213-3133
www.roseofthekaroo.co.za
Das B&B ist einfach, aber gut für seinen Preis, angeschlossen sind ein Feinkostladen und ein Restaurant mit herzhafter Landküche. Lecker ist die Hühnerpastete mit lokalem Salat und Gemüse als Hauptgericht und die Käsepfannkuchen zum Dessert.

🅘 5 ♣ 25 🅟 🅢 🕓 Restaurant geschl. So ☒

FRANSCHHOEK

DER BESONDERE TIPP

🏨 LE QUARTIER FRANÇAIS
🍴 $$$$$ ★ ★ ★ ★ ★
16 HUGUENOT RD.
TEL. 021/876-2151
www.lequartier.co.za
Ein luxuriöses Boutiquehotel im Zentrum von Franschhoek. Die exquisit möblierten Zimmer und Suiten werden von hofartigen Gärten mit Schatten spendenden Bäumen und Fliedern umrahmt. Zu den Extras zählen Fußbodenheizung in den Bädern und eine Wärmflasche im Bett an kalten Winterabenden (siehe auch die Details zum Hotelrestaurant **Tasting Room**).

🅘 21 🅟 🅢 🕓 🍴

🏨 LE FRANSCHHOEK
🍴 HOTEL & SPA
$$$$–$$$$$ ★ ★ ★ ★ ★
16 MINOR RD.
TEL. 021/876-8900
www.lefranschhoek.co.za
Die strohgedeckten Häuser im kapholländischen Stil sind in kühlem Weiß und gedeckten Farben eingerichtet und bieten luxuriöse Zimmer und ein Spa. Der Blick in die umliegende Bergwelt ist traumhaft. Abends stehen den Gästen zwei Restaurants und ein Feinkostgeschäft zur Auswahl.

🅘 79 ♣ 200 🅟 🅢 ☒ 🍴

🏨 LAVANDE DE
FRANSCHHOEK
$$–$$$ ★ ★ ★ ★
VERDUN RD.
TEL. 021/876-2671
www.ldf.co.za
Rund um das Haus liegen einige Hektar Land mit Lavendelfeldern. Das gehobene B&B mit Klimaanlage bietet geschmackvoll in Pastellfarben eingerichtete Zimmer und eine Poolterrasse, auf der die Gäste bei einem Drink entspannen können.

🅘 4 🅟 🅢 ☒

🏨 SUNNY LANE
$ ★ ★ ★
30 AKADEMIE ST.
TEL. 021/876-4071

http://sunnylane.za.net
In Franschhoek sind günstige Unterkünfte schwierig zu finden – dies ist eine der wenigen Adressen. Das Hotel bietet einfach möblierte Zimmer mit Leinenbettwäsche und Fußbodenheizung sowie der Möglichkeit, selbst zu kochen. Die Gäste können Mountainbikes ausleihen und darauf die Umgebung erkunden (als Sicherheit dient eine Kreditkarte), bezahlt wird nur in bar.

🅘 2 🅟 ☒

🍴 TASTING ROOM
$$$$–$$$$$
16 HUGUENOT RD.
TEL. 021/876-2151
www.lequartier.co.za
Das konstant unter den 50 besten Restaurants der Welt geführte Tasting Room bietet avantgardistische Geschmackskombinationen wie den sautierten Thunfisch an Granatapfel-Vinaigrette oder die Foie gras und Schinken-Terrine mit einer Panna cotta aus Joghurt. Zur Auswahl stehen vier-, sechs- oder achtgängige Menüs (inklusive einer speziellen Auswahl an Weinen).

♣ 48 🅟 🅢

🍴 BREAD & WINE
$$–$$$
WEINGUT MÔRESON, LA MOTTE, HAPPY VALLEY RD.
TEL. 021/876-3692
www.moreson.co.za
Hier kann man in schöner Umgebung mit einem schattigen Hof, Zitronenbäumen und Weinreben zu Gourmet-Landpreisen speisen. Eine Empfehlung ist das Wild mit Pilzen und die Thunfisch-boerewors mit Chiligelee. Wer mag, kann Wein, Käse, Salami und Speck aus eigener Produktion kaufen.

♣ 70 🅟 🕓 Geschl. A

🍴 HAUTE CABRIÈRE
$$–$$$
CABRIÈRE ESTATE, PASS RD.
TEL. 021/876-3688
www.hautecabriere.com
Das höhlenartige Restaurant ist in eine Bergseite des Weinguts Cabrière hineingebaut – im Sommer angenehm kühl, im Winter dank Heizung angenehm warm. Die Weine des Guts können im Keller verkostet

werden. Geboten wird moderne und Fusionsküche.

🔼 120 ⏰ Geschl. im Winter So–Do A 🅿

🍴 REUBEN'S
$$
OUDE STALLEN CENTER,
19 HUGUENOT ST.
TEL 021/876-3772
Das Restaurant und die Bar bieten einen Blick in die Küche. Die Karte ist mittags und abends dieselbe, wechselt aber täglich. Im Angebot sind Springbock und Perlhuhn, aber auch asiatisch verfeinerte Meeresfrüchte und Nudelgerichte.
🔼 150 🅿

🍴 TOPSI & CO
$$
7 RESERVOIR ST. W.
TEL. 021/876-2952
Zwischen all den teuren Gourmettempeln in Franschhoek sticht das Topsi mit exzellenten südafrikanischen Gerichten zu vernünftigen Preisen heraus. Hier werden saisonale Gerichte wie *bredie*, Muschel-*bobotie* und eingelegter Fisch serviert.
🔼 45 ⏰ Geschl. Di M & A 🅿

DER BESONDERE TIPP

🍴 BOSCHENDAL WINE ESTATE
$–$$$
PNIEL RD. (R310),
GROOT DRAKENSTEIN
TEL. 021/870-4272
www.boschendal.com
Die größte Attraktion des Boschendal ist seine überwältigende landschaftliche Schönheit. Das Weingut bietet verschiedene Lokale für ein Mittagessen: ein elegantes Mittagessen in seinem Restaurant zum Festpreis, ein leichtes Essen auf der Terrasse des **Le Café** und zudem **Le Pique Nique**, einen Picknickkorb, dessen Pasteten, kaltes Fleisch und Käse auf den Rasenflächen des Weinguts genossen werden können.
🔼 120/180 🅿 ⏰ Juni–Aug. kein Picknick

GEORGE

🏨 THE MANOR HOUSE AT
🍴 FANCOURT
$$$$$ ★ ★ ★ ★ ★
AN DER R404, WESTLICH VON GEORGE
TEL. 044/804-0000
www.fancourt.co.za
Ob man nun Golfer ist oder nicht: Willkommen sind alle Gäste in dem luxuriösen Haus auf der grünen Fancourt-Golfanlage. Das Hotel in einem Gebäude aus dem 19. Jahrhundert ist ein nationales Denkmal und bietet insgesamt sechs Restaurants, ein Spa mit Sauna, Dampfbäder und ein Fitnessstudio.
🛏 34 🔼 210 🅿 ❄ 🔄 🏊

🏨 OAKHURST MANOR HOUSE HOTEL
$$–$$$ ★ ★ ★
MEADE ST. & CATHEDRAL ST.
TEL. 044/874-7130
www.oakhursthotel.co.za
Das strohgedeckte Hotel im Zentrum von George ist gemütlich; jedes der hell eingerichteten Zimmer hat ein eigenes Bad. Im Restaurant werden ein Frühstück und das Abendessen serviert.
🛏 25 🔼 50 🅿 🏊

🍴 OLD TOWNHOUSE RESTAURANT
$$
ECKE MARKET ST. & YORK ST.
TEL. 044/874-3663
Das Lokal in einer Versammlungshalle von 1848 hat sich auf Vollwertgerichte und frische Zutaten spezialisiert. Zu den Favoriten zählen die Schweinekoteletts mit einer würzigen marokanischen Sauce und Blauschimmelkäsefüllung. Zum Dessert gibt es unter anderem selbst gemachte Eiscreme.
🔼 60 🅿 ⏰ Geschl. Sa–So M, So A

🍴 MARGOT'S BISTRO
$–$$
63 ALBERT ST.
TEL. 044/874-2950
Ein farbenfroh dekoriertes Haus beherbergt das Bistro-Restaurant. Tagsüber werden leichte Pastagerichte und Salate serviert, abends kommen mexikanischer Bohneneintopf oder gebratener Lammrücken in Rotweinsauce auf den Tisch. Als Abschluss lockt ein Schokoladen-Frischkäse-Pfannkuchen.
🔼 70 🅿 ⏰ Geschl. So–Mo M, So–Di A, 2 Wochen im Juli

GREYTON

🏨 GREYTON LODGE
🍴 $$–$$$
52 MAIN ST.
TEL. 028/254-9800
www.greytonlodge.co.za
Eine ländliche Übernachtungsmöglichkeit mit farbenfroh eingerichteten Zimmern mit Bad. Vom Garten hat man einen traumhaften Blick auf die nahen Berge. Das Restaurant serviert nur Gerichte mit frischen Zutaten der Region.
🛏 15 🔼 80 🅿 🏊

DER BESONDERE TIPP

🍴 254
$$
8 DOMINES BOTHA ST.
TEL. 028/254-9373
Das Restaurant erstreckt sich über mehrere geräumige Zimmer des alten Hauses mit seinen Stilmöbeln. Hier wird das beste Essen der Region zubereitet; für alle Gerichte – wie die leichten Currys, den Fisch und die Steaks – werden frische Zutaten verwendet. Das Lokal hat keine Ausschanklizenz, sodass jeder Gast seinen eigenen Wein mitbringen muss. Reservierung erwünscht. Keine Kreditkarten.
🔼 50 ⏰ Geschl. So–Di 🅿

🍴 OAK & VIGNE
$–$$
DOMINES BOTHA ST.
TEL. 028/254-9037
Im Sommer ist das Lokal wegen seines schattigen Hofs, im Winter wegen des gemütlichen Feuers beliebt. Hier kann man immer hervorragend essen, sei es zum Frühstück, zum Brunch oder zum Mittagessen. Auf der Karte finden sich ein kontinentales oder ein komplettes englisches Frühstück, mittags stehen Suppen, leichte Quiches, Salate und Panini zur Auswahl.
🛏 140

HERMANUS

🏨 THE MARINE
🍴 HERMANUS HOTEL
$$$–$$$$$ ★ ★ ★ ★ ★
MARINE DR.
TEL. 028/313-1000
www.marine-hermanus.co.za

Das Luxushotel auf den Klippen hat den schönsten Platz in ganz Hermanus. Von der Lounge, den Speisesälen und vom Garten aus kann man die Wale beobachten. Zur Auswahl stehen Standarddoppelzimmer, aber auch Luxussuiten. Drei Restaurants servieren Meeresfrüchte und moderne südafrikanische Küche mit Gerichten wie flambiertem Springbockfilet.

ⓘ 42 🍴 100 🅿 🛇 ♒ 🍽

🏨 AUBERGE BURGUNDY
$$$ ★ ★ ★ ★
16 HARBOUR RD.
TEL. 028/313-1201
www.auberge.co.za
Der Blick vom Balkon des Schlafzimmers in diesem provenzalisch inspirierten Gästehaus ist ein Genuss. Das Haus liegt nahe dem Stadtzentrum, der Wanderwege auf den Klippen und dem alten Hafen. Die Zimmer sind wunderschön in ruhigen Farben möbliert. Sonnenanbeter können sich auf den Pool im Hof freuen.

ⓘ 18 🅿 ♒

🏨 MISTY WAVES HOTEL
$$–$$$ ★ ★ ★ ★
40 FERNKLOOF DR.
TEL. 028/313-8460
www.hermanusmistybeach.
co.za
Das Hotel liegt unweit der Märkte und Läden im Zentrum und bietet herrliche Sicht auf das Meer und die Wale. Die Zimmer haben allesamt Balkon, manche sogar ein Himmelbett. Frühstück und ein À-la-carte-Abendessen sind im Haus möglich.

ⓘ 24 🅿 ♒

🏨 BROWN JUG
$–$$ ★ ★ ★
18 MUSSON ST.
TEL. 028/312-2220
www.brownjug.co.za
Es wird schwierig sein, ein besseres Preis-Leistungs-Verhältnis als in diesem B&B mit Garten und Schwimmbad, nur drei Blocks vom Zentrum entfernt, zu finden. Jede Wohneinheit hat ein eigenes Bad; zwei Zimmer sind für Selbstversorger gedacht.

ⓘ 3 🅿 ♒

🍴 HARBOUR ROCK
$$–$$$
DER WESTCLIFF RD. ZUM NEUEN

HAFEN FOLGEN
TEL. 028/312-2920
www.harbourrock.co.za
Von dieser Bar mit Restaurant hoch über dem neuen Hafen können die Abendgäste die Wale beobachten. Auf der Speisekarte finden sich alle erdenklichen Meerestiere – Schalentiere, gebackener oder gegrillter Fisch und Sushi –, aber auch Fleischgerichte.

🍴 130 🅿

DER BESONDERE TIPP

🍴 BIENTANG'S CAVE
$$
UNTER DEM MARINE DR.,
ZWISCHEN ALTEM HAFEN UND
MARINE HOTEL
TEL. 028/312-3454
www.bientangscave.com
Das Meeresfrüchte-Restaurant Bientang's Cave bietet eine große Auswahl an Fisch und Schalentieren – alles lecker und gut zubereitet. Doch das Besondere an diesem Lokal ist seine traumhafte Lage auf den Felsen direkt am Wasser, halb in eine Höhle geschmiegt. Während der Saison unbedingt reservieren.

🍴 200 🅿 🕐 Geschl. So–Do A

DER BESONDERE TIPP

🍴 HEAVEN
$$
NEWTON JOHNSON WINERY, AN
DER R360, HEMEL-EN-AARDE
VALLEY
TEL. 072/905-3947
www.newtonjohnson.com
Gleich landeinwärts von Hermanus gelegen, wird das Lokal seinem Namen gerecht. Auf einem Hügel zwischen Weingärten gelegen, bietet es traumhafte Ausblicke über das umliegende Farmland, auf die Berge und das Meer. Die Küche ist hervorragend, zu den Spezialitäten zählen Hühnerbrust mit Käse und dunklen Kirschen und pochierter Birnensalat. Reservierung wird erbeten.

🍴 50 🅿 🕐 Geschl. Mo M

🏨 E   FUSION CAFÉ
$–$$
5 VILLAGE S.
TEL. 028/312-4277
Die Terrasse bietet herrliche

Blicke auf die Bucht. Zubereitet werden – der Name ist Programm – Gerichte der Fusionsküche. So hat man beispielsweise die Wahl zwischen Pizza mit Brie, Mozzarella, Blauschimmelkäse und Feigen, Cajun-Burger, Rindsfilet mit Pilzrisotto und Huhn-Tagliatelle.

🍴 160 🅿 🕐 Geschl. Mo A

KNYSNA

DER BESONDERE TIPP

🏨 PEZULA RESORT
🍴 HOTEL
$$$–$$$$
LAGOONVIEW DR.,
EASTERN HEAD
TEL. 044/302-3333
www.pezularesorthotel.com
Das Pezula liegt an der östlichen der beiden Sandsteinklippen (Heads) von Knysna – mit traumhaftem Blick über den Indischen Ozean und die Knysna Lagoon. Die geräumigen Luxussuiten sind im modernen afrikanischen Stil mit warmen Erdfarben eingerichtet. Es gibt verschiedene Sport- und Freizeitanlagen und mehrere Restaurants, darunter auch das **Zachary's** (siehe S. 289).

ⓘ 78 🅿 🛇 ♒ 🍽

🏨 THE RUSSEL HOTEL
$$–$$$ ★ ★ ★
UNITY, GRAHAMS ST. & LONG ST.
TEL. 044/382-1052
www.russelhotel.co.za
Zentral gelegen – die Hauptattraktionen sind zu Fuß zu erreichen –, bietet das Hotel in Weiß und Rotbraun eingerichtete Zimmer und Marmorbäder. Auf besonderen Wunsch wird auch ein Frühstück serviert.

ⓘ 18 🅿 🛇 🛇

🏨 SLEEPERWOOD LODGE
$–$$
15 HILL ST.
TEL. 044/382-7855
www.sleeperwoodlodge.co.za
Die auf einem Hügel gelegene Lodge bietet herrliche Blicke auf Knysna und seine Lagune. Es gibt B&B-Zimmer und zwei Selbstversorger-Wohnungen. Hier kann nur bar bezahlt werden. Die Lodge verlangt eine kleine Kaution bei der Ankunft

 Hotel    Restaurant   ⓘ Anzahl der Zimmer   🍴 Anzahl der Plätze (Restaurant)    Parken   Geschlossen

für den Schlüssel und mögliche Schäden in den Räumen.
ⓘ 8 (2 Apartments, 4 Zimmer)
🅿 ⚊

🍴 ZACHARY'S
$$$–$$$$
PEZULA RESORT HOTEL, LA-
GOONVIEW DR., EASTERN HEAD
TEL. 044/302-3333
www.zacharys.co.za
Dank der Lage auf dem Berg ge-
nießt man hier atemberaubende
Blicke über die Knysna Lagoon.
Auf der Speisekarte finden sich
moderne Gerichte wie Garne-
len, gewürzt mit Chili, Anis und
Tomaten, Schweinebauch mit
Linsen oder Entenbrust mit Shii-
takepilzen.
🔲 80 🅿 ⊕ Geschl. So M 🟦

🍴 DANIELA'S
$$
LEISURE ISLE LODGE,
87 BAYSWATER DR.
TEL. 044/384-0462
www.leisureislelodge.co.za
Eine schöne Aussicht über die
Knysna Lagoon bis zu den umliegenden Bergen zeichnet dieses Lokal am Wasser aus. Die
Einrichtung ist erfrischend und
elegant, die Tageskarte kurz,
aber hervorragend mit ihren
Fisch-, Fleisch- und vegetarischen Gerichten.
🔲 30 🅿 ⊕ Geschl. So

🍴 ILE DE PAIN
$–$$
10 THE BOATSHED, THESEN
HARBOR TOWN
TEL. 044/302-5707
Umgeben von köstlich duften-
dem Brot, speist man in dieser
Café-Bäckerei. Ein idealer Ort
für ein Frühstück, einen Brunch
oder ein Mittagessen.
🔲 85 🅿 ⊕ Geschl. Mo *e*
Aug.

🍴 OYSTERCATCHER
$–$$
SMALL CRAFT HARBOR, KNYSNA
QUAYS
TEL. 044/382-9995
Das Lokal auf Holzpfählen in
den seichten Gewässern der La-
gune ist eine gute Adresse, um
in den berühmten Knysna-Aus-
tern zu schwelgen. Neben Scha-
lentieren bietet die Karte auch
Salate, Meeresfrüchte und
Huhngerichte.

🔲 64 🅿 ⊕ Geschl. im Winter
bei schlechtem Wetter

MONTAGU

🏨 MIMOSA LODGE
🍴 **$$–$$$** ★★★★
CHURCH ST.
TEL. 023/614-2351
www.mimosa.co.za
Das charmante edwardianische
Gästehaus bietet Doppelzimmer und Suiten mit Blick in den
hübschen Garten. Das Restaurant hat einen sehr guten Ruf
für traditionelle Gerichte wie eine Kombination aus Karoo-
Lamm und Rind. Köstlich sind
auch die klare Entensuppe oder
die Steinpilzravioli.
ⓘ 16 🔲 36 🅿

🍴 ROUTE 62 KLOOF
FARMSTALL *e*
RESTAURANT
$
1 LONG ST.
TEL. 023/614-2209
Das Cottage-Restaurant mit
Garten bietet sich für ein leichtes Mittagessen an. Probieren
sollte man *uitsmijter* (Spiegelei
mit Schinken und Toast), die gefüllten Pfannkuchen oder die
frischen Kuchen.
🔲 110 🅿

MOSSEL BAY

🏨 POINT HOTEL
🍴 **$$–$$$** ★★★★
POINT RD.
TEL. 044/691-3512
www.pointhotel.co.za
Das auf einem Felsvorsprung errichtete Hotel bietet Suiten mit
privaten Balkonen zum Meer
hin. Die Unterkünfte sind modern und in hellen Tönen gestaltet
und mit einzelnen farbenfrohen
Accessoires aufgefrischt.
ⓘ 52 🔲 90 🅿 ⊖ ⚊

🍴 CAFÉ GANNET
$$–$$$
BARTHOLOMEW DIAZ MUSEUM
COMPLEX, MARKET ST.
TEL. 044/691-1885
www.oldposttree.co.za
Das Restaurant gehört zum Diaz
Museum und ist in einem der ältesten Gebäude der Stadt eingerichtet. Auf der Karte finden sich
vor allem Meeresfrüchtegerichte: Austern, frischer Fisch, Tin-

tenfisch und eher ungewöhnliche Gerichte wie Haifischsteak.
🔲 150 🅿

🍴 BAHIA DOS VA UEIROS
$$
DIAZ STRAND HOTEL,
BEACH BLVD.
TEL. 044/692-8400
www.diazbeach.co.za
Das Hotel-Restaurant bietet
schöne Blicke auf den Ozean und
die Outeniqua Mountains. Die
Einrichtung ist zurückhaltend
elegant, die Gerichte sind inter-
national. So findet man einen
Hummer, der mit fünf Gewürzen
mariniert ist, aber auch Strauß
mit Knoblauch-Ingwer-Chutney.
🔲 70 🅿 ⊖ 🟦

OUDTSHOORN

🏨 MOOIPLAAS GUEST
HOUSE
$$–$$$
MOOIPLAAS FARM, BEI DER R328,
10 KM SÜDLICH VON OUDTS-
HOORN
TEL. 044/279-4019
www.mooiplaasguesthouse.
co.za
Das Gästehaus im Zentrum des
Straußenlands bietet saubere,
geschmackvoll möblierte Zim-
mer mit Bad, teilweise sogar mit
Klimaanlage. Die Straußenfarm
arrangiert für ihre Gäste Füh-
rungen zum Thema Straußen-
zucht. Anzahlung mit Kreditkar-
te, sonst nur Barzahlung.
ⓘ 8 🅿 🟦 🟦

🏨 QUEENS HOTEL
$$–$$$ ★★★★
5 BARON VAN RHEEDE ST.
TEL. 044/272-2101
www.queenshotel.co.za
Das gemütliche, altmodische
Hotel in einem wunderschönen
viktorianischen Gebäude ist mit
originalen Teppichen und Stil-
möbeln eingerichtet. Die küh-
len, in Weiß gehaltenen Zimmer
haben allesamt eine Klimaanla-
ge. (Das hoteleigene Restaurant
The Colony siehe S. 290.)
ⓘ 40 🅿 🟦

🏨 THE CELTIC BUSHMAN
$
29 VAN DER RIET ST.
TEL. 044/272-7937
www.celticbushman.com
Das freundliche, einladende

B&B hat eine zentrale Lage und gute Preise. Die Zimmer sind im San-Stil eingerichtet. Die Gäste können es sich im abgeschiedenen Garten und am Pool bequem machen. Anzahlung per Kreditkarte, sonst Barzahlung.

5 P

KALINKA
$$–$$$
93 BARON VAN REEDE ST.
TEL. 044/279-2596
WWW.KALINKA.CO.ZA
Die Karte des Kalinka bietet viele moderne Gerichte mit südafrikanischem Touch. Wie wäre es mit Krokodilfleisch, verarbeitet zu Sashimi oder Carpaccio? Empfehlenswert sind auch Springbock, Kudu und Strauß. Im Unterschied zu den meisten südafrikanischen Restaurants genießen die Gäste hier einfallsreich komponierte Desserts.

80 Geschl. 7 Wochen im Juni/Juli P

THE COLONY
$$
QUEENS HOTEL, 5 BARON VAN RHEEDE ST.
TEL. 044 272 2101
www.queenshotel.co.za
Mit seinen eleganten Stilmöbeln und den frisch gestärkten Leinenservietten verströmt das Colony die Atmosphäre der guten alten Zeit. Die variantenreiche Karte bietet Köstlichkeiten wie einen Garnelen-Vorspeisenteller und Lammgerichte, die gut zubereitet und dazu noch schön präsentiert werden.

64 Geschl. 7 Wochen im Juni/Juli P

CANGO CAVES RESTAURANT
$–$$
CANGO CAVES CENTER, SCHOEMANS HOEK
TEL. 044/272-7313
Das Lokal serviert sowohl Frühstück als auch Mittagessen, die schöne Aussicht über das Cango Valley gibt es gratis dazu. Da man im Straußenland ist, steht logischerweise auch Straußenfleisch im Mittelpunkt der Speisekarte – als Steak, Burger oder Eintopf. Wem das nicht so schmeckt, kann auch auf Lamm ausweichen.

150 P

PAARL

GRANDE ROCHE
$$$$$ ★★★★★
PLANTASIE 22
TEL. 021/863-5100
www.granderoche.co.za
Im Zentrum von Grande Roche steht das wunderschön restaurierte Gebäude aus dem 18. Jahrhundert im kapholländischem Stil. Die luxuriösen Zimmer und Suiten (einige mit Privatterrasse) sind über das Anwesen verteilt. Das Restaurant **Bosmans** serviert Gourmetgerichte mit Strauß, Karoo-Lamm und Springbock.

34 80 P S

PONTAC MANOR
$$–$$$ ★★★★
16 ZION ST.
TEL. 021/872-0445
www.pontac.com
Das Luxushotel in einem historischen Gebäude ist von vielen alten Eichen und schönen Gärten umgeben. Die Gäste haben die Wahl zwischen traditionellen und eher farbenfroh-afrikanisch eingerichteten Zimmern. Das Restaurant bietet klassische Küche mit südafrikanischem Einschlag. Gespeist wird wahlweise im Innern oder im weiß getünchten Patio mit spektakulärem Blick auf den Paarl Rock.

22 45 P Geschl. So A

LABORIE
$$
LABORIE WINE ESTATE, TAILLEFERT ST.
TEL. 021/807-3095
www.laborie.co.za
Der schönste Platz für ein Mittagessen im Sommer ist die von Eichen beschattete Terrasse mit wunderschönem Blick über die Weingärten. Auf der Karte finden sich Fisch, Huhn, Pasta, traditionelle südafrikanische Gerichte und Tagesgerichte.

120 P Geschl. 3 Wochen im Juli

MARC'S MEDITERRANEAN CUISINE & GARDEN
$–$$
129 MAIN RD., PAARL
TEL. 021/863-3980
Eine hervorragende Weinkarte und die ausschließliche Verwendung frischer lokaler Zutaten

zeichnen das Lokal aus. Die Karte wechselt regelmäßig, fast immer werden Steaks, Paella und Vorspeisenteller angeboten.

60 P Geschl. So A & 3 Wochen im Juli

PLETTENBERG BAY

DER BESONDERE TIPP

KURLAND HOTEL
$$$$$ ★★★★★
THE CRAGS, AN DER N2, 19 KM ÖSTLICH VON PLETTENBERG BAY
TEL. 044/534-8082
www.kurland.co.za
Das kleine Luxushotel in einem Wohnhaus von 1885 ist von grünen Wiesen und mächtigen Eichen umgeben. Die Räume sind mit Antiquitäten und schönen importierten Textilien ausgestattet. Auf dem Anwesen befinden sich ein Polofeld und ein voll ausgestattetes Spa. Im Speisesaal des Hotels werden Gourmetgerichte serviert.

12 30 P S

PLETTENBERG HOTEL
$$$$–$$$$$ ★★★★★
40 CHURCH ST., LOOK OUT ROCKS
TEL. 044/533-2030
www.plettenberg.com
Das auf einer felsigen Anhöhe liegende Hotel bietet eine herrliche Aussicht auf das Meer, die Berge und Strände. Die Gäste wohnen in luxuriös eingerichteten Zimmern und Suiten mit Klimaanlage; Weiß und Pastellfarben dominieren. Empfehlenswert ist das **Sand Restaurant** (siehe S. 291).

37 80 P S

HALCYON HOUSE
$$–$$$ ★★★★
30 RATTRAY HEAD AVE.
TEL. 044/533-2986
www.halcyonhouse.co.za
Das Gästehaus bietet ansprechende, elegante Zimmer mit kontinentalem Frühstück. Die Zimmer mit Bad haben entweder einen schönen Meerblick oder Zugang zum hübschen Hof.

4 P

THANDA VISTA
$–$$ ★★★★
8 SUSAN ST.

 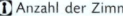

TEL. 044/533-1796
www.thandavista.co.za
Das B&B unweit der Keurboom Lagoon besteht aus fünf luxuriösen, in warmen Tönen gehaltenen Zimmern mit Bad. Für die Gäste gibt es eine Lounge, eine Bibliothek, WLAN und die Möglichkeit, von der Dachterrasse aus Wale zu beobachten.
🛗5 🅿 🚭

🍴 SAND AT THE PLETTENBERG
$$$
PLETTENBERG HOTEL,
40 CHURCH ST.,
LOOK OUT ROCKS
TEL. 044/533-2030
www.plettenberg.com
Da Hotelrestaurant mit nautischer Einrichtung bietet eine grandiose Aussicht auf die Bucht. Auf der Karte finden sich Köstlichkeiten wie Entenleber-Tortellini, Lachs-Ceviche mit Aprikosen, glasierte Ente mit Ahornsirup und Springbockfilet mit Quitten.
🔲80 🅿

🍴 FRANCO'S KITCHEN
$$
NOEL CENTER, MAIN ST.
TEL. 044/533-3693
Das Restaurant hat sich auf mediterrane und vor allem italienische Gerichte spezialisiert, die mit saisonalen lokalen Zutaten zubereitet werden. Wie wäre es mit Tintenfisch auf bissfestem Spinat mit getrockneten Tomaten oder mit einem leichten gegrillten Fisch, einer Gourmetpizza oder einem Lamm-Teriyaki?
🔲80 🕑 Geschl. Mo–Sa M, Mo–So A 🅿

🍴 FU.SHI/BOMA TERRACE/CHEF'S BAR
$–$$
SHOP 9, OBERDECK,
3 STRAND ST.
TEL. 044/533-6497
www.fushi.co.za
Spezialität des Restaurants sind internationale Gerichte und asiatische Fusionsküche. Das BoMa Terrace bietet eine luftige Terrasse, die Chef's Bar einen Drink oder ein Nachtmahl und das Flagschiff Fu.Shi Gerichte wie sautierte Garnelen mit Wasabi und Cashewkernen oder ein Teriyaki-Rind mit Süßkartoffeln.
🔲55 🅿

🍴 RISTORANTE ENRICO
$–$$
MAIN BEACH,
KEURBOOMSTRAND
TEL. 044/535-9818
www.enricorestaurant.co.za
Man kommt dem Wasser kaum näher als in diesem großen, italienischen Meeresfrüchte-Restaurant, das am Strand liegt.Ungewöhnlich sind Vorspeisen wie Kudu mit Avocado, als Hauptgerichte gibt es auch die traditionelle Pizza, Marsala-Kalbfleisch oder Ossobuco.
🔲400 🅿

PRINCE ALBERT

🏨 SAXE-COBURG LODGE
$–$$
60 CHURCH ST.
TEL. 023/541-1267
www.saxecoburg.co.za
Die Gäste können am Pool entspannen oder den Bergblick vom Garten der Lodge – einem viktorianischen Gebäude von 1865 – aus genießen. Zwei Zimmer haben Himmelbetten, alle ein Bad. Gästen stehen zusätzlich eine Lounge und eine Bibliothek zur Verfügung.
🛗7 🅿 🚭 🏊

🍴 KOGGELMANDER
$$
61 CHURCH ST.
TEL. 023 541 1900
www.koggelmander.co.za
Das Lokal bietet beschattete Tische im Freien und Tische im umgebauten Karoo-Haus. Auf der Karte finden sich sowohl südafrikanische Gerichte wie Straußenfilet und Lammburger, aber auch internationale Spezialitäten wie eine Couscous-Torte oder eine scharfe Pasta alla puttanesca mit Oliven, Tomaten, Anchovis und Kapern.
🔲35 🅿 🕑 Geschl. Mo M

🍴 KAROO KOMBUIS
$–$$
18 DEURDRIFT ST.
TEL. 023/541-1110
Der Name des Lokals lautet übersetzt „Karoo-Küche"; mit seinen traditionellen Kap-Gerichten hat es sich einen guten Ruf erworben. Auf der Karte finden sich bekannte Klassiker wie Hühnerpastete, *bredies* und *bo-*

botie. Eine Spezialität des Hauses ist die exzellent zubereitete und gewürzte Lammkeule. Das Lokal hat keine Ausschanklizenz, Gäste können ihren eigenen Wein mitbringen.
🕑 Geschl. So A 🔲18 🅿

ROBERTSON VALLEY

🏨 FRAAI UITZICHT 1798
$$–$$$
KLAAS VOODS EAST, BEI DER R62, ZWISCHEN ROBERTSON & MONTAGU
TEL. 023/626-6156
www.fraaiuitzicht.com
Wunderschön eingerichtete Cottages und von alten Eichen beschattete Suiten liegen zwischen den Weingärten. Das Restaurant bietet eine gute Küche, wie marokkanische Hühner-Tajine, ein Karoo-Lamm in Rotwein sowie in Honig, Ingwer und Sojasauce sautierten Lachs.
🛗8 🔲35 🅿 🕑 Geschl. Juni–Aug. 🏊

🍴 CAFÉ MAUDE
$–$$
BON COURAGE WINE ESTATE, R317, GLEICH AUSSERHALB VON ROBERTSON
TEL. 023/626-6806
www.boncourage.co.za
Wahrzeichen des Indoor- und Gartenrestaurants ist der riesige Pfefferbaum, der die Terrasse beschattet. Auf der Mittagskarte finden sich Salate und Gourmetsandwiches, die mit Speck, Sonnenblumenkernen und Avocado gefüllt sind.
🔲160 🅿 🕑 Geschl. So

SEDGEFIELD

DER BESONDERE TIPP

🏨 TENIQUA TREETOPS
$$–$$$ * * *
ABFAHRT KARATARA/RUIGETVLEI AUF DER N2 ZWISCHEN SEDGEFIELD & KNYSNA, WEITERE 15 KM FAHREN
TEL. 044/356-2868
www.teniquatreetops.co.za
Zeltförmige Selbstversorger-Einheiten liegen in den Baumwipfeln eines weitgehend ursprünglichen Waldes und bieten eine ganz besondere Öko-Erfahrung. Jede Einheit hat eine Kochgelegenheit, ein Bad und

ein Deck mit einem traumhaften Ausblick. (Auf der Homepage werden Anfahrtsweg und Anlage genau beschrieben.)

ⓘ 8 🅿 🏊

🍴 TRATTORIA DA VINCI
$$
WOODPECKER MALL,
MAIN RD.
TEL. 044/343-1867
Das Restaurant ist bei den Einheimischen beliebt, die Familie kocht selbst. Beliebte Gerichte sind Pizza, Lammkeule, Schweineschnitzel mit Marsala- alten Pilzsauce und die hervorragenden Desserts.

🍴 65 🅿 🕐 Geschl. So A

SOMERSET WEST

🏨 SOMERTON MANOR GUEST HOUSE
$$–$$$
13 SOMERSET ST., BRIDGEWATER
TEL. 021/851-4682
www.somerton.co.za
Das Gästehaus ist ein strohgedecktes Giebelhaus, mit Stilmöbeln und originalen Kunstwerken ausgestattet. Schön sind die lapa – ein offener Speiseraum mit einem Weinkeller – und der Garten. Außerdem sind ein Whirlpool, eine Sauna und ein Billardzimmer vorhanden.

ⓘ 12 🅿 🍴 🏊 🎮

🍴 96 WINERY ROAD
$$–$$$
ZANDBERG FARM, WINERY RD.
(BEI DER R44)
TEL. 021/842-2020
www.zandberg.co.za
Die Köche versuchen nach Möglichkeit, nur frische, lokale Bioprodukte zu verwenden, serviert werden Gerichte wie Pilz-Tagliatelle mit Moschuskürbis, Ziegenkäse und gerösteten Nüssen, Ente und Kirschkuchen.

🍴 100 🅿 🕐 Geschl. So A

🍴 LADY PHILLIPS
$$–$$$
VERGELEGEN WINE ESTATE,
LOURENSFORD RD.
TEL. 021/847-1346
www.vergelegen.co.za
Beim Mittagessen auf der Terrasse schaut man auf den Garten des historischen Weinguts; wenn es draußen zu kühl ist, wird innen der Kamin einge-

heizt. Auf der Karte finden sich Lamm in Rosmarinsauce mit Kartoffelgratin, Pastagerichte mit Lachs, Senf-, Sahne- oder Weißweinsauce.

🍴 100 🅿 🕐 Geschl. A

STELLENBOSCH

🏨 LANZERAC HOTEL & 🍴 SPA
$$$$–$$$$$ * * * * *
LANZERAC RD.
TEL. 021/887-1132
www.lanzerac.co.za
Das Luxushotel mit Spa findet sich auf einem 300 Jahre alten Weingut am Stadtrand von Stellenbosch. Die Zimmer sind individuell und elegant eingerichtet. Besucher und Gäste können zwischen mehreren Restaurants wählen.

ⓘ 48 🍴 200 🅿 🍴 🏊 🎮

🏨 D'OUDE WERF 🍴
$$$–$$$$ * * * *
30 CHURCH ST.
TEL. 021/887-4608
www.ouwerf.com
Das historische, 1802 gegründete Hotel in der Stadtmitte bietet luxuriöse, mit Antiquitäten möblierte Suiten mit Bad. Das Restaurant 1802 serviert traditionelle südafrikanische Küche wie Ochsenschwanz und *bobotie*.

ⓘ 32 🍴 130 🅿 🍴 🏊

🏨 DE OUDE RYNEVELD
$$ * * *
71 RYNEVELD ST.
TEL. 021/887-7221
www.deouderyneveld.com
Das aus dem 19. Jahrhundert stammende einstige Wohnquartier von Sklaven wurde in ein nettes B&B umgewandelt. Die Zimmer – alle mit Bad – sind in Weiß und Pastellfarben gehalten, für Auflockerung sorgen farbenfrohe Akzente.

ⓘ 8 🅿 🍴 Einige Zimmer

🍴 LE POMMIER
$$
ZORGVLIET WINE ESTATE,
BANGHOEK VALLEY,
HELSHOOGTE PASS
TEL. 021/885-1269
www.lepommier.co.za
Von der Veranda eröffnet sich im Sommer ein schöner Blick über die Weingärten. Jedes Zimmer

hat einen Kamin, der für wohlige Wärme im Winter sorgt. Auf der Karte stehen Klassiker wie *bobotie* und *malva*-Pudding, aber auch internationale Gerichte.

🍴 100 🅿 🕐 Geschl. Mo A

🍴 VOLKSKOMBUIS
$$
AAN-DE-WAGEN RD.
TEL. 021/887-2121
www.volkskombuis.co.za
Das ist *die* Adresse in Stellenbosch, um ein traditionelles Karoo-Lamm, *waterblommetjie, bredie, bobotie*, Ochsenschwanzeintopf oder ein Kudufilet zu genießen. Das Gartenrestaurant **De Oewer** serviert mittags im Freien und stellt seine Tische am Eerste River auf.

🍴 85 🅿

🍴 DELHEIM GARDEN RESTAURANT
$–$$
DELHEIM WINE FARM,
KNORHOEK RD. (BEI DER R44)
TEL .021/888-4607
www.delheim.com
Umgeben vom Garten des Weinguts, genießen die Gäste hier ein Frühstück, ein Mittagessen oder den Nachmittagstee. Auf der Karte findet sich neben leichten Gerichten wie Panini mit Schinken oder Lachs mit Salat auch Gehaltvolles wie Bratwurst mit selbst gemachtem Senf, Cape-Malay-Hühnercurry oder Lammkeule in Wein-Rosmarin-Sauce.

🍴 100 🅿

🍴 L'OLIVE
$–$$
OUDE HOEK CENTER,
ANDRINGA ST.
TEL. 021/887-8985
Zwischen Touristenläden und Galerien hat das Olive seine Tische auf dem Bürgersteig und im Innern stehen. Die Köche verwenden saisonale Zutaten und wechseln monatlich die Karte (frischer Fisch, Pasta und Fleischgerichte mit Pesto, Knoblauch und Gemüse).

🍴 64 🅿 🕐 Geschl. Mo A

SWELLENDAM

🏨 HERBERG ROOSJE 🍴 VAN DE KAAP
$$–$$$ * * *

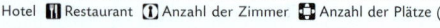

5 DROSTDY ST.
TEL. 028/514-3001
www.roosjevandekaap.com
Das georgianische Haus mit großem, schattigen Garten bietet elegante Zimmer und eine gute Küche. Auf der Karte finden sich Cape-Malay-Klassiker, Pizzen und Fleischgerichte mit Rind und Huhn.
🛗9 🏨46 🅿 🚭 Restaurant geschl. Mitte Dez.–Mitte Jan. 🏊

TULBAGH

🏨 THE OLD TULBAGH 🍴 HOTEL
$$–$$$$ ★ ★ ★ ★
22 VAN DER STEL ST.
TEL. 023/230-0071
www.tulbaghhotel.co.za
Das traditionelle und schon immer familiengeführte Hotel hat seine Räumlichkeiten in einem historischen Gebäude der Stadt. Die Zimmer sind gemütlich eingerichtet und die Gäste genießen ihr Abendessen entweder in einem „britischen" Pub oder im großen Speisesaal mit offener Feuerstelle.
🛗5 🏨25 🅿 🚭

🍴 READERS RESTAURANT
$$
12 CHURCH ST.
TEL. 023/230-0087
Das Lokal in einem strohgedeckten kaphölländischen Haus – es ist das älteste in Tulbagh (1754) – bietet Gerichte wie Schweinerippchen mit Trauben und Lamm mit Ingwer.
🏨60 🅿 🚭 Geschl. M & Di A & 3 Wochen Ende Juli

WELLINGTON

🏨 DIEMERSFONTEIN 🍴
$$–$$$
DIEMERSFONTEIN WINE ESTATE, JAN VAN RIEBEECK DR., R301 ZW. PAARL & WELLINGTON
TEL. 021/864-5060
www.diemersfontein.co.za
Das Weingut mit wunderschönem altem Baumbestand und Gärten bietet gute Unterkünfte und Restauration. Im Restaurant **Seasons** sind die wechselnden Pastagerichte, die Lammhachse und der bekannte Pinotage des Weinguts empfehlenswert.
🛗21 🏨105 🅿 🚭 Einige Zimmer 🏊

WILDERNESS

🏨 PALMS WILDERNESS 🍴 GUEST HOUSE
$$$ ★ ★ ★ ★
1 OWEN GRAND ST.
TEL. 044/877-1420
www.palms-wilderness.com
Das Palms liegt unweit der landschaftlichen Höhepunkte von Wilderness. Die Zimmer haben private Eingänge und öffnen sich zu luxuriösen tropischen Gärten mit einem Pool. Zum Hotel gehört ein eigenes Restaurant mit einem Weinkeller.
🛗11 🏨35 🅿 🚭 🏊

🏨 SERENDIPITY 🍴
$$–$$$ ★ ★ ★ ★ ★
FREESIA AVE.
TEL. 044/877-0433
www.serendipitywilderness.com
Das Gästehaus im Wilderness National Park am Ufer des Touw River blickt über die Lagune. Zum Hotel gehört ein renommiertes Restaurant, das Fünf-Gänge-Menüs anbietet. Regelmäßig finden sich Strauß, Kudu und Springbock sowie leckere Desserts auf der Karte.
🛗4 🏨30 🅿 🚭 Restaurant geschl. So A & 2 Wochen im Juli 🅿 🚭

◼ OST-KAP

ADDO ELEPHANT NP

Weitere Adressen, siehe S. #125

🏨 MATYHOLWENI REST CAMP
$$
DIREKTER ZUGANG ÜBER DIE N2, 3 KM VON COLCHESTER ENTFERNT
TEL. 042/468-0916
www.sanparks.org/parks/addo/camps/matyholweni/
Bei den Unterkünften in Matyholweni handelt es sich um Selbstversorger-Chalets mit Duschen, Toiletten, voll ausgestatteten Küchen und Grillmöglichkeiten.
🛗12 🅿

🏨 ADDO REST CAMP 🍴
$–$$
IN DER NÄHE DES HAUPT-EINGANGS

TEL. 042/233-8600
www.sanparks.org/parks/addo/camps/addo/
Hier gibt es verschiedene Unterkünfte: Selbstversorger-Chalets, Gästehäuser, Cottages, Hütten im Wald mit voll ausgestatteten Küchen. Günstiger ist eine *rondavel* (Rundhütte) mit Gemeinschaftsküche. Auf dem Gelände befindet sich auch ein À-la-carte-Restaurant.
🛗46 🏨80 🅿 🚭 Einige Wohneinheiten 🏊

EAST LONDON

🏨 QUARRY LAKE INN
$$ ★ ★ ★ ★
QUARTZITE DR., BEI DER PEARCE ST., THE QUARRY
TEL. 043/707-5400
www.quarrylakeinn.co.za
Das helle, moderne Gästehaus liegt in einem Vorort mit Blick über einen kleinen See. Alle Zimmer öffnen sich zu einem Balkon oder zum Garten und sind modern in ruhigen Beige-, Weiß- und Grüntönen eingerichtet. Das Frühstück wird im Speisesaal oder auf dem Holzdeck serviert.
🛗16 🅿 🚭 🏊

🍴 SMOKEY SWALLOWS
$$–$$$
SHOP 11, CHESS GALLERIA, 20 DEVEREAUX AVE., VINCENT
TEL. 043/727-1349
Das hervorragend bewertete Restaurant bietet Köstlichkeiten wie Garnelensalat, frischen Fisch, Rinderfilet und eine ganze Reihe indischer Currys und vegetarischer Gerichte. Lohnenswert sind Garnelen- und Jakobsmuschel-Tempura mit Avocado-Eiscreme oder das leckere Butterhuhn.
🏨50 🅿 🚭 Geschl. So

🍴 AL MARE
$$
AQUARIUM COMPLEX, ESPLANADE RD.
TEL. 043/722-0287
Das am Ozean gelegene Al Mare bietet Salate, Pastagerichte, Pizzen, Steaks sowie Meeresfrüchte- und Krustentierplatten. Eher ungewöhnlich, aber dennoch unbedingt empfehlenswert sind die türkische Eiscreme und der Zitronenkäsekuchen.
🏨80 🅿 🚭 Geschl. Sa–So M, So A

🛗 Aufzug 🚭 Nichtraucher ❄ Klimaanlage 🏊 Pool im Haus 🏊 Pool im Freien 🏋 Fitnessclub 💳 Kreditkarten

GRAHAMSTOWN

THE COCK HOUSE
$$ ★★★★
10 MARKET ST.
TEL. 046/636-1287
www.cockhouse.co.za
Das Gästehaus in einem Gebäude aus dem 19. Jahrhundert steht als nationales Denkmal unter Schutz. Es bietet einfach eingerichtete Doppelzimmer im Haupthaus und in den umgebauten ehemaligen Ställen. Das hauseigene Restaurant **Norden's** kocht südafrikanisch und international, wie beim Straußencarpaccio und dem über Holzkohle gegrillten Rinderfilet auf Spinat.
🛈 9 🍴 60 🕐 Restaurant geschl. Mo M 🅿

🍴 MAXWELL'S
$$
38 SOMERSET ST.
TEL. 046/622-5119
Das Maxwell's hat einen guten Ruf wegen seines hervorragenden Fleisches – auf der Karte finden sich leckere Steaks, Geflügelgerichte und Fisch. Der Garten eignet sich hervorragend für ein Mittagessen. Probieren Sie zum Beispiel mit einer mild gewürzten marokkanischen Pastete.
🍴 66 🕐 Geschl. Sa–Mo M, So–Di A & Dez.

GRAAFF-REINET

🏨 DROSTDY HOTEL
$$$–$$$$ ★★★
30 CHURCH ST.
TEL. 049/892-2161
www.drostdy.co.za
Das Hauptgebäude wurde 1806 ursprünglich als *drostdy* (Gerichtsgebäude) errichtet. Unterkunft finden die Gäste in geräumigen Zimmern und im nahe gelegenen Stretch's Court, einer Reihe von Häuschen an einer Kopfsteinpflasterstraße. Ein Candle-Light-Dinner wird im originalen Gerichtssaal serviert.
🛈 39 🍴 60 🅿 🐾

🏨 ANDRIES STOCKEN STRÖM GUEST HOUSE
$$$ ★★★★
100 CRADOCK ST.
TEL. 049/892-4575
www.stockenstrom.co.za

Die Zimmer und Suiten in leuchtenden Farben liegen in einem wunderschönen viktorianischen Haus. Die Speisekarte des Restaurants legt den Schwerpunkt auf frische regionale Zutaten und kredenzt Straußenleberpastete, geräucherten Kudu-Salat mit Sesamwaffel und ein Lammkarree mit Rösti.
🛈 6 🍴 12 🅿 🐾 🕐 Restaurant geschl. So A 🐾

JEFFREY'S BAY

🏨 SEA WHISPER
$$
62 PETUNIA ST.
TEL. 082/489-9114
www.seawhisper.co.za
Das B&B liegt auf einem Hügel mit weitem Blick über den Ozean und bietet weiß gestrichene Zimmer mit kastanienbraunen und roten Farbakzenten. Für Selbstversorger gibt es eine voll eingerichtete Küche.
🛈 6 🅿 🐾 Einige Zimmer 🐾

🍴 DE VISWIJF
$$–$$$
55 DIAZ RD.
TEL. 042/293-3921
Im Gebäude einer alten Fischfabrik eingerichtet, bietet das Restaurant den Blick über das Wasser. Huhn und *kassler* sind nur zwei Gerichte auf der Karte, die eine große Auswahl an Krustentieren und Meeresfrüchtegerichten bietet.
🍴 120 🅿 🕐 Geschl. So A

KENTON-ON-SEA

🍴 HOMEWOODS
$$$
1 EASTBOURNE RD.
TEL. 046/648-2700
Das Homewoods liegt herrlich mit Blick über den Strand und die Flussmündung. Das Essen ist gut, aber nicht spektakulär: Burger, Steaks und Rippchen, Tintenfisch in Butter mit Safranreis (oder gebraten) und ein mildes Lammcurry.
🍴 120 🅿 🕐 Geschl. Mo M, So–Mo A

LALIBELA

🏨 LALIBELA GAME RESERVE
$$$$

AN DER N2 ZWISCHEN PORT ELIZABETH & GRAHAMSTOWN
TEL. 041/581-8170
www.lalibela.net
Das Tierreservat bietet drei Luxuslodges: **Mark's Camp, Lentaba Lodge** und **Tree Tops**. Die Gäste übernachten in abgeschiedenen, strohgedeckten oder zeltartigen Chalets mit Bad, die sich zum Garten und Busch hin öffnen. Jedes Chalet hat seine eigene Terrasse, von der man das Wild beobachten kann. Die Mahlzeiten sind im Übernachtungspreis inbegriffen.
🛈 21 🅿 🐾 🐾

MOUNTAIN ZEBRA NP

🏨 MOUNTAIN ZEBRA NATIONAL PARK
$$
12 KM VON CRADOCK ENTFERNT, BEI DER R61
TEL. 048/881-2427
www.sanparks.org/parks/mountain/zebra
Unterkunft findet man in der Mitte des Parks in Vier-Bett-Cottages mit Bad und teilweise eingerichteten Küchen. Außerdem gibt es ein Drei-Bett-Zimmer, ein Sechs-Bett-Zimmer und ein Gästehaus mit komplett eingerichteter Küche und Bad. Auch ein Restaurant mit Ausschanklizenz und ein Laden mit Grundnahrungsmitteln sind vorhanden.
🛈 20 🍴 46 🅿 🐾

NIEU-BETHESDA

🏨 MURRAYFIELD GUEST HOUSE
$
GRAVE T. & CHURCH ST.
TEL. 049/841-1693
Informationen über das berühmte Haus der Stadt – das Owl House – hat Besitzerin Anne, die darüber auch ein Buch geschrieben hat. In den Zimmern stehen Tee und Kaffee zur Verfügung, Frühstück und Abendessen werden auf Wunsch zubereitet. Anzahlung mit Kreditkarte, sonst nur Barzahlung.
🛈 3 🅿

🍴 VILLAGE INN
$
NEBEN DEM OWL HOUSE
TEL. 049/841-1635

Das alte Haus neben der Hauptattraktion der Stadt – dem Owl House – beherbergt ein Restaurant, das vom Morgen bis zum Abend geöffnet hat. Abends kommen herzhafte Gerichte wie Lammbraten, Curry mit Reis oder Lammkeule auf den Tisch. Auch Vegetarier werden hier fündig.
🔼30 🅿

PORT ALFRED

🏨 **PORTOFINO HOTEL**
$$$ ★ ★ ★
PARK RD.
TEL. 046/624-2223
www.portofinohotel.co.za
Von der geräumigen Terrasse des Hotels schaut man über die städtische Marina, den kleinen Bootshafen und das Meer. Die Zimmer, die alle eine eigenes Bad haben, sind in zurückhaltenden Pastellfarben gehalten. Frühstück auf Anfrage.
ℹ11 🅿 🌊 🔲 🏊

🍴 **GUIDO'S**
$–$$
WEST BEACH DR.
TEL. 046/624-5264
Eine schöne Lage hat das im Sommer gut besuchte Guido's mit Blick auf den Strand und die Mündung des Kowie River. Die Pizzen werden im Holzofen gebacken, außerdem gibt es Meeresfrüchte, saftige Rippchen und Steaks.
🔼450 🅿

PORT ELIZABETH

🏨 **THE KELWAY HOTEL**
🍴 **$$–$$$** ★ ★ ★ ★
BROOKES HILL DR., HUMEWOOD
TEL. 041/584-0638
www.thekelway.co.za
Das neu eröffnete Hotel bietet Zimmer, die in kühlen Farbtönen gehalten sind. Dank seiner erhöhten Lage genießt man von den Zimmern und von der Terrasse des Restaurants **Farriagers** einen wunderbaren Blick über das Meer.
ℹ62 🔼120 🅿 🔲 🌊 Einige Zimmer 🏊

🏨 **MILLBROOK HOUSE**
$$$ ★ ★ ★
2 HAVELOCK S., CENTRAL HILL
TEL. 041/582-3774
www.millbrookhouse.co.za

Das Hotel befindet sich an einem ruhigen Platz direkt im historischen Zentrum von Port Elizabeth. Das Haus ist ein eingeführtes B&B, das geschmackvoll eingerichtete Zimmer, die meist auch mit eigenem Badausgestattet sind. Zudem bietet das Hotel eine Internetanschluss rund um die Uhr.
ℹ4 🅿 🏊

🍴 **34° SOUTH**
$$
BOARDWALK COMPLEX, MARINE DR., SUMMERSTRAND
TEL. 041/583-1085
www.34-south.com
Herrliche Blicke über das Meer bieten sich vom Balkon des Restaurants mit mediterraner Küche und Sushi; die umfangreiche Karte bietet Suppen, Mezes und frischen Fisch.
🔼250 🅿

🍴 **WICKER WOODS**
$$
MOUNT CROIX, 99 CAPE RD., MILLPARK
TEL. 041/374-8170
Das Lokal in einem alten Haus begeistert mit seinem wunderschönen Holzboden aus Oregonkiefer und originaler Bausubstanz. Die Karte erstreckt sich von Vorspeisen (Lachs, Frühlingsrollen) über Cajun-Gerichte und frittierte Hauptspeisen bis hin zu Desserts wie den frittierten Lindt-Kugeln.
🔼50 🔲 Geschl. So–Mo A

SIBUYA GAME RESERVE

🏨 **SIBUYA GAME RESERVE**
$$$$
VON KENTON-ON-SEA DEN KARIEGA RIVER FLUSSAUFWÄRTS
TEL. 046/648-1040
www.sibuya.co.za
Schon die Anreise nach Sibuya ist ungewöhnlich: Mit dem Boot geht es von Kenton-On-Sea aus den Kariega River flussaufwärts. Übernachtet wird in luxuriösen Zelten im River Camp und im Forest Camp. Die Zelte stehen auf Holzplattformen und sind mit Moskitonetzen und Bädern ausgestattet. Die Abendmahlzeiten werden über dem offenen Feuer zubereitet.
ℹ9

■ DURBAN & KWAZULU-NATAL

BALLITO

🏨 **HOTEL IZULU**
$$$–$$$$
REY'S PL.
TEL. 032/946-3444
www.hotelizulu.com
Die Gäste übernachten in luxuriösen Suiten. Wer möchte, kann über die palmenbestandenen Wiesen bummeln oder sich im Spa verwöhnen lassen. In der Anlage gibt es verschiedene Möglichkeiten zu speisen.
ℹ18 🔼84 🅿 🔲 🌊 🏋

🍴 **MOZAMBIK**
$$
BOULEVARD CENTER, JACK POWELL ST.
TEL. 032/946-0979
Informelles Lokal im Stil einer Strandhütte mit ockerfarbenen Wänden und Strohvorhängen. Die Küche ist portugiesisch-mosambikanisch, serviert werden Hühnerleber *piripiri*, Salat mit Kichererbsen und gebratenem Gemüse, Huhn oder gegrillte Garnelen, gewürzt mit Knoblauch oder mit Piripiri (sehr scharfer Chili).
🔼105 🅿 🔲 Geschl. Mo M, So A

CLARENS

DER BESONDERE TIPP

🏨 **SEDIBA LODGES**
$$–$$$
10 KM VON CLARENS ENTFERNT, AN DER R711 NACH FOURIESBURG
TEL. 058/256-1028
www.sedibalodge.co.za
Das Sediba besteht aus drei luxuriösen Selbstversorger-Lodges, in denen vier bis sechs Personen übernachten können. Zwei Lodges liegen an einem Forellensee, die dritte auf einem Hügel – alle eröffnen eine traumhafte Aussicht. Jede Lodge hat einen eigenen Speiseraum und einen Wohnraum.
ℹ7 🅿

🍴 **CLEMENTINES**
$$–$$$
315 CHURCH ST.
TEL. 058/256-1616

Zum strahlenden Rot und Grün außen passen die farbenfrohen Innenräume. Vom Patio hat man einen herrlichen Blick auf die umliegenden Berge. Probieren sollte man die Garnelen mit Koriander und Pernod oder die gebundene Entensuppe.
 50 🕓 Geschl. M & MO A.

🍴 CAFÉ MOULIN
$–$$
410 MAIN ST.
TEL. 082/690-1382
Das Restaurant bietet nicht nur spektakuläre Bergblicke, sondern serviert auch gute ländliche Küche. Der Preis richtet sich nach dem Gewicht des Bestellten, so gibt es Rote Beete mit Birne, Meeresfrüchtepasta oder gebratenen Moschuskürbis mit sonnengetrockneten Tomaten.
🔧 80 🕓 Geschl. Di–Mi M, So–Mi A & im Winter

DURBAN

DER BESONDERE TIPP

🏨 THE ROYAL
🍴 $$$$$
267 SMITH ST.
TEL. 031/333-6000
www.theroyal.co.za
Das im Zentrum gelegene Hotel mit livriertem Türsteher ist eine Institution in Durban. Die Zimmer sind in Königsblau gehalten und mit Möbeln aus *Yellowwood* eingerichtet. Zum Hotel gehören mehrere Restaurants und Bars, darunter das **Ulundi Restaurant** mit indischer Küche und das **Royal Grill**, in dem klassische und moderne Küche dominieren.
🛈 251 🅿 🔄 💲 📶 📺

🏨 BEVERLY HILLS
🍴 $$$$
71 LIGHTHOUSE RD.,
UMHLANGA ROCKS
TEL. 031/561-2211
www.southernsun.com
Das am Strand mit Blick auf den Indischen Ozean gelegene Hotel ist etwas für Wasserliebhaber. Auch das Hotelrestaurant **Sugar Club** bietet herrliche Panoramablicke auf den Ozean und serviert dazu leichte Mahlzeiten und Köstlichkeiten wie Garnelen in Kokossmilch.
 89 🅿 🔄 💲 📶 📺

🏨 SOUTHERN SUN ELAN
🍴 GENI
$$$–$$$$ ★ ★ ★ ★
63 SNELL PARADE
TEL. 031/362-1300
www.southernsun.com
Das große Strandhotel bietet von seinen seeseitig und höher gelegenen Zimmern einen tollen Blick auf das Meer. Die Küche im hoteleigenen Restaurant Daruma im Zen-Look ist authentisch japanisch. Hier bekommt man verschiedene Tempura- und Sushigerichte. Ein weiteres Restaurant kocht indisch, ein anderes lädt zum Frühstück und zu Abendbüfetts.
🛈 449 🔧 380 🅿 🔄 💲 📶 📺

🏨 BLUE WATERS HOTEL
$$–$$$ ★ ★ ★
175 SNELL PARADE
TEL. 031/327-7000
www.bluewatershotel.co.za
Das Haus bietet gute, bezahlbare Zimmer gleich gegenüber dem Strand. Jedes Zimmer hat seinen eigenen Balkon mit Meerblick. Abends kann à la carte bestellt oder zum Büfett gegangen werden.
🛈 278 🔧 250 🅿 🔄 💲 📶

🏨 JOAN'S BED &
BREAKFAST
$$ ★ ★ ★ ★
3 MATHIAS PL., DURBAN NORTH
TEL. 031/563-3220
www.joansbxb.co.za
Das gehobene B&B liegt unweit einiger touristischer Attraktionen – zwischen dem Stadtzentrum und dem Strandresort Umhlanga. Die kühlen, geschmackvoll eingerichteten Zimmer haben Klimaanlage und private Eingänge.
🛈 7 🅿 💲 📶

🏨 RIDGEVIEW LODGE
$$ ★ ★ ★ ★ ★
17 LOUDOUN ST., BEREA
TEL. 031/202-9777
www.ridgeview.co.za
Die traditionell, in warmen Farben eingerichtete Lodge bietet unweit des Stadtzentrums ruhige, luxuriöse Unterkünfte zu guten Preisen. Schön sind die kühle tropische Garten und der Ausblick auf die Stadt. Ein Frühstück wird serviert.
🛈 7 🅿 💲 📶

DER BESONDERE TIPP

🍴 9TH AVENUE BISTRO
$$–$$$
SHOP 2, AVONMORE CENTER,
9TH AVE., MORNINGSIDE
TEL. 031/312-9134
Das preisgekrönte, elegante Restaurant bietet eine kleine, oft wechselnde Karte, die sich auf kontinentale Fusionsküche spezialisiert hat. Lecker ist das gegrillte Springbockkarree auf Ingwerkarotten, die Kalbsbrust mit Pflaumen und Pilzen und die erfrischende Beerensuppe.
🔧 65 🅿 🕓 Geschl. Sa–Mo M, So A

🍴 HEMINGWAY'S
$$
131 DAVENPORT RD.,
GLENWOOD
TEL. 031/202-4906
Das eher ungewöhnlich in afrolatinischem Stil eingerichtete Lokal hat seine Tische in einem umgebauten Haus und auf der Veranda stehen. Gekocht wird international: Schnecken, Aubergine mit Parmesan, Nachos, aber auch portugiesische und italienische Fleisch- und Meeresfrüchtegerichte.
🔧 75

🍴 OYSTER BAR/
ZENBI SUSHI
$$
WILSON'S WHARF,
VICTORIA EMBANKMENT
TEL. 031/307-7883
Die über dem Wasser beim kleinen Bootshafen liegende Bar bietet von ihrem Deck schöne Ausblicke über das Wasser. Passend dazu werden Austern aus Knysna und von der Westküste sowie Garnelen und eine Auswahl an Sashimi und Sushi serviert.
🔧 60 🅿

🍴 SOCIETY
$$
HOLLIS HOUSE, 178 FLORIDA RD.,
MORNINGSIDE
TEL. 031/313-3213
Das Lokal in einem alten Haus im Pazifikstil hat sich auf asiatische und Fusionsküche spezialisiert: Hier findet man Sushi und vietnamesische Reispfannkuchen, Springbockkarree mit Mango und Ente auf Sichuanart. Zur Un-

terhaltung gibt es eine Bar und eine Lounge eine Treppe höher.
🛗 70 🅿 ❄️ Geschl. So–Mo M, So A

🍴 SPIGA D'ORO
$$
200 FLORIDA RD.,
MORNINGSIDE
TEL. 031/303-9511
Bei diesem Italiener können die Gäste ihr Frühstück, Mittag- oder Abendessen auf dem lebhaften Bürgersteig oder in den kühlen, in Schwarz und Weiß gehaltenen Innenräumen genießen. Auf der Karte finden sich verschiedene italienische Gerichte, Pizzen und Pastagerichte sowie Huhn- und Rindfleischgerichte.
🛗 120

🍴 BEAN BAG BOHEMIA
$–$$$
18 WINDERMERE RD.,
MORNINGSIDE
TEL. 031/309-6019
In dem altehrwürdigen Gebäude, das als nationales Denkmal geschützt ist, verstecken sich lichte, luftige, kunstvoll gestaltete Räume. Die Gäste können zwischen einer Bar und Tischen im Freien wählen. Zur Auswahl stehen sowohl leichte Gerichte (Burger und Pizzen) als auch mediterrane Gerichte und Rezepte der Fusionsküche.
🛗 200 🅂

🍴 INDIAN CONNECTION
$–$$
485 WINDERMERE RD.,
MORNINGSIDE
TEL. 031/312-1440
www.indian-connection.co.za
In einer Stadt mit wahrlich vielen indischen Restaurants ist dieses das beste. Das Lokal kocht vor allem nordindische Gerichte, darunter verschiedene Biryanis, außerdem Lamm-, Hühner- und Meeresfrüchte-Currys mit traditionellen Beilagen.
🛗 80 🅿

🍴 LITTLE INDIA
$–$$
155 MUSGRAVE RD., MUSGRAVE
TEL. 031/201-1121
Das Restaurant hat sich zum Ziel gesetzt, die ganze Bandbreite an indischen Gerichten abzudecken. Aus dem Norden stammen Gerichte wie Biryanis, *Chicken tikka* (ein Currygericht) und

verschiedene Tandooris; aus dem Süden kommen die vegetarischen Gerichte und die scharfen Fisch-Currys.
🛗 175 🅿

🍴 SNAP WINE BAR
$–$$
41 MARRIOTT RD., BEREA
TEL. 031/309-4160
Das trendige Lokal mit moderner Einrichtung bietet 70 südafrikanische Weine (neun werden im Glas ausgeschenkt) und Liveunterhaltung. Auf der Karte finden sich mediterrane Vorspeisen und Gourmetburger, Cajun-Huhn und Fischgerichte.
🛗 70 🅿 ❄️ Geschl. Sa–Mo M, So A; 2 Wochen Ende Dez.

🍴 MANNA
$
40 MARRIOTT RD.,
MORNINGSIDE
TEL. 031/309-8581
Im schattigen Patio genießen die Gäste ein Frühstück oder ein Mittagessen. Manchmal dauert es etwas, bis ein Tisch frei wird, dafür kommt hier viel Gesundes auf den Tisch. Lecker sind die Wraps mit Huhn, mildem Chili und gebratenem Pfeffer, die Sesam-Linsen-Burger mit Mayonnaise und Roter Beete oder die Fischkuchen.
🛗 100 ❄️ Geschl. So

FREE STATE

🏨 HALEVY HERITAGE
🍴 HOTEL
$$$–$$$$ ★ ★ ★ ★
MARKGRAAFF ST. & CHARLES ST.
TEL. 051/403-0600
www.halevyheritage.com
Das Hotel im Zentrum der Stadt begann 1893 als bescheidene Pension – heute bietet es eine ganze Reihe luxuriöser Übernachtungsmöglichkeiten. Frühstück, Mittag- und Abendessen werden in den beiden hoteleigenen Restaurants serviert.
ℹ️ 21 🛗 62 🅿 🅂

🏨 DE OUDE KRAAL
🍴 COUNTRY HOUSE
$$–$$$ ★ ★ ★ ★
35 KM SÜDLICH VON BLOEMFONTEIN, AN DER N1
TEL. 051/564-0733
www.oudekraal.co.za.
Das auf einer Schaffarm liegen-

de Oude Kraal bietet Gästezimmer mit eigener Feuerstelle, Bad und Patio und teilweise sogar Fußbodenheizung an. Das Restaurant serviert fünfgängige Festpreismenüs und bereitet landestypische Spezialitäten zu.
ℹ️ 10 🛗 30 🅿

🏨 PROTEA HOTEL
🍴
$$–$$$ ★ ★ ★ ★
202 NELSON MANDELA DR.,
BRANDWAG
TEL. 051/444-4321
www.proteahotels.com
Das Hotel – Mitglied der landesweit vertretenen Hotelgruppe – liegt im Zentrum des Geschäftsviertels. Die Zimmer sind modern, mit Bad und Klimaanlage ausgestattet. Das hoteleigene Restaurant ist das **Amoretta**.
ℹ️ 94 🛗 65 🅿 🅂 ❄️

🍴 OOLONG LOUNGE
$$
16A SECOND AVE., WESTDENE
TEL. 051/448-7244
Glas, Schwarz und Weiß dominieren in den Innenräumen und sorgen für Großstadtatmosphäre. Hier bekommt man ein Mittag- und Abendessen und spätabends noch Cocktails. Auf der Karte finden sich Gerichte der östlichen Fusionsküche, wie mild gewürzte Thaifleischspieße, indische Currys und Sushi.
🛗 60 🅿 ❄️ Geschl. So

HOWICK

🏨 FERN HILL HOTEL
$$–$$$ ★ ★ ★
AN DER R103, MIDMAR/
TWEEDIE/HOWICK
TEL. 033/330-5071
www.fernhillhotel.co.za
Das Hotel liegt in Gärten mit großen Baumfarnen und Teichen und bietet ländliche Ruhe. Das historische Hauptgebäude wurde ursprünglich als Handelsposten erbaut. Die Zimmer sind in warmen Farben gehalten, den Gästen werden hier alle Mahlzeiten serviert.
ℹ️ 35 🛗 65 🅿 🅂

🍴 YELLOWWOOD CAFÉ
$–$$
1 SHAFTON RD.
TEL. 033/330-2461
Das in einem wunderschönen historischen Farmhaus einge-

richtete Café serviert den ganzen Tag über Mahlzeiten. So gibt es gebackenen Camembert, Ochsenschwanz und Lammkeule.
🛏 120 🅿 🕐 Geschl. Mo

PIETERMARITZBURG

🏨 PROTEA HOTEL IMPERIAL
$$–$$$ ★ ★ ★
224 JABU NDLOVU ST.
TEL. 033/342-6551
www.proteahotels.com
Das in einem alten Gebäude untergebrachte Hotel bietet geräumige Zimmer, in denen die Geschichte des Hauses noch lebendig ist. Dennoch sind die Räume modern eingerichtet. Das Hotel hat ein eigenes Restaurant.
🛏 70 🛏 120 🅿 🔁 🕐

🍴 THE BUTCHERY PUB & GRILL
$$
101 ROBERTS RD.
TEL. 033/342-5239
Das rustikale Steakhaus hat sich auf hervorragend abgehangene Steaks spezialisiert. Es wird aber unter anderem auch Ochsenschwanz, Lammkeule, Lammkarree und Eisbein angeboten. Mittags gibt es auch mal Würste mit Kartoffelpüree.
🛏 200 🅿 🕐 Geschl. 1 Woche Ende Dez.

🍴 EATON'S ON EIGHTY
$$
80 ROBERTS RD.
TEL. 033/342-3280
Einfach und elegant – Backstein, schwarze Kronleuchter, weiße Wände. Die kleine Karte bietet Tagesgerichte wie eine mit Shiitakepilzen und Schinken gefüllte Hühnerbrust oder Beef Wellington mit Macadamianüssen.
🛏 40 🅿 🕐 Geschl. Sa–Di M, So–Mo A

ST. LUCIA

🏨 MAKAKATANA BAY LODGE
$$$$$ ★ ★ ★ ★
LOT 1 MAKAKATANA, WESTERN SHORES, GREATER ST. LUCIA WETLANDS PARK
TEL 035/550-4189
www.makakatana.co.za
Die einzige private Lodge im St. Lucia Park bietet luxuriöse Suiten

mit Blick entweder auf einen See, den Wald oder ins Feuchtgebiet. Die Lodge hat Aussichtsterrassen, eine Lounge, Bar und Speiseraum und eine *boma* (Open-Air-Speise- und Kochbereich).
🛏 6 🅿 🕐 🏊

🏨 UMLILO LODGE
$$ ★ ★ ★ ★
9 DOLPHIN AVE.
TEL. 035/590-1717
www.umlilolodge.co.za
Das freundliche, warmherzige Lodge bietet Unterkünfte im Safaristil, von denen aus die Annehmlichkeiten des St. Lucia Park zu Fuß zu erreichen sind. Die Gäste können am Pool auf dem Holzdeck entspannen und auf Wunsch ihr Abendessen in der *boma* genießen.
🛏 11 🕐

SOUTHBROOM

🏨 FIGTREE LODGE
$$–$$$ ★ ★ ★
30 NORTH RIDGE RD.
TEL. 039/316-6547
www.figtreelodge.co.za
Die Lodge inmitten grüner subtropischer Vegetation bietet vier Zimmer mit Bad. Von den wunderschönen, überdachten, offenen Holzdecks hat man einen herrlichen Blick. Auch ein Frühstück wird serviert. Anzahlung per Kreditkarte, sonst nur Barzahlung.
🛏 4 🅿 🏊

🍴 TRATTORIA LA TERRAZZA
$$
UMKOBI LAGOON,
17 OUTLOOK RD.
TEL. 039/316-6162
Das Restaurant hat eine schöne Lage mit Blick über die Umkobi Lagoon, bei schlechtem Wetter kann man drinnen essen. Auf der Karte finden sich italienische Klassiker wie Pizza und Pastagerichte, aber auch T-Bone-Steaks, Meeresfrüchte und Geflügelgerichte.
🛏 120 🅿 🕐 Geschl. Mo–Di M, So–Mo A & 2 Wochen im April

UKHAHLAMBA-DRAKENSBERG NP

Die Ezemvelo KwaZulu-Natal Wildlife Organization unterhält

eine Reihe von Resorts und Camps mit ganz unterschiedlichen Übernachtungsmöglichkeiten. Im Folgenden werden nur einige Camps vorgestellt. Meist handelt es sich um Selbstversorger-Chalets und rustikale Hütten mit Küchen und Grillmöglichkeiten. Wer eine komplette Liste und weitere Details haben möchte, findet diese auf der Homepage *(www.kznwildlife. com)*. Reservierungen müssen in jedem Fall komplett im Voraus bezahlt werden.

🏨 GIANT'S CASTLE CAMP
🍴
$$–$$$
ABSEITS DER N3, 65 KM VON ESTCOURT, 64 KM VON MOOI RIVER ENTFERNT
TEL. 036/353-3718
Viele Unterkünfte sind Zwei-Bett-Chalets mit Bad, vollständig eingerichteter Küche und einem Wohn-/Essbereich. Dazu kommen noch einige wenige Vier- und Sechs-Bett-Chalets mit der gleichen Ausstattung. Das Camp verfügt über einen Laden, ein Restaurant und eine Bar.
🛏 43 🛏 56 🅿

🏨 LOTHENI
$$
50 KM VON UNDERBERG, 62 KM VON NOTTINGHAM RD. ENTFERNT
TEL. 033/702-0540
Alle Unterkünfte wenden sich an Selbstversorger und sind mit Bad und vollständig eingerichteter Küche ausgestattet. Gäste haben die Wahl zwischen Chalets mit zwei, drei oder sechs Betten. Das Lotheni hat einen Laden, der für die Grundversorgung ausreicht.
🛏 14 🅿

🏨 THENDELE CAMP
$$
ROYAL NATAL NATIONAL PARK, 6 KM VOM TOR ENTFERNT
TEL. 036/438-6411
Gäste können zwischen Chalets (2–4 Pers.) mit Bad oder Sechs-Bett-Cottages mit Bad wählen. Die Chalets sind für Selbstversorger, für die Gäste der Cottages bereitet ein Koch die mitgebrachten Nahrungsmittel zu. Auch ein Laden ist in unmittelbarer Nähe vorhanden.
🛏 29 🅿

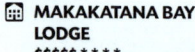
🏨 Hotel 🍴 Restaurant 🛏 Anzahl der Zimmer 🛏 Anzahl der Plätze (Restaurant) 🅿 Parken 🕐 Geschlossen

INJISUTHI

$–$$

NÖRDLICHER TEIL DES GEBIETS
GIANT'S CASTLE, 5 KM ZUM
INJISUTHI GATE
TEL. 036/431-7848

Das Injisuthi bietet 15 Selbstversorger-Chalets – jedes für jeweils
vier Personen, mit Bad, einer voll
ausgestatteten Küche und einer
gemeinsam genutzten Lounge
mit Feuerplatz. Ein Laden verkauft Grundnahrungsmittel.

 15 P

KRUGER & MPUMALANGA

BARBERTON

 BARBERTON MANOR GUEST HOUSE

$$ ★★★★

81 SHEBA RD.
TEL. 013/712-4826
www.barbertonmanor.com

Das Haus wurde 1927 nach Ent-
würfen von Sir Herbert Baker
erbaut und konnte die damalige
Atmosphäre bewahren: Erhal-
ten blieben die Decken aus Stahl
und die großen Kamine. Alle
Zimmer wurden modernisiert
und haben ein eigenes Bad.

3 P

BYE APART ATE

$–$$

27 DE VILLIERS ST.
TEL. 013/712-2846

Das Restaurant in einem alten
Haus in Barberton serviert gute
alte ländliche Küche mit portu-
giesischem Einschlag. Zu empfehlen sind die Steaks und die
Meeresfrüchteplatten mit viel
frischem Fisch und Krustentieren.

100 P Geschl. Di A

DULLSTROOM

 PEEBLES COUNTRY RET-REAT

$$$$–$$$$$ ★★★★★

LYON CACHET ST. & BOSMAN ST.
TEL. 013/254-8000
www.peebles.co.za

Das Hotel in Familienbesitz hat
luxuriöse Suiten mit jeweils offener Feuerstelle, einem Bad mit
extragroßer Badewanne, priva-
tem Speisebereich und Patio;
außerdem sind eine eigene Bar
und ein Restaurant vorhanden.
Die Gäste dürfen exklusiv eine

der Fliegenfisch-Einrichtungen
in Dullstroom nutzen.

10 35 P

MRS. SIMPSON'S RESTAURANT

$–$$

194 TEDING VAN BERKHOULD ST.
TEL. 013/254-0088
www.mrssimpsons.co.za

Inmitten kitschiger Dekoration,
die den Herzog und die Herzo-
gin von Windsor feiert, werden
den Gästen exzellente Gerichte
serviert. Zu empfehlen sind das
Springbock-Carpaccio, die Garnelen und Muscheln auf marokkanische Art sowie die gegrillten
Schweinekoteletts mit Aprikosen und Honig.

60 P Geschl. Di–Mi &
So A

HAENERTSBURG

 RED PLATE

$–$$

161 RISSIK ST.,
HAENERTSBURG VILLAGE
TEL. 083/305-2851

Das Restaurant bietet seinen
Gästen Tische im Freien. Die
Karte ändert sich oft, meist findet man aber Pommes frites,
Meeresfrüchteplatten und Suppen. Zu den Spezialitäten gehören Lammburger mit Avocado
und Schweinenacken mit Äp-
feln, Honig und Senf.

70 Geschl. Di, Mi M & A,
So A

HAZYVIEW

 BLUE MOUNTAIN LODGE

$$$$$ ★★★★★

AN DER R514 NACH KIEPERSOL
TEL. 013/737-8446
www.bluemountainlodge.
co.za

Die luxuriöse Lodge bietet eine
Reihe von Suiten, die individuell
eingerichtet sind: mal provenza-
lisch, mal afrikanisch; einige haben sogar ein eigenes Tauchbe-
cken. Das Restaurant bietet ein
fünfgängiges Festpreismenü mit
frischem Fisch, Pasta und Wild.

15 34 P

 RISSINGTON INN

$$–$$$ ★★★★

AN DER R40, AUSSERHALB VON
HAZYVIEW

TEL. 013/737-7700
www.rissington.co.za

Das Gasthaus mit Zimmern und
Suiten liegt in einem vier Hektar
großen Garten. Die rustikal möblierten Zimmer haben Duschen
und Bad. Das Restaurant serviert à la carte, unter anderem
Wildfleischeintopf, Meeres-
früchte- und Geflügelgerichte
und für Vegetarier Wermut-Ge-
müse-Pasta.

16 40 P

KRUGER NATIONAL PARK

Der Park hat die Größe eines
kleines Landes – entsprechend
groß ist die Zahl der Unterkünfte. Viele Übernachtungsmöglichkeiten liegen preislich in der
Kategorie $$, mit jeweils einigen
günstigeren und einigen teure-
ren Zimmern oder Wohnungen.
Nachfolgend werden einige re-
präsentative Beispiele in den
meistbesuchten Teilen des Na-
tionalparks vorgestellt. Weitere
Informationen findet man unter
dem Stichwort Kruger auf der
Homepage von South African
National Parks (www.sanparks.
org) sowie im Eingangskapitel
über den Nationalpark auf S.
#176ff. Reservierungen müssen
im Vorfeld getätigt werden und
können mit den bekannten Kre-
ditkarten bezahlt werden.

Südlicher Teil

 BERG-EN-DAL

$$–$$$$

12 KM ZUM MALELANE GATE
TEL. 013/735-6106

Die Unterkünfte reichen hier
von Drei-Bett-Bungalows über
Familienwohneinheiten für bis
zu sechs Personen bis hin zum
luxuriösen Gästehaus in Toplage
des Camps (max. acht Pers.). Alle Einheiten sind für Selbstversorger gedacht und verfügen
über eine Klimaanlage. Das
Camp hat einen Laden, ein Restaurant und eine Cafeteria.

95 P

 SKUKUZA

$–$$$$

39 KM ZUM PHABENI GATE
TEL. 013/735-4152

Das größte der Kruger-Camps
hat die Größe eines kleinen

Dorfes; zur Ausstattung gehören zwei Restaurants, ein Feinkostladen, eine Bank und eine Mietwagenfirma. Die Gäste übernachten in möblierten Zelten auf Pfählen mit gemeinschaftlich genutzten Sanitäranlagen, in strohgedeckten Hütten mit Bad (einige für Selbstversorger), voll ausgestatteten Cottages oder in luxuriösen, mehrräumigen Cottages und Häusern.

🛈 230 🛏 270 🅿 🔒 Einige Wohneinheiten 🏊

Parkzentrum

🏨 **OLIFANTS**
$$–$$$$
83 KM ZUM
PHALABORWA GATE
TEL. 013/735-6606
Zur Auswahl stehen Zwei- und Vier-Bett-Bungalows mit Bad (teilweise auch mit Küchenzeile, andere mit Zugang zur Gemeinschaftsküche) und große Luxusgästehäuser für bis zu acht Personen. Einige Einheiten haben Küchen und einen traumhaften Blick, bei der Reservierung sollte man entsprechende Wünsche äußern. Auf dem Gelände gibt es ein Restaurant, einen Laden und eine Cafeteria.

🛈 109 🛏 56 🅿 🔒

🏨 **SATARA**
🍴 **$$–$$$$**
48 KM ZUM ORPEN GATE
TEL. 013/735-6306
Hier hat man die Wahl zwischen Selbstversorger-Bungalows mit zwei oder drei Betten und Bad sowie Fünf- oder Sechs-Bett-Cottages mit der gleichen Ausstattung. Außerdem werden drei luxuriöse Gästehäuser in Toplage angeboten. Laden, Restaurant und Deli sind im Camp vorhanden.

🛈 151 🍴 75 🅿 🔒 🏊

🏨 **LETABA**
🍴 **$–$$$$**
51 KM ZUM PHALABORWA GATE
TEL. 013/735-6636
Die möblierten Zelte auf Pfählen und die rustikalen Hütten mit Gemeinschaftsbad und Küchennutzung sind die eine Möglichkeit, daneben gibt es noch Selbstversorger-Bungalows (2–3 Pers.), größere Cottages und Gästehäuser. Auch ein Restaurant, ein Laden und eine Cafeteria sind vor Ort.

🛈 113 🛏 44 🅿 🔒 Einige Wohneinheiten 🏊

Nördlicher Teil

🏨 **BATALEUR**
$$$
140 KM ZUM
PHALABORWA GATE
TEL. 013/735-6843
Das Bataleur ist eines der kleineren Bushveld-Camps und bietet Sechs- und Vier-Bett-Cottages mit Bad und voll ausgestatteter Küche. Das Camp hat kein Restaurant, der Laden verkauft auch keine Lebensmittel. Die Übernachtungsgäste müssen sich hier also komplett selbst versorgen.

🛈 7 🅿 🔒 Einige Wohneinheiten

🏨 **PUNDA MARIA**
🍴 **$$–$$$**
10 KM ZUM PUNDA MARIA GATE
TEL. 013/735-6873
Das Unterkunftsspektrum reicht von möblierten Safarizelten auf Pfählen mit Bad und Kochmöglichkeit über Zwei- bis Drei-Bett-Bungalows mit Bad und teilweise Küche bis hin zu größeren, voll ausgestatteten Bungalows für bis zu sechs Personen. Ein Restaurant, eine Cafeteria und ein Laden sind vorhanden.

🛈 31 🛏 20 🅿 🔒 Einige Einheiten 🏊

🏨 **SHINGWEDZI**
🍴 **$–$$$$**
71 KM ZUM PUNDA MARIA GATE
TEL. 013/735-6806
Das Camp bietet rustikale Drei-Bett-Hütten mit Gemeinschaftsküche und -bad, Selbstversorger-Bungalows mit Bad und offener oder überdachter Küche (2–5 Pers.), Vier-Personen-Cottages und ein luxuriöses, voll ausgestattetes Gästehaus für drei Personen. Zum Camp gehören ein Laden, ein Restaurant und eine Cafeteria.

🛈 66 🛏 24 🅿 🔒 Einige Einheiten 🏊

PRIVATE LODGES IN & RUND UM DEN KRUGER

Weitere Übernachtungsmöglichkeiten siehe S. 182ff.

🏨 **LUKIMBI SAFARI LODGE**
$$$$$
26 KM ZUM
MALELANE GATE
TEL. 011/431-1120
www.lukimbi.com
Die Lodge im südlichen Teil des Kruger bietet 16 luxuriöse Suiten in modernem afrikanischem Stil mit Klimaanlage, Bad und privater Terrasse zum Fluss hin. Die meisten haben sogar einen eigenen Pool. Die Mahlzeiten sind im Preis enthalten.

🛈 16 🅿 🔒 🏊 🍴

🏨 **SINGITA BOULDERS & SINGITA EBONY**
$$$$$
IM SABI SAND RESERVE, 64 KM VON HAZYVIEW, AN DER R536
TEL. 021/683-3424
www.singita.com
Im Schutzgebiet Sabi Sand bieten diese beiden Lodges luxuriöse Unterkunft mit bestem Blick auf Wildtiere und über den Sand River. Jede Suite hat eine Klimaanlage und einen eigenen Pool, eine Lounge mit offener Feuerstelle, Bad und Außendusche. Die Mahlzeiten sind im Preis enthalten.

🛈 24 🅿 🔒 🏊 🍴

🏨 **JOCK SAFARI LODGE**
$$$$$
IM KRUGER, 35 KM ZUM MALELANE GATE
TEL. 041/407-1000
www.jocksafarilodge.com
Die im südlichen Abschnitt des Kruger gelegene Lodge bietet zwei Unterkünfte: **Main Jock** und **Little Jock**, sie liegen nur 1,6 Kilometer voneinander entfernt. Die strohgedeckten Luxussuiten mit Klimaanlage haben jeweils ein eigenes Deck zur Tierbeobachtung mit Blick über den Fluss, zudem Bad und Außendusche sowie in den meisten Fällen ein eigenes Tauchbecken. Vollpension.

🛈 15 🅿 🔒 🏊 🍴

🏨 **SINGITA LEBOMBO & SINGITA SWENI**
$$$$
IM KRUGER, 64 KM ZUM ORPEN GATE
TEL. 021/683-3424
www.singita.com
Die luxuriösen Privatlodges liegen im südöstlichen Teil des

Kruger an der Grenze zu Mosambik. Die wunderschön eingerichteten Suiten wurden auf erhöhten Plattformen errichtet und bieten so gute Möglichkeiten zur Tierbeobachtung. Jede Suite hat eine Klimaanlage, einen eigenen Kühlschrank, ein Bad und eine Außendusche. Vollpension.

ⓘ 21 🅿 🚭 ❄ 🏊

PILGRIM'S REST

🏨 MOUNT SHEBA
🍴 COUNTRY LODGE HOTEL
$$$–$$$$ ★ ★ ★ ★
GROOTFONTEINBERG,
561 KT LYDENBURG RD.
TEL. 013/768-1241
www.mountsheba.co.za
Das Hotel in den Bergen oberhalb der Stadt bietet strohgedeckte Suiten mit eigenem Bad, Feuerstelle und Veranda mit Blick über das Reservat. Auf Wunsch gibt es Frühstück und Mittagessen, das Abendessen wird im hoteleigenen Restaurant **Chandelier** serviert.

ⓘ 24 🛏 86 🅿 🏊

SABIE

🏨 THE WOODSMAN
🍴
$$ ★ ★ ★
94 MAIN ST.
TEL. 013/764-2204
www.thewoodsman.co.za
Das B&B bietet schöne Blicke auf das Sabie Valley, die Gäste übernachten in großzügig geschnittenen Suiten, die mit Stilmöbeln und dunklem Holz eingerichtet sind. Alle Zimmer haben ein eigenes Bad, einige auch einen Balkon mit schönem Talblick. Speisen werden im Restaurant **Woodsman** serviert.

ⓘ 12 🛏 180 🅿

🍴 COUNTRY KITCHEN
$–$$
73 MAIN ST.
TEL. 013/764-1901
Das lässige, nette Lokal serviert gute südafrikanische Gerichte mit modernem Touch, darunter auch einige vegetarische Gerichte. Probieren sollte man die Forelle mit Püree (gewürzt mit Senf und Estragon) oder den *waterblommetjie*-Auflauf mit Wacholder und Brandysauce.

🛏 40 🅿 🕓 Geschl. So–Di

TIMBAVATI

🏨 KINGS CAMP
$$$$$
10 KM ZUM
TIMBAVATI GATE, AUSSERHALB
VON HOEDSPRUIT
TEL. 015/793-1123
Gut voneinander getrennte, geräumige Suiten mit Klimaanlage sind mit einer gefüllten Minibar, einer abgeschlossenen Veranda, Duschen im Innern wie im Freien sowie mit einem sehr viktorianischen Bad ausgestattet.

ⓘ 11 🅿 🚭 ❄ 🏊

TZANEEN

🏨 COACH HOUSE
🍴
$$$$–$$$$$ ★ ★ ★ ★ ★
OLD COACH RD., BEI AGATHA,
15 KM VON TZANEEN ENTFERNT
TEL. 015/306-8000
www.coachhouse.co.za
Das Coach House liegt auf einem Hügel und eröffnet von dort eine schöne Aussicht. Neben einem Garten bietet es ländlichen Luxus: Jedes Zimmer hat eine private Veranda und ein eigenes Bad mit Handtuchheizung. Im mit Kerzen beleuchteten Speisesaal werden Austern, heimische Forellen, Lamm und die berühmte Hühnerpastete serviert.

ⓘ 39 🛏 130 🅿 🕓 ❄ 🏊

WHITE RIVER

🏨 WINKLER HOTEL
$$ ★ ★ ★
6 KM NÖRDLICH VOM WHITE
RIVER, AN DER NUMBI
GATE RD. (R538)
TEL. 013/751-5068
www.proteahotels.com
Als eines der Hotels der Protea-Kette liegt das Winkler in einer grünen Gartenanlage unweit des Kruger National Park. Die Zimmer haben Klimaanlage, eigenes Bad und einen Balkon mit Blick über die Anlage. Im Hotel werden alle Mahlzeiten serviert.

ⓘ 87 🅿 🕓 🏊

🍴 FEZ
$–$$
BAGDAD CENTER, AN DER R40
GEGENÜBER DER CASTERBRIDGE
FARM
TEL. 013/750-1253
Die Veranda des Fez besticht mit Oliven- und Orangenbäumen und blau karierten Tischdecken.

Gekocht wird nordafrikanisch, aber auch Sushi findet sich auf der Karte.

🛏 80 🅿 🕓 Geschl. Mo & So A

🟩 JOHANNESBURG & DAS BINNENLAND

JOHANNESBURG

🏨 GRACE HOTEL
🍴
$$$$$ ★ ★ ★ ★ ★
54 BATH AVE., ROSEBANK
TEL. 011/280-7200
www.thegrace.co.za
Das Luxushotel mit zurückhaltend klassisch-elegant eingerichteten Zimmern bietet einen englischen Garten auf seiner Dachterrasse. Das Restaurant **Dining Room** serviert unter anderem Ente, die mit Portwein und Blaubeeren zubereitet wird, und Springbockkeule mit Kastanien. Beliebt ist auch das Mittagessen auf der Terrasse.

ⓘ 60 🛏 105 🕓 🚭 ❄ 🅿 🕓

🏨 MELROSE ARCH
🍴 HOTEL
$$$$$ ★ ★ ★ ★ ★
1 MELROSE ST., MELROSE ARCH
TEL. 011/214-6666
www.africanpridehotels.com
Das moderne, afrikanisch eingerichtete Hotel präsentiert sich mit Zimmern in leuchtenden Farben und mit einer Poolbar, deren Tische im seichten Wasser stehen. Das **Restaurant March** serviert internationale und afrikanische Fusionsküche, wie gebratenes Rüben-Kürbis-Curry und Lachs-Sashimi.

ⓘ 180 🛏 110 🅿 🕓 🏊 ❄

🏨 THE MICHAELANGELO
$$$$$ ★ ★ ★ ★ ★
SANDTON ST., SANDTON
TEL. 011/282-7035
www.legacyhotels.co.za
Das moderne, italienische Renaissancehotel im Herzen von Sandton ist das Nonplusultra an Komfort. Die Zimmer und Suiten sind luxuriös eingerichtet, es gibt ein Hallenbad, ein grünes Sonnendeck, einen Fitnessraum, ein Spa sowie mehrere Bars und Restaurants.

ⓘ 240 🛏 305 🅿 🕓 🚭 ❄ 🏊

🏨 THE SAXON BOUTIQUE
HOTEL & SPA
$$$$$ ★ ★ ★ ★ ★

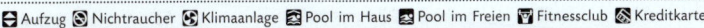

36 SAXON RD., SANDHURST
TEL. 011/292-6000
www.saxon.co.za
Hohe, festungsähnliche Mauern
umgeben das luxuriöse Saxon.
Das Boutiquehotel in der nördlichen Vorstadt bietet Suiten, die
„afrikanisch" eingerichtet sind,
große, gepflegte Gärten, hervorragende Möglichkeiten zum
Abendessen, einen Spa, einen
Dampfraum und einen beheizten Pool.
📱 26 P 🚪 🔲 🏊 🍽

🏨 PEECH HOTEL
🍴 $$$$ ★ ★ ★ ★
61 NORTH ST., MELROSE NORTH
TEL. 011/537-9797
http://thepeech.co.za
Die Räume des kleinen Hotels
sind im modernen afrikanischen
Stil eingerichtet, es gibt Federbetten und unbegrenzten Internetzugang. Das **Bistro-Restaurant**
serviert Fisch, Strauß und Lamm,
die Gerichte werden nach Art der
Cape-Malay-Küche zubereitet.
📱 10 🍴 45 P 🔲 Restaurant
geschl. So 🔲 🏊 🍽

🏨 QUATERMAIN INN
🍴 $$$–$$$$$ ★ ★ ★ ★
137 WEST RD. S., MORNINGSIDE,
SANDTON
TEL. 011/290-0900
www.falstaff.co.za
Das Gasthaus liegt unweit des
Zentrums von Sandton und eines Golfplatzes und bietet Zimmer und Suiten mit einer zurückhaltenden Einrichtung. Das
Restaurant **Sel et Poivre** serviert
französische Küche mit belgischen Anklängen. Zu empfehlen
sind der geräucherte Lachs mit
Rösti und die langsam gebratene Ente mit Beerensauce.
📱 104 🍴 110 P 🔲 🏊 🍽

🏨 VILLA VITTORIA
$$$
21 MELVILLE RD., HYDE PARK
TEL. 011/788-0708
Das Gästehaus liegt in der nördlichen Vorstadt zwischen Rosebank und Sandton im ehemaligen britischen Konsulat. Die
Doppelzimmer mit Bad sind mit
dunklem Holz, Himmelbetten
und hellen Stoffen eingerichtet;
WLAN ist ebenfalls vorhanden.
Das Frühstück wird serviert;
Abendessen auf Anfrage.
📱 10 P 🏊

🏨 COTSWOLD GARDENS
$$–$$$
46 COTSWOLD DR., SAXONWOLD
TEL. 011/442-7553
www.cotswoldgardens.co.za
Das Gästehaus liegt im grünen
Vorort Saxonwold, unweit des
Zoos und der Annehmlichkeiten
von Rosebank. Es hat einen Garten und bietet B&B und Selbstversorger-Räume. Ein PC mit Internetanschluss steht den Gästen zur Verfügung.
📱 4 P 🏊

🏨 PREMIERE CLASSE SUITE HOTEL
$$–$$$ ★ ★ ★
62 CORLETT DR., MELROSE
TEL. 011/788-1967
www.premiereclasse.co.za
Unweit von Rosebank und
Sandton gelegen, bietet das
Hotel Zimmer zu vernünftigen
Preisen. Die Suiten sind für
Selbstversorger und haben jeweils eine Küche. Frühstück und
Abendessen auf Wunsch.
📱 30 P 🚪 🔲 Einige Zimmer

🏨 HIGHGROVE GUEST HOUSE
$$ ★ ★ ★ ★
1 SIDE RD., MORNINGSIDE,
SANDTON
TEL. 011/884-3680
www.high-grove.co.za
Das wunderschöne Gästehaus
im georgianischen Stil bietet geschmackvolle Zimmer mit Internetanschluss. Jedes Zimmer hat
Blick auf Garten und Pool – entweder vom Balkon oder vom
Patio. Ein Frühstück wird serviert.
📱 8 P 🏊

🏨 MELVILLE TURRET GUEST HOUSE
$$ ★ ★ ★
118 SECOND AVE., MELVILLE
TEL. 011/482-7197
www.melvilleturret.co.za
Das Gästehaus in einem historischen Gebäude ist über hundert
Jahre alt und bietet Selbstversorger- und B&B-Unterkünfte.
Einige Zimmer öffnen sich zum
Garten hin, andere haben Blick
auf die Stadt.
📱 9 P 🔲 Einige Zimmer

🍴 AUBERGE MICHEL
$$$$–$$$$$
122 PRETORIA AVE., SANDTON
TEL. 011/883-7013

Eine kühle, schwarz-weiße Einrichtung prägt das beste Restaurant der Stadt (formelle Kleidung erwünscht). Die Karte bietet sehr gute französische Küche, wie Krebssuppe mit Pilzen
und Koriander-Tortellini oder
Springbock mit Garnelen und
Ingwersauce.
🍴 60 🔲 Geschl. Sa–Mo M, So
A; 3 Wochen im Dez. P

DER BESONDERE TIPP

🍴 LINGER LONGER
$$$–$$$$
58 WIERDA RD. W., WIERDA
VALLEY, SANDTON
TEL. 011/884-0465
Die Gäste haben die Wahl zwischen den farbenfroh gestalteten Innenräumen und dem Gartensommerhaus. Die preisgekrönte Karte bietet Speisen wie
Krokodil und Garnelen in Mango-Curry, ein Trio von Rind,
Lamm und Wild mit Polenta
und gebratenem Knoblauch
und Atlantiklachs in marokkanischer Kruste.
🍴 70 🔲 Geschl. Sa–So M, So
A; 2 Wochen Ende Dez. P

🍴 BUTCHER SHOP & GRILL
$$$
SHOP 30, NELSON MANDELA S.,
SANDTON
TEL. 011/784-8676
Das Restaurant verdankt seinen
guten Ruf vor allem den Fleischgerichten: T-Bone-Steak, Filets,
Lenden- und Rumpsteak, aber
auch Rippchen, Schweinekoteletts und Kebabs mit vielen verschiedenen Saucen.
🍴 300 P

🍴 ASSAGGI
$$–$$$
POST OFFICE CENTER,
30 RUDD RD., ILLOVO
TEL. 011/268-1370
Die Gäste werden herzlich willkommen geheißen, die Tische
sind mit gestärktem Leinen gedeckt, die Küche ist italienisch.
Eine Spezialität sind unter anderem die Risotti mit Scampi, Pilzen oder Spargel. Auch die Lasagne oder der Kalbsbraten mit
Parmesan sind zu empfehlen.
🍴 90 🔲 Geschl. So–Mo M,
So A; 2 Wochen Ende Dez. P

🍴 MELVILLE GRILL & ABYSSINICA
$$–$$$
THIRD AVE. & SEVENTH ST., MELVILLE
TEL. 011/726-2890
Zwei einst unabhängige Restaurants mit afrikanischer Einrichtung stehen nun unter gemeinsamer Leitung. Die Karte bietet gegrillte Steaks sowie äthiopische und ostafrikanische Spezialitäten.
⊞ 110 🅿 🔲 Geschl. im Winter So

🍴 MOYO
$$–$$$
SHOP 5, HIGH ST., MELROSE ARCH
TEL. 011/684-1477
Das zur Moyo-Kette gehörende afrikanische Restaurant erstreckt sich über fünf Etagen, die über Stahltreppen verbunden sind. Auf der Karte finden sich marokkanisches Lamm, ostafrikanische Currys, südafrikanische Meeresfrüchte und Strauß.
⊞ 500 🅿

🍴 YAMATO
$$–$$$
196 OXFORD ROAD, ILLOVO
TEL. 011/268-0511
Das Yamato ist so authentisch japanisch, wie es in Südafrika nur möglich ist. Neben Sashimi und Sushi bietet der Küchenchef auch Nabemono an, eine Art Eintopf, den die Gäste selbst am Tisch kochen.
⊞ 120 🔲 Geschl. Sa M

🍴 ZAFFERANO
$$–$$$
PARK HYATT HOTEL, 191 OXFORD RD., ROSEBANK
TEL. 011/280-1234
Das schicke Restaurant serviert internationale Küche: frittierte Artischocken und Enten-Proscutto mit gegrillten Melonen und Pilzen, aber auch Ossobuco und gefüllte Hühnerbrust.
⊞ 80 🅿 🔲 Geschl. 2 Wochen Ende Dez.

🍴 GOURMET GARAGE
$$
ATHOLL S. CENTRE, WIERDA RD. E. & KATHERINE ST., SANDTON
TEL. 011/883-2226
Das Restaurant im Retrostil der 1950er Jahre serviert Gourmet-

hamburger mit Rind-, Straußen- oder Lammfleisch, aber auch klassische Variationen mit deftigem Speck oder einfach mit Gemüse und Salat.
⊞ 280 🅿

🍴 LEKGOTLA
$$
5 NELSON MANDELA S., SANDTON
TEL. 011/884-9555
Afrikanische Einrichtung und moderne afrikanische Küche kennzeichnen das Lokal, das übersetzt „Treffpunkt" heißt. Probieren sollte man die Fischfrikadellen mit einer grünen Pfeffersauce aus Madagaskar oder das Sansibar-Huhn mit Tomaten und Chili auf Couscous.
⊞ 370 🅿

🍴 SOULSA
$$
16 SEVENTH ST., MELVILLE
TEL. 011/482-5572
Ein angesagtes Restaurant mit ausgefallener Split-Level-Architektur und Tischen auf dem Bürgersteig. Interessant ist der ganztägige Brunch, aber auch die asiatisch gewürzten Tofustücke, Springbockkeule mit Schwarze-Johannisbeer-Sauce oder sautierte Thunfisch-Tempura mit eingelegtem Ingwer.
⊞ 80 🔲 Geschl. Mo

🍴 RED CHAMBER
$–$$
68 HYDE PARK CENTER, JAN SMUTS AVE., HYDE PARK
TEL. 011/325-6048
Das gut etablierte chinesische Restaurant serviert authentische Mandarinküche. Sehr zu empfehlen sind die Gerichte mit Glasnudeln, die Pekingente und die vegetarischen Gerichte.
⊞ 130 🅿

🍴 SOPHIA'S MEDITERRANEAN RESTAURANT
$–$$
SHOP 311, ROSEBANK MALL, CRADOCK AVE., ROSEBANK
TEL. 011/880-7356
Das nach Sophia Loren benannte Restaurant (Bilder der Diva hängen an den Wänden) hat sich auf Meeresfrüchte, mediterrane Gerichte und Pizzen spezialisiert.
⊞ 150 🅿 🔲 Geschl. So A

PILANESBURG NP

Weitere Möglichkeiten siehe S. 238.

PRETORIA

🏨🍴 SHERATON
$$$$–$$$$$ ★★★★★
CHURCH ST. & WESSELS ST.
TEL. 012/429-9999
www.starwoodhotels.com/sheraton
Das zu einer internationalen Hotelkette gehörende Hotel liegt zentral im ruhigen Botschaftsviertel mit Blick über die Union Buildings auf die Stadt.
① 175 ⊞ 260 🅿 🔁 🖥 🔲 Einige Zimmer 🏋

🏨 COURTYARD HOTEL
$$$–$$$$$ ★★★★
PARK & HILL STS., ARCADIA
TEL. 012/342-4940
www.citylodge.co.za
Trotz seiner Nähe zum Zentrum liegt das Hotel in einer Gartenanlage. Ein jahrhundertealtes Herrenhaus bildet das Herz der Hotelanlage. Die Selbstversorger-Zimmer sind mit farbenfrohen Stoffen geschmückt. Ein Frühstück wird serviert, das Abendessen kann im Zimmer eingenommen werden.
① 69 🅿 🖥 🖥 🔲 Einige Zimmer

🏨🍴 PREMIER HOTEL PRETORIA
$$$–$$$$$ ★★★★
573 CHURCH ST., ARCADIA
TEL. 012/441-1400
www.premierhotels.co.za
Das Hotel der Premier-Kette hat erst 2007 eröffnet und bietet seinen Gästen Zimmer im Herzen der Stadt. Diese sind in Weiß mit kontrastierendem Braun gehalten. Das hoteleigene Restaurant **Ambassador** serviert Frühstück, Mittagessen und Abendessen.
① 118 ⊞ 96 🅿 🔁 🖥 🖥

🏨🍴 LERIBA LODGE
$$$ ★★★★
245 END AVE., CLUBVIEW, CENTURION
TEL. 012/660-3300
www.leriba.co.za
Die Lodge in einer acht Hektar großen Anlage entlang dem Ufer des Hennops River bietet – nur

fünf Fahrminuten von Pretoria entfernt – authentisches Buschfeeling. Die Zimmer mit Bad sind im ostafrikanischen Stil eingerichtet und haben Blick auf den Garten. In dem zur Lodge gehörenden Restaurant **Pinotage** wird südafrikanische Küche zubereitet.

[i] 58 [+] 120 [P] [S] Einige Zimmer [img] [img]

[h] 40 ON ILKEY
$$ ★★★★
40 ILKEY RD., LYNNWOOD GLEN
TEL. 012/348-3766
www.40onilkey.co.za
Das neue B&B liegt, nur wenige Minuten von der Shoppingmall am Menlyn Park entfernt, in einem zehn Hektar großen Vogelschutzgebiet. Die Zimmer mit Bad sind in Honigtönen gehalten, die Betten mit Perkal bezogen.

[i] 7 [P]

[h] MOLOPO VIEW GUEST HOUSE
$–$$
264 MOLOPO AVE., SINOVILLE
TEL. 083/459-7209
www.molopoview.co.za
Von der Veranda genießt man den Blick über den Norden Pretorias. Die Zimmer sind einfach möbliert, einige haben Gemeinschaftsbäder, die meisten aber ein eigenes Bad. Ein Frühstück wird serviert.

[i] 6 [P] [S] Die meisten Zimmer [img]

[h] OXNEAD GUEST HOUSE
$ ★★★★
802 JOHANITA ST.,
MORELETA PARK
TEL. 012/993-4515
www.oxnead.co.za
In diesem Gästehaus in einem ruhigen Vorort bekommt man viel für sein Geld; es ist eine gute Unterkunft, wenn man über die N1 Richtung Norden oder Süden fährt. Die geschmackvoll eingerichteten Zimmer sind für Selbstversorger gedacht, aber ein Frühstück wird serviert.

[i] 10 [P]

[r] BRASSERIE DE PARIS
$$$–$$$$
381 ARIES ST.,
WATERKLOOF RIDGE
TEL. 012/460-3583
Das in einem Architektenhaus

von 1960 eingerichtete Lokal bietet separate Zimmer und Balkone und ist für seine gute französische Küche bekannt. Die kleine Karte wechselt regelmäßig.

[+] 40 [P] [G] Geschl. Sa–So M, So A; 2 Wochen Ende Dez.

[r] FAIRHILL BISTRO
$$–$$$
849 ARCADIA ST., ARCADIA
TEL. 012/344-0140
www.fairhillbistro.co.za
Eine entspannte Atmosphäre kennzeichnet das Lokal in einem alten Gebäude mit Tischen drinnen und draußen. Die Küche ist portugiesisch mit mosambikanischen und mediterranen Einflüssen: Meeresfrüchte *piripiri*, Reh, Rind- und Schweinefleischgerichte finden sich auf der Karte.

[+] 40 [P] [G] Geschl. Sa–So M, So A; 4 Wochen Dez.–Jan.

[r] IMAGINE RESTAURANT & DELI
$$–$$$
310 EASTWOOD ST., ARCADIA
TEL. 012/342-9281
In diesem hübschen Restaurant und Deli bedienen sich die Gäste selbst, das Essen wird nach Gewicht berechnet. Abends geht es weniger förmlich zu, es gibt mediterrane Gerichte wie Lamm an einer Portweinreduktion oder Straußenfilet.

[+] 82 [P] [G] Geschl. So

[r] WING HIN CHINESE RESTAURANT
$$
BUSINESS SUITE 13B,
MAROELANA CENTER,
MAROELANA ST., MENLO PARK
TEL. 012/460-6180
Das unter der Leitung von Wing Hin geführte Lokal serviert köstliche Schweinehäppchen mit Pflaumenzuckersauce, Hühnergeschnetzeltes mit Cashewkernen, Garnelen *piripiri* und Rindfleisch in Austernsauce. Sogar echt chinesisches Tsingtao-Bier wird hier ausgeschenkt.

[+] 150 [P]

[r] DIE WERF
$–$$
66 OLYMPUS AVE., FAERIE GLEN
TEL. 012/991-1809
Das rustikale ländliche Lokal, 1,5 Kilometer außerhalb des Zentrums gelegen, bereitet süd

afrikanische Küche zu. Hier werden den Gästen herzhafte Hühnerpastete, *bobotie*, Eintöpfe in Emailtellern und Kaldaunen in Dreibeintöpfen, Rumpsteak in Rotweinsauce und Pilze in Portwein serviert.

[+] 300 [P] [G] Geschl. Mo M, So–Mo A

[r] ZEMARA
$–$$
ARCADIA PARK GALLERIES, PARK
& WESSEL ST., ARCADIA
TEL. 012/344-1526
Eines der wenigen afrikanischen Restaurants in der Gegend. Der kongolesische Küchenchef bietet unter anderem gegrillten Tilapia (Buntbarsch) mit Limonen, gegrilltes Huhn mit Palmnüssen und frittierte Kochbananen.

[+] 60 [P]

SOWETO

[r] B'S PLACE
$
5541 SHUENANE ST.,
ORLANDO EAST
TEL. 011/935-1766
Das B's ist ein Anbau an ein Soweto-Haus aus den 1930er Jahren, die Wände sind mit historischen Zeitungsartikeln beklebt. Die Küche ist typisch afrikanisch: *pap*, Fleisch mit scharfen Saucen, dazu gibt es Sorghumbier aus der Kalebasse. Festpreismenü.

[+] 35

[r] WANDIE'S PLACE
$
618 MAKHALEMELE ST., DUBE, CRAIGHALL
TEL. 011/982-2796
Das Wandie's – eine Institution – bietet Tische draußen und drinnen und ist ein beliebter Stopp während einer Soweto-Tour. Das Büfett umfasst lokale Kost: Fisch, Rind, Ochsenschwanz und *mogodu* (Kaldaunen), Brathuhn und vegetarische Gerichte. Festpreismenü.

[+] 160 [P] [S]

SUN CITY

Sun City, 190 Kilometer nordwestlich von Johannesburg in der Provinz Nord-West gelegen, besteht aus einem Komplex aus Unterhaltungslokalen, Restaurants und vier Hotels (siehe unten), die eine ganze Reihe unter

schiedlicher Übernachtungsmöglichkeiten bieten.

THE CABANAS
$$$–$$$$ ★ ★ ★ ★
SUN CITY RESORT
TEL. 014/557-1000
www.suninternational.com
Die Anlage liegt in grünen Gär-
ten, die sich entlang der Straße
zum Sun City Lake erstrecken –
ideal für entspannte Familienfe-
rien. Zur Auswahl stehen große
Familienhütten für vier Perso-
nen oder kleinere Hütten, die
allesamt jeweils mit Küche und
Bad ausgestattet sind. Es gibt
zwei Restaurants – **Palm Ter-
race** und **Butchers Grill Steak-
house** – sowie eine **Poolbar**.
⬜ 380 🛗 🚭 ❄ 🏊 🏋

THE CASCADES
$$–$$$$ ★ ★ ★ ★
SUN CITY RESORT
TEL. 014/557-1000
www.suninternational.com
Klein, elegant und ruhig inmitten
üppiger Gärten mit vielen Möglichkeiten zum Planschen. Die
Luxuszimmer und -suiten haben
eine Badewanne mit Whirlpool.
Das **Peninsula Restaurant** bietet internationale Küche und
Pianomusik. Leichte Mahlzeiten
serviert das **Fishmonger**.
⬜ 243 🛗 🚭 ❄ 🏊 🏋

PALACE OF THE
LOST CITY
$$–$$$$$ ★ ★ ★ ★
SUN CITY RESORT
TEL. 014/557-1000
www.suninternational.com
Das Palace of the Lost City ist mit
Fresken, Mosaiken und handbe-
malten Decken (Thema sind süd-
afrikanische Tiere und Kulturen)
ausgeschmückt: Hier können
die Gäste im Luxus schwelgen –
jede der prächtigen Suiten hat
einen Whirlpool und eine Sauna.
⬜ 338 🛗 🚭 ❄ 🏊 🏋

SUN CITY HOTEL
$$–$$$$$ ★ ★ ★ ★
SUN CITY RESORT
TEL. 014/557-1000
www.suninternational.com
Das Sun City hat Weltklassekasi-
nos, viele verschiedene Bars
(**Lobby Lounge, Sun Terrace,
Harlequins**), Restaurants (das
Orchard mit ostafrikanischer,
das **Calabash** mit traditioneller

südafrikanischer Küche) und weitere Lokalitäten für jeden Geldbeutel und jeden Geschmack.
⬜ 340 🛗 ❄ 🏊 🏋

SWARTRUGGENS

WOODRIDGE PALMS
BOUTIQUE HOTEL
$$$$$
ZWISCHEN KOSTER & SWAR-
TRUGGENS, AN DER R509
TEL. 014/544-6911
www.woodridgepalms.co.za
Das Hotel und das Wellnesscenter präsentieren sich mit einer
Mischung afrikanischer und östlicher Einflüsse. Das Hotel auf
einem hügeligen Gelände bietet
geführte Spaziergänge und Vogelbeobachtung an, auch ein
Restaurant ist vorhanden.
⬜ 7 🛏 32 🛗 ❄ 🏊 🏋

ZEERUST

ZEERUST SELF CATERING
$$
10A RUST ST.
TEL. 083/777-6670
www.zeerust.za.org
Das Selbstversorger-Hotel bietet
luxuriöse Zimmer, die in kräfti-
gen, leuchtenden Farben ausge-
schmückt sind. Die Gäste haben
Zugang zu voll ausgestatteten Kü-
chen, zu einem Barbecuebe-
reich, einer Lounge und einem
Garten. Rauchen ist generell un-
tersagt. Anzahlung mit Kredit-
karte, sonst nur Barzahlung.
⬜ 6 🅿

NORD-KAP
AUGRABIES FALLS
NATIONALPARK

AUGRABIES REST CAMP
$–$$
ÜBER DIE R359 UND DANN VOM
PARKEINGANG AUS 49 KM VON
KAKAMAS ENTFERNT
TEL. 054/452-9200
www.sanparks.org/parks/
augrabies
Die Gäste logieren in Chalets mit
Bad und Klimaanlage, die jeweils
zwei oder drei Einzelbetten ha-
ben. Außerdem gibt es Familien-
Cottages für vier Personen. Jede
Wohneinheit verfügt über eine
eigene, voll eingerichtete Küche.
Ein Restaurant und ein Laden
sind ebenfalls vorhanden.
⬜ 59 🛏 96 🅿 ❄ 🏊

DIAMOND COAST

NARIES NAMAKWA
RETREAT
$$$$$$
STEENVLEI, KLEINZEE
TEL. 027/712-2462
www.naries.co.za
Im Zentrum von Namakwa
bietet das Camp eine Selbstver-
sorger-Wohneinheit für Familien
(bis zu 4 Pers.) sowie drei stroh-
gedeckte „Namakwa-Hütten".
Im Haupthaus finden sich fünf
weitere Zimmer. Das Frühstück
und das Abendessen sind im
Preis enthalten.
⬜ 12 🅿

DIE HOUTHOOP
$–$$
STEENVLEI, KLEINZEE
TEL. 027/821-1669
www.houthoop.co.za
Die abgelegene Unterkunft bie-
tet rustikale Holzhütten und
einige Selbstversorger-Chalets.
Auf dem Gelände gibt es außer-
dem ein Gästehaus mit einer
Lounge für die Gäste und ein
Restaurant.
⬜ 9 🛏 20 🅿

KAKAMAS

VERGELEGEN GUEST
HOUSE & RESTAURANT
$$–$$$ ★ ★ ★ ★
AN DER N14 ZWISCHEN KAKA-
MAS & KEIMOES
TEL. 054/431-0976
Die Zimmer mit Bad rangieren
von Standard bis Luxus. Der
Blick fällt auf die karge Halbwüste und die bewässerten grünen
Weingärten. Auf der Karte finden sich südafrikanische Spezialitäten, die aus lokalen Produk-
ten zubereitet werden.
⬜ 22 🛏 85 🅿 ❄ 🏊

KGALAGADI
TRANSFRONTIER PARK

Kgalagadi ist ein riesiger Park,
deshalb können im Folgenden
auch nur die Camps vorgestellt
werden, die eine vernünftige Infrastruktur bieten und von den
Übernachtungsgästen nicht das
Mitbringen von Wasser und
Feuerholz erwarten. Weitere
Details finden sich auf den entsprechenden Seiten der Homepage von South African Natio-

nal Parks (www.sanparks.org). Reservierungen können mit den bekannten Kreditkarten getätigt werden. Da die Straßen teilweise in einem sehr schlechten Zustand sind, werden oft die Fahrzeiten, nicht die Kilometerentfernung genannt.

🏨 TWEE RIVIEREN
$$

265 KM VON UPINGTON BIS ZUM TOR, DANN WEITERE 15 KM
TEL. 054/561-2000

Das größte Camp des Parks bietet Unterkünfte in Familien-Cottages mit Bad und in Chalets für zwei bis sechs Personen. Jede Wohneinheit ist mit Klimaanlage und einer kleinen Küche ausgestattet. Strom steht rund um die Uhr zur Verfügung, außerdem ein Restaurant und ein gut sortierter Laden. Gut zu wissen: Das Camp ist das Einzige mit Mobilfunkempfang.

ⓘ 31 🔱 72 🅿 🌀 🌊

🏨 MATA-MATA REST CAMP
$–$$

2,5 STD. VON TWEE RIVIEREN
TEL. 054/561-2000

Die Unterkünfte sind hier Wohneinheiten (2–6 Pers.) mit Bad und teilweise auch mit Küchen für Selbstversorger. Es gibt einen gut sortierten Laden, jedoch kein Restaurant. Strom ist 18 Stunden am Tag verfügbar.

ⓘ 6 🅿

🏨 NOSSOB REST CAMP
$–$$

3,5 STD. VON TWEE RIVIEREN
TEL. 054/561-2000

Das Nossob bietet seinen Besuchern verschiedene Chalets, Familien-Cottages und ein Gästehaus (2–6 Pers.). Jede Einheit hat ein eigenes Bad, einige bieten auch eine Küche oder einfache Einrichtungen für Selbstversorger. Es gibt einen gut sortierten Laden, aber kein Restaurant. Strom steht 18 Stunden am Tag zur Verfügung.

ⓘ 16 🅿 🌊

KURUMAN

🏨 TUSCANY GUEST HOUSE
$$

83 MAIN ST.
TEL. 082/423-6311

Das Gästehaus in der Stadt bietet kühle, geschmackvoll eingerichtete Räume. Ein kontinentales Frühstück wird serviert, Rauchen ist nicht erlaubt.

ⓘ 6 🅿

PORT NOLLOTH

🏨 PORT INDIGO
$–$$ ★ ★ ★

125 KAMP ST.,
MCDOUGALL'S BAY
TEL. 027/851-8012

Das Port Indigo bietet Selbstversorger-Einheiten für zwei bis acht Personen. Fast alle geben einen schönen Blick auf den Atlantik frei. Für die meisten Wohneinheiten gibt es auf Wunsch ein Frühstück, alle verfügen über einen Grill.

ⓘ 26 🅿 Keine

🍴 VESPETTI
$

BEACHFRONT RD.
TEL. 079/866-9960

Das farbenfrohe italienische Restaurant bietet Tische draußen und drinnen, dazu einen schönen Blick aufs Meer. Als Vorspeise gibt es zum Beispiel gegrillten Tintenfisch auf neapolitanische Art und sautierte Hühnerleber, als Hauptgericht Pizzen und Pastagerichte.

🔱 60 🅿 🕐 Geschl. Mo

SPITSKOP

🏨 KALAHARI MONATE LODGE
$$

13 KM NÖRDLICH VON UPINGTON AN DER R360
TEL. 054/332-1336
www.spitskopmonate.com

Die Lodge liegt in einem rund 57 Quadratkilometer großen Naturreservat und bietet strohgedeckte Selbstversorger-Chalets. Jedes verfügt über eine eigene, voll eingerichtete Küche und einen Patio mit eingebautem Grill.

ⓘ 6 🅿 🌀 🌊

SPRINGBOK

🏨 MOUNTAIN VIEW GUEST HOUSE
$$–$$$ ★ ★ ★ ★

2 OVERBERG AVE.
TEL. 027/712-1438
www.mountview.co.za

Der Blick aus dem Gästehaus fällt auf die Granitfelsen, das Tal und die Berge. Jedes Zimmer ist individuell eingerichtet und hat einen Kühlschrank sowie die Möglichkeit, Tee und Kaffee zu kochen. Ein Frühstück wird serviert; Mittag- und Abendessen auf Bestellung.

ⓘ 13 🅿 🌀 🌊

🏨 🍴 SPRINGBOK HOTEL
$$ ★ ★

VAN RIEBEECK ST.
TEL. 027/712-1161

Das hübsche, traditionelle Hotel liegt mitten in der Stadt. Es bietet Suiten mit Klimaanlage und entweder Bad oder Dusche. Die Einrichtung ist farbenfroh mit Blumenstoffen gehalten. Es gibt ein reichhaltiges Abendbüfett und einen schattigen Biergarten.

ⓘ 28 🔱 56 🅿 🌀

UPINGTON

🏨 LE MUST RIVER MANOR
$$ ★ ★ ★

12 MURRAY AVE.
TEL. 054/332-3971
www.lemustupington.com

Das hübsche Gästehaus hat eine große Gartenanlage, die sich bis zum Gariep River (Oranje) hinunterzieht. Die Zimmer haben ein eigenes Bad, teilweise einen eigenen Balkon und Blick entweder auf Garten oder Fluss. Ein Frühstück wird serviert; die Gäste können es sich in einer Lounge gemütlich machen. Anzahlung per Kreditkarte, sonst Barzahlung.

ⓘ 6 🅿 🌊

🍴 LE MUST
$–$$

11 SCHRODER ST.
TEL. 054/332-6700

Das Restaurant ist in einem kitschigen Retrostil eingerichtet und serviert gute südafrikanische Gerichte. Wie wäre es mit biltong oder bobotie-Frühlingsrollen, mit Springbockkeule an Pflaumensauce oder der leckeren Crème brûlée als Abschluss?

🔱 70 🅿 🕐 Geschl. Sa–So M

Einkaufen

Viele der teuren Waren, die in südafrikanischen Läden zu finden sind, sind Importwaren, die man überall auf der Welt kaufen kann. Richtig Spaß macht das Shoppen erst, wenn man nach lokaler Kunst und dem Kunsthandwerk schaut. Es gibt viele Künstler, die mit Öl oder verschiedenen Materialien malen oder mit Ton, Stein und Holz arbeiten. Doch die Südafrikaner sind auch wahre Künstler darin, aus verzinktem Draht, farbenfrohen Perlen und Recyclingmaterial wie Plastiktaschen und Getränkedosen fantasievolle neue Werke zu schaffen. Selbst bei den Verkäufern an den Ampeln findet man manchmal richtige Kunstwerke.

Märkte

Märkte findet man überall im Land, manche sind gepflegte Markthallen, andere finden unter freiem Himmel statt. Bei den großen touristischen Sehenswürdigkeiten wie dem Eingang zum Cape Point Nature Reserve, zum Kruger National Park oder an den Ständen von Durban wird das geschnitzte afrikanische Tierwelt und Ähnliches feilgeboten. Viele dieser Arbeiten sind Massenware, manchmal sind dennoch schöne Stücke darunter.

Läden

Alle größeren Städte haben große Einkaufszentren nach amerikanischem Muster (eine komplette Liste findet sich unter www.mallguide.co.za). Wer auf Sicherheit bedacht ist, kann hier sorgenfrei einkaufen. Einige Städte haben Einkaufsviertel mit kleinen Spezialläden, die Long Street in Kapstadt bietet auch Antiquitäten- und Buchläden. Kleinere Städte haben manchmal Antiquitätengeschäfte, in denen man noch richtige Entdeckungen machen kann.

◼ KAPSTADT

Shoppingmalls

Die besten Malls sind **Canal Walk** (N1, Exit 10, Ausfahrt Sable Road, gleich außerhalb des Zentrums, Tel. 021/555-4433), **Cavendish Square** (Vineyard Rd., Claremont, Tel. 021/657-5620), **Constantia Village** (Constantia Rd., Constantia, Tel. 021/794-5065) und **Victoria & Alfred Waterfront** (Tel. 021/408-7600).

Märkte

Greenmarket Square (54 Shortmarket St., Tel. 021/423-3266) ist ein schon lange existierender Freiluftmarkt, der Kleidung, Schmuck, Kerzen und afrikanische Waren führt. **Pan African Market** (76 Long St., Tel. 021/426-4478) bietet afrikanische Stücke des ganzen Kontinents an. Der überdachte **Red Shed Workshop** (Victoria & Alfred Waterfront, Tel. 021/408-7860) verkauft handgefertigtes Kunsthandwerk inklusive Schmuck, Holzarbeiten und Zinngefäßen.

Spezialgeschäfte

A.R.T. Gallery (3 St. George's Mall, Tel. 021/419-2679) verkauft Keramik, Glas und Schmuck des gesamten Kontinents.

Das **Cape Quarter** (72 Waterkant St., Tel. 021/421-0737) ist ein moderner Galeriekomplex mit mehreren Designer- und Lifestyle-Läden. Im **Diamond Works** (Lower Long St. & Coen Steytler Ave., Foreshore, Tel. 021/425-1970) kann man zusehen, wie Diamanten zu Schmuck verarbeitet werden. **Everard Read Gallery** (3 Portswood Road, Victoria & Alfred Waterfront, Tel. 021/418-4527) verkauft schöne südafrikanische Kunst. **Scratch Patch** (Victoria & Alfred Waterfront, Tel. 021/419-9429, Dido Valley Rd., Simon's Town, Tel. 021/786-2020) bietet günstige Halbedelsteine feil (Kinder lieben sie).

◼ WEST-KAP

FRANSCHHOEK: Viele Galerien verkaufen südafrikanische Kunst und Kunsthandwerk. Lohnenswert ist ein Besuch der **African Art Gallery** (40 Huguenot St., Tel. 021/876-2960)

oder der **Bordeaux Street Gallery** (42 Huguenot Rd., Tel. 021/876-2165). Der Farmladen **Bread & Wine** (Happy Valley Rd., Tel. 021/876-3692) verkauft lokalen Wein und Käse.

HERMANUS: Auf dem großen Markt am Market Square findet man Kleidung und Kunsthandwerk. **Wine Village** (Sandbaai Rd. & Main Rd., Tel. 028/316-3988) führt eine große Auswahl an südafrikanischen Weinen.

KNYSNA: Läden finden sich an der **Boatshed** (Thesen Harbour Town), **Knysna Waterfront** (21 Waterfront Dr., Tel. 044/382-0955) und der **Woodmill Lane** (zwischen Rawson St., Main St. & St. George St., Tel. 044/382-3045).

OUDTSHOORN: Bei **Bushman Curios** (76 Baron van Rheede St., Tel. 044/272-4497) findet man Straußenleder und -eier.

PLETTENBERG BAY: **Old Nick Village** (N2, östlich der Stadt, Tel. 044/533-1395) verkauft sehr gute Antiquitäten und Kunsthandwerk.

STELLENBOSCH: **Africa Silks** (36 Church St., Tel. 021/882-9839) ist eine gute Adresse für Stoffe, **Mirko Jewelry** (Andringa St. & Church St., Tel. 021/886-8296) für handgefertigte Designerstücke und **Oom Samie Se Winkel** („Onkel Samies Laden", 84 Dorp St., Tel. 021/887-0797) für seine ausgefallene Mischung an heimischen Waren. Bei **Vineyard Connection** (Muldersvlei Rd. & R44 Richtung Paarl, Tel.

021/884-4360) erhält man eine gute Auswahl an Weinen.

■ OST-KAP

EAST LONDON: Lock Street Gaol *(Fleet St.)* war früher ein Gefängnis und ist nun ein Markt mit Läden.

PORT ELIZABETH: The Boardwalk *(Marine Dr., Summerstrand, Tel. 041/507-7777)* verkauft Schmuck, Kunsthandwerk und Designerware. The Bridge Mall *(Langenhoven Dr., Tel. 041/363-8914)* ist eine Shoppingmall mit entsprechendem Angebot.

■ DURBAN & KWAZULU-NATAL

DURBAN

Shoppingmalls

The Workshop *(99 Aliwal St., Tel. 031/304-9894)* verkauft Schmuck, Antiquitäten und Gewürze. Weitere Malls sind **Berea Centre** *(249 Berea Rd., Tel. 031/202-7888)*, **Gateway Theatre of Shopping** *(1 Palm Blvd., Umhlanga Ridge, Tel. 031/566-2332)*, **Musgrave Centre** *(115 Musgrave Rd., Tel. 031/201-5129)*, The Pavilion *(Jack Martens Dr., Westville, Tel. 031/265-0558)* und The Wheel *(55 Gillespie St., Tel. 031/332-4324)*.

Märkte

Jeden Tag findet der **Amphimarket** *(Beachfront, Bay of Plenty, Tel. 031/301-3200)* statt, der Kuriositäten, Bücher, Kleidung und CDs verkauft. **Victoria Street Market** *(Queen St. & Victoria St., Tel. 031/306-4021)* bietet Gewürze, Lebensmittel, Stoffe und Kupferwaren von den indischen Händlern der Stadt.

Spezialgeschäfte

Das **African Art Centre** *(94 Florida Rd., Tel. 031/312-3804)* verkauft Kunsthandwerk aus KwaZulu-Natal. Das **BAT Centre** *(Small Craft Harbor, Victoria Embankment, Tel. 031/332-0451)* bietet lokale Kunst an.

MIDLANDS

Wer auf der Suche nach Kunst und Kunsthandwerk ist, sollte **Midlands Meander** *(www.midlandsmeander. co.za)* besuchen, eine Route der Kunst mit mehr als hundert Händlern zwischen Pietermaritzburg und dem Mooi River.

■ KRUGER & MPUMALANGA

Interessant sind die Straßenläden im **Kruger National Park**, lohnenswert sind auch die folgenden Läden:

HOEDSPRUIT: Monsoon Gallery *(R527, westlich der Stadt, Tel. 015/795-5114)* verkauft hochwertige afrikanische Kunst und Kunsthandwerk.

NELSPRUIT: Die Riverside Mall *(White River Rd., Tel. 013/757- 0080)* hat über 140 Läden.

VAALWATER: Black Mamba *(Spar Complex, Tel. 014/755-3518)* verkauft Originalkunstwerke und -kunsthandwerk aus Afrika.

■ JOHANNESBURG & DAS BINNENLAND

CLARENS

Die kleine Stadt in der Provinz Freistaat ist das Zentrum für schöne Kunstgalerien. An der Hauptstraße liegt unter anderem die **Addy Hoyle Gallery**.

JOHANNESBURG

Der **Rosebank Rooftop Market** *(auf dem Dach der Rosebank Mall, Cradock Ave., Tel. 011/442-4488)* findet jeden Sonntag statt und besteht aus über 600 Ständen. Der angrenzende **African Craft Market** *(Cradock St. & Baker St., Tel. 011/880-2906)* hat täglich geöffnet. Der **Melville Market** *(Kingsway Rd. & University Rd., Auckland Park, Tel. 011/482-2118, Mo–Sa)* bietet Nippes.

Shoppingmalls

Die wichtigsten Einkaufszentren sind **Hyde Park Shopping** *(Jan Smuts Ave., Hyde Park, Tel. 011/325-4340)*, **Mall of Rosebank** *(zwischen Bath Ave. & Cradock Ave., Rosebank, Tel. 011/788-5530)*; die größte und prächtigste ist **Sandton City** *(Sandton Drive & Rivonia Rd., Sandton, Tel. 011/217-6000)*.

Spezialgeschäfte

Nicht nur die besten lokalen afrikanischen, sondern auch internationale Kunstwerke führen die **Goodman Gallery** *(163 Jan Smuts Ave., Parkwood, Tel. 011/788-1113)* und die **Kim Sacks Gallery** *(153 Jan Smuts Ave., Parkwood, Tel. 011/447-5804)*. **Collectables** *(32 Tyrone Ave., Parkview, Tel. 011/646-4211)* handelt mit antikem Schmuck, Silber, Glas und Möbeln. Die **Oriental Plaza** *(Ecke Bree St. & Malherbe St., Fordsburg, Tel. 011/838-6753)* ist ein hervorragender Ort, um nach Textilwaren, Kleidung und Gewürzen zu suchen.

PRETORIA

Der **Hatfield Market** *(Hatfield Plaza, Burnett St., Tel. 012/442-4488)* findet jeden Sonntag statt und bietet Sammlerstücke, Möbel, Schmuck, Kunst und Kunsthandwerk. **African Diamonds & Jewelry** *(Shop 5.3 Hatfield St., Tel. 012/362-6455)* ist eine gute Adresse für Schmuck.

Shoppingmalls

Zu den größeren Einkaufszentren zählen die **Hatfield Plaza** *(1122 Burnett St., Hatfield, Tel. 012/362-5842)*, die vor allem junge Leute anzieht, und das große Zentrum **Menlyn Park** *(Atterbury Rd. & Lois Ave., Menlo Park, Tel. 012/348-8766)*. Zwei weitere Zentren sind **Brooklyn Mall** *(Fehrsen St. & Lange St., New Muckleneuk, Tel. 012/346-1063)* und **Kolonnade Shopping Centre** *(Van der Merwe St. & Zambesi Dr., Montana Park, Tel. 012/548-1902)* mit einem Kunsthandwerkmarkt und Dutzenden von Läden.

Unterhaltung

In den letzten drei Jahrzehnten hat Südafrika in puncto Unterhaltung einen großen Schritt getan. Noch immer werden die meisten Kinofilme importiert, doch Theater, Tanz und Musik sind heimische Produktionen. Die aus Europa kommenden Kulturbereiche wie Oper, klassisches Ballett oder Symphonieorchester werden sehr viel zurückhaltender als früher gefördert, doch es gibt noch immer hervorragende Aufführungen in den größeren Städten. Auf den Kunstfestivals im ganzen Land (siehe S. 271) werden die einheimischen Talente gezeigt und gefördert.

LANDESWEIT

Kinos

Zwei große Filmverleihfirmen – Ster Kinekor (*www.sterkinekor.com*) und Nu Metro (*www.numetro.co.za*) – haben Kinohäuser in ganz Südafrika, vor allem in Einkaufszentren. Hier werden die gerade angesagten Streifen aus Hollywood und einige Bollywoodproduktionen gezeigt. Das aktuelle Pogramm findet sich auf den Homepages. In Kapstadt, Durban, Johannesburg und Pretoria unterhält Ster Kinekor auch Programmkinos, die Kunstfilme aus Europa und anderen Erdteilen zeigen.

Theater

Barnyard Theatre (*www.barnyard theatres.co.za*) unterhält auf sehr kreative Art. Während einer Vorstellung sitzt man auf Bänken in rustikalem Ambiente, trinkt und isst und lauscht Auszügen aus Musicals.

■ KAPSTADT

Kinos

Viele Lichtspielhäuser liegen am **Cavendish Square** und an der **Victoria & Alfred Waterfront** (siehe Shoppingmalls in Kapstadt, S. 307). Ein eher ungewöhnliches – unabhängiges – Kino ist das **Labia** (*68 Orange St., City Center, Tel. 021/424-5927, www.labia.co.za*), das sowohl internationale Mainstreamproduktionen als auch Kunstfilme zeigt.

Musik

Das **Buena Vista Social Café** (*81 Main Rd., Greenpoint, Tel. 021/433-0611*) spielt Latinomusik.
Das **Cape Town Philharmonic Orchestra** (*Tel. 021/410-9809, www.cpo.org.za*) spielt regelmäßig Symphoniekonzerte im Artscape, der City Hall und an einigen anderen Plätzen.
Das **Green Dolphin** (*Victoria & Alfred Waterfront, Tel. 021/421-7471, www.greendolphin.co.za*) ist die wichtigste Adresse, um heimischen Jazz zu hören.
Die **Long Street** ist die Adresse für all jene, die auf der Suche nach Clubs und Bars sind; gespielt wird live oder vom Band.

Theater

Im **Artscape** (*D. F. Malan St., Foreshore, Tel. 021/410-9800, www.artscape.co.za*) finden auf insgesamt drei Bühnen in jeder Spielzeit verschiedene Opern-, Ballett- und auch Theateraufführungen (Klassiker und Moderne) statt.
Barnyard (*Willowbridge Lifestyle Centre, 39 Carl Cronje Dr., Tygervalley, Tel. 021/914-8898*).
Im **Baxter Theatre** (*Main Rd., Rondebosch, Tel. 021/685-7880, www.baxter.co.za*) werden regelmäßig Musik-, Tanz-, Schauspiel- und sonstige Theaterstücke aufgeführt.
Theatre on the Bay (*1A Link St., Camps Bay, Tel. 021/438-3301, www.theatreonthebay.co.za*) ist ein sehr intimes Theater, in dem mit herausragendem Erfolg sowohl heimische als auch internationale Schauspiel-, Musik- und Kabarettstücke gezeigt werden.

■ DURBAN

Kinos

Kinosäle finden sich in den Einkaufszentren **Berea Centre, Gateway, Musgrave Centre, The Pavilion** und **The Wheel** (siehe Shoppingmalls in Durban, S. 308).

Musik

Im **BAT Centre** (*Small Craft Harbor, Victoria Embankment, Tel. 031/332-0451*) finden regelmäßig Konzerte und andere musikalische Livedarbietungen statt.
Das **KZN Philharmonic** (*Tel. 031/369 9438, www.kznpo.co.za*) spielt regelmäßig Klassik in verschiedenen Sälen Durbans und anderer Städte in KwaZulu-Natal.
Der **Rainbow Restaurant & Jazz Club** (*23 Stanfield Road, Pinetown, Tel. 031/702-9161*) ist eine der besten Adressen für Jazz.
Der **Reform Club** (*198A Florida Rd., Morningside, Tel. 083/786-8027*) bietet Cocktails und dazu die beste Tanzmusik.

Theater

Das **Elizabeth Sneddon Theatre** (*University of KwaZulu-Natal, King George V Ave., Tel. 031/260-2065*) zeigt Studentenaufführungen und Gastvorstellungen (Schauspiel, Tanz, Rockkonzerte, Musicals).
Das **Playhouse** (*231 Smith St., Tel. 031/369-9596, www.playhouse company.com*) hat drei Bühnen für Schauspiel, Konzerte, Opern- und Tanzaufführungen.
Barnyard (*Gateway Mall, 1 Palm Blvd., Umhlanga Ridge, Tel. 031/566-3045*).

■ JOHANNESBURG

Kinos

Kinos findet man in den Einkaufszentren **Hyde Park Shopping, Mall at Rosebank** und **Sandton City** (siehe Shoppingmalls in Johannesburg, S. 308).

Musik

Den besten einheimischen Jazz hört man im **Bassline** (*10 Henry Nxumalo St., Newtown, Tel. 011/838-9145, www.bassline.co.za*) und im **Blues Room** (*Village Walk, Rivonia St. & Maude St., Tel. 011/784-5527, www.bluesroom.co.za*).
Catz Pyjamas (*12 Main Rd., Melville, Tel. 011/726-8596, www.catzpyjamas. co.za*) ist ein rund um die Uhr geöffnetes Bistro, in dem Livemusik gespielt wird.
Das **Johannesburg Philharmonic Orchestra** gibt seine Konzerte im Linder Auditorium (*27 St. Andrews Rd., Parktown, Tel. 011/717-3223*).

Club- und Tanzmusik spielen der marokkanisch angehauchte Nachtclub **Shoukara** (*Mutual Blvd. & Rivonia Blvd., Rivonia, Tel. 082/855-2584*), das **Sudada** (*12 Friedman Dr., Sandton, Tel. 011/884-1980*) und das **Venue** (*Melrose Arch, Tel. 011/214-4300*).

Theater

Barnyard (*Shop L205, Cresta Shopping Centre, Beyers Naude Dr., Tel. 011/280-4370*).
In den drei Sälen des **Civic Theatre** (*Loveday St., Braamfontein, Tel. 011/877-6800, www.showbusiness.co.za*) werden Schauspiel-, Opern- und Ballettaufführungen sowie Musicals gezeigt.
Das **Market Theatre** (*56 Margaret Mcingana St., Tel. 011/832-1641, www.markettheatre.co.za*) hat drei Bühnen, auf denen südafrikanische und internationale Schauspiel- und andere Bühnenstücke aufgeführt werden.

Das **Teatro at Montecasino** (*William Nicol Rd. & Witkoppen Rd., Fourways, Tel. 011/510-7000, http://montecasino.tsogosun.co.za*) bringt Musicals und leichte Unterhaltung.
Das **Theatre on the Square** (*Shop 121 Nelson Mandela Sq., Sandton, Tel. 011/883-8606, www.theatreonthe square.co.za*) zeigt Schauspiel- und Musicalaufführungen.

PRETORIA

Kinos

Multiplexkinos finden sich in der **Brooklyn Mall** und im **Menlyn Park** (siehe Shoppingmalls in Pretoria, S.. 308).

Musik

Das **University of Pretoria Symphony Orchestra** (*Tel. 012/420-2947, www.upso.up.ac.za*) spielt seine Konzerte auf verschiedenen Bühnen der Stadt.

Zu den Tanzmusik-Clubs zählen das riesige **Boston Tea Party** (*Louis & Glen Manor Ave., Menlyn, Tel. 012/365-3625*) und das vor allem von Studenten besuchte **Recess** (*Lenchen St. N & South St., Centurion, Tel. 012/663-7862, www.recess.co.za*).

Theater

Das **State Theatre** (*320 Pretorius St., Tel. 012/392-4066, www.statetheatre. co.za*) ist der größte Theaterkomplex des Landes mit sechs Sälen, auf denen Opern-, Ballett-, Schauspiel-, Kabarett- und Musicalaufführungen gezeigt werden. Auch Filmfestivals finden hier statt.
Barnyard (*Shop UF57, Menlyn Park, Atterbury Rd. & Lois Ave., Menlo Park, Tel. 012/368-1555*)

Aktivitäten

Mit seinem schönen Wetter, dem vielen Platz, den Stränden, Wildparks, Flüssen und Bergen ist Südafrika das Ziel für Outdoor-Aktivitäten schlechthin. In vielen Landesteilen können sich die Besucher auch in ausgefallenen Abenteuersportarten betätigen, wie Tauchen, Kanu- oder Kajaktouren und Wildwasserrafting. Man kann auch Mountainbike fahren, klettern, sich abseilen oder mit dem Drachen fliegen. Wer es weniger abenteuerlich liebt, geht golfen, wandern, reiten oder noch ruhiger zum Vogelbeobachten und Fliegenfischen.

LANDESWEIT

Getaway ist ein monatlich erscheinendes Safari- und Reisemagazin mit vielen Detailinfos zu sportlichen Aktivitäten (*www.getaway.co.za*). **South African National Parks** bietet in seinen Parks die Möglichkeit zu wandern, mit dem Kanu zu fahren, Vögel oder die Sterne zu beobachten (*www.sanparks.org*, auf „Activities & Facilities" klicken).
   Wildthing Adventures (*Tel. 021/556-1917, www.wildthing.co.za*) bietet Kanutouren, Wanderungen, Brückensprünge und Safaris an.

Vogelbeobachtung

Lawsons (*Tel. 013/741-2458, www.lawsons.co.za*) organisiert Tierbeobachtungen (Vögel, Schmetterlinge, Säugetiere) und allgemeine Naturexkursionen in KwaZulu-Natal.
   Monty Brett (*Tel. 033/266-6113, www.sappibrett.co.za*) organisiert Vogelbeobachtungen, Kurse und andere Safaris.

Bergsteigen

Der südafrikanische Bergsteigerclub **Mountain Club of South Africa** (*Tel. 021/465-3412, www.mcsa.org.za*) und **Climb ZA** (*www.climbing.co.za*) bieten Informationen zu Bergtouren aller Schwierigkeitsgrade.

Fliegenfischen

Details finden sich unter *www.flyfishing.co.za.*

Golf

Die Beschreibung der wichtigsten Plätze mit Bildern und Karten finden sich unter *www.golf-safari.com.*

Motorradtouren

Karoo Biking (*www.karoo-biking.de*) bietet Touren mit BMW-Motorrädern an.

Mountainbiking

Gute Informationen über die südafrikanischen Mountainbikestrecken, die notwendige Ausrüstung und die Veranstalter finden sich unter *www.mtbonline.co.za.*

Meer-Kajaktouren

PaddleYak (*Tel. 021/790-5611, www.seakayak.co.za*) bietet Kajaktouren in Kapstadt, entlang der Westküste und der Garden Route an.

■ KAPSTADT

Abenteuer-Aktivitäten

Downhill Adventures (*Tel. 021/422-0388, www.downhilladventures.com*) bietet Radfahren, Sandboarden, Paragliden, Abseilen, Käfigtauchen und Quadfahren.
   Abseil Africa (*Tel. 021/ 424-4760, www.abseilafrica.co.za*) hat sich auf das Abseilen am Tafelberg spezialisiert.
   Cape Xtreme (*Tel. 021/ 788-5814, www.cape-xtreme.com*) organisiert Hai-Käfigtauchen, Radfahren, Surfen und Klettern.

Tauchen

Orca Industries (*Tel. 021/671-9673, www.orca-industries.co.za*) bietet Tauchkurse, Leihausrüstung und Tauchgänge an.

Meer-Kajaktouren

Sea Kayak (*Tel. 082/501-8930, www.kayakcapetown.co.za*) organisiert geführte Touren vor der Küste der Stadt, unterwegs kann man Wale und Pinguine beobachten.

■ WESTKÜSTE

Abenteuer-Aktivitäten

den Adventures (*Tel. 044/877-0179, www.eden.co.za*) im Wilderness National Park an der Garden Route organisiert Kanufahrten, Abseilen, Wanderungen und Radtouren.
   Bridge & Bungee Jumping Face Adrenalin (*Tel. 042/281-1458, Bloukrans; 044/697-7001, Gourits*) bietet die weltweit höchsten Bungeesprünge von der Bloukrans-Brücke und der Gourits-River-Brücke an.
   Forest Canopy Tours (*Tel. 042/ 281-1836, www.tsitsikammacanopytour.co.za*) veranstaltet Baumkronentouren von Plattform zu Plattform.

Blumen-Touren

Tours & Trails (*Tel. 021/762-3530, www.toursandtrails.co.za*) veranstaltet Ausflüge zu den Wildblumenwiesen im Namaqualand und am Kap (Ende Aug. & Sept.).

Wandern

Der **Oystercatcher Trail** (*Tel. 044/ 699-1204, www.oystercatchertrail.co.za*) ist eine dreitägige Küstenwanderung von Mossel Bay aus.

Bootsfahrten

Breede River House Boat Hire (*Tel. 028/542-1049, www.houseboathire.co.za*) hat seine Boote auf dem Breede River bei Swellendam.
   Lightleys (*Tel. 044/386-0007, www.houseboats.co.za*) bietet voll aus-

gestattete Hausboote in der Knysna Lagoon.

Mountainbiking

Mountain Biking Africa (Tel. 044/382-0260, www.mountainbikingafrica.co.za) mit Sitz in Knysna veranstaltet halb- und ganztägige Radtouren.

Haitauchen

Die Veranstalter in der Provinz West-Kap bieten Blicke auf den Weißen Hai vom Schiffsdeck und aus Unterwasserkäfigen an.

Shark Africa (Tel. 044/691-3796, www.sharkafrica.co.za) hat seinen Sitz in Mossel Bay.

White Shark Diving Co. (Tel. 021/461-6583, www.sharkcagediving.co.za) arbeitet von Kleinbaai bei Hermanus aus.

Fallschirmspringen

Sky Dive Ceres (Tel. 021/462-5666, www.skydive.co.za) findet man 1,5 Stunden von Kapstadt entfernt; der Veranstalter bietet einen Trainingskurs mit abschließendem Tandemsprung an (alles findet an einem Tag statt).

Walbeobachtung

Wenn die Wale zwischen Juli und Dezember zum südlichen Kap zurückkehren, bietet verschiedene Veranstalter Touren an.

Dyer Island Cruises (Tel. 028/384-0406, www.whalewatchsa.com) und **Ivanhoe Sea Safaris** (Tel. 028/384-0556, www.whalewatchingsa.co.za) arbeiten von Gansbaai bei Hermanus aus.

Ocean Safaris (Tel. 044/533-4963, www.oceansafaris.co.za) hat seine Boote in Plettenberg Bay liegen.

◼ OST-KAP

Bootsfahrten

Lightleys (siehe S. 311) bietet Hausbootfahrten von Port Alfred aus auf dem Kowie River an.

Wandern

Wild Coast Holiday Reservations (Tel. 043/743-6181, www.wildcoastholidays.co.za) organisiert verschiedene Küstenwanderungen auf Wegen an der Wild Coast.

Outdoor-Aktivitäten

Das **Edge Resort** (Tel. 045/962-1159, www.theedge-hogsback.co.za) in Hogsback veranstaltet Geländewagenfahrten, Wanderungen, Mountainbiketouren. Wer will, kann auch zum Forellenangeln gehen.

◼ DURBAN & KWAZULU-NATAL

Outdoor-Aktivitäten

Ezemvelo KZN Wildlife (www.kznwildlife.com, „ecotourism" und dann „activities" anklicken) ist die Verwaltung der Parks in KwaZulu-Natal und bietet in diesem Rahmen Vogelbeobachtungs- und Bootstouren, Klettern, Ausritte, Angel- und Radtouren an.

Sani Pass Hotel (Tel. 033/702-1320, www.sanipasshotel.co.za) verleiht Quadbikes und organisiert Angelausflüge, Golftage und Geländewagenfahrten.

Baumkronentouren

Karkloof Canopy Tour (Tel. 033/330-3415, www.karkloofcanopytour.co.za) bei Howick lässt die Besucher an Drahtseilen durch die Baumkronen gleiten.

Hochseeangeln

Magnum Charters (Tel. 035/571-0043, www.sodwanabaylodge.com) organisiert Fahrten zum Hochseeangeln.

Drachenfliegen

Silent Wings (Tel. 039/832-0268, www.silentwings.co.za) bietet ein Training in den Midlands an, dann geht es zu Touren in die Provinz West-Kap oder ins Landesinnere.

Wandern

Im uKhahlamba-Drakensberg National Park (siehe Ezemvelo KZN Wildlife) sind traumhafte Wanderungen möglich.

Tauchen

PADI 5 Star Dive Centre (Tel. 035/571-6015, www.sodwanabaylodge.com) bietet Tauchkurse und -ausflüge in der Sodwana Bay an.

◼ KRUGER & MPUMALANGA

Buschwanderungen

Der Kruger National Park und die privaten Game Lodges bieten Buschwanderungen mit ausgebildeten und bewaffneten Rangern an.

Baumkronentouren

Skyway Trails (Tel. 013/737-8374, www.skywaytrails.com) lässt seine Kunden an Stahlseilen von einer Plattform zur nächsten über ein Tal bei Hazyview gleiten.

Fliegenfischen

Mpumalanga und die Region Dullstroom sind bekannte Gebiete für Fliegenfischer: www.flyfishing.co.za.

Ausritte

Horizon (Tel. 014/755-4003, www.ridinginafrica.com) veranstaltet Ausritte im Gebiet der Waterberge in Limpopo.

◼ JOHANNESBURG & DAS BINNENLAND

Outdoor-Aktivitäten

Adventure Addicts (Tel. 012/711-0264, www.adventureaddicts.com) in Dinokeng bei Pretoria bietet Quadfahrten, Flüge mit einem Ultraleichtflugzeug, Ausritte auf Elefanten und vieles mehr an.

Jacana (Tel. 012/734-2978, www.jacanacollection.co.za) veranstaltet Wanderungen und Ausritte, Mountainbike-, Quad- und Geländewagentouren in Gauteng und im östlichen Freistaat.

Bootsfahrten

Bei **Harties Houseboat Cruises** (Tel. 073/825-4409, www.hartieshouse boats.co.za) können Chartertouren auf dem Hartbeespoort Dam bei Johannesburg und Pretoria gebucht werden.

Old Willow Houseboat Charters (Tel. 016/973-1729, www.old willow.co.za) vermietet Boote auf dem Vaal River.

Baumkronentouren

Magaliesberg Canopy Tour (Tel. 014/535-0150, www.magaliescanopy tour.co.za) lässt seine Besucher an Stahlseilen von Plattform zu Plattform an dem Steilhang einer Schlucht entlanggleiten.

Heißluftballon

Dank der stabilen Wetterbedingungen auf dem Highveld ist die Region geradezu ideal für Ballonfahrten.

Air Ventures (Tel. 011/793-5782, www.air-ventures.co.za) operiert von der Cradle of Humankind und von den Magaliesbergen aus.

Bill Harrop's Balloon Safaris (Tel. 011/705-3201, www.balloon.co.za) bietet Fahrten in der Nähe der Magaliesberge an.

Bergtouren

GoVertical (Tel. 082/731-4696, www.gotrekking.co.za) veranstaltet Höhlenwanderungen, Abseilen und Felsklettern im Gebiet der Magaliesberge.

◼ NORD-KAP

Outdoor-Aktivitäten

Gariep 3-in-1 Adventure Dieses halbtägige Abenteuer, das vom Augrabies National Park (www.san parks.org) veranstaltet wird, umfasst eine Kanufahrt auf dem Gariep Ri-

ver (Oranje), eine Wanderung (einige Kilometer) und abschließend die Rückkehr ins Camp mit dem Mountainbike.

Kalahari Adventure Centre (Tel. 054/451-0177, www.kalahari.co. za) mit Sitz unweit von Augrabies bietet Flussfahrten, Vogelbeobachtung und Wüstensafaris.

Kanufahrten & Rafting

Safaris, Kanufahrten und Rafting auf dem Gariep River (Oranje) sind die Hauptaktivitäten der Region.

Bushwacked (Tel. 027/761-8953, www.bushwhacked.co.za) veranstaltet halb- bis sechstägige Raftingtouren.

Felix Unite (Tel. 021/404-1830, www.felixunite.com) bietet Kanu- und Raftingsafaris an. **River Rafters** (Tel. 021/975-9727, www.riverrafters.co.za) organisiert Raftingtouren in dieser Region.

SPEISEKARTE

Fast alle Speisekarten sind in Englisch verfasst, aber es gibt einige lokale Begriffe, die Besucher in Verwirrung stürzen.

achar Mischung aus grünen Mangos, Öl und Gewürzen

biltong luftgetrocknetes, mit Salz und Koriander gewürztes Fleisch

blatjang scharfes Früchte-Chutney, oft aus Aprikosen

bobotie gewürztes Hackfleisch mit einem Senfei obenauf

boerewors Würste aus grob gehacktem, mit Koriander gewürztem Fleisch

borrie Kurkuma

braai Grillen über offenem Feuer (Abkürzung für braaivleis)

braaivleis Grillfleisch

bredie Eintopf mit Lamm oder Tomaten und Laichkraut (water blommetjie)

bunnychow halber, ausgehöhlter Brotlaib, der mit einem Curry gefüllt wird

crayfish Hummer

kabeljou (auch kob genannt) ein Fisch mit festem, weißem Fleisch

kingklip schmackhafter, aalähnlicher Fisch mit weißem Fleisch

koeksuster ausgebackene Teigzöpfe, die in sehr süßen Sirup getaucht werden

malva-Pudding gestürzter karamellisierter Pudding mit Aprikosenmarmelade, der mit Ingwer gewürzt ist

mampoer weißer Brandy, der aus Birnen, Pflaumen oder anderen Früchten gebrannt wird

marula essbare gelbe Beeren eines Baumes aus dem Lowveld

mielies Mais

mogodu Kaldaune

monkey gland sauce „Affendrüsensauce", pikante Sauce für Steaks, die aus Zwiebeln, Tomaten und Worcestershiresauce gemacht wird

mopane worms „Mopanewürmer", getrocknete Raupen von Gonimbrasia belina (Falter aus der Familie der Pfauenspinner)

morogo wilder Spinat

pap ein fester, heller Brei aus weißem Maismehl (eine Art Polenta)

perlemoen Seeohren (Abalone)

potjie gusseiserner Kochtopf

potjiekos langsam gegarte Speisen (meist ein Eintopf mit Fleisch und Gemüse) aus dem potjie

rooibos ein Strauch aus den Cederbergen, Grundlage für den bekannten Tee

samoosa kleiner, dreieckiger, pikanter Krapfen

samp sehr grobes Maismehl

skilpadjie Leber, in Innereien gewickelt und gebraten

snoek ein in West-Kap beliebter Seefisch, auch als Pastete

sosatie Kebab, Grillspieß

umngqusho Xhosa-Gericht aus Polenta mit Bohnen, stark gewürzt

Van Der Hum alkoholisches Getränk aus Branntwein, Mandarinenschalen, Kräutern und Gewürzen

vetkoek kleiner Kuchen aus in Fett gebackenem Teig

waterblommetjie essbare Wasserpflanze (Laichkraut)

witblits „weißer Blitz", weitere Bezeichnung für mampoer

REGISTER

Seitenzahlen im **Fettdruck** verweisen auf Abbildungen, VERSALIEN auf übergeordnete Themen.

ABBILDUNGSNACHWEIS

Alle Fotos stammen von Samantha Reinders mit folgenden Ausnahmen:

22, After Pierre Descaliers/The Bridgeman Art Library/Getty Images; 26-27, Thomas Baines/The Bridgeman Art Library/Getty Images; 31, Paul Velasco/Gallo Images/CORBIS; 33, David Turnley/CORBIS; 53, Brendan Smialowski/Getty Images; 70, mit freundlicher Genehmigung von DO'Neil/Wikipedia; 126, Sarge/ASP via Getty Images; 132, Christopher Scott/Getty Images; 152, Peter Pinnock/Getty Images; 162, Walter Meayers Edwards/National Geographic Image Collection; 234 & 235, mit freundlicher Genehmigung von Rovos Rail Tours Ltd.